Hans-Jürgen Hohm
Urbane soziale Brennpunkte

D1665897

Grundlagentexte Soziale Berufe

Hans-Jürgen Hohm

Urbane soziale Brennpunkte

Soziale Hilfe und das Programm „Soziale Stadt"

Neuausgabe 2011

Juventa Verlag Weinheim und München

Der Autor
Hans-Jürgen Hohm, Jg. 1951, Dr. rer. pol., ist Honorarprofessor für Soziologie und Politikwissenschaft am Fachbereich Sozialwesen der Hochschule Rhein-Main Wiesbaden und an den Fachbereichen Soziale Arbeit sowie Heilpädagogik der Katholischen Hochschule Freiburg. Zudem ist er Lehrbeauftragter am Institut für Soziologie der Johannes Gutenberg-Universität Mainz. Seine Arbeitsschwerpunkte sind Systemtheorie, Soziologie der Sozial- und Gesundheitsberufe, Soziologie des Lebenslaufes, Randgruppensoziologie und kommunale (Sozial-)Politik. Außerdem ist er Autor zahlreicher Bücher und Aufsätze.

Bibliografische Information der Deutschen Nationalbibliothek

Die Deutsche Nationalbibliothek verzeichnet diese Publikation in der Deutschen Nationalbibliografie; detaillierte bibliografische Daten sind im Internet über http://dnb.d-nb.de abrufbar.

© 2011 Juventa Verlag Weinheim und München
Umschlaggestaltung: Atelier Warminski, 63654 Büdingen
Umschlagabbildung: Wolfgang Schmidt, Ammerbuch
Printed in Germany

ISBN 978-3-7799-1956-8

Meiner Frau Hedi und Tochter Tosca,
deren kreative und liebevolle Inklusionsgemeinschaft
mich immer wieder inspiriert.

Vorwort

Wer publiziert, muss lesen; wer liest, muss publizieren. So das Credo wissenschaftlicher Kommunikation. Entschließt man sich zur Neuauflage, wurde man gelesen. Das Publizierte wurde rezensiert, kritisiert und selektiv in eigene Argumentationsketten integriert. Im vorliegenden Fall des 2003 erschienenen Buches „Urbane soziale Brennpunkte, Exklusion und soziale Hilfe" u. a. durch Vertreter der Stadtsoziologie (Häußermann 2003), Migrationssoziologie (Ceylan 2006) und Sozialen Arbeit (May 2010).

Eine Neuauflage impliziert jedoch auch, dass die vergangene Zukunft zur gegenwärtigen Vergangenheit geworden ist. In der „Zwischenzeit" sind in den für das Generalthema relevanten speziellen Soziologien, der Kommunal- und Verwaltungswissenschaft sowie der Sozialen Arbeit neue Forschungsergebnisse und Problemstellungen publiziert worden. Manchmal etwas vorschnell als Paradigmenwechsel bezeichnet. Zugleich ist auch die Entwicklung der für den Autor primären Perspektive der Luhmannschen Systemtheorie nicht stehen geblieben. Ihre diversen Teiltheorien, z. B. die auf die Systemreferenz Gesellschaft bezogenen Differenzierungs-, Kommunikations- und Evolutionstheorie, wurden inzwischen durch die für das Generalthema relevante Inklusions-/Exklusionstheorie ergänzt (Stichweh 2009). Und die lange Zeit ausgeblendete Raumdimension als vierte Sinndimension sozialer Systeme hat im Kontext der Systemtheorie in den letzten Jahren erhöhte Aufmerksamkeit erhalten (Nassehi 2002; Krämer-Badoni/Kuhm (Hrsg.) 2003).

Das damit angesprochene Gefälle von disziplinspezifischer Umweltkomplexität und kognitiver Eigenkomplexität, zwang zu brauch- und machbaren Reduktionen der Informationsverarbeitung. Diese manifestieren sich zum einen in einer selektiven Überarbeitung und Aktualisierung der ersten drei Kapitel, zu der auch das Hinzufügen neuer Schaubilder gehört. Zum anderen in einer umfassenden Erweiterung des ursprünglichen „Ausblicks" zum Programm „Soziale Stadt" qua „zweiter Zwischenbilanz". Sie führte zu seiner Ersetzung in Form eines vierten Kapitels mit der Überschrift „Programm „Soziale Stadt" – eine positive Vision der Transformation sozialer Brennpunkte durch Kontextsteuerung oder Reformpoesie?

Zunächst gilt mein Dank dem Juventa Verlag, speziell Frau Engel-Haas, die mich zur Neuauflage ermunterte. Des Weiteren richtet er sich an all diejenigen Kollegen der „Scientific Community", die das viel zitierte „Willkommen im Club" nicht mit der Exklusion durch Inklusion in selbstreferentielle Zitierzirkel verwechseln. Schließlich und vor allem möchte ich mich bei meiner Ehefrau Hedi bedanken. Durch ihr akribisches, meine Frustrationstoleranz testendes und auf inklusive Lesbarkeit setzendes Lektorat ist der Leserschaft wohl so manches nichtintendierte Exklusionserlebnis erspart geblieben.

Mainz, im September 2010
Hans-Jürgen Hom

Inhalt

Einleitung

Wie die Selektion der Begriffswahl des Buchtitels bereits andeutet, beobachten wir das Thema urbane soziale Brennpunkte, Exklusion und soziale Hilfe unter einer spezifischen soziologischen Perspektive – nämlich der neueren Systemtheorie.

Im ersten Kapitel versuchen wir im Gegensatz zum Mainstream der neueren Systemtheorie den Nachweis anzutreten, weshalb es sich bei Kommunen um autonome soziale Systeme handelt. Dabei lassen wir uns von der Generalthese leiten, dass die Kommunen in den Modernisierungszentren der Weltgesellschaft eine unverzichtbare Funktion erfüllen. Diese sehen wir im umfassenden nahräumigen Zugang der Bevölkerung zu den global und national selektiv ausdifferenzierten Funktionssystemen. Sie wird am ehesten durch die Großstädte realisiert, welche als Stadtgesellschaft den gesamtgesellschaftlichen Primat der funktionalen Differenzierung lokal am stärksten verkörpern. Somit stellen sie für uns das Paradigma der modernen Kommune dar. Welche Konsequenzen damit für die Sozial- und Infrastruktur, die Temporalstruktur, die spezifischen Konfliktformen und die Selbstbeschreibung der Großstädte verbunden sind, steht im Zentrum unserer Analysen des ersten Kapitels.

Im zweiten Kapitel wenden wir uns dem Exklusionsbereich der Großstädte in Form der sozialen Brennpunkte zu. Diese – so unsere Grundannahme – sind durch eine Mehrfachexklusion der dort lebenden Personengruppen gekennzeichnet. Deren dadurch konstituierten heterogenen Lebenslagen arbeiten wir sowohl in räumlicher, sozialer und temporaler Hinsicht als auch bezüglich ihrer unterschiedlichen Risiken und Chancen der Lebenskarrieren und ihrer divergierenden moralischen Selbst- und Fremdbeobachtungen heraus. Unsere systemtheoretische Perspektive verdeutlichen wir durch die Reinterpretation und den selektiven Anschluss an die soziale Brennpunktforschung, Theorien sozialer Ungleichheit und die neuere Armutsforschung.

Im dritten Kapitel gehen wir der Frage nach, wie das lokale System sozialer Hilfe in soziale Brennpunkte interveniert. Gelingt ihm die Reinklusion der exkludierten Personengruppen, oder betreibt es ihre Exklusionsverwaltung auf unterschiedlichem Niveau? Um diese Frage zu beantworten, klären wir zuerst generell ab, ob es sich bei sozialer Hilfe um ein autonomes Funktionssystem handelt. Danach thematisieren wir dieses ausführlich anhand der Sozialpädagogischen Familienhilfe als der intensivsten Form der ambulanten Erziehungshilfen. Deren Möglichkeiten und Grenzen, soziale Hilfe bezüglich der Familien(personen) urbaner sozialer Brennpunkte zu leisten, beobachten wir auf mehreren Systemebenen: bezüglich ihrer strukturellen Kopplungen mit supralokalen Funktionssystemen, im Hinblick auf ihre organisatorische Einbettung ins lokale System sozialer Hilfe und in Bezug auf ihren kommunikativen Vollzug als Interaktionssystem. Schließlich versuchen wir anhand der Ausarbeitung systemtheoretischer Kriterien, den Erfolg der Sozialpädagogischen Familienhilfe zu bewerten. Ihr aus unserer Sicht „erfolgreiches Scheitern" macht es nötig, sich nach Interventionen von Akteuren anderer lokaler und supralokaler Funktionsbereiche umzuschauen. Aus der Vielzahl spätestens seit Beginn der 1990er Jahre anlaufenden „armutspolitischen Strategien und Initiativen" optieren wir für das Programm „Soziale Stadt". Was in den Blick gerät, wenn man es als eine Form der dezentralen Kontextsteuerung interpretiert, wird ein Thema unseres abschließenden vierten Kapitels sein. Die Frage, ob durch Reformen intendierte Strukturveränderungen konstitutiv zu Deformierungen ihrer Ziele führen ein anderes. Der damit verknüpfte Perspektivenwechsel von Steuerung zur Evolution findet innerhalb des systemtheoretischen Paradigmas statt. Expliziert wird Luhmanns evolutions- und systemtheoretische Reflexion von Organisationsreformen. Ihre Prämissen, die wir mit Luhmann als „Reformpoesie" bezeichnen, werden wir zur Beobachtung der komplexen Selbstbeschreibung des „Gallusviertels", eines „Stadtteils mit besonderem Entwicklungsbedarf" von Frankfurt am Main, in Anspruch nehmen. Abschließen werden wir das vierte Kapitel mit dem Versuch einer Beantwortung seiner Leitfrage.

Schaubild 1: Kommune als autonomes Sozialsystem

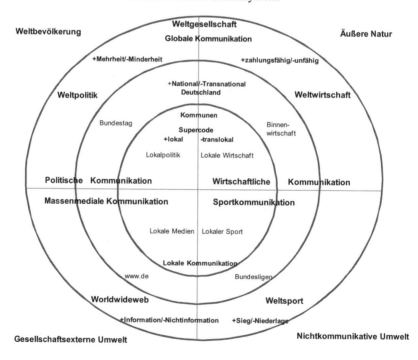

1. Die Kommune als Sozialsystem

Kommunen lassen sich, je nach Fachdisziplin des Wissenschaftssystems, unterschiedlich beobachten (vgl. Roth/Wollmann 1994; Schäfers/Wewer 1996; Heitmeyer/Dollase/Backes 1998; Naßmacher/Naßmacher 1999; Nassehi 2002; Löw 2008; Junkernheinrich/Micosatt 2009). Jede von ihnen sieht nur das, was sie anhand ihrer je spezifischen Unterscheidungen sehen kann. Das gilt auch für die Soziologie, für die wir im Folgenden als Beobachter optieren. Da diese wiederum mehrere konkurrierende Paradigmen aufweist, gilt es zusätzlich darauf hinzuweisen, dass wir als soziologischer Beobachter an die neuere Systemtheorie Bielefelder Provenienz anschließen (Willke 1989; Willke 1991; Kneer/Nassehi 1994; Luhmann 1997; Krause 2005; Hohm 2006). Wir beobachten also die heutigen Kommunen der Bundesrepublik Deutschland als systemtheoretische Fremdbeobachter eines Subsystems des Teilsystems Wissenschaft (vgl. zum Folgenden auch Schaubild 1, S. 12). Im Zentrum unseres ersten Kapitels stehen dabei die folgenden Fragen:

a. Lassen sich die Kommunen überhaupt als autonome Sozialsysteme im Unterschied zu anderen Typen sozialer Systeme beobachten, oder handelt es sich bei ihnen nur um Subsysteme der gesellschaftlichen Funktionssysteme Politik, Wirtschaft, Recht, Wissenschaft, Massenmedien etc.? Anders gefragt: gibt es die Kommune der Gesellschaft oder spezieller die Stadtgesellschaft (vgl. zu diesem Begriff Heitmeyer/Anhut 2000) ebenso wie die Wissenschaft, das Recht, die Kunst, Politik etc. der Gesellschaft, Nationalgesellschaften und die Weltgesellschaft (vgl. Luhmann 1990c; Luhmann 1993; Luhmann 1995; Luhmann 2000b; Luhmann 2000c)?
b. An welche Formen der gesamtgesellschaftlichen Differenzierung schließen die Kommunen als soziale Systeme an?
c. Inwieweit stellen die Großstädte das Paradigma moderner Kommunen dar?

1.1 Die Kommune: ein eigenständiges Sozialsystem?

Orientiert man sich an der in der neueren Systemtheorie üblichen Unterscheidung von Systemtypen, dann fällt zunächst auf, dass sich die Kommune der Zuordnung zu den gängigen Systemtypen entzieht (vgl. Luhmann 1975b; Kneer/Nassehi 1994, 65 ff.; Krause 2005; 34 ff.; Hohm 2006, 16 ff.).

So handelt es sich bei ihr um kein Interaktionssystem, fehlt ihr doch die unmittelbare raum-zeitliche Anwesenheit in Differenz zur Abwesenheit der übrigen Welt als entscheidendes Grenzkriterium. Ferner gewinnt sie ihre Identität auch nicht als formale Organisation, indem sie sich auf die generalisierte Mitgliedsrolle oder die autonome Kommunikation von Entscheidungen einer der Organisationen der gesellschaftlichen Teilsysteme zurückführen lässt. Sie ist aber auch nicht mit einem der Funktionssysteme identisch, da diese die lokalen Grenzen kommunikativ sprengen. Schließlich dürfte klar sein, dass sie weder mit der nationalen Gesellschaft der BRD und schon gar nicht mit der Weltgesellschaft gleichgesetzt werden kann, sondern in diese eingeschlossen ist.

Ein erster Vergleich mit den gängigen Systemtypen der neueren Systemtheorie führt also zu dem Ergebnis, dass sich die Kommune ihrer Architektonik offensichtlich nicht ohne weiteres fügt. Sie ist zum einen mehr als Interaktionen und formale Organisationen und zugleich weniger als Funktionssysteme, nationale Gesellschaften und die Weltgesellschaft.

Heißt dies folglich, dass wir auf eine Identifikation der Kommune als sozialem System verzichten müssen? Scheitert damit der Universalitätsanspruch der neueren Systemtheorie an der Verortung der Kommune als sozialem System? Oder lassen sich durch einen Vergleich mit den „etablierten" Sozialsystemen nicht doch noch Anknüpfungspunkte für die Kommune als einem besonderen Typus sozialer Systeme gewinnen?

Einen ersten möglichen Ansatzpunkt für die Identifikation der Kommune als besonderem zusätzlichem Systemtyp sehen wir im Anschluss an einen Vergleich mit der Familie als Funktionssystem. Die Kommune teilt mit der Familie zwei Spezifika, die so auf die anderen Funktionssysteme nicht zutreffen. Zum einen kommt sie wie die Familie mehrfach in der Gesellschaft vor, in der BRD z.B. ca. zwölftausend Mal (vgl. dazu Schäfers/Wewer 1996b, 13). Und zum anderen basiert sie wie jene auf einer kommunikativen Verdichtung durch den Raum – in ihrem Fall den Lokalraum (siehe dazu auch Nassehis 2002 Aufsatztitel „Dichte Räume. Städte als Synchronisations- und Inklusionsmaschinen"). Diese ist jedoch im Unterschied zur Familie und zu anderen Intimsystemen nicht auf die Funktion der Inklusion der Vollperson bezogen (vgl. Luhmann 1990b, 208; Fuchs 1999).

Stattdessen sehen wir die Funktion der Kommunen in der Herstellung des umfassenden nahräumigen Zugangs der Gesamtbevölkerung zu den global und national selektiv ausdifferenzierten Funktionssystemen (vgl. zu ähnlichen Formulierungen Heitmeyer 1998, 444, die jedoch einen expliziten Funktionsbezug vermissen lassen. Damit unterscheiden wir uns von Stichweh 1998, 355, welcher der Stadt bzw. City aufgrund der Suburbanisierung und Globalisierung keine besondere Relevanz für die Beobachtung heutiger moderner Gesellschaften beimisst.). Notwendig ist sie, weil weder die Weltgesellschaft noch ihre territorial segmentierten Nationalstaaten eine nahräumliche Kopplung der Gesamtbevölkerung mit den für die alltägliche Lebensführung wichtigen Gütern und Dienstleistungen erzeugen können.

Kontingent ist sie, weil – wie wir noch sehen werden – nicht jede Form der Kommune diese Funktion in gleichem Maße zu erfüllen in der Lage ist. Fragt man genauer nach den Bedingungen der spezifischen Funktionserfüllung der Kommunen, so stellt eine ihrer zentralen strukturellen Voraussetzungen die Bereitstellung von Wohnraum dar. Er ermöglicht die nahräumliche Inklusion der Gesamtbevölkerung in Form der Einwohnerschaft mit dauerhafter lokaler Adressabilität und Immobilität. Diese allein reicht jedoch nicht aus. Hinzu kommen muss die strukturelle Ausdifferenzierung lokaler Funktionsbereiche und ihrer Organisationen (siehe ähnlich Nassehi 2002, 210). Erst diese ermöglichen der Gesamtbevölkerung den nahräumigen Zugang zu den global und national selektiv ausdifferenzierten Funktionssystemen durch Respezifikation der generalisierten Einwohnerrolle in Form eines komplexen Rollenrepertoires unterschiedlichster primärer und sekundärer Leistungsrollen sowie Laien- bzw. Publikumsrollen (vgl. zu dieser Form der Rollendifferenzierung u. a. Hohm 2006, 105 ff.; Burzan u. a. 2008.). Eine nahezu identische Funktionsbestimmung, bereits zugeschnitten auf die Städte, auf die wir unter 1.3 noch näher eingehen werden, formuliert Nassehi 2002, 223: „... Städte, also die räumlich dichte Form verschiedener Inklusionsangebote, -möglichkeiten und -zwänge, scheinen strukturell das Problem zu lösen, Menschen so an die gesellschaftliche Dynamik zu binden, dass sie tatsächlich Multiinklusion erfahren können."

Die Kommunen gewinnen ihre Besonderheit als Sozialsysteme demzufolge erst dann, wenn sie als Einheit einer Vielheit lokal zugänglicher Funktionsbereiche kommunikativ autonom operieren können (siehe dazu auch Nassehi 2002, 211, der von einem „Bild der Kombination von Einheit und Differenz" bezüglich der Städte spricht). Das setzt voraus, dass sie ihre Kommunikation von anderen Formen der gesellschaftlichen Kommunikation unterscheiden können. Für uns kommt dafür nur die lokale Kommunikation als spezifische Form in Betracht (vgl. zum Begriff der Lokalkommunikation Jarren 1994, 298). Sie ist es, durch die sich die Kommunen von der übrigen gesellschaftlichen Kommunikation unterscheiden und qua Ausschließung in die umfassende Gesellschaft als spezifische Sozialsysteme mannigfaltig eingeschlossen sind (siehe dazu Nassehis 2002, 212 treffende Formulierung von der „Lokalität auf gesellschaftlicher Basis").

Möglich wird diese Ausschließung durch Einschließung, indem sich die Kommunikation der Kommunen und ihrer ausdifferenzierten Funktionsbereiche an dem Supercode bzw. der Leitdifferenz lokal/translokal orientiert. Wir versuchen damit eine stadt- bzw. gemeindesoziologische Antwort auf Nassehis (2002, 218) Frage zu geben, „wie ... in der Kommunikation räumliche Unterscheidungen (Nähe/Ferne oder hier/dort) operativ gehandhabt werden." Mit unserer Antwort unterscheiden wir uns von Nassehi insofern, als wir seine Ansicht – ebd., 223–224 – nicht teilen, dass „Städte ... letztlich keine Einheiten, keine *Systeme* (sind), sie operieren nicht als Städte, sondern sind dichte Räume, in denen Mannigfaltiges gleichzeitig geschieht – und zwar lose gekoppelt" (vgl. zu einer ähnlichen Codierung, nämlich global/lokal, in einem an Bourdieu orientierten Theoriekontext Löw 2008, 129 ff.). Dieser beobachtet jedes kommunikative Ereignis, ob politisch, wirtschaftlich, rechtlich, sportlich, wissenschaftlich, erzieherisch etc., nicht nur anhand des jeweiligen funktionssystemspezifischen Codes, sondern immer auch daraufhin, ob es lokale Anschlussfähigkeit besitzt oder nicht. Das Lokale stellt folglich für die Kommunen und ihre Funktionsbereiche den Präferenzwert dar, während das Translokale den Negativwert oder Reflexionswert indiziert. Für die Kommunen und ihre Funktionsbereiche sind dementsprechend vor allem diejenigen Ereignisse kommunikativ anschlussfähig, die von lokaler Relevanz sind. Das gilt für die lokalen Investitionen von Unternehmen, die Erfolge der Lokalvereine im Sportsystem, die politischen Entscheidungen der Lokalparteien des politischen Systems, die lokalen Nachrichten der Massenmedien, die lokalen Hilfen der Organisationen der Wohlfahrtsverbände, die Behandlungsangebote der Ärzteschaft und Krankenhäuser des lokalen Gesundheitssystems etc.

Demgegenüber verweist das Translokale als Negativwert bzw. Reflexionswert auf die Grenzen und Defizite des Lokalen. Die lokale Kommunikation kann nämlich ihre Funktion des umfassenden nähräumigen Zuganges der Einwohner zu den globalen und national selektiv ausdifferenzierten Funktionssystemen nur dann erfüllen, wenn sie sich nicht mit einer rein lokalen Schließung begnügt. Dies liefe auf provinzielle Abschottung hinaus. Ihre Selbstbeobachtung muss folglich zwischen lokalem Selbstbezug bzw. lokaler Selbstreferenz und translokalem Fremdbezug bzw. translokaler Fremdreferenz oszillieren können. Das Translokale als andere Seite des Lokalen wird dementsprechend immer auch daraufhin beobachtet, ob es lokale Anschlussfähigkeit ermöglicht oder nicht. Es referiert sowohl auf andere Kommunen als auch auf supralokale Funktionssysteme, in welche die lokalen Funktionsbereiche durch Ausschließung eingeschlossen sind. Geht es in Bezug auf die anderen Kommunen primär um Probleme des Wettbewerbs, Formen spezifischer Kooperation und des wechselseitigen Lernens, so werden hinsichtlich der supralokalen Funktionssysteme andere Themen virulent. Hier stehen Subventionen, Ansiedlung neuer Unternehmen, Transferprobleme, Zuzugsregelungen neuer Bewohner, Programm- und Strukturentscheidungen von Organisationszentralen im Zentrum.

Wird die Einheit des Supercodes reflektiert, tritt eine Paradoxie zutage, die invisibilisiert werden muss, soll die Anschlusskommunikation der lokalen Funktionsbereiche nicht zur Blockade führen. Die Paradoxie besteht dann darin, dass das Dasselbige verschieden ist. Das Lokale ist nämlich zugleich das Translokale (= Einheit) und ist es nicht (= Differenz). Die Invisibilisierung dieser Paradoxie geschieht vornehmlich dadurch, dass die zentralen Entscheider der lokalen Funktionsbereiche, das Lokale als Einheit des Lokalen und Translokalen positiv und das Translokale negativ bewerten. Sie

16

rechnen erfolgreiche Anschlüsse lokaler Kommunikation eher den örtlichen Funktionsbereichen und ihren Organisationen zu, während sie lokale Misserfolge vornehmlich den Entscheidern der supralokalen und anderer lokaler Umweltsysteme attribuieren. Man denke hierbei nur an den Misserfolg von Parteien bei Kommunalwahlen, den Verzicht auf Investitionen in lokal bedeutsame Infrastrukturbereiche wie Krankenhäuser, Theater, Sportstätten, Bahnhöfe etc., die lokale Nichtansiedlung von Unternehmen, den unterbliebenen Zuschuss an Organisationen der unterschiedlichsten lokalen Funktionsbereiche durch ihre Dachorganisationen, den Misserfolg von Zweckverbänden mit anderen Kommunen etc.

Indem die Supercodierung der lokalen Kommunikation offen lässt, welche Ereignisse der einen oder anderen Seite des Codes zugeordnet werden können, verweist seine Form auf die Zukunftsoffenheit der Kommunen und ihrer lokalen Funktionsbereiche, sprich auf ihre Kontingenz. Die formale Invarianz des Codes lokal/translokal muss folglich durch Entscheidungskriterien ergänzt werden, die eine richtige oder falsche Zuordnung zu den beiden Seiten des Supercodes ermöglichen. Sie basieren auf lokalen Programmen der kommunalen Funktionsbereiche und ihrer Organisationen. Im Unterschied zur Invarianz des Supercodes sind diese variabel und veränderbar. So können lokale Parteien oder Bürgervereinigungen substituiert, lokale Wirtschaftsunternehmen ausgetauscht, lokale Verwaltungen reformiert, lokale Sportvereine neu gegründet, Religionsgemeinden und Schulen zusammengelegt, Hochschulen neu angesiedelt werden etc. Aber auch deren jeweilige lokale Programme können reformuliert oder ausgetauscht werden. Bei kleineren Kommunen können sogar ihre lokalen territorialen Grenzen geändert werden, ohne dass damit die Invarianz des Codes lokal/supralokal destruiert würde, wenn sich daraus größere kommunale Einheiten mit den entsprechenden lokalen Funktionsbereichen ergeben.

Als Fazit unserer bisherigen Überlegungen können wir also festhalten, dass die Kommunen als soziale Systeme auf die Funktion des umfassenden nahräumigen Zuganges der Einwohner zu den global und national selektiv ausdifferenzierten Funktionssystemen zugeschnitten sind. Deren Erfüllung ist an eine Engführung der funktionssystemspezifischen Kommunikation der Kommunen und ihrer Organisationen am Supercode lokal/translokal gebunden.

Zu eigenständigen Sozialsystemen der Modernisierungszentren der Weltgesellschaft werden die Kommunen – so unsere Generalthese aus Sicht der neueren Systemtheorie – dann vor allem in dem Maße, in dem sie als kommunale Gesellschaft der Gesellschaft ein selektives Re-entry der globalen und nationalen Funktionssysteme im Nahraum operativ und strukturell qua lokaler Kommunikation herzustellen in der Lage sind. Dabei variiert dieses Re-entry und seine Funktionserfüllung in Abhängigkeit von den Formen, die Kommunen heute im Gefolge der beschleunigten Entwicklung der nationalen Gesellschaften der Modernisierungszentren annehmen können. Welche Formen dies sind, und weshalb die Großstädte in diesem Zusammenhang das Paradigma moderner Kommunen darstellen, werden wir im Anschluss an die Differenzierungsformen der modernen Gesellschaft im Folgenden zu zeigen versuchen.

1.2 Differenzierungsformen der Kommunen

Die Gesellschaft kann im Laufe ihrer Evolution verschiedene, aber nicht beliebig viele Differenzierungsformen annehmen (vgl. Luhmann 1997b, 613 ff.). Diese beziehen sich jeweils darauf, wie sich die Gesamtgesellschaft als umfassendes Sozialsystem intern in Teilsysteme differenziert und diese sich zueinander verhalten. Im Folgenden geht es uns nicht darum, nachzuzeichnen, wie die gesellschaftliche Evolution von der segmentären Differenzierung als primärer Differenzierungsform archaischer Gesellschaften, über den Primat der Zentrum/Peripherie-Differenz in hochkulturellen Großreichen und die Vorherrschaft der stratifikatorischen Differenzierung in ständischen Feudalgesellschaften zur Dominanz der funktionalen Differenzierung in modernen Gesellschaft vorangeschritten ist (vgl. dazu Luhmann 1997b, 634 ff.). Vielmehr wollen wir vorab kurz darstellen, was unter dem jeweiligen Differenzierungsprinzip in der heutigen modernen Gesellschaft verstanden werden kann.

Die funktionale Differenzierung ist das bestimmende Differenzierungsprinzip der modernen Gesellschaft. Sie differenziert sich in Form einer horizontalen Matrix von Funktionssystemen (politisches System, Wirtschaftssystem, Wissenschaftssystem, Rechtssystem, Religionssystem, Medizinsystem etc.) aus. Diese sind beides: sowohl gleich als auch ungleich. Gleich sind sie, indem jedes als Teilsystem eine Funktion für die Gesamtgesellschaft erfüllt: das Wissenschaftssystem die Funktion des Erkenntnisgewinnes durch die Erzeugung wahren Wissens, das Wirtschaftssystem die Funktion der Daseinsvorsorge durch die gegenwärtige Produktion hinreichender Güter angesichts von Knappheit, das Medizinsystem die Krankenbehandlung, das Rechtsystem die Funktion der Verhaltenssicherheit durch enttäuschungsfeste Rechtsnormen im Konfliktfalle, das politische System die Funktion kollektiv bindenden Entscheidens etc. (vgl. Luhmann 1997b, 745 ff.). Ungleich sind die Funktionssysteme, indem keines die jeweilige Funktion des anderen übernehmen kann. Die Gesamtgesellschaft reproduziert sich somit als Weltgesellschaft in Form der paradoxen Einheit einer Vielfalt von Teilsystemen, deren Eigendynamik sich mit besonderer Beschleunigung in den Regionalgesellschaften der Modernisierungszentren (Westeuropa, USA, Japan) durchgesetzt hat (vgl. Luhmann 1995a; Luhmann 1997, 806 ff.; Stichweh 1997; Stichweh 2000, 7 ff.).

Neben dem dominanten Differenzierungsprinzip der funktionalen Differenzierung gibt es nach wie vor die Form der stratifikatorischen Differenzierung. Sie kontinuiert jedoch nicht mehr als eine gesamtgesellschaftlich durchgängige Hierarchie oder Rangordnung wie in vormodernen Gesellschaften (vgl. Luhmann 1986, 132 ff.; Luhmann 1997 b, 678 ff.). Diese legten die gesellschaftliche Platzierung der Individuen durch Zugehörigkeit zu Schichten und Haushalten von Geburt an fest und unterschieden die schichtenspezifisch ausdifferenzierten gesellschaftlichen Teilsysteme intern in gleiche und systemextern in ungleiche Adressaten. In der nach dem Schema oben/unten gegliederten schichtenspezifischen gesellschaftlichen Rangordnung besetzte der Adel als eine Teilschicht die oberen Rangplätze und verstand sich zugleich – obwohl er nur Teil des Ganzen war – als Repräsentant des Ganzen. Ebenfalls eine Paradoxie.

In der modernen Weltgesellschaft nimmt das Differenzierungsprinzip der Stratifizierung stattdessen die Form der Inklusion/Exklusion der Individuen in Bezug auf die Funktionssysteme und deren Organisationen an (vgl. zur systemtheoretischen Debatte des Begriffspaars Inklusion/Exklusion Luhmann 1995; Stichweh 1997; Göbel 1998; Bohn 2006; Farzin 2006; Hohm 2006, 105 ff.; Stichweh 2009). Damit wird die Ungleichheit von schichtenspezifischer Herkunft auf die Form der individuellen Lebenskarriere umgestellt. Im Medium des Lebenslaufes wird sie vor allem durch die Kombination von Fremd- und Eigenentscheidungen in den Organisationen der jeweiligen Funktionssysteme erzeugt (vgl. Luhmann 1997 a). Gleiche Positivoder Negativkarrieren können in soziale Lebenslagen einmünden, die soziologische Fremdbeobachter als sozial ungleiche Klassen, Schichten oder Milieus bezeichnen (vgl. Beck 1986, 121 ff.; Schulze 1993, 277 ff.; Hradil 2005; 36 ff.; 363 ff.; 422 ff.; Geißler 2006, 93 ff.). Dabei ist die Lebenskarriere der Bevölkerungsmehrheit in den Modernisierungszentren der Weltgesellschaft durch Mehrfachinklusion in die Funktionssysteme gekennzeichnet. Hingegen wird sie in den peripheren Regionen durch die Mehrfachexklusion der Bevölkerungsmehrheit geformt (vgl. Luhmann 1995 b, 258 ff.).

Die Zentrum/Peripherie-Differenz stellt ein weiteres Differenzierungsprinzip dar. Im Weltmaßstab wird sie besonders anhand des Nord-Südgefälles deutlich. In den Modernisierungszentren manifestiert sie sich vornehmlich in Form von Standortdifferenzen der entsprechenden Regionalgesellschaften. Man denke z. B. an das Nord-Südgefälle in Europa und die daraus resultierenden Abwanderungen von Erwerbstätigen aus Italien, Portugal, Griechenland etc., welche in den Aufnahmeländern Nordwesteuropas im Zuge der Migrationsgeschichte mit einer sich verändernden politischen Semantik bezeichnet wurden, die vom Fremdarbeiter, über Gastarbeiter, Arbeitsmigranten bis hin zum Menschen mit Migrationshintergrund reicht (vgl. Han 2005, 257 ff.; Hradil 2005, 332 ff.; Ceylan 2006, 21 ff.; Geißler 2006, 231 ff.). Aber auch an die Zunahme des West-Ost-Gefälles nach dem Zerfall des Sowjetreiches und der Beendigung des Kalten Krieges.

Schließlich weist die moderne Weltgesellschaft auch die Form der segmentären Differenzierung auf. Sie liegt dann vor, wenn gleiche Typen sozialer Systeme in mehrfacher Form auftreten. In besonders prägnanter Weise gilt dies für die knapp zweihundert Nationalstaaten des weltpolitischen Systems. Diese versuchen ihre territoriale Souveränität unter zunehmend prekären Bedingungen der forcierten Globalisierung des Wirtschafts-, Wissenschaftssystems, der Massenmedien etc. zu behaupten. Die segmentäre Differenzierung ist jedoch auch im Kontext anderer Funktionssysteme anzutreffen, z. B. in Form der Fachdisziplinen der Wissenschaft (vgl. Luhmann 1990c, 451 ff.).

Im Folgenden wollen wir die Kommunen der Bundesrepublik Deutschland anhand dieser vier gesamtgesellschaftlichen Differenzierungsformen zunächst makrostrukturell und dann mikrostrukturell thematisieren.

Aus der makrostrukturellen Perspektive lassen sich folgende Spezifika der Kommunen festhalten:

1. Betrachtet man die im Jahr 2006 ca. 12 000 Kommunen auf einen Blick, so handelt es sich bei ihnen um Sozialsysteme, die in unterschiedlicher Weise segmentär, stratifiziert, polyzentrisch und funktional differenziert sind.

Segmentär differenziert sind die Kommunen insofern, als sie als Sozialsysteme des gleichen Typs in mehrfacher Form vorkommen. Dabei nimmt die Anzahl der gleichen Einheiten in dem Maße ab, in dem ihre strukturelle Kopplung mit der Einwohnerzahl zunimmt. So gibt es tausende von Kleingemeinden (bis 5 000 Einwohner) und Großgemeinden (bis 10 000 Einwohner), hunderte von Kleinstädten (bis 25 000 Einwohner) und Mittelstädten (25 000 bis 100 000 Einwohner), unter hundert Großstädte (100 000 bis 1 Million Einwohner) und nur vier Metropolen (über 1 Million Einwohner) (vgl. dazu für die 1990er Jahre Herlyn 1993, 259; Schäfers 1996, 24; für die erste Dekade des 21. Jahrhunderts siehe Junkernheinrich/Micosatt 2009, 11 ff.). In abgekürzter Form kann man von einer Unterscheidung von Dorf, Stadt und Großstadt sprechen.

Die Zentrum/Peripherie-Differenz lässt sich einerseits an der Differenz von Flächenstaaten (Baden-Württemberg, Bayern, Rheinland-Pfalz) und Stadtstaaten festmachen. So dominiert dort eine Vielzahl von Kleingemeinden, während hier eine Konzentration von Großstädten und Metropolen (Berlin, Bremen, Hamburg) zu beobachten ist. Andererseits weist jedes Bundesland – mit Ausnahme der Stadtstaaten – eine regionale Unterscheidung der Kommunen als Unterzentren (= Klein- und Mittelstädte), Mittelzentren (= Mittelstädte) und Oberzentren (= Großstädte und Metropolen) auf. Insgesamt ergibt sich eine Kombination von forcierter urbaner Polyzentrizität mit der Dominanz von Großstädten sowie wenigen Metropolen auf der einen Seite und einer vergleichsweise großen Anzahl peripherer Dörfer auf der anderen Seite, zwischen die sich die Klein- und Mittelstädte schieben.

Stratifikatorische Differenzierung liegt dann vor, wenn die Kommunen und ihre lokalen Funktionsbereiche schichten- und milieuspezifische Unterschiede in je spezifischer Form ausdifferenzieren. So kann man im Hinblick auf die sektorale Differenzierung des lokalen Wirtschaftssystems landwirtschaftlich geprägte Kommunen (z. B. Kleingemeinden) von ehemals industriebestimmten Kommunen der Old Economy (z. B. Großstädte wie Duisburg oder Dortmund im Ruhrgebiet oder Magdeburg und Dresden in den neuen Bundesländern) und dienstleistungsorientierten Kommunen (z. B. Großstädte und Metropolen wie Frankfurt und München) unterscheiden. Die soziale Lage der Erwerbsbevölkerung und ihre Inklusionsquoten in den primären Sektor (Landwirte), sekundären Sektor (Industriearbeiter) und tertiären Sektor (Angestellte) variieren entsprechend. Auf die übrigen lokalen Funktionsbereiche und ihre formalen Organisationen (Erziehung, Verkehr, Wissenschaft etc.) mit ihren unterschiedlichen Implikationen für die lokale Stratifikation der Einwohner werden wir besonders im Verlauf unserer späteren Ausführungen zu den Großstädten zurückkommen (vgl. 1.3).

Was schließlich die funktionale Differenzierung als der für die moderne Gesellschaft dominanten Differenzierungsform betrifft, müsste eine lineare Durchsetzung des Modernisierungsprozesses auf eine Kombination von segmentärer und funktionaler Differenzierung hinauslaufen, die der Gesamtbevölkerung in allen Kommunen der Bundesrepublik den gleichen umfassenden nahräumigen Zugang zu den makrostrukturell ausdifferenzierten Funktionssystemen ermöglichte. Dies ist jedoch nicht der Fall.

2. Stattdessen wird durch die makrostrukturelle Beobachtung der Kommunen mit Hilfe der für die Gesamtgesellschaft geltenden Differenzierungsformen mehreres deutlich:

a) Regionale Disparitäten der Kommunen, aber auch Disparitäten der sozialen Lage ihrer Einwohner verweisen auf die Gleichzeitigkeit der Ungleichzeitigkeit der Modernisierung der Kommunen und ihrer Funktionserfüllung.

b) Die Kommunen der Gesellschaft indizieren folglich ein höchst selektives Wiedereintreten (Re-entry) der Gesellschaft in die Gesellschaft im Nahraum. Ihre Form wird vor allem durch die Selektivität ihrer lokalen Funktionsbereiche und Organisationen bestimmt. Die daraus resultierende unterschiedliche paradoxe Einheit der Kommunen als lokal diverser Funktionsbereiche lässt sich weder mit der obsolet gewordenen Semantik der Gemeinschaft noch mit der neueren Semantik der Zivilgesellschaft oder Bürgergesellschaft angemessen beschreiben (vgl. Honneth 1995; Geißlingen Studie 1995). Überschätzt jene – selbst in Bezug auf die Dörfer – die vermeintliche Einheit durch traditionale Werte (vgl. dazu die Umfrage von Hainz 1998), unterschätzt diese die Komplexität urbaner Kommunen und die Diversität ihrer lokalen Funktionsbereiche. Deren einheitliche Fundierung an ein neues Bürgerengagement oder eine diskursiv erzeugte Moral zu binden, erscheint deshalb mehr als zweifelhaft (vgl. zum aktuellen Stand der sozialwissenschaftlichen Debatte des Bürgerengagements den Sammelband von Heintze/Olk 2001).

c) Die Simultaneität ungleichzeitiger Modernisierungsformen der Kommunen erhellt zudem die Grenzen der Durchgriffskausalität der Entscheidungsprogramme der supralokalen Funktionssysteme in Bezug auf die Kommunen. Dies gilt für das Erzielen gleicher lokaler Effekte durch Steuerung und Planung des politisch-administrativen Systems in Form des Steuer-, Sozial- und Verfassungsstaates; des Wirtschaftssystems in Form der Zentralbank und Konzernzentralen; des Wissenschaftssystems in Form von Sachverständigenräten, Deutscher Forschungsgesellschaft und Ethikkommissionen; des Systems sozialer Hilfe, Religionssystems, Medizinsystems, Rechtssystems etc. durch Wohlfahrtsverbände, Kirchensynoden, Bischofskonferenzen, Dachverbände der Berufsgruppen, Bundes- und Landgerichte etc. und schließlich auch die supralokale Selbstorganisation der Kommunen in Form der Spitzenverbände des Deutschen Städtetages, Deutschen Städte- und Gemeindebundes und Deutschen Landkreistages.

d) Es überrascht deshalb auch nicht, dass die Entscheider der supralokalen Organisationen der Funktionssysteme in den letzten zwei Jahrzehnten auf das Scheitern ihrer Steuerungsversuche mit neuen Programmformeln reagiert haben. Diese präferieren Deregulierung statt Regulierung, dezentrale Autonomie anstelle zentraler Planung, dezentralen Wettbewerb der Kommunen statt „Herstellung gleicher Lebensverhältnisse" durch zentralen Korporatismus, neue Subsidiarität anstelle von Bürokratie und mehr Markt statt Staat. Durch ihr „Entweder-Oder" verdecken diese Programmformeln jedoch die paradoxe Einheit der autopoietischen Eigendynamik der Kommunen, die wir eingangs anhand ihres Supercodes lokal/translokal herauszuarbeiten versuchten. Ihre kommunikative Reproduktion der lokalen Funktionsbereiche ist nämlich in ihrer Funktionserfüllung immer auch auf die Ressourcenzufuhr durch supralokale Funktionssysteme angewiesen. Es erstaunt folglich nicht, wenn sich deren zentrale Entscheider nach einiger Zeit mit neuen Programmformeln zentraler Gegensteuerung wieder zurückmelden, um die lokalen Folgeprobleme der Globalisierung und einer zu stark forcierten Modernisierung der Nationalgesellschaften zu reduzieren.

e) Last, but not least gilt es zu beachten, dass die lokalen Folgeprobleme auch das Ergebnis der jeweiligen Systemgeschichte der Kommunen sind. Als strukturdeterminierte Systeme orientieren sie ihre lokalen kommunikativen Operationen am rekursiven Netzwerk der eigenen Vergangenheit und möglicher Zukünfte durch gegenwärtige Entscheidungen/Nichtentscheidungen. Ob diese ein Risiko oder eine Chance der Lösung lokaler Probleme darstellen, ist somit immer auch eine Frage kommunaler

Selbstbeobachtung, die sich normalerweise von der Fremdbeobachtung durch Umweltsysteme unterscheidet. So können sozialwissenschaftliche Fremdbeobachter die kommunalen Nichtentscheidungen als Krise der Städte (vgl. Heitmeyer/Dollase/ Backes 1998) oder die kommunalen Entscheidungen als konfliktabsorbierende Funktion supralokaler Funktionssysteme, z. B. des Zentralstaates, bewerten (so Offe zitiert nach Naßmacher/Naßmacher 1999, 28), während die Kommunen und ihre ausdifferenzierten lokalen Funktionsbereiche dies anders sehen und umgekehrt. Schließt man jedoch aus der Perspektive eines systemtheoretischen Beobachters die Möglichkeit der autonomen Lösung der lokalen Folgeprobleme durch die Kommunen und ihre ausdifferenzierten Funktionsbereiche nicht aus (vgl. zu einer ähnlichen Position, wenn auch aus einer anderen theoretischen Beobachterperspektive Schäfers/Wewer 1996, 16; Löw 2008, 73 ff.), kommt deren Mikrodiversität (vgl. Luhmann 2000a, 255) und Beitrag zur operativen Varietät der gesellschaftlichen Kommunikation in den Blick. So können sie vergangene lokale Strukturselektionen mit Hilfe programmspezifischer Entscheidungen durch neue ersetzen und im Falle ihrer kommunikativen Verbreitung die Restabilisierung neuer Strukturen der globalen und national selektiv ausdifferenzierten Funktionssysteme ermöglichen. Man denke hier nur an Silicon Valley als Kooperation von Universitäten und lokalen Ökonomien in Bezug auf wissensbasierte Technologien (Cole 2009, 195 ff.), Magnet-Krankenhäuser einzelner Städte (vgl. Orendi 1992 141 ff.), erfolgreiche Fördermodelle des urbanen Systems sozialer Hilfe (vgl. Olk 1991), bestimmte Outdoor-Sportarten, soziale Bewegungen oder jugendkulturelle Lifestyles (vgl. Bette 1989, 65 ff.), die von bestimmten Städten aus („Let's go to San Francisco"; „No Future") ihren nationalen oder gar globalen Siegeszug antraten und antreten. Nicht zuletzt gilt dies auch für die Soziologie, deren Innovationen nicht selten von einem bestimmten Standort aus, sei es Chicago, Frankfurt oder Bielefeld, weltweit diffundieren.

1.3 Die Großstadt als Paradigma der modernen Kommune

Wenn wir im Folgenden die Großstadt betrachten, wechseln wir von der Beobachtung der makrostrukturellen Formenvielfalt der Kommunen zur mikrostrukturellen Ebene einer bestimmten Form der modernen Kommune über. Dabei lassen wir uns von der Grundthese leiten, dass die Großstadt das Paradigma der modernen Kommune darstellt. Sie reproduziert im Nahraum die forcierte Modernisierung der Modernisierungszentren der Weltgesellschaft als paradoxe Einheit lokaler Funktionsbereiche und ihrer Folgeprobleme kommunikativ in prägnantester Form. Um diese Grundthese zu plausibilisieren, gehen wir von folgenden systemtheoretisch inspirierten Fragen aus, die sich der Reihe nach an der sachlichen, sozialen, räumlichen und zeitlichen Sinndimension orientieren (vgl. zu einer ähnlichen Vorgehensweise Nassehi 2002, 213 ff. Wir unterscheiden uns jedoch von ihm – ebd., 224 – bezüglich seiner vorschnellen Zweifel an der Kontinuität der Synchronisationsfunktion, der die Städte aus seiner Sicht ihr Entstehen in der Moderne verdankten. Und zwar u. a. deshalb, weil das von ihm angedeutete, sich verändernde „Arrangement sozialer Ungleichheit" mit seinen Folgen für die Sichtbarkeit/Unsichtbarkeit räumlicher Exklusion in den Modernisierungszentren der Weltgesellschaft auf sehr unterschiedliche urbane Strukturen als emergentes Resultat der Kombination von Evolution und Planung zur Erfüllung der Synchronisationsfunktion trifft. Siehe diesbezüglich zu einem Vergleich westeuropäischer Städte Mingione/Andreotti 2002):

- Welche Form nimmt die funktionale Differenzierung der Großstädte an?
- Was sind deren Effekte für ihre sozialräumliche Differenzierung?
- Wie sieht die spezifische Temporalstruktur der Großstädte aus?
- Wie lässt sich die Relation von Großstadtkonflikten und Integration verstehen?
- Wie können sich die Großstädte selbst beschreiben?

Den angeführten Fragen kommt zugleich auch die Funktion eines Vergleiches mit denjenigen Kommunen zu, deren Formen sich als Klein-, Großgemeinden, Klein- und Mittelstädte von den Großstädten unterscheiden. Bei ihrer Beantwortung führen wir den Vergleich jedoch nicht explizit durch. Stattdessen beschränken wir uns auf die Darstellung der strukturellen Besonderheiten der Großstädte. Wir hoffen aber durch deren ausführliche Beschreibung hinreichende Anschlussmöglichkeiten für eine an dieser Stelle nicht leistbare systemtheoretische Beobachtung der anderen kommunalen Formen liefern zu können.

Wenn wir uns nun auf die genauere systemtheoretische Analyse der Großstadt als Paradigma der modernen Kommune konzentrieren, stellen die ca. 80 segmentär differenzierten Großstädte und vier Metropolen (Berlin, München, Hamburg, Köln) der Bundesrepublik Deutschland die reale Systemreferenz dar, auf die sich unsere folgenden Beobachtungen beziehen. Im Zentrum steht dabei nicht die Beschreibung der je spezifischen Ereignisgeschichte der einzelnen Großstadt oder Metropole, sondern die dynamische Stabilität ihrer Strukturen, die den Selektivitätsspielraum der Ereignisse im Medium lokaler Kommunikation ermöglicht (Vgl. zu einem ähnlichen Forschungsinteresse, das sich vornehmlich an Bourdieus Strukturtheorie orientiert und die „städtische Eigenlogik", „Städtekonkurrenz" und „Stadtbilder" ins Zentrum rückt, Löw 2008).

1.3.1 Urbane Funktionsbereiche

Die Großstädte lassen sich deshalb als Paradigma der modernen Kommunen bezeichnen, da sie die Form der funktionalen Differenzierung auf der lokalen Ebene am entschiedensten zum Ausdruck bringen und damit auch die Voraussetzungen zur umfassenden nahräumigen Inklusion der Bevölkerung am ehesten erfüllen. Das wollen wir kurz anhand ihrer einzelnen lokalen Funktionsbereiche deskriptiv verdeutlichen.

Ihr lokaler administrativer Funktionsbereich ist durch die Funktion des administrativen Oberzentrums gekennzeichnet und ihre Bezeichnung als kreisfreie Städte verweist auf eine umfassende lokale Autonomie ihres lokalen politischen Funktionsbereiches, die zusätzlich durch Art. 28 GG verfassungsrechtlich abgesichert ist. Organisatorisch manifestiert sich die Kombination von administrativem Oberzentrum und kreisfreier Stadt in Form einer komplexen Verwaltung (Dezernate, Ämter) und Politik (Stadtversammlung, Ausschüsse). Als Kernorganisationen des lokalen politisch-administrativen Systems und seines zugleich formalen und informalen Machtkreislaufes nehmen sie die Funktion kollektiv bindenden Entscheidens wahr (vgl. dazu Banner 1994; Naßmacher/Naßmacher 1999, 307 ff.; Hohm 2006, 53 ff.). Ihre Spannbreite politisierbarer Themen (Policies) erstreckt sich von der lokalen Wirtschafts-, Umwelt-, Kultur-, Verkehrs-, Sport-, Wohnungs-, Schul-, Ausländerpolitik bis hin zur Sozialpolitik.

Des Weiteren differenziert sich ein lokaler Funktionsbereich der Wirtschaft aus, dessen sekundärer und tertiärer Sektor zunehmend durch wissensbasierte Wirtschaftsorganisationen bzw. produktionsorientierte Dienstleistungsorganisationen der New Economy (Kommunikationstechnologien, E-Commerce, Marketing, Research and Development), Großbanken, Messen und eine Vielfalt von konsumorientierten Dienstleistungsorganisationen bestimmt wird (vgl. dazu Häußermann/Siebel 1995, 91 ff.; Willke 1997). Besonders bei letzteren, die verstärkt in Malls der Innenstädte untergebracht sind, zählt nicht mehr nur der pure Einkauf und Konsum, sondern zunehmend das Einkaufs- und Konsumerlebnis („Komm auf zum Kaufhaus Tengelmann, dort wo man was erleben kann") (vgl. Outfit 1994; Outfit 1997; Outfit 2001). Dies gilt auch für den gastronomischen Sektor, der mit seiner Pluralität von Angeboten die Großstädte nicht zuletzt auch für Besucher der Umlandgemeinden und Touristen attraktiv machen soll.

Hinzu kommt der lokale Funktionsbereich des Verkehrs, der, neben einem hoch ausdifferenzierten Netzwerk von Straßen des motorisierten Individualverkehrs und öffentlichen Nahverkehrs, das Stadtautobahnen und Autobahnanschlüsse einschließt, zusätzlich U-Bahnen, S-Bahnen, ICE-Anschlüsse und – vor allem in Metropolen – Flughäfen aufweist (vgl. zur automobilen Inklusion Hohm 1997). Die Großstädte sind es auch, in denen als erstes intelligente Verkehrsleitsysteme (Telematik) erprobt werden, um die kommunikative Anschlussfähigkeit des Transports von Personen und Gütern zu erhöhen (vgl. Willke 1997, 210 ff.).

Der lokale Funktionsbereich der Massenmedien ist sowohl durch moderne Verlagshäuser der Printmedien, hochdiversifizierte und spezialisierte Buchläden, teilweise auch private und öffentliche Rundfunk- und Fernsehanstalten mit Bürgerkanälen, als auch durch diverse Stadtteilzeitungen und Werbeblätter gekennzeichnet. Die Pluralität der lokalen massenmedialen Organisationen ermöglicht somit – trotz beobachtbarer Konzentrationsprozesse – konkurrierende Informationsmöglichkeiten über lokale Ereignisse (vgl. Jarren 1994).

Der lokale Funktionsbereich des Medizin- und Pflegesystems beschränkt sich nicht nur auf stationäre und ambulante Organisationen der Grund- oder Regelversorgung, sondern differenziert sich in vielfältiger Form aus. So reicht die medizinische Angebotspalette von Fachärzten über Spezialkrankenhäuser bis hin zu Unikliniken und Selbsthilfegruppen für die unterschiedlichsten somatischen und psycho-sozialen Krankheiten. Zugleich ist sie in vielfältigen Formen mit dem pflegerischen Fachpersonal und den Pflegeorganisationen strukturell gekoppelt (vgl. Braun/Opielka 1992; Höhmann u. a. 1998; Hohm 2002).

Der lokale Funktionsbereich des Erziehungs- und Wissenschaftssystems ist durch die Ausdifferenzierung unterschiedlichster Schultypen mit unterschiedlichen Trägern, qua vielfältiger Angebote der Weiterbildung, Berufsakademien, Fachhochschulen, Forschungsinstitute und Universitäten geprägt (vgl. Hohm 2005).

Im lokalen Funktionsbereich des Sportsystems sind, neben den Sportarenen des Spitzensports, die unterschiedlichsten vereinsförmigen Angebote für den Breitensport, vielfältige Events des Streetlife (Marathonläufe, Night-Skating, Fahrradrennen etc.) und mannigfaltige kommerzielle Angebote für immer schneller wechselnde Trendsportarten und Fitnessmöglichkeiten anzutreffen (vgl. Bette 1997; Bette 1999b).

Im lokalen Funktionsbereich der Kunst gibt es eine Vielfalt von hochkulturellen Kunstformen mit entsprechenden Organisationen (Theater, Museen, Galerien, Opernhäuser, Bibliotheken, Kinos etc.), die durch eine Mannigfaltigkeit gegenkultureller Kunstformen („Kleinkunst", „Straßenkunst", „jugendliche Subkulturen") und unterschiedlichster Spielarten der Volkskunst bzw. Volkskultur ergänzt werden (vgl. Bette 1989, 98 ff. u. 118 ff.; Glaser 1994; Weinfeld 2000).

Im lokalen Funktionsbereich der Religion trifft man im Zuge der Multiethnizität der Großstädte nicht nur christliche und jüdische Gemeinden, sondern zunehmend auch Gemeinden anderer Weltreligionen wie des Islam, Buddhismus oder Hinduismus an (vgl. für den Islam Heitmeyer 1997). Ergänzt werden diese durch eine Pluralität esoterischer und sektiererischer

Gruppierungen, die vor allem in den Fußgängerzonen der City dem flanierenden Publikum ihre Botschaft verkünden (vgl. Kern 1997).

Da wir auf den lokalen Bereich des Funktionssystems sozialer Hilfe noch ausführlicher zurückkommen werden, sei hier nur kurz erwähnt, dass auch er eine Vielfalt von Hilfeorganisationen aufweist, deren Kern die administrativen kommunalen Dienstleistungsorganisationen und wohlfahrtsverbandlichen Organisationen darstellen.

Schließlich sei noch darauf hingewiesen, dass die Großstädte oftmals auch als Standort für supralokale Organisationszentralen der intermediären Organisationen und Interessenorganisationen – wie Parteien, Gewerkschaften, Arbeitgeberverbände und sonstige Fachverbände – fungieren, die zu den lokalen Organisationen der Ortsverbände hinzukommen.

Deutlich werden sollte anhand unserer bisherigen Ausführungen, dass die Großstädte diejenigen Kommunen mit der größten Eigenkomplexität sind. Sofern wir diese an der forcierten Ausdifferenzierung der lokalen Funktionsbereiche festmachten, stellen sie deshalb auch das Paradigma der modernen Kommunen dar. Ihr selektives Re-entry als großstädtische Gesellschaft der Gesellschaft schließt nämlich im Nahraum am konsequentesten an die funktionale Differenzierung als dominanter Differenzierungsform der Modernisierungszentren an. Gleichzeitig wird damit aber auch ein, wenn nicht das zentrale Problem der Großstädte evident: wie ist ihre Integration angesichts der Eigenkomplexität der lokalen Funktionsbereiche und ihrer pluralen Organisationen möglich, ohne deren operative Autonomie zu gefährden?

1.3.2 Urbane Sozialstruktur und Infrastruktur

Eine Konsequenz der Ausdifferenzierung der Großstädte in lokale Funktionsbereiche ist ihre zusätzliche Ausdifferenzierung in plurale sozialräumliche Lagen und Lebensstile. Unterscheidet man die sozialräumliche Dimension in großstädtische Sozialstruktur und Infrastruktur, lassen sich daran folgende Beobachtungen anschließen:

a) Versteht man unter der Sozialstruktur der Großstadt die Form ihrer stratifikatorischen Differenzierung, bietet es sich an, anstelle der traditionellen Begriffe der sozialen Klasse oder sozialen Schicht zur Beschreibung ihrer sozialer Ungleichheiten den Begriff soziales Milieu heranzuziehen (vgl. dazu ausführlicher Abschnitt 2.3). Dieser schließt zwar als Kombination von sozialer Lage und Grundorientierung (= Grundwerte bzw. Lebensziele und Lebensstil) hinsichtlich der sozialen Lage an das klassische Dreierschema (= Ober-, Mittel- und Unterschicht) des Schichtenmodells mit den Statusdimensionen Bildung, Einkommen, Beruf, Prestige an. Er unterscheidet sich von diesem jedoch dadurch, dass er – wie neuere Varianten des Schichtenmodells (vgl. Geißler 2006, 97 ff.) – die Statusdimensionen stärker auf die sektoralen und organisatorischen strukturellen Transformationen der Funktionsbereiche bezieht und dadurch eine feinere Differenzierung der sozialen Lagen von Personengruppen ermöglicht (vgl. Schulze 1993, 277 ff.; Sinus Sociovision 2002; Hradil 2005; 435 ff.; Geißler 2006, 106 ff.). Vor allem aber grenzt sich der Begriff des sozialen Milieus vom traditionellen Schichtenbegriff dadurch ab, dass er den Eigensinn von Lebenszielen und Lebensstilen bzw. Werten als differenz- bzw. identitätsstiftendes Kriterium von Personengruppen akzentuiert. Damit induziert er eine Komplexitätssteigerung der Beobachtung sozialer Ungleichheit, die ihrer heutigen großstädtischen Komplexität eher entspricht. Diese manifestiert sich anhand der Vereinbarkeit gleicher sozialer Lagen mit divergierenden Lebenszielen und Lebensstilen; der Simultaneität moderner und traditioneller großstädtischer Milieus und ihrer Heterarchie.

Es überrascht folglich nicht, dass man in Großstädten sowohl die Personengruppen der modernen Milieus – wie postmodernes Milieu, liberal-intellektuelles Milieu, modernes bürgerliches Milieu, modernes Arbeitnehmermilieu, Teile des aufstiegsorientierten und hedonistischen Milieus – als auch der traditionellen Milieus – wie konservativ-technokratisches Milieu, kleinbürgerliches Milieu und traditionelles Arbeitermilieu – antrifft. Ergänzt werden diese durch ethnische Milieus von Ausländern unterschiedlicher Herkunftsländer, von denen ein beträchtlicher Teil zusammen mit dem traditionslosen Arbeitermilieu, Teilen des traditionellen Arbeitermilieus und hedonistischen Milieus und bestimmten randständigen Personengruppen den randständigen Milieus zuzuordnen sind (vgl. dazu ausführlicher 2. Kapitel).

b) Die sozialen Milieus sind auch an ungleiche räumliche Verteilungen der Einwohner durch die lokale Infrastruktur der Großstädte gekoppelt. Diese differenziert sich als Kernstadt in die City, dezentrale Stadtteile und dazwischen liegende Stadtteile aus.

So lässt sich seit den 1980er und 1990er Jahren eine Gentrification der City beobachten. Diese besagt, dass Teile der modernsten Milieus (postmodernes Milieu, liberal-intellektuelles Milieu, modernes Arbeitnehmermilieu) die Innenstädte als attraktive Wohnquartiere wiederentdecken, da sie ihnen die für ihren kulturellen, konsumorientierten oder freizeitorientierten Lebensstil erwünschten infrastrukturellen Angebote am ehesten bieten (vgl. dazu Blasius 1996; Holtmann/Schaefer 1996, 38 ff.). Demgegenüber wandern andere Milieus mit Mehrpersonenhaushalten (z.B. das moderne bürgerliche Milieu) in die Umlandgemeinden ab. Dort können sie ihrem familien- und kinderfreundlichen Lebensstil eher als in den zum Teil durch strukturelle Rücksichtslosigkeit gegenüber Kindern gekennzeichneten Großstädten nachgehen (vgl. Blinkert 1993; BMfFFuS 1998). Deren Grundstücks- und Immobilienpreise sind zudem in attraktiven Stadtteilen für sie zu hoch (vgl. Holtmann/Schaefer 1996, 40 ff. u. 49 ff.). In diesen, die vornehmlich in historisch gewachsenen, stadtrandnahen Stadtteilen gelegen sind, leben besonders Personen des konservativ-technokratisches Milieu und Teile des liberal-intellektuellen Milieus in freistehenden Villen, Bungalows oder Einfamilienhäusern mit entsprechend großräumigen Gärten oder Parks. Hier verbringen sie als lokale, teilweise auch supralokale Elite der unterschiedlichen Funktionsbereiche ihre zumeist knappe Freizeit weitestgehend unter sich (vgl. Häußermann 2000, 18). Die Mehrheit der großstädtischen Einwohner (kleinbürgerliches Milieu, aufstiegsorientiertes Milieu, modernes Arbeitnehmermilieu, traditionelles Arbeitermilieu, traditionsloses Arbeitermilieu und hedonistisches Milieu) wohnt hingegen in Reihenhäusern, Eigentumswohnungen und Mietwohnungen des freien oder sozialen Wohnungsmarktes. Dabei handelt es sich in der Mehrzahl der Fälle um gemischte dezentrale Stadtteile oder Stadtteile, die zwischen diesen und der City liegen. Demgegenüber wohnen die Bewohner der randständigen Milieus (große Teile der ethnischen Milieus, Teile des traditionellen und traditionslosen Arbeitermilieus und hedonistischen Milieus, aber auch randständige Personengruppen bestimmter anderer Milieus) primär in den sozialen Brennpunkten. Diese verteilen sich über die Peripherie der Städte in Form von dichtbesiedelten Hochhäusern der Trabantenstädte und Schlichtbauwohnungen der Obdachlosensiedlungen, nichtmodernisierten Altbauquartieren citynaher Stadtteile und früheren Arbeitervierteln mit ehemaligen Werkswohnungen oder Wohnungen des sozialen Wohnungsmarktes (vgl. dazu Herlyn 1990 b, 137 ff.; Schäfers 1996, 27 u. unseren Abschnitt 2.3).

Die sozialräumliche Ausdifferenzierung der Großstädte verweist folglich auf eine infrastrukturelle Kopplung pluraler sozialer Milieus mit stadtteilspezifischen Wohnquartieren. Diese ermöglichen den jeweiligen Personengruppen – je nach sozialer Lage, Lebenszielen und Lebensstilen – unterschiedliche Teilnahmechancen an den lokal divers ausdifferenzierten Funktionsbereichen und ihren jeweiligen Organisationen.

Damit lassen sich die Großstädte sozialstrukturell nicht mehr als paradoxe Einheiten schichtenspezifisch differenzierter und integrierter Einwohner beschreiben, deren hierarchische Spitze die lokale Oberschicht als Teil des Ganzen repräsentiert. Aber auch nicht mehr infrastrukturell als paradoxe Einheiten eines Zentrums und einer Peripherie, bei der das Zentrum durch einen von vielen Stadtteilen und dessen Einwohnerschaft repräsentiert und integriert wird.

Statt dessen lassen sich die Großstädte sozialstrukturell eher als paradoxe Einheiten pluraler, sozial ungleicher Milieus charakterisieren mit unterschiedlichen Formen der Inklusion/Exklusion der Einwohner bezüglich der lokalen Funktionsbereiche und ihre Organisationen. Diese eröffnen vor allem den Personen der moderneren Milieus vielfältige Inklusionschancen für ihre Lebensziele und Lebensstile in Form von Positivkarrieren (vgl. zum systemtheoretisch konzipierten Karrierebegriff generell Luhmann/Schorr

1979, 277 ff.; Luhmann 1989 b, 232 ff.; Hohm 2006, 173 ff.). Gleichzeitig wächst jedoch das Inklusionsrisiko besonders für die Einwohner des traditionellen Arbeitermilieus, für Teile des kleinbürgerlichen Milieus und der randständigen Milieus. Indem deren soziale Lebenslagen zunehmend schrumpfen und ihre Lebensziele bzw. Lebensstile mit der Semantik von Leistung, Lern- und Risikobereitschaft konfligieren, drohen sie durch Negativkarrieren in die lokalen Exklusionsbereiche der Großstadt abgedrängt zu werden.

Es erstaunt deshalb nicht, dass die sozialstrukturelle „Spaltung" und soziale Desintegration der Gesellschaft auch auf der Ebene der Großstädte zum Thema geworden ist (vgl. Heitmeyer 1998; Dangschat 1999; Häußermann 2000, 13; Häußermann u. a. 2004). Aus systemtheoretischer Sicht lässt sich die Beobachtung der sozialstrukturellen Spaltung und sozialen Desintegration als das Problem der Inklusion/Exklusion der Einwohner in den Großstädten reformulieren und präzisieren. Dabei geht es primär darum, ob es den Großstädten und ihren lokal ausdifferenzierten Funktionsbereichen gelingt, das Abdriften eines Teils der Milieus in den lokalen Exklusionsbereich mit entsprechender negativer Überintegration und Negativkarrieren ihrer Mitglieder zu verhindern oder zumindest zu reduzieren.

Was die großstädtische Infrastruktur anbelangt, so lässt sie sich eher als Einheit einer Vielzahl von Stadtteilen mit je spezifischen Stadtteilzentren und peripheren Zonen beschreiben. Das schließt weder die besondere Bedeutung der City als Stadtzentrum aus noch schließt es die Gleichsetzung der Peripherie mit randständigen Zonen der Großstadt ein. Deren iterative räumliche Gleichheit/Ungleichheit ergibt sich aus der Differenz der räumlichen Inklusion/Exklusion der Einwohner hinsichtlich der spezifischen Infrastruktur der lokalen Funktionsbereiche und ihrer Organisationen. Diese eröffnen besonders den Personen der moderneren Milieus vielfältige funktionsspezifische mobile und immobile Inklusionschancen im Medium der öffentlichen, halböffentlichen und privaten Außen- und Binnenräume. Demgegenüber werden vornehmlich die Personen der randständigen Milieus durch räumliche Segregation in die als soziale Brennpunkte bezeichneten Wohnquartiere abgedrängt und räumlich exkludiert (vgl. dazu ausführlicher 2.2). Die Großstädte sehen sich somit nicht nur mit dem Problem der sozialen Desintegration in Form der sozialen Exklusion, sondern zunehmend auch mit dem sich zuspitzenden Problem der Segregation in Form der räumlichen Exklusion konfrontiert. Es stellt sich mithin die Frage, ob es ihnen gelingt, sich als polyzentrische Einheiten verschiedener Stadtteile kommunikativ zu reproduzieren, die eine infrastrukturelle Entkopplung bestimmter Wohnquartiere und die damit verbundene räumliche Exklusion vermeiden oder reduzieren können.

1.3.3 Urbane Temporalstruktur

Hinsichtlich der Temporalstruktur der Großstädte lassen sich folgende Spezifika beobachten:

Sie weisen eine Systemgeschichte auf, die oftmals über mehrere Jahrhunderte, ja zum Teil bis über 2000 Jahre in die Zeit der territorialen Expansion von Weltreichen der vormodernen hochkulturellen Gesellschaften zurück reicht (vgl. Schäfers 1996, 20 ff.; siehe auch Nassehi 2002, 212 ff. zu einer kurzen Rekonstruktion der Evolution der Stadt). Deren antike Relikte können zur Attraktivitätssteigerung der Großstädte durch museale und städtebauliche Konservierung beitragen und mit der feudalen und modernen Phase der Stadtgeschichte eine je spezifische Synthese unterschiedlich bewahrter Vergangenheiten in der Gegenwart eingehen.

Diese ist jedoch nicht nur durch ein selektives Anknüpfen der lokalen Funktionsbereiche an die Vergangenheit gekennzeichnet, sondern vor allem durch die Dominanz der gegenwärtigen Zukünfte. Indem diese immer rascher zu zukünftigen Gegenwarten werden, wächst das Modernisierungstempo in den Großstädten und ihren lokalen Funktionsbereichen. Das, was eben noch neu (= modern) war, ist wenig später schon veraltet (= traditional). Die Zeitsemantik des Neuen infiziert alle lokalen Funktionsbereiche. Ihre Spannbreite reicht von der New Economy, über die neuen Kommunikationsmedien, das neue Steuerungsmodell, den Innovationsparteitag, die neue Armut, das neue Ehrenamt, die neuen sozialen Bewegungen, die Stadterneuerung, Stadtteilen mit Erneuerungsbedarf bis hin zu den Superlativen der Latest News, den neuesten Trendsportarten, der neusten Mode und dem neuesten Event. Das Neue impliziert jedoch sowohl Chancen als auch Risiken für die großstädtischen Funktionsbereiche mit ihren Sektoren und Organisationen. Diese schrumpfen oder expandieren in unterschiedlichem Tempo, je nachdem, ob ihnen eine rechtzeitige Selbstanpassung durch rasche Korrekturen ihrer traditionalen Strukturen und Programme gelingt oder durch kontrafaktisches Festhalten an veralteten Erwartungen misslingt (vgl. dazu Löw 2008, 57 ff. für Manchester und Sheffield bzw. Rostock und Bremerhaven). Zu Modernisierungsgewinnern werden dabei besonders diejenigen großstädtischen Funktionsbereiche, deren Eigenzeiten einen lernbereiten, zukunftsoffenen Erwartungsstil im Umgang mit den Kommunikationsmedien Geld, Macht, Wissen, Liebe, Glaube, Fürsorglichkeit etc. sektoral und organisatorisch prämiieren. Während diejenigen als Modernisierungsverlierer ins Hintertreffen geraten, die primär einen normativen, vergangenheitsorientierten Erwartungsstil präferieren (vgl. zur Differenz von kognitiven und normativen Erwartungsstilen Luhmann 1972, 40 ff.; Luhmann 1984, 411 ff.; Luhmann 1990 c, 136 ff.; Hohm 2006, 135 ff.). Letzteres gilt besonders für alteingesessene mittelständische Familienbetriebe und Industriesektoren der Old Economy, traditionelle wertgebundene lokale Vereins-, Interessen- und Berufsorganisationen des Sports, der sozialen Hilfe, Pflege, Religion und Old Economy, die lokale Administration und ihre Fachbereiche etc. (vgl. Banner 1994; Manderscheid 1996).

Die Gleichzeitigkeit der Ungleichzeitigkeit des großstädtischen Modernisierungstempos bevorzugt darüber hinaus diejenigen Einwohner, für die der rasche Rollenwechsel durch die sequentielle Teilnahme an den unterschiedlichen lokalen Funktionsbereichen und ihren Organisationen ein Ausdruck ihres lernoffenen und für Neues aufgeschlossenen urbanen Lebensstils ist. Es erstaunt folglich nicht, dass es gerade die Personengruppen der moderneren und jüngeren Milieus (liberal-intellektuelles Milieu, modernes Arbeitnehmermilieu, postmodernes Milieu) sind, für die der Stress des großstädtischen Tempos mit seinen raschen Schauplatzwechseln eher eine Herausforderung und einen Kick als eine Belastung darstellt (vgl. dazu auch die Beobachtungen von Kindern und Jugendlichen der hochmodernen Milieus bei Du Bois-Reymond u. a. 1994, 71 ff.; Sellmair 2008). Dies erklärt auch ihre erwähnte Präferenz für citynahes Wohnen. Ist es doch besonders die City, deren dichte infrastrukturelle Folge von Beschäftigungs-, Einkaufs-, Freizeit-, Kultur- und Ausbildungszonen, vernetzt und verknotet durch die Fußgängerzonen des Verkehrssystems und begleitet durch die omnipräsenten modernen Verbreitungsmedien, vielfältige kommunikative Anschlussmöglichkeiten für neue Informationen und Events bereit stellt (vgl. Bette 1989; Schulze 1993).

Gleichzeitig ist es jedoch auch die City der Großstädte, deren Bahnhöfe, markante Plätze und Fußgängerzonen zunehmend den Ort für die unterschiedlichsten Szenen der Modernisierungsverlierer – von Junkies über Straßenkinder bis hin zu wohnungslosen jugendlichen Punks und älteren Wohnungslosen – abgeben (vgl. Bette 1989, 108 ff.; Institut für soziale Arbeit 1996, 111 ff.). Zusammen mit den Einwohnern sozialer Brennpunkte, zum Teil sich auch aus diesen rekrutierend, indizieren sie die Exklusion als Kehrseite des großstädtischen Modernisierungstempos und seiner Zukunftsverheißungen. Es dominiert die Tristesse von „No Future", Langeweile und forcierter körperlicher Selbstdestruktion im alltäglichen urbanen Überlebenskampf.

Doch es sind nicht nur die Extremformen urbaner Exklusion, welche die andere Seite des urbanen Modernisierungstempos markieren. Diese meldet sich auch mittels moderner Formen der Entschleunigung durch Zonen urbaner Ruhe und Langsamkeit zurück (vgl. Bette 1989, 88 ff.). Dabei geht es nicht nur und primär um den häuslich-privaten Rückzug der traditionelleren Milieus als Gegenhalt zum Modernisierungstempo und Stress der sonstigen lokalen Funktionsbereiche (vgl. Schulze 1993, 292 ff.). Sondern es geht vor allem um deren programmspezifische Durchsetzung von Orten und Zonen der Ruhe und Langsamkeit, welche den menschlichen Körper wieder stärker als Medium der Wahrnehmung, Fortbewegung und Selbstbeobachtung ins Zentrum rücken. So ermöglichen verkehrsberuhigte Zonen, 30 km-Zonen, Fahrradwege, Fußgängerzonen und temporäre Straßenevents eine Renaissance der körpereigenen Fortbewegung und Wahrnehmung in Form von Flanieren, Fahrradfahren, Jogging, Marathonläufen und Inline-Skating; werden die Binnenräume der Kirchen, Hochschulen, Volkshochschulen, Betriebe, der Gesundheitsorganisationen etc. zum Ort der vielfältigsten Körperprogramme, die von Yoga, Atemübungen, Aromatechniken bis hin zu Körperreisen reichen, und erfahren Orte der Meditation und des Schweigens vermehrten Zulauf (vgl. Bette 1989; Ritter 1991, 143 ff.; Shusterman 1994; Bette 1997).

Deutlich wird nach all dem Gesagten, dass die Temporalstrukturen der Großstädte durch eine Simultaneität von forciertem Modernisierungstempo und verlangsamter Modernisierung ihrer lokal ausdifferenzierten Funktionsbereiche gekennzeichnet sind. Damit sind besonders Risiken für diejenigen lokalen Funktionsbereiche, Organisationen und Personengruppen verknüpft, denen die Selbstanpassung durch rasches Lernen misslingt. Sie drohen zu Modernisierungsverlierern zu werden und in die lokalen Exklusionsbereiche abzudriften. Die Großstädte sehen sich folglich zunehmend mit dem Problem konfrontiert, einer zukünftigen Entwicklung gegenzusteuern, welche die Ungleichzeitigkeit des Modernisierungstempos ihrer lokalen Funktionsbereiche und Stadtteile forciert und somit ihr Konfliktpotential erhöht.

1.3.4 Urbane Konfliktthemen

Dass Großstädte das Paradigma moderner Kommunen darstellen, lässt sich somit auch anhand ihrer spezifischen Konfliktthemen beobachten. Diese resultieren vor allem aus der skizzierten paradoxen Einheit lokal ausdifferenzierter Funktionsbereiche, deren ungleichzeitigem Modernisierungstempo und den damit verknüpften ungleichen Chancen und Risiken sozialräumlicher Inklusion/Exklusion der Bewohner der pluralen großstädtischen Milieus.

So kommt es zu universitären Konflikten und entsprechenden Formen studentischen Protestes primär in Großstädten, führen großtechnologische Projekte wie Flughäfen, supermoderne Bahnhöfe und Stadien zum ökologisch orientierten Widerstand großstädtischer Bürgerinitiativen, wehren sich besorgte Elterninitiativen gegen die Gefährdung ihrer Kinder durch den Großstadtverkehr, erzeugt die Stilllegung der Industrieunternehmen der Old Economy gewerkschaftlich organisierte Streiks von Industriearbeitern, machen sozial engagierte Initiativen auf die infrastrukturelle Misere sozialer Brennpunkte aufmerksam, wenden sich Bürger mit Lichterketten gegen Rassismus und Diskriminierung von Ausländern, prügeln sich Hooligans mit Polizisten vor und nach Fußballspielen der Bundesliga, inszenieren Punks und autonome Gruppen Chaostage und protestieren Globalisierungsgegner in den großstädtischen Zentren der Macht (vgl. für neue soziale Bewegungen Roth 1997; Rink 2000).

Deutlich wird anhand dieser heterogenen, spezifisch großstädtischen Konfliktthemen und Protestformen, dass die Integration der Großstädte zunehmend zum Problem wird. Es überrascht demzufolge nicht, wenn sozialwissenschaftliche Beobachter die Frage aufwerfen, ob die „Integrationsmaschine Stadt versagt" (Heitmeyer 1998). Ist mit der Maschinenmetapher jedoch keine Trivialmaschine, sondern eine nichttriviale Maschine gemeint (vgl. von Foerster 1997), ist die Integrationsproblematik der Großstadt aus systemtheoretischer Perspektive eng mit dem Problem ihrer Selbststeuerung verbunden. Versteht man unter Integration die wechselseitige Beschränkung der Selektionsfreiheiten lokaler Funktionsbereiche (im Anschluss an einen systemtheoretisch reformulierten Integrationsbegriff von Luhmann 1997b, 605), so geht es letztlich darum, ob und wie diese durch Selbststeuerung in Richtung einer positiven Selbstanpassung gelenkt werden können, ohne ihre Autonomie zu gefährden. Möglich ist dies jedoch nur, wenn weder einer der lokalen Funktionsbereiche als Spitze oder Zentrum der Selbststeuerung fungiert noch diese sich ausschließlich an ihren Codes und Programmen orientieren, ohne deren systemexterne Konsequenzen zu berücksichtigen. Führt die erste Variante zur Überintegration der Großstädte, tendiert die zweite Variante zu ihrer Desintegration.

Die Überintegration der Großstadt und ihrer lokalen Funktionsbereiche ist besonders dann gegeben, wenn das lokale politisch-administrative System seine hierarchischen Steuerungsmöglichkeiten mittels machtgebundenem Recht und Geld überschätzt. Es besteht somit die Gefahr einer zu starken Beschränkung der Freiheitsgrade der übrigen lokalen Funktionsbereiche. Es dauert nicht lange, bis es zu Konflikten kommt und die lokalen Funktionsbereiche ihre volle Eigendynamik durch stärkere Entkoppelung vom lokalen politischen System betreiben. In grob zugespitzter Form könnte man dementsprechend die bundesrepublikanische Großstadtgeschichte der 1970er Jahre bis Anfang der 1990 Jahre als Phase antihierarchischer bzw. antibürokratischer Proteste bezeichnen. Richteten diese sich zunächst nur gegen die hierarchische Steuerung des lokalen politisch-administrativen Systems, so weitete sich die Stoßrichtung ihrer Kritik – eine latente Gemeinsamkeit der Protestbewegungen und innovativen Vertreter der Organisations- und Managementtheorien – mit unterschiedlichem Tempo auf alle lokale Funktionsbereiche aus. Es wuchs die Einsicht in die Vorteile der Selbstorganisation, die Begrenztheit der Hierarchie für die Lösung komplexer Probleme und die heterarchische Struktur der lokalen Funktionsbereiche (vgl. Banner 1994; Willke 1995, 64ff.; Baecker 1999, 198ff.).

Gleichzeitig wird jedoch auch ab Beginn der 1990er Jahre verstärkt die drohende Desintegration der Großstadt als Kehrseite einer zu starken Forcierung der Eigendynamik der lokalen Funktionsbereiche thematisiert (vgl. Häußermann/Siebel 1995, 97ff.; Heitmeyer 1998, 443). Diese und ihre Organisationsentscheider lassen sich allenfalls auf eine Negativkoordination ein, welche ihre Freiheit nur soweit beschränkt, wie es ihr primäres Interesse an der möglichst unbeschränkten Expansion ihrer codespezifischen Kommunikation zulässt (vgl. Willke 1997, 107). Es überrascht somit nicht, wenn dies zu den eingangs erwähnten Konflikten führt.

Aktuelle Formen der Selbststeuerung der Großstädte, welche die gescheiterten Erfahrungen der Über- und Desintegration als Systemgedächtnis mitführen, zielen folglich auf eine zeitnahe Veränderung der lokalen Funktionsbereiche ab, die deren Selbstanpassung in eine Richtung zu dirigieren versucht, welche kontextsensivere strukturelle Kopplungen ermöglichen. Im Kern bedeutet dies eine Verbesserung der großstädtischen Integration durch umweltsensiblere Leistungserfüllung und Leistungsabnahme der lokalen Funktionsbereiche und ihrer Organisationen. Dass diese Selbststeuerung heute nicht nur durch das lokale politisch-administrative System erfolgen kann, sondern den Einbezug aller lokalen Funktionsbereiche erfordert, sollte angesichts unserer bisherigen Ausführungen klar geworden sein.

Seit den 1990er Jahren lässt sich demzufolge eine Vielfalt von Steuerungsgremien – komplexe Verhandlungssysteme, Lenkungs- und Steuerungsgruppen, Konferenzen, Round-Table-Gespräche, Public-Private-Partnerships, Arbeitsgemeinschaften, Beiräte, Modellprojekte, Räte etc. – beobachten, welche die komplexen Konflikte der lokalen Funktionsbereiche der Großstadt thematisieren (vgl. Braun/Opielka 1992, 225; KGSt 1993; KGSt 1995; Wewer 1996; Höhmann/Müller-Mundt/Schulz 1998, 107 ff.; Krummacher/Waltz 2000, 224 ff.). Auffällig ist dabei zum einen, dass sich deren Mitglieder nicht mehr nur aus den Experten und Entscheidern der lokalen Funktionsbereiche und ihrer Organisationen rekrutieren, sondern zunehmend auch aus Vertretern der Entscheidungsbetroffenen. Auffallend ist jedoch auch zum anderen, dass die Entscheider des lokalen politisch-administrativen Systems immer weniger die Funktion eines Wächters oder Kontrolleurs im Sinne eines klassischen Supervisors übernehmen, sondern eher die eines Mediators (vgl. Willke 1997, 342 ff.). Gelingt es den Teilnehmern der Steuerungsgremien, sich wechselseitig in die Position eines Beobachters zweiter Ordnung zu begeben, der sieht, was der andere nicht sehen kann, können alternative Möglichkeiten in den Blick geraten. Eine positive Koordination in Richtung einer umweltsensibleren strukturellen Kopplung der Leistungsabnahme und Leistungszufuhr der lokalen Funktionsbereiche und ihrer Organisationen wird folglich wahrscheinlicher.

Abschließend sei noch darauf hingewiesen, dass mit den unterschiedlichen Integrationsgraden der lokalen Funktionsbereiche auch unterschiedliche Inklusionschancen und Exklusionsrisiken der großstädtischen Milieus und ihrer Personengruppen verbunden sind. So eröffnete eine tendenzielle Überintegration der lokalen Funktionsbereiche und ihrer hierarchisch strukturierten Organisationen – mit dem lokalen Wohlfahrtsstaat als politisch-administrativem Steuerungszentrum – den traditionellen Milieus größere Inklusionschancen bis in die 1970er Jahre. Demgegenüber wuchsen in der antihierarchischen Phase der Großstadtgeschichte, die mit einem geringeren Integrationsgrad und einer forcierten Modernisierung der lokalen Funktionsbereiche und ihrer Organisationen einher ging, die Inklusionschancen der modernen Milieus. Die Selektionsfreiheiten der Lebenskarrieren ihrer Personengruppen nahmen zu, da ihre Lebensziele und Lebensstile flexiblere Formen individueller Selbstanpassung zuließen. Gleichzeitig erhöhten sich in dieser Phase die Exklusionsrisiken der traditionellen Milieus. Die Selektionsfreiheiten der Lebenskarrieren ihrer Personengruppen verringerten sich und ihre auf Sicherheit und Bewahren konzentrierten Lebensziele und Lebensstile erschwerten zudem individuelle Lernprozesse. Ein wachsender Teil von ihnen drohte und droht, zusammen mit den ohnehin gefährdeten randständigen Milieus, ins großstädtische Abseits zu geraten. Es erstaunt folglich nicht, dass die skizzierten aktuellen Steuerungsbemühungen der Großstädte durch Programme wie „soziale Stadt" und „Entwicklung und Chancen von Kindern und Jugendlichen in sozialen Brennpunkten" vor allem auch auf die lokalen Exklusionsbereiche abzielen (vgl. Alisch 1997; Hanesch 1997; Häußermann 2000; Becker/Löhr 2000; BMFFJuS 2000; Löhr 2000).

1.3.5 Urbane Selbstbeschreibungen

Schließlich sind die Großstädte im Zuge der forcierten Globalisierung der Funktionssysteme und Steigerung der freiwilligen/unfreiwilligen räumlichen Mobilität der Bevölkerung in stärkerem Maße als früher auf eine Selbstbeschreibung angewiesen. Deren Funktion ist es, ihre lokale Identität bzw. lokales Image als einzigartige(s) in Differenz zu anderen Großstädten zu kommunizieren (zur ähnlichen Funktion von Stadtbildern und City-Brandings siehe Löw 2008, 140 ff.). Gegenüber den supralokal ausdifferenzierten Funktionssystemen intendiert sie die je spezifische Präsentation als attraktiver lokaler Standort. Gegenüber den aktuellen und potentiellen Einwohnern die kommunikative Erzeugung einer lokalen Adressstelle, welche von ihnen in Differenz zu anderen Adressstellen präferiert wird.

Wie jede Selbstbeschreibung sozialer Systeme kann auch die der Großstädte nur in Form einer Selbstsimplifikation erfolgen, da sie als kommunikative Sonderoperation ein Teil der Einheit ist, die sie beschreibt (vgl. generell zur Problematik und Selbstbeschreibung in Bezug auf das umfassende Sozialsystem der Gesellschaft Luhmann 1997b, 879 ff.). Der Selbstbezug auf den Eigennamen als unverwechselbare Adressstelle der lokalen Kommunikation ist dafür eine notwendige, aber nicht hinreichende Voraussetzung. So ist der Slogan „Mainz bleibt Mainz" nur für diejenigen Adressaten mehr als eine zugleich tautologische und paradoxe Selbstbeschreibungsformel, die ihn als Mitteilung einer Information verstehen, die auf die Kontinuität des einzigartigen lokalen Humors abstellt. Als abgekürzte Selbstbeschreibung greift der erwähnte Slogan jedoch nicht nur wegen der eingeschränkten Anschlussfähigkeit der mit ihm verbundenen Spaßkommunikation zu kurz, sondern vor allem auch deshalb, weil er auf das thematisierte Selbst unterkomplex referiert (vgl. Löw 2008, 187 ff. als ausführliche Darstellung eines über Bilder und Slogans wie „Be Berlin" und „Munich loves you" geführten Konkurrenzkampfes).

Das Problem der Selbstbeschreibung der Großstädte besteht nämlich in der Kommunikation einer unverwechselbaren Identität, die sich angesichts der Einheit einer Vielfalt lokaler Funktionsbereiche, pluraler Milieus, Stadtteile und Eigenzeiten nicht auf einen Teil des Ganzen reduzieren lässt. Als Paradigma moderner Kommunen sind die Großstädte mithin auf der lokalen Ebene mit ähnlichen Selbstbeschreibungsproblemen konfrontiert wie die nationalen Gesellschaften auf der supralokalen Ebene, wenn sie ihre Einheit zu thematisieren versuchen (vgl. Luhmann 1997b, 866 ff.; Kneer/Nassehi/ Schroer 2001; Hohm 2006, 53).

Optieren sie mit ihren Selbstbeschreibungen primär für die lokale Einheit a) eines der lokalen Funktionsbereiche als Universitätsstadt, Messestadt, Ökostadt, Bankenstadt, touristische Stadt, soziale Stadt, Medienstadt, High-Tech-Stadt, Stadt der Künste etc.; b) eines Lebensstils der Schichten und Milieus als Beamten-, Angestellten-, Arbeiter- oder multikulturelle Stadt; c) eine der Zeitdimensionen als historische, moderne oder postmoderne Stadt oder d) einer der Sozialräume als Freizeitort, Wirtschaftsstandort oder Verkehrsstandort, invisibilisieren sie die jeweils lokal ausgeschlossenen anderen Bereiche. Die Invisibilisierungsversuche der großstädtischen Selbstbeschreibungen stoßen mithin unweigerlich auf Differenz anstelle von Einheit, wenn die ausgeblendeten lokalen Bereiche ihre konkurrierenden Beobachtungen und Selbstbeschreibungen als andere Seite der Einheit der Großstädte kommunizieren.

Komplexere großstädtische Selbstbeschreibungen müssen folglich der unverwechselbaren Einheit ihrer Vielfalt durch Berücksichtigung der Polykontexturalität ihrer lokalen Funktionsbereiche, der Pluralität ihrer sozialräumlichen Milieus und der jeweiligen Differenz von Tradition und Moderne kommunikativ Tribut zollen. Die kommunikative Anschlussfähigkeit ihrer Realitätskonstruktionen erhöht sich somit in dem Maße, wie es ihnen gelingt, die paradoxe Selbsttransformation einer sich verändernden, unverwechselbaren Identität der Großstadt zu beschreiben. Das setzt das Mitführen eines Gedächtnisses der Selbstbeschreibungen voraus, das durch eine selektive Kombination von Erinnern und Vergessen gekennzeichnet ist (vgl. generell zum Gedächtnis sozialer Systeme Luhmann 2000a, 157 ff.). Eröffnet das selektive Vergessen die Möglichkeit innovativer Selbstbeschreibungen (Visionen), welche sich von traditionellen Images der Großstädte befreien, verhindert das selektive Erinnern ihre allzu schnelle Selbsttransformation. Die Zunahme der kommunikativen Selbstthematisierung der Großstädte und der Organisationen ihrer lokalen Funktionsbereiche in

Form ihrer Leitbilder und Corporate Identity lässt sich von daher auch als der Versuch einer adäquaten Kombination von selektivem Erinnern und Vergessen beobachten. Das Gleiche gilt für die Erfolgssemantik der Nachhaltigkeit in Bezug auf den Umgang mit ihrer je spezifischen Umwelt. Zugleich wird jedoch auch deutlich, dass Selbstbeschreibungen von Großstädten, die um ihres positiven Images willen ihren lokalen Exklusionsbereich vergessen, nicht lange warten müssen, bis sie die lokalen und supralokalen Massenmedien durch Skandalisierung daran erinnern.

Löw (2008, 241) bilanziert die Selbstbeschreibungsversuche der Städte in anderer Theoriesprache wie folgt: „Trotz aller Aufmerksamkeit für die Besonderheit einer Stadt zeigt sich in der konkreten Analyse, dass die Inszenierung des Eigenen nicht mit der eigenlogischen Struktur einer Stadt verwechselt werden darf. Es handelt sich vielmehr um ein Abhängigkeitsphänomen: Es gibt für Städte typische Weisen, das Eigene zu inszenieren. Diese Weisen sind mal repräsentativer für die Bevölkerung, mal treffen sie nur die Interessen einzelner Gruppen. Sie sind erfolgreicher und weniger erfolgreich, kreativer oder langweiliger, mutiger oder sicherer, bezeichnender oder illusionärer – je nach Stadt."

Bevor wir ein Fazit unseres Kapitels ziehen werden, wollen wir noch kurz auf die historisch vergleichsweise neuen Selbstbeschreibungen bzw. Selbstdarstellungen der Großstädte mit Hilfe der Homepages im Internet aufmerksam machen. Deren soziologische Beschreibung könnte eine sinnvolle Ergänzung zu den bereits erwähnten, sich hauptsächlich auf ältere Verbreitungsmedien wie Fotos, Zeitschriften und Postkarten beziehenden soziologischen Deutungen von Stadtbildern Löws (2008, 187 ff.) sein. Ohne deren systemtheoretische Interpretation an dieser Stelle vertiefen zu können, was sicher ein forschungsstrategisch lohnendes Unterfangen wäre, seien hier nur kurz einige Spezifika dieser neueren Formen der elektronisch kommunizierten Selbstbeschreibungen angedeutet:

a) mit der Semantik der „Homepage" in Kombination mit dem Städtenamen wird die Großstadt qua elektronischer Kommunikation, d.h. mittels Kommunikation von raum-zeitlich Abwesenden mit Abwesenden, zunächst als Heim-Adresse generell und abstrakt identifizierbar;
b) klickt man die entsprechende Homepage an, präsentiert sich die Großstadt mit ihrem „Stadtportal" in einer multimedialen Form, die Schrift, Bilder und (Such-) Links miteinander verknüpft;
c) die Semantik des Stadtportals verbindet dabei die gebräuchliche Internetsemantik des Portals als Einstieg in eine Web-Site mit der Semantik des prachtvollen Tors mittelalterlicher Städte, in das es einzutreten gilt;
d) was einem als Publikum bzw. Internet-User hinter dem „virtuellen Stadttor" im Falle eines Eintritts erwartet, wird zum einen qua visuellem Wahrnehmungsmedium Bild in der Kopfleiste der Homepage in einer selektiven und für die jeweilige Großstadt vermeintlich typischen Form

sichtbar. Und es wird zum anderen im Medium Schrift unterhalb des Bildes durch Items wie „Verkehr, Tourismus, Wirtschaft, Bildung, Wissenschaft, Politik, Kultur, Verwaltung etc." angedeutet. Diese Anordnung lässt sich als ein Re-entry der von uns dargestellten funktionalen Differenzierung der lokalen Funktionsbereiche in die Struktur der Selbstbeschreibung der Großstädte begreifen;

e) die jeweilige Individualität der Selbstbeschreibung der Großstadt via Homepage erschließt sich somit in einem ersten Schritt bzw. auf einen ersten Blick mittels Relationierung von Bild und Items, wobei sowohl die Selektion des Bildes als auch die Auswahl und Gruppierung der funktionssystemspezifischen Labels schon einen ersten Hinweis auf deren städtespezifische Relevanz indizieren;

f) wie sich die Großstadt in ihrer jeweiligen Eigenkomplexität weiter präsentiert, was sich also hinter dem virtuellen Stadtportal verbirgt, ergibt sich einerseits durch die qua Programmstruktur der Homepage selegierten Binnendifferenzierung der urbanen Themen, Orte, Termine und Adressstellen von Personen und Organisationen. Andererseits durch ihre kommunikative Zugänglichkeit mittels Kopplung und Vernetzung von Items, (Such-)Links und selektiven Interesse durch Klicks des jeweiligen Internet-Users.

Resümiert man die Antworten auf unsere systemtheoretisch inspirierten Fragen, so hoffen wir durch sie gezeigt zu haben, weshalb die Großstädte das Paradigma der modernen Kommunen darstellen. Sie sind es vor allem deshalb, weil sie die Funktion des nahräumigen umfassenden Zugangs der Bevölkerung zu den global und national selektiv ausdifferenzierten Funktionssystemen am ehesten von allen Kommunen erfüllen. Das heißt jedoch nicht, dass allen Großstädten die Funktionserfüllung im gleichen Maße gelingt. Diese variiert in Abhängigkeit vom Integrationsgrad der lokalen Funktionsbereiche und Einwohner. Lässt er sich im Hinblick auf die lokalen Funktionsbereiche als das Problem bzw. Ausmaß der wechselseitigen Einschränkung ihrer Selektionsfreiheiten durch strukturelle Kopplungen identifizieren. So verweist der Integrationsgrad der Einwohner auf das Problem bzw. Ausmaß der wechselseitigen Einschränkung der Selektionsfreiheiten der Einwohner und lokalen Funktionsbereiche durch Formen der Inklusion/Exklusion.

Die Großstädte unterscheiden sich somit zum einen dadurch voneinander, inwieweit ihre lokalen Funktionsbereiche überintegriert, desintegriert oder durch Selbststeuerung positiv koordiniert sind. Und zum anderen dadurch, in welchem Ausmaß sie ihren Einwohnern Inklusionschancen hinsichtlich der lokalen Funktionsbereiche eröffnen bzw. sie aus diesen exkludieren. Je nachdem, wie ihre Lösung der doppelten Integrationsproblematik ausfällt, variieren folglich sowohl ihre funktionsspezifischen Konfliktthemen als auch die sozial- und infrastrukturellen Teilnahmechancen und Exklusionsrisiken der Personengruppen unterschiedlicher sozialer Milieus. Da die Groß-

Schaubild 2: Lokaler Inklusionsbereich und Exklusionsbereich sozialer Brennpunkt

Merkmale	Stadtteile ohne soziale Brennpunkte	Stadtteile mit sozialen Brennpunkten
	1. Infrastruktur	**1. Infrastruktur**
Stadtteil	City, Zwischenzone, Peripherie Gentrification, Reihenhaussiedlungen, Stadtteile mit Mischung aus Haus-, Wohn- und Mieteigentum, primären Mietwohnungen	City, Zwischenzone und Peripherie Trabantenstädte, sanierungsbedürftige Altstadtquartiere, deindustrialisierte Arbeiterviertel, Obdachlosensiedlungen
Wohnquartier	Sehr gute bis befriedigende Qualität des Haus- und Wohneigentums und der Mietwohnungen	Schlechte bis sehr schlechte Qualität von Mietwohnungen, oftmals mehrgeschossige Gebäude (Hochhäuser), teilweise Unterkünfte
Wohnungsmarkt	Dominanz des freien Wohnungsmarktes und der Mietwohnungen	Dominanz des sozialen Wohnungsmarktes, z. T. Unterkunftsmarkt
Oranisation lokaler Funktionsbereiche	Im Nahraum vorhanden oder außerhalb gut erreichbar	Eingeschränkt vorhanden und außerhalb schlecht erreichbar
	2. Sozialstruktur	**2. Sozialstruktur**
Lokale Funktionsbereiche	Multiinklusion mit eher hohen Selektionsfreiheiten der Personen(gruppen)	Multiexklusion mit eher niedrigen Selektionsfreiheiten der Personen(gruppen)
Soziale Milieus	Traditionale, moderne und postmoderne	Heterogene randständige
	3. Temporastruktur	**3. Temporastruktur**
Zeitdimension	Dominanz der Zukunftsorientierung	Dominanz der Gegenwartsorientierung
Lebenskarriere	Plurale Formen von Positiv- und Negativkarrieren	Flurale Formen von Negativ- bzw. Exklusionskarrieren
	4. Chancen und Risiken	**4. Chancen und Risiken**
Chancen	Aufstieg innerhalb der Sozialsysteme der lokalen und supralokalen Funktionsbereiche und sozialen Milieus	Stabilisierung in den noch zugänglichen quartiersinternen und -externen Sozialsystemen; Reinklusion einer Minderheit in den loklen und supralokalen Funktionsbereich
Risiken	Abstieg innerhalb der Sozialsysteme der lokalen und der sozialen Milieus	Exklusion der Exklusion im Quartier; Exklusion durch Monoinklusion in totale Institutionen; Exklusion durch Inklusion in Szenen außerhalb des Quariters
	5. Moralische Selbst- und Fremdbeschreibungen	**5. Moralische Selbst- und Fremdbeschreibungen**
Achtung/Verachtung	Plurale Formen der milieuspezifischen Grenzziehung durch Binnen- und Außenmoral und Verachtung Exkludierter	Plurale Formen der moralischen Grenzziehung von Exkludierten innerhalb des Quartiers und des Umgangs mit der Verachtung/ Stigmatisierung von außen

städte als Kollektivsingular gleichsam als „Stadtgesellschaft" in die Modernisierungszentren der Weltgesellschaft durch die Ausdifferenzierung des Supercodes lokal/translokal im Nahraum eingeschlossen sind, unterscheiden sie sich schließlich auch durch die Form ihrer Selbstbeschreibung. Indem diese die großstädtische Identität als paradoxe Einheit einer Vielfalt lokaler Funktionsbereiche thematisiert, gewinnt sie ihre Unverwechselbarkeit und Differenz vor allem durch Anschluss an die doppelte Integrationsproblematik. Wie diese die Entscheider der Großstädte bei ihren Selbstbeschreibungen berücksichtigen und mit ihnen zugleich ihre je spezifische Systemgeschichte qua Kombination von selektivem Erinnern und Vergessen kontinuieren und diskontinuieren, erzeugt dann die Information, die einen Unterschied hinsichtlich der Identität der Großstädte ausmacht.

Dass zu dieser und ihrer Systemgeschichte immer auch die diabolische Seite der Desintegration und Exklusion gehört, überrascht folglich nicht. Hatten wir sie bis dato eher beiläufig erwähnt, soll sie nun im Zentrum des folgenden Kapitels stehen.

2. Der Exklusionsbereich urbaner sozialer Brennpunkt

Gegen Ende des 20. Jahrhunderts und zu Beginn des 21. Jahrhunderts wurde und wird in den Modernisierungszentren der Weltgesellschaft – besonders auch in der Bundesrepublik Deutschland – dem Thema der Exklusion als der diabolischen Seite der Inklusion verstärkte Aufmerksamkeit zugewandt (vgl. aus systemtheoretischer Sicht Luhmann 1995 b; Luhmann 1997 b, 618 ff.; Bardmann 2000; Bohn 2006; Farzin 2006; Hohm 2006, 117 ff.; Stichweh 2009; aus der Perspektive konkurrierender Paradigmen Kronauer 2002; Bude/Willisch 2008). Gesellschaftliche Selbstbeschreibungen wie Sekundärgesellschaft, Zwei-Drittel Gesellschaft oder Parallelgesellschaft verweisen auf die Schattenseiten der beschleunigten Globalisierung und Modernisierung (vgl. Baecker 1994, 95; Leisering 1995, 81; Heitmeyer 1998, 43; Geißler 2006, 231 ff.; Bukow u. a. 2007). Diese manifestieren sich besonders in den Großstädten und Metropolen, in denen eine wachsende Minderheit der Bevölkerung vom umfassenden nahräumigen Zugang zu den primären Funktionssystemen der modernen Gesellschaft ausgeschlossen wird oder sich selbst exkludiert.

Wir wollen uns im Folgenden vor allem mit einem Teilphänomen des damit indizierten urbanen Exklusionsbereiches befassen: den sogenannten sozialen Brennpunkten (vgl. zur Groborientierung auch Schaubild 2). Im Zentrum unserer systemtheoretisch inspirierten Beobachtung stehen dabei die folgenden Fragen:

1. Welche Funktion erfüllt die Infrastruktur sozialer Brennpunkte im Hinblick auf die exkludierten Personengruppen?
2. Wie lässt sich die soziale Lage der exkludierten Personengruppen sozialer Brennpunkte beschreiben? Handelt es sich um eine „New Urban Underclass", Milieus der Unterschicht oder randständige Milieus? Sind sie hoch oder niedrig integriert?
3. Welche Zeitmodi herrschen in sozialen Brennpunkten vor? Gibt es dort eine Eigenzeit, die quer zur dominanten Futurisierung der Funktionssysteme der Moderne steht? Welche Rolle spielen die Systemgeschichte sozialer Brennpunkte und die Verweildauer der durch sie exkludierten Personengruppen für deren Lebenskarriere?
4. Welche Konfliktthemen (Probleme) bzw. Ereignisse dominieren in sozialen Brennpunkten? Auf welche kommunikativen Problemlösungen rekurrieren die exkludierten Personengruppen?

5. Wie wirkt sich die moralische Form der Selbstbeobachtung auf die Kommunikation der exkludierten Personengruppen aus? Inwieweit beeinflusst sie ihre Selbstbeobachtung als Hilfsbedürftige bzw. selbsthilfefähige Personen?

2.1 Was sind soziale Brennpunkte?

Schaubild 3: Sozialräume der großstädtischen Exklusionsbereich

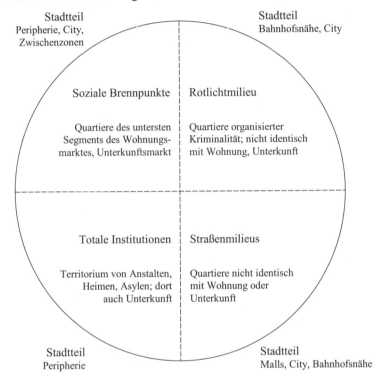

Stadtteil
Peripherie, City,
Zwischenzonen

Stadtteil
Bahnhofsnähe, City

Soziale Brennpunkte

Quartiere des untersten
Segments des Wohnungs-
marktes, Unterkunftsmarkt

Rotlichtmilieu

Quartiere organisierter
Kriminalität; nicht identisch
mit Wohnung, Unterkunft

Totale Institutionen

Territorium von Anstalten,
Heimen, Asylen; dort
auch Unterkunft

Straßenmilieus

Quartiere nicht identisch
mit Wohnung oder
Unterkunft

Stadtteil
Peripherie

Stadtteil
Malls, City, Bahnhofsnähe

Bei sozialen Brennpunkten – so unsere Grundannahme – handelt es sich um bestimmte Formen lokaler Exklusionsbereiche (vgl. zur Typenvielfalt großstädtischer Exklusionsbereiche Schaubild 3. Speziell die Grenzen der sozialen Brennpunkte zum Rotlicht- und den Straßenmilieus können dabei fließend sein). Sie unterscheiden sich sowohl von Ghettos, ethnischen Kolonien in der Variante der Enklaven sowie totalen Organisationen als auch von bestimmten sozialräumlichen Milieus wie dem Rotlichtmilieu oder diversen Straßenmilieus als weiterer Formen des lokalen Exklusionsbereichs. Von totalen Institutionen dadurch, dass sie keine Sonderorganisationen sind, welche als Anstalten, Heime oder Asyle die räumliche Mobilität von unfreiwillig aus dem Inklusionsbereich der Funktionssysteme exkludierten

Risikogruppen wegen deren Selbst- und/oder Fremdgefährdung auf ihr organisatorisches Territorium beschränken (vgl. Goffman 1970, 13 ff.; Foucault 1976; Hohm 2006, 132). Von Ghettos dadurch, dass es in den Modernisierungszentren der Weltgesellschaft keine politisch-militärische Zentralmacht gibt, welche exkludierte Personengruppen planmäßig auf eine ganze Stadt oder bestimmte Quartiere verteilt und sie mit staatlich legitimierter Gewalt am Verlassen hindert (vgl. dazu auch Dubet/Lapeyronnie 1994, 24 u. 78, welche die Anwendung des Ghettobegriffs auf die französischen Vorstädte ablehnen, und Ceylans 2006, 50 ff. Bezug auf Marcuses Differenz von Ghettos und Enklaven). Darüber hinaus sind soziale Brennpunkte auch nicht identisch mit ethnischen Kolonien, sofern diese vor allem in der Anfangsphase als multifunktionale Enklave für die Immigranten dienen und sich besonders durch deren freiwillige Selbstorganisation reproduzieren (vgl. dazu Ceylan 2006, 52 ff.; 245 ff.; zum Disput der ethnischen Kolonien und der Ambivalenz der ethnischen Segregation ebd., 69 ff. und 245 ff. und zu ethnisch segregierten Milieus als einem Typ sozialer Brennpunkte vgl. unseren Abschnitt 2.3).Schließlich unterscheiden sich soziale Brennpunkte von bestimmten Straßenmilieus oder dem Rotlichtmilieu insofern, als deren diverse formal und informal organisierten Kommunikationsformen der Devianz normalerweise entkoppelt vom Wohnquartier der betroffenen Personengruppen stattfinden (vgl. dazu Schaubild 3, S. 43).

Scheiden also die erwähnten Formen lokaler Exklusionsbereiche für eine positive begriffliche Bestimmung sozialer Brennpunkte aus, bietet es sich an, danach Ausschau zu halten, wie diese durch die Sozialwissenschaft, Sozialpolitik und Sozialarbeit explizit definiert werden. Dabei stößt man vor allem auf die 1979 vom Deutschen Städtetag beschlossene Definition. Er versteht unter sozialen Brennpunkten „Wohngebiete, in denen Faktoren, die die Lebensbedingungen ihrer Bewohner und insbesondere die Entwicklungschancen bzw. Sozialisationsbedingungen von Kindern und Jugendlichen negativ bestimmen, gehäuft auftreten" (vgl. Thien 1992, 217; Mehl 1993, 858). Diese Definition des Deutschen Städtetages spielt bis heute – speziell in der Sozialpolitik und Sozialarbeit – eine bedeutende Rolle. Auf die Verbesserung der durch sie besonders betonten eingeschränkten Entwicklungschancen von Kindern und Jugendlichen zielt u.a. das aktuelle Aktionsprogramm „Entwicklung und Chancen junger Menschen in sozialen Brennpunkten" (2000) des Bundesministeriums für Familie, Senioren, Frauen und Jugend ab.

Neben der sozialpolitischen Kontinuität der Semantik des sozialen Brennpunktes lassen sich jedoch gleichzeitig auch sozialpolitische und sozialwissenschaftliche Nachfolgesemantiken zur Beschreibung urbaner Exklusionsbereiche beobachten. So substituiert die Bundesregierung in dem 1999 gemeinsam mit den Bundesländern beschlossenen Programm „soziale Stadt" den Begriff soziale Brennpunkte durch den der „Stadtteile mit besonderem Entwicklungsbedarf" (vgl. Becker/Löhr 2000, 22; Löhr 2000, 5). Und eine wachsende Anzahl sozialwissenschaftlicher Beobachter optiert anstelle des Begriffs soziale Brennpunkte für Begriffe wie problembeladene Quartiere, Quartiere der sozialen Exklusion, benachteiligte Quartiere (Häußermann 2000, 15, 17, 19) Problemquartier (Keim/Neef 2000, 30), Armutsquartiere, Zuwanderungsquartiere, abgewertete Wohngebiete etc. (Walther/Güntner 2007).

Fragt man nach der Notwendigkeit einer neuen Semantik zur Beschreibung derjenigen lokalen Exklusionsbereiche, die bis dato als soziale Brennpunkte bezeichnet wurden, so wird u. a. damit argumentiert, dass diese Begrifflichkeit aus den 1960er Jahren stamme, als noch Wirtschaftswachstum und Arbeitskräftemangel dominierten. Als solche suggeriere sie punktuell auftretende Probleme, die man wie die Feuerwehr im Falle eines plötzlich auftretenden Brandes schnell löschen könne. Sofern aber seit den 1980er Jahren das Wirtschaftswachstum stagniere und sich die Arbeitslosigkeit ausweite, würden aus punktuellen strukturelle Probleme. Eine kurzfristige Intervention erweise sich somit als unzureichend, wenn nicht mehr nur wenige Obdachlose, sondern ein wachsender Teil der Bevölkerung in die lokalen Exklusionsbereiche abgedrängt werde (vgl. Häußermann 2000, 15).

So überzeugend diese Argumentation zur Semantik sozialer Brennpunkte auf den ersten Blick erscheinen mag, so übersieht sie doch auf den zweiten Sinnüberschüsse, an die sich produktiv anschließen lässt. Wir sehen sie vor allem im Hinweis auf sozial generierte Probleme von Wohnquartieren, deren Konfliktdynamik – um im Bild zu bleiben – in die Extremformen des „Burn-out" der Betroffenen und ihrem „Burn-in" durch „Brandanschläge" einmünden kann. Interpretiert man die Semantik der sozialen Brennpunkte auf diese Weise, indizieren bereits die zwischen Resignation und Protest oszillierenden Extremformen der Betroffenen, dass diese „Problemlösungen" nicht zwingend auf kurzfristig zu löschende Probleme verweisen.

Im Gegensatz zu den sozialwissenschaftlichen und sozialpolitischen Befürwortern einer Nachfolgesemantik für die Beschreibung lokaler Exklusionsbereiche wollen wir deshalb im Folgenden am Begriff „sozialer Brennpunkt" festhalten. Das bedeutet allerdings nicht, dass wir seine Version der 1960er Jahre kontinuieren oder die Definition des Deutschen Städtetages vom Ende der 1970er Jahre übernehmen. Noch bedeutet es, dass wir uns, entflammt durch die Dringlichkeit der Probleme, vorschnell dem Protest der Betroffenen gegen die Verhältnisse anschließen und Partei für ihre Lebenswelt ergreifen.

Stattdessen referieren wir mit der Semantik des sozialen Brennpunktes im Anschluss an die neuere Systemtheorie auf Folgeprobleme der funktionalen Differenzierung in den Modernisierungszentren der Weltgesellschaft. Sie beziehen wir jedoch nicht nur auf die beschleunigte Transformation des monetarisierten Wirtschaftssystems und seine Konsequenzen für das Beschäftigungssystem, sondern auch auf die forcierte Eigendynamik der übrigen Funktionssysteme. Zur Ausdifferenzierung sozialer Brennpunkte kommt es dementsprechend vor allem dann, wenn es den Großstädten nicht gelingt, das mit den Folgeproblemen der verstärkten Modernisierung der Funktionssysteme verbundene Risiko der Negativintegration von Teilen ihrer Einwohnerschaft zu verhindern.

Unter sozialen Brennpunkten als spezifischen Formen urbaner Exklusionsbereiche verstehen wir dementsprechend Folgendes:

Urbane Wohnquartiere, die defizitäre, diskreditierte und segregierte Sozialräume im Nahbereich symbolisieren und ihre konfliktreiche Systemgeschichte als emergentes Resultat von lokaler/supralokaler Evolution und Steuerungsversuchen kommunikativ reproduzieren. Die Dauer der Exklusionskarrieren der in sie unfreiwillig inkludierten exkludierten Bewohner heterogener randständiger Milieus variiert in Abhängigkeit von der je spezifischen Kombinationen von persönlicher Selbstselektion und Fremdselektion im Kontext quartiersinterner und -externer Sozialsysteme.

Unsere Definition von sozialen Brennpunkten impliziert somit eine strukturelle Asymmetrie zugunsten des Inklusionsbereiches in ihrer Umwelt, da sie davon ausgeht, dass ihre lokalen Exklusionsbereiche die Selektionsfreiheiten der Lebensführung massiv einschränkt und das so nicht nur von dem systemtheoretischen Beobachter, sondern auch von der Mehrheit der Bewohner gesehen wird.

2.2 Defizitäre Infrastruktur und räumliche Exklusion

Schaubild 4: Merkmale urbaner sozialer Brennpunkte – Infrastruktur

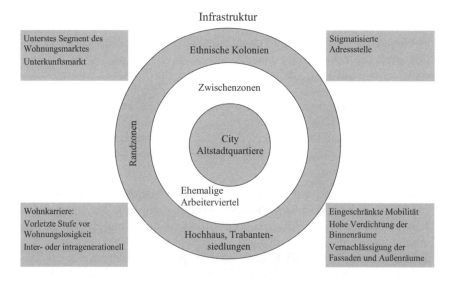

Es gehört zu den bestimmenden Merkmalen der Modernisierungszentren, dass der Raum aufgrund der globalen Kommunikation der Funktionssysteme, der Omnipräsenz von Telekommunikation und der forcierten Mobilität von Personen und Gütern seine Funktion als Grenzziehung sozialer Systeme zunehmend einbüßt. Umso mehr scheint es besonders systemtheoretische Beobachter zu irritieren, wenn er in bestimmten urbanen Quartieren als Trennung von funktionssystemspezifisch inkludierten und exkludierten Personengruppen fungiert (vgl. Stichweh 1997, 127 und im Anschluss an ihn Kuhm 2000).

Die Semantik des sozialen Brennpunktes verweist folglich darauf, dass Personengruppen, die in den so bezeichneten urbanen Quartieren wohnen oder untergebracht sind, den für die Mehrheit der Bewohner der Großstädte möglichen umfassenden nahräumigen Zugang zu den Funktionssystemen und ihren Organisationen nur höchst selektiv oder gar nicht in Anspruch nehmen können. Einerseits scheinen hier bestimmte Mobilitätshindernisse vorzuliegen, welche die exkludierten Personengruppen stärker als andere städtische Bewohner an ihr Quartier binden. Andererseits wirft die dadurch erzeugte Immobilität das Problem auf, ob und wie das Quartier des sozialen Brennpunktes den limitierten Zugang zur Mehrzahl der Funktionssysteme substituieren kann oder nicht (vgl. zum Folgenden als Groborientierung Schaubild 4, S. 46).

Fragt man sich zunächst, welche Anlässe für erwachsene Personen räumliche Mobilität erforderlich machen, so besteht ein erster zentraler Anlass darin, dass sie ihr Wohnquartier verlassen, um lokale oder supralokale Beschäftigungsorganisationen zwecks Erwerbsarbeit aufzusuchen. Die räumliche Differenzierung von Wohnen und Beschäftigungsorganisationen erzwingt somit die alltägliche Inklusion in das lokale oder supralokale Verkehrssystem. Dies kann in Form der automobilen Inklusion als Autofahrer des motorisierten Individualverkehrs oder Fahrgast eines Transportmediums des öffentlichen Nahverkehrs geschehen (vgl. Hohm 1997). Sofern der Arbeitsplatz nicht zu weit vom Wohnquartier entfernt ist, kann man ihn auch als Fahrradfahrer oder Fußgänger erreichen.

Für einen großen Teil der erwachsenen Bewohner sozialer Brennpunkte scheidet diese Form der Mobilität schon allein deshalb aus, weil sie als Arbeitslose oder Sozialhilfeempfänger von den Leistungsrollen des lokalen oder supralokalen Beschäftigungssystems exkludiert sind. Die Fahrt zum Arbeitsplatz entfällt somit als Anlass zur täglichen Teilnahme am Verkehrssystem. Sein Präferenzwert motorisierte Mobilität ist für sie in einer zentralen Hinsicht irrelevant geworden. Sie sind unfreiwillig immobil (Betrachtet man die hohe Relevanz der Mobilität für die Mehrzahl der Bevölkerung, die unter anderem auch in der Semantik der (auto) mobilen Gesellschaft zum Ausdruck kommt, überrascht die nahezu vollständige Ausklammerung der Thematisierung des Verkehrssystems in der Systemtheorie. Siehe als einen ersten Versuch, das Verkehrssystem systemtheoretisch als Funktionssystem zu beobachten, Hohm 1997, 24 ff.).

Nimmt man als zweiten Anlass für lokale oder supralokale Mobilität die alltäglichen Einkäufe hinzu, so kann die Mehrzahl der erwachsenen Bewohner aufgrund ihrer Einbindung in Knappheitshaushalte für die Einkäufe kein Auto als Transportmedium in Anspruch nehmen. Sie sind als Fahrgast auf den öffentlichen Nahverkehr angewiesen. Je nachdem, wie dessen Fahrplan strukturiert ist und wie nah oder fern die Haltestellen von der jeweiligen Wohnung entfernt liegen, bedeutet dies die Inkaufnahme räumlich weiter Wegstrecken, von längeren Wartezeiten und Transportproblemen im Falle größerer Einkäufe. Es erstaunt folglich nicht, dass die Einkäufe im Nahraum des sozialen Brennpunktes getätigt werden, wenn entsprechende Billigmärkte vorhanden sind. Dabei kann es durchaus vorkommen, dass der Einkaufswagen des jeweiligen Supermarktes das Auto als Transportmedium substituiert. Der Einkauf in der City oder in den an den Rändern der Städte gelegenen Billigmärkten entfällt hingegen oder ist entsprechend erschwert.

Für Mehrkinderfamilien bedeutet der Nichtbesitz eines Autos zudem, dass sie ihre Kinder weder zum Kindergarten noch zur Grundschule, geschweige denn zu den unterschiedlichen Freizeitangeboten fahren können. Fahrtanlässe, die für die Mehrheit der Familien des lokalen Inklusionsbereichs, speziell die Mütter, aufgrund der räumlichen Verteilung der Freizeitangebote (= Verinselung) auf unterschiedliche Stadtteile zunehmend typisch sind (vgl. Du Bois-Reymond u. a. 1994, 91 ff.; Peuckert 2008, 147; Sellmair 2008). Die Kinder werden dementsprechend zum einen früh zu einer riskanten Teilnahme am Verkehrssystem gezwungen, die aufgrund der infrastrukturellen Lage sozialer Brennpunkte in der Nähe verkehrsreicher Hauptstraßen und Stadtautobahnen besonders prekär ist, weil sie die Gefahr von Verkehrsunfällen erhöht (vgl. auch Zelizers [1981, 46] Hinweis auf die größere Zahl der Unfallopfer von Kindern der „urban poor" zu Beginn der Automobilisierung in den USA). Zum anderen werden ihre Mobilitätschancen in der Freizeit auf den Nahraum des Wohnquartiers beschränkt.

Nimmt man die Möglichkeit von Schulausflügen, Ferien und Urlaub als weitere Mobilitätsanlässe hinzu, so entfallen diese normalerweise. Es sei denn, sie werden durch soziale Transferzahlungen subventioniert (Helming 1998, 300). Damit gehen mögliche Erfahrungen fremder Kulturen und Orte verloren, welche das Verstehen der Lebensstile der wachsenden Zahl ethnischer Mitbewohner im Quartier erleichtern könnten.

Sieht man die paradigmatisch angeführten Mobilitätsanlässe auf einen Blick, so wird deutlich, dass die räumliche Mobilität sowohl der Erwachsenen als auch der Kinder und Jugendlichen sozialer Brennpunkte stark limitiert ist. Dies gilt besonders für den Teil der Haushalte, der von sozialen Transferzahlungen der lokalen Sozialadministration, sei es des Arbeitsamtes, sei es des Sozialamtes, abhängig ist. Es überrascht somit nicht, dass sich ihr unmittelbares Raumerleben zunehmend auf die Außenräume und Binnenräume ihres Quartiers reduziert. Es kommt gleichsam zur kommunikativen Verdichtung im Nahraum als Folge unfreiwilliger Immobilität.

Diese kann vor allem noch dadurch gesteigert werden, dass die Wohnung oder Unterkunft aufgrund der Knappheit des Geldmediums und anderer Inklusionshindernisse bestimmter Personengruppen – wie Langzeitarbeitslosigkeit, chronische Krankheit, Sucht, Absenz des Vaters, Ein-Eltern-Familie, hohe Kinderzahl, prekärer Rechtsstatus bestimmter Ethnien, hohes Alter etc. – auf absehbare Zeit nicht mehr gewechselt werden kann. Die Wohnung fungiert folglich nicht mehr primär als Ort der Privatheit und Intimität, in der man als Vollperson mit emotionaler Zuwendung und temporärem individuellem Rückzug rechnen kann. Stattdessen tendiert sie dazu, ein Ort der Tyrannei der Intimität zu werden (vgl. Sennet 1987). Dies gilt besonders dann, wenn die Außenkontakte auf das Notwendigste begrenzt werden, die Binnenräume keine individuellen Rückzugsmöglichkeiten in Form von Individualräumen zulassen und verbale sowie physische Gewalt als diabolische Medien das symbolische Medium der Liebe zunehmend kommunikativ ersetzen (vgl. zur Differenz von symbolischen und diabolischen Medien Luhmann 1988; Luhmann 1997b, 316ff.; Hohm 2006, 80ff.). Dazu passt die Äußerung einer jungen Frau eines sozialen Brennpunktes (Kaufmann-Reis 1992, 106): „Ach, des war so schlimm, …, des war alles die Höll, glaubste mir des."

Gleichzeitig symbolisiert die Wohnung die Zwangsimmobilität, indem sie die einzig verbliebene Möglichkeit des lokalen Wohnungsmarktes für die betroffenen Bewohner darstellt. Als zugehörig zum sozialen Wohnungsmarkt oder gar Unterkunftsmarkt (vgl. dazu Reis 1997; Neuhöfer 1998, 37ff.; Häußermann 2000, 16ff.) verweisen zudem ihr Zustand, die Fassaden und Architektonik der Wohngebäude auf den Endpunkt einer negativen Wohnkarriere (Dupet/Lapeyronnie 1994, 107ff.). Damit nimmt die Wahrscheinlichkeit zu, dass die durch die Wohnung konstituierte sozialräumliche Adressstelle der jeweiligen Personengruppen außerhalb, aber auch teilweise innerhalb des sozialen Brennpunktes mit negativen Zuschreibungen gekoppelt wird (vgl. AZ 1996; Häußermann 2000, 19). Die Wohnquartiere werden als Orte einer Ästhetik urbaner Hässlichkeit wahrgenommen. Sie verkörpern im Medium des Raumes die Formen des Schmutzes, der Verwahrlosung, der Sanierungsbedürftigkeit, des Ungepflegtseins etc. Als solche erzeugen sie nicht nur räumliche Distanzierungen durch die Umwelt, sondern limitieren auch die Chancen auf Reinklusion in andere Wohnquartiere oder in die Beschäftigungsorganisationen der jeweiligen lokalen Funktionssysteme. Dies gilt besonders dann, wenn die Ästhetik der Hässlichkeit durch Moralisierung der Beobachter des lokalen Inklusionsbereichs in Verachtung umschlägt und damit die räumliche Exklusion der Bewohner sozialer Brennpunkte durch Stigmatisierung auf Dauer zu stellen droht (vgl. Dubet/Lapeyronnie 1994, 106 ff.; Häußermann 2000, 20; generell zum Stigmabegriff Goffman 1970; siehe dazu auch 2.6). Als Diskreditierte verlieren sie somit nicht nur den Kredit von Vermietern als potentielle Mieter, lokalen Arbeitgebern als potentielle Beschäftigte, Versandhäusern oder Banken als potentielle Kunden, sondern auch die Kreditwürdigkeit als Gastgeber für potentielle Gäste von außerhalb des sozialen Brennpunktes (vgl. zum Problem der Kreditwürdigkeit exkludierter Personengruppen Boettner/Tobias 1992, 240; Kuhm 2000, 69). Ihre räumliche Mobilität wird dadurch immer stärker auf ihr Quartier eingeschränkt. Dies gilt vor allem auch für Kinder und Jugendliche, deren Möglichkeiten, Gleichaltrige außerhalb des sozialen Brennpunktes einzuladen oder zu besuchen, stark limitiert sind.

Wenn also sowohl die räumliche Mobilität außerhalb der sozialen Brennpunkte begrenzt ist als auch die Verhäuslichung im Binnenraum der Wohnung oft zu Folgeproblemen führt, bleiben vor allem die Außenräume und bestimmte außerhäusliche Binnenräume des sozialen Brennpunktes als Orte begrenzter räumlicher Mobilität übrig. Es sind nunmehr die Randzonen und Zwischenzonen der Straßen, die Plätze, Hinterhöfe oder Freiflächen zwischen den Wohngebäuden, Kioske, Kneipen und Billig-Supermärkte, welche als Orte kommunikativ verdichteter Treffs und Begegnungen fungieren. Je nach Lebenslage und Phasen der Lebenskarriere der jeweiligen Personengruppe kommen diesen Lebensräumen unterschiedliche Funktionen zu. Dienen sie den einen als Orte dauerhafter Zuflucht, nahräumiger Stabilisierung und Identifizierung, sind sie für andere Orte erhöhten Risikos, des Austragens verbaler und körperlicher Konflikte und der Wahrnehmung und Kommunikation feiner bis großer Unterschiede – also Orte, die eher zur Flucht als zur Zuflucht einladen (vgl. zu Aufsatz- und Zeitungstiteln, die an das Fluchtthema explizit anschließen, Boettner/Tobias 1992; AZ 1996).

2.3 Randständige Milieus und soziale Exklusion

Urbane soziale Brennpunkte erzeugen nicht nur spezifische Formen räumlicher Exklusion ihrer Bewohner, sondern auch besondere soziale Lebenslagen. Wie diese bezeichnet werden können, und wie sie die individuellen Selektionsfreiheiten der exkludierten Personengruppen beschränken bzw. diese integrieren, ist Thema unserer folgenden Ausführungen (siehe dazu auch Schaubild 5).

Betrachtet man die neuere sozialwissenschaftliche Diskussion zur sozialen Ungleichheit, so fällt auf, dass sie die Beschreibung sozialer Lebenslagen sowohl von inkludierten als auch exkludierten Personengruppen zunehmend vom traditionellen Marxschen Klassenbegriff bzw. traditionellen Schichtbegriff entkoppelt. Ihre auf die sich durchsetzende oder durchgesetzte kapitalistische Industriegesellschaft bezogene Semantik wird durch eine Nachfolgesemantik substituiert, die sich am Milieubegriff, wenn nicht sogar am Begriff der individualisierten Lebenslage orientiert. Diese werden

– je nachdem, für welche Gesellschaftsbeschreibung die Beobachter optieren – auf die Risikogesellschaft, Erlebnisgesellschaft, oder nachindustrielle Dienstleistungsgesellschaft bezogen (vgl. Beck 1986, 205 ff.; Schulze 1993, 277 ff.; Hradil 2005, 435 ff.; Geißler 2006, 104 ff.).

Schaubild 5: Merkmale urbaner sozialer Brennpunkte – Sozialstruktur

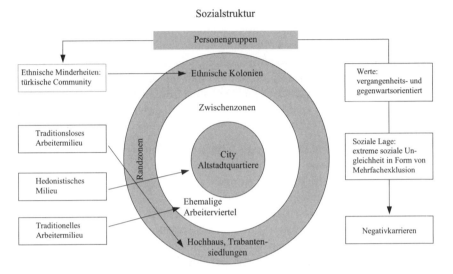

Aus der systemtheoretischen Perspektive bedeutet dies jedoch nicht, dass man damit zugleich auch den Primat der funktionalen Differenzierung der Weltgesellschaft, wie er sich in forcierter Weise in ihren Modernisierungszentren durchgesetzt hat, durch den der stratifikatorischen Differenzierung, sei es in ihrer milieuspezifischen oder revidierten klassenspezifischen Form ersetzen muss (vgl. Luhmann 1986; Luhmann 1997b, 1055 ff.). Vielmehr ermöglicht der Paradigmenwechsel der neueren Ungleichheitsforschung eine Komplexitätssteigerung der Beobachtung sozialer Ungleichheit sowohl im Inklusionsbereich als auch Exklusionsbereich der Funktionssysteme und ihrer Organisationen. Dies gilt vor allem auch für die uns hier interessierenden sozialen Brennpunkte als spezifische Formen großstädtischer Exklusionsbereiche. Dabei geraten nicht nur die Inklusionsrisiken milieuspezifischer sozialer Lagen von Teilen der Bevölkerung in den Blick, die zu ihrer sozialen Exklusion geführt haben, sondern auch deren divergierende Werte (Lebensziele) und Lebensstile.

Wenn wir im Folgenden im selektiven Anschluss an die neuere Ungleichheitsforschung die soziale Lagen, Lebensziele und den Lebensstil exkludierter Personengruppen heutiger sozialer Brennpunkte als randständige Milieus bezeichnen, setzen wir voraus, dass diese weder mit dem traditionellen Arbeitermilieu noch mit einer „New Urban Underclass" identisch sind (vgl. zur Diskussion des Begriffs der „New Urban Underclass" Stichweh 1997, 125 ff.; Gielnik 1999; Häußermann 1998; Kuhm 2000).

Mit jenem nicht, weil sich von ihm nur diejenigen Personengruppen in sozialen Brennpunkten befinden, die durch Mehrfachexklusion einen Abstieg aus dem traditionellen Arbeitermilieu durchlaufen haben. Ihre aktuelle Lebenslage im lokalen Exklusionsbereich entspricht somit entweder einem nurmehr fiktionalen Anknüpfen an Elemente einer traditionalen Arbeiterkultur, das im Unterschied zu subkulturellen Formen der Armut als „kulturelle Peripherisierung" des Lebensstils bezeichnet werden kann (vgl. Boettner/Tobias 1992, 247). Oder einer expliziten Distanzierung vom traditionellen Arbeitermilieu der Eltern, sofern es sich um Jugendliche handelt (vgl. dazu die Beschreibung der Lebenslage (= galere) der Immigrantenjugendlichen (= galerien) in französischen Vorstädten durch Dubet/Lapeyronnie 1994, 103 ff., bes. 111 ff.).

Randständige Milieus können jedoch auch nicht mit einer „New urban Underclass" gleichgesetzt werden. Einerseits ist nämlich die Zusammensetzung der exkludierten Personengruppen zu heterogen und sind die „Ursachen" für ihr Abdriften in den Exklusionsbereich zu multidimensional, um eine gemeinsame „Klassenlage" zu konstituieren. So befinden sich in sozialen Brennpunkten kinderreiche Familien, Alleinerziehende, Schulabbrecher, Einzelpersonen und Familien mit Mietrückständen, Sozialhilfeempfänger, Langzeitarbeitslose, Strafentlassene, psychisch Kranke, Suchtkranke, Aussiedler, Flüchtlinge, ethnische Minoritäten etc. (vgl. Thien 1993, 217) mit unterschiedlichen Exklusionsrisiken und Negativkarrieren. Andererseits fehlt ihnen eine gemeinsame Selbstbeschreibung, die in solidarische Formen der Selbsthilfe und Selbstorganisation einmünden könnte (vgl. dazu Dubet/Lapeyronnie 1994, 111 ff.; Neuhöfer 1998, 40 ff.; Keim/Neef 2000, 34 ff.).

Ihre Lebenslagen, Werte und Lebensstile entsprechen demzufolge eher denen von randständigen Milieus oder vor allem in den USA einer „Outer Class" (vgl. zum Begriff der *Outer Class* Stichweh 1997, 126 im Anschluss an seine Verwendung in einer Rede Bill Clintons) als denen einer neuen Klasse oder neuen Milieus der Unterschicht. Als solche gehören sie nicht mehr zum klassen-, schichten- oder milieuspezifisch hierarchisierten lokalen Inklusionsbereich der Großstädte, sondern zum lokalen Exklusionsbereich sozialer Brennpunkte. Randständige Milieus sind folglich das Resultat einer Abweichungsverstärkung, deren Risiko darin besteht, dass die Exklusion aus einem lokal zugänglichen Funktionssystem und seiner Organisationen das Risiko weiterer Exklusionen aus anderen lokal zugänglichen Funktionssystemen und Organisationen für die betroffenen Personengruppen erhöht. Im Folgenden werden wir die Exklusionsrisiken für einzelne der oben erwähnten Personengruppen kurz andeuten und ihre Abweichungsverstärkung in Richtung Multiexklusion anhand von Personengruppen ausländischer und deutscher randständiger Milieus exemplifizieren (vgl. dazu ausführlicher die Abschnitte 2.4, 2.5 und 2.6).

Einigen Formen moderner Intimsysteme – kinderreichen Familien, Ein-Elternteil-Familien und Familien mit Mietrückständen – sind bestimmte Risiken konflikthafter Intimkommunikation inhärent, welche die Exklusion dieser Sozialsysteme und ihrer Personengruppen aus dem lokalen Inklusionsbereich nach sich ziehen können, jedoch nicht müssen. Entscheidend ist in diesem Zusammenhang u. a. das primäre soziale Netzwerk von Verwandten, Freunden und anderen Betroffenen; die Art, wie die Scheidungsfolgen bewältigt werden, und die Kooperationsbereitschaft mit Vermietern und lokalen Organisationen des Systems sozialer Hilfe – besonders im Falle der Kündigung und der Übernahme von Mietschulden.

Betrachtet man des Weiteren die Personengruppe der Schulabbrecher, so indiziert die erfolglose Beendigung des Erziehungssystems ein weiteres bedeutsames Risiko. Die Wahrscheinlichkeit des Eintritts einer mit ihr verbundenen negativen Schulkarriere ist u. a. mit dem lokalen Schulangebot, der ethnischen Zusammensetzung der Schulklassen, den Möglichkeiten der Förderung leistungsschwacher Schüler, der strukturellen Kopplung von Schule und Elternhaus und dem eigenen Leistungsanspruch verbunden (vgl. Dubet/Lapeyronnie 1994, 108 ff.; Häußermann 2000, 16 u. 20). Kommt es zum Schulabbruch, erhöht er zusätzlich das Risiko der Jugendlichen aus dem lokalen Ausbildung- und Beschäftigungssystem exkludiert zu werden, d. h. keinen Ausbildungs- und Arbeitsplatz zu bekommen (vgl. dazu Neuhöfer 1998, 40 ff.; Pfahl 2006 für die besonders prekäre Lage der Sonderschulabgänger/innen). Wird die zur Verfügung stehende freie Zeit nicht durch Jobben oder andere Karrieremöglichkeiten – wie Sportkarriere, Selbständig machen oder späteres Nachholen des Schulabschlusses – mit Sinn gefüllt, kann es zu weiteren Risiken durch Anschluss an lokale Szenen kommen. Diese können als Einstieg in Lernprozesse fungieren, welche die Konsumansprüche durch illegale Aktionen im oder außerhalb des sozialen Brennpunktes realisieren, wenn das Elternhaus nicht über entsprechende monetäre Mittel verfügt (vgl. DJI 1995, 112 ff.).

Was schließlich die Personengruppe der erwachsenen Sozialhilfeempfänger und Langzeitarbeitslosen betrifft, so spielen die Deindustrialisierung und Tertiarisierung der lokalen und supralokalen Beschäftigungssysteme eine wichtige Rolle für ihre soziale Exklusion (vgl. Häußermann 2000, 14; Puhr 2009). Bedeutsam sind des Weiteren die vertikale und horizontale Positionierung der früheren Arbeitsstelle im Beschäftigungssystem, das Alter der Langzeitarbeitslosen und Sozialhilfeempfänger und die Dauer ihrer Inklusion in das lokale System der wohlfahrtsstaatlichen Sozialpolitik und sozialen Hilfe (vgl. Leisering 1995; Bäcker u. a. 2008, 481 ff.).

Wie die einzelnen Exklusionsrisiken durch Exklusionsverkettung bzw. Multiexklusion randständige Milieus generieren können, wollen wir zunächst kurz anhand der ethnisch segregierten Milieus der urbanen sozialen Brennpunkte darlegen (vgl. Heitmeyer 1998; Häußermann 1998; AZ 2000, John 2000; Krummacher/Waltz 2000, 218 ff.). Als Paradigma beziehen wir uns dabei auf das ethnische Milieu der türkischen Arbeitsmigranten, die zusammen mit ihren Familien zugleich den größten Anteil der ausländischen Bevölkerung in der Bundesrepublik Deutschland ausmachen (vgl. Hradil 1999, 328; Ceylan 2006).

Die Wahrscheinlichkeit der Ausdifferenzierung türkischer ethnisch segregierter Milieus nimmt in dem Maße zu, in dem folgende Exklusionsverkettungen zusammenkommen:

a) ein wachsender Teil der türkischen Arbeitsmigranten als Sozialempfänger und Langzeitarbeitslose aus den lokalen Beschäftigungssektoren der Old Economy exkludiert wird und somit seine Leistungsrolle verliert;

b) die türkische Sprache im Alltag der Familien dominiert und somit besonders die Aussichten auf erfolgreiche Schul- und Ausbildungskarrieren der zweiten und dritten Generation durch Verständigungsprobleme massiv einschränkt;

c) der national- und wohlfahrtsstaatlich erzeugte Ausschluss als Nicht EU-Mitglieder ihnen sowohl die Übernahme der Wählerrolle verwehrt als auch die Inanspruchnahme bestimmter sozialstaatlicher Leistungen erschwert;

d) die türkischen Familien verstärkt türkische Massenmedien rezipieren;

e) junge schulpflichtige Frauen aus dem Herkunftsland als Intimpartner präferiert und mit Verweis auf ihre familialen Pflichten vom Erziehungssystem ferngehalten werden;

f) die Kunden und Konsumentenrolle auf türkische Anbieter reduziert wird;

g) islamische religiöse Traditionen in einer rigorosen Form kontinuieren, welche die Selektionsfreiheiten der Ess- und Trinkkultur, des Outfits und der Geschlechterrollen stark limitieren.

Sieht man die Folgen der Multiexklusion der ethnisch segregierten Milieus der türkischen Arbeitsmigranten und ihrer Familien auf einen Blick, so scheinen ihre soziale Lebenslage, ihre Lebensziele und Lebensstile für manche Beobachter auf eine sich ausdifferenzierende lokale „Parallelgesellschaft" (vgl. dazu Heitmeyer 1998; AZ 2000; Bukow u.a. 2007) hinauszulaufen. Sie wird insbesondere für die jüngeren türkischen Generationen dann riskant, wenn sie nicht mehr die temporäre Schutzfunktion der Vertrautheit einer Lebenswelt in Form der Enklave einer ethnischen Kolonie erfüllen kann, die Sicherheit gegenüber den Problemen einer Selbstanpassung an die dominante Mehrheitsgesellschaft durch zum Teil freiwillige Selbstexklusion verspricht. Die lokale Parallelgesellschaft ethnisch segregierter türkischer Milieus droht in eine „kleine Nebengesellschaft" (John 2000, 263) umzukippen (siehe zur entsprechenden ambivalenten Entwicklung einer ethnischen Kolonie von türkischen Arbeitsmigranten die historischen Rekonstruktion der Moschee und der Cafés des Duisburger Stadtteils

Hochfeld und das daraus abstrahierte Phasenmodell bei Ceylan 2006, 97 ff.; 245 ff.). Der Preis für deren Vertrautheit und zu hohe Integration könnte mit der dauerhaften Entkopplung von der großstädtischen Mehrheitsgesellschaft zu teuer bezahlt sein. Dies gilt nicht nur im Hinblick auf die durch Mehrfachexklusion erzeugten Unsicherheiten der randständigen sozialen Lage der ethnisch segregierten türkischen Milieus. Sondern auch für die qua divergierender Lebensziele und Lebensstile erzeugten konfliktverschärfenden Formen der Selbst- und Fremdachtung von Einheimischen und türkischen Minderheiten (vgl. dazu 2.6).

Deutlich werden die Folgen der Mehrfachexklusion jedoch nicht nur anhand von Milieubeschreibungen bestimmter ethnischer Minderheiten. Sie manifestieren sich auch in Form randständiger Milieus deutscher Personengruppen wie sie durch das traditionslose Arbeitermilieu und hedonistische Milieu vorliegen (vgl. Hradil 2005, 429–430; vgl. dazu auch Schulzes 1993, 322 ff. Beschreibung des Unterhaltungsmilieus).

Die soziale Lage des traditionslosen Arbeitermilieus ist dadurch gekennzeichnet, dass seine Personengruppen im Bildungssystem eine geringe Formalbildung aufweisen, die sich in der Dominanz des Hauptschulabschlusses, aber auch einer relativ hohen Zahl von Sonderschülern und Schulabbrechern ausdrückt. Hinzu kommt ein überproportional hoher Anteil an ungelernten und angelernten Arbeitern bzw. von Arbeitslosen. Diese sind durch prekäre Formen der Erwerbsarbeit nur temporär ins lokale Beschäftigungssystem inkludiert. Monetär nimmt ihre Lebenslage somit die Form von Knappheitshaushalten an, die von Armut bedroht oder faktisch mit Armutshaushalten gleichzusetzen sind.

Die Lebensziele im Sinne dauerhafter Grundorientierungen oder Werte unterscheiden sich eindeutig von denen des traditionellen Arbeitermilieus. Sie dispräferieren die Werte der traditionellen Arbeiterkultur und bevorzugen die durch die modernen Verbreitungsmedien vermittelten Konsumstandards der breiten Mittelschicht wie Fernsehen, Videorekorder, Autos und Handy. Es sind vor allem die Massenmedien – besonders das Fernsehen –, deren Serienhelden und Protagonisten der Werbespots Träume von Geld, Luxus und Prestige generieren, deren Realisierung die exkludierten Personengruppen auch für sich anvisieren.

Da jedoch die eigene Lebenslage mit diesen Lebenszielen in auffälliger Weise kontrastiert, besteht das Risiko des Lebensstils des traditionslosen Arbeitermilieus darin, dass man häufig über seine Verhältnisse lebt. Im Gegensatz zum traditionellen Arbeitermilieu konsumiert man spontan, verzichtet auf Askese und Sparsamkeit und versucht, durch rasches Aufgreifen neuer Moden in und trendy zu sein.

Deutlich wird also anhand des traditionslosen Arbeitermilieus das Bemühen der dazugehörigen Personengruppen, mit den Konsumstandards der Erlebnisgesellschaft oder Konsumgesellschaft mitzuhalten. Selbst dann, wenn es die soziale Lebenslage aufgrund der Mehrfachexklusion nicht zulässt. Zudem verdrängen besonders jüngere Personengruppen mit längerer Arbeitslosigkeit und geringem Schulabschluss die Zukunft und orientieren sich primär an der Gegenwart. Hinzu kommen die Risiken der Eigentumskriminalität, des Vandalismus im Quartier des sozialen Brennpunktes und der Verachtung des als spießig bewerteten Lebensstils der Elterngeneration der Arbeiter, wie vor allem Untersuchungen von Immigrantenjugendlichen (= „galerien") in den Vorstädten Frankreichs gezeigt haben (Dubet/Lapeyronnie 1994, 109). Aber auch Analysen zur Entstehung negativer Straßenkarrieren in sozialen Brennpunkten deutscher Großstädte machen auf die Kluft der Lebensziele und Lebensstile von Jugendlichen im Vergleich zu ihrem elterlichen Herkunftsmilieu aufmerksam (vgl. DJI 1995, 113 ff.).

Das hedonistische Milieu als zweites, vornehmlich deutsches randständiges Milieu bringt die im Zusammenhang mit dem traditionslosen Arbeitermilieu skizzierten Tendenzen noch prägnanter zum Ausdruck. Jüngere Personengruppen mit dem Altersschwerpunkt bis 30 Jahren sind ebenso stärker vertreten wie Schulabbrecher. Es weist viele Schüler und Auszubildende und einen hohen Anteil von un- und angelernten Arbeitern und Arbeitslosen auf. Das Einkommen ist gering. Bei einem kleinen Teil bewegt es sich im mittleren Bereich.

Wie schon die Bezeichnung „hedonistisch" anzeigt, sind die Lebensziele um Fun und Action gruppiert. Man legt Wert auf Spontaneität, Freiheit und Ungebundenheit und lehnt Werte, wie Sicherheit und Geborgenheit, die typisch für das traditionelle Arbeitermilieu sind, ab. Man möchte aus den Alltagszwängen der „Spießer" ausbrechen. Dies demonstriert man durch Stilprotest, indem man seine Unangepasstheit in Form von Outfit und Musik ausdrückt, oder den Genuss am luxuriösen Leben durch spontanen Konsum und unkontrollierten Umgang mit Geld zur Schau stellt. Da dieser Lebensstil – ebenso wie der des traditionslosen Arbeitermilieus – mit der eigenen durch Mehrfachexklusion geprägten Lebenslage unvereinbar ist, lebt man in den Tag hinein und gefährdet sich und seine Umwelt durch riskante Aktionen und Provokationen, zu denen – neben Schulden – Gewalt und andere Formen krimineller Handlungen gehören können (vgl. dazu Schulze 1993, 323; Heitmeyer 1995, 226 ff.).

Zusammenfassend lässt sich also konstatieren, dass die sozialen Lagen der randständigen Milieus urbaner sozialer Brennpunkte in Form von ethnischen Milieus, Teilen des traditionslosen Arbeitermilieus und hedonistischen Milieus durch Mehrfachexklusion gekennzeichnet sind. Ihre Lebensziele und Lebensstile sind an Werte und Formen der Kommunikation gebunden, deren Anschlussfähigkeit sich entweder nur auf die eigene Ethnie beschränkt, oder mit den dominanten Werten der Erlebnisgesellschaft und Konsumgesellschaft mitzuhalten versuchen.

Indem sich die randständigen Milieus damit in unterschiedlichem Maße vom lokalen Inklusionsbereich der Großstädte und ihrer funktionssystemspezifischen Kommunikation entkoppeln, stellt sich die Frage ihrer Integration. Versteht man unter dieser die wechselseitige Beschränkung der Freiheitsgrade von Sozialsystemen und Personengruppen durch Inklusion (vgl. Luhmann 1997b, 605), so sind die in die lokalen Funktionsbereiche und Organisationen der Großstädte inkludierten Personengruppen zugleich niedrig und positiv integriert. Niedrig integriert wegen der relativ hohen Freiheitsgrade der funktionssystemspezifischen Inklusionserwartungen der lokalen Sozialsysteme und der individuellen Ansprüche der Personen. Positiv integriert wegen der kommunikativen Anschlussfähigkeit der funktionssystemspezifischen Inklusionserwartungen und der individuell vorzeigbaren Motive der Personen.

Demgegenüber lassen sich die exkludierten Personengruppen randständiger Milieus urbaner sozialer Brennpunkte als zugleich hoch und negativ integriert bezeichnen. Hoch integriert sind sie deshalb, weil ihnen die Mehrfachexklusion ihrer sozialen Lage in Kombination mit der skizzierten räumlichen Exklusion nur sehr eingeschränkte Freiheitsgrade im Hinblick auf die Inklusion in verbliebene lokale Sozialsysteme im und außerhalb des sozialen Brennpunktes ermöglicht. Negativ integriert sind sie deshalb, weil ihre Lebensziele und Lebensstile mit kommunikativen Risiken verknüpft sind, die sowohl die Anschlussfähigkeit sozialer Systeme durch einseitige Entkopplung von rollenspezifischen Inklusionserwartungen erschweren als auch zu Fremd- und Selbstschädigung durch nicht vorzeigbare Motive führen können. So gefährdet z.B. die diabolische Seite des Geldes in Form von Überschuldung die Transaktionen der Wirtschaftskommunikation lokaler sozialer Systeme und die eigene Inklusion als kreditwürdiger Kunde. Und blockiert die diabolische Seite der Macht in Form der Anwendung physischer Gewalt die Erwartungen an gewaltfreie Lösungen kommunikativer Konflikte in sozialen Systemen. Indem sie zusätzlich die eigene und fremde körperliche Integrität der Personen verletzt, reduziert sie zudem die Inklusionschancen bezüglich der noch zugänglichen Sozialsysteme innerhalb und außerhalb des sozialen Brennpunktes. Abschließend wollen wir jedoch bereits an dieser Stelle darauf hinweisen, dass sowohl die Höhe der Integration als auch der Grad der Negativintegration der in urbanen sozialen Brennpunkten lebenden Personengruppen variieren können. Weshalb dies der Fall ist, werden wir im Verlauf unserer folgenden Argumentation klarzumachen versuchen.

2.4 Eigenzeit und Exklusionskarrieren

Eingangs stellten wir die Fragen, ob urbane soziale Brennpunkte eine Eigenzeit aufweisen, die quer zur dominanten Futurisierung der modernen Gesellschaft steht, und welche Funktion der Systemgeschichte der urbanen sozialen Brennpunkte zukommt.

Mit Futurisierung der modernen Gesellschaft ist gemeint, dass die temporale Komplexität und Kontingenz ihrer Funktionssysteme durch die Diskontinuität von Vergangenheit und Zukunft zunimmt (vgl. dazu ausführlicher Luhmann 1992, 129 ff.). Indem diese als kontingent und jene als irreversibel beobachtet wird, ist es die jeweilige Gegenwart, in der ein Kontinuitätsbruch, sei es durch unvorhersehbare Ereignisse, sei es durch Entscheidungen, möglich wird. Will man sich nicht durch die Zukunft überraschen lassen und optiert für Entscheidungen, bleibt es dennoch ein Risiko, ob die zukünftige Gegenwart so eintritt, wie es die gegenwärtigen Entscheidungen vorsahen. Deren Zeitbindung der Zukunft ist somit sowohl für die kommunikative Reproduktion der Sozialsysteme als auch die Inklusionskontinuität der Personen mit riskanten Freiheiten verknüpft (vgl. Beck/Beck-Gernsheim 1994; Hohm 2002, 89 ff.; Hohm 2006, 149 ff.). Dies erklärt auch den Erfolg der gesellschaftlichen Selbstbeschreibung der Modernisierungszentren als Risikogesellschaft (vgl. Beck 1986; Luhmann 1991).

Im lokalen Inklusionsbereich der Großstädte wird die Futurisierung der modernen Gesellschaft – wie wir bereits im ersten Kapitel sahen – vor allem daran deutlich, dass die Personengruppen der modernen Milieus bei ihrer Lebensplanung zunehmend mit Kontingenzen rechnen. Ihre Lebensziele und Lebensstile orientieren sich weniger an der vermeintlichen Sicherheit der Vergangenheit (= Tradition) als an den Möglichkeiten der Zukunft. Sich-Hocharbeiten, individuelle Selbstentfaltung, Persönlichkeitswachstum, lebenslanges Lernen und die Ablehnung, sich festzulegen, sind diejenigen Lebensziele, welche das aufstiegsorientierte Milieu, moderne bürgerliche Milieu, liberal-intellektuelle Milieu, moderne Arbeitnehmermilieu und postmoderne Milieu in unterschiedlicher Form akzentuieren (vgl. Hradil 2005, 427 ff.; siehe auch zum Selbstverwirklichungsmilieu Schulze 1993, 312 ff.). Strukturell wahrscheinlicher wird die Einlösung dieser milieuspezifischen Lebensziele und Lebensstile in dem Maße, in dem die jeweiligen Personengruppen die funktionssystem- und organisationsspezifischen lokalen Inklusionsmöglichkeiten der Großstädte durch eine Kombination von Fremdselektion und Selbstselektion für erfolgreiche Karrieren nutzen können.

Wechselt man zum lokalen Exklusionsbereich urbaner sozialer Brennpunkte über, dann fiel bereits im Zusammenhang mit der Beschreibung randständiger Milieus ihr Gegenwartsbezug als dominanter Zeitmodus auf. Lebensplanung im Sinne einer längerfristigen Zukunftsperspektive der Lebenskarriere schien oder scheint für die entsprechenden Personengruppen keine Rolle zu spielen.

Zieht man zusätzlich zur Kurzbeschreibung randständiger Milieus sozialwissenschaftliche Beobachtungen urbaner sozialer Brennpunkte (vgl. dazu vor allem Kaufmann-Reis 1992, Boettner/Tobias 1992; Dubet/Lapeyronnie 1994; Neuhöfer 1998; Häußermann 2000; Keim/Neef 2000) und Ergebnisse der lebenslauftheoretisch orientierten Armutsforschung (vgl. Ludwig 1992; Buhr 1995; Leisering 1995) heran, dann lässt sich ein differenzierteres Bild der Eigenzeit der Lebenslagen und Lebenskarrieren exkludierter Personengruppen skizzieren.

1. Schließen wir zunächst an die selektiv angeführten Untersuchungen zu urbanen sozialen Brennpunkten an, so lassen sich grob folgende Lebenslagen und Karrieremuster unterschiedlicher Personengruppen rekonstruieren:

a) Eine Teilgruppe exkludierter Personen, die gleichsam das Paradigma für dauerhafte und kontinuierliche Marginalisierung abgeben. Sie ist im sozialen Brennpunkt geboren, hat die Hoffnung auf eine Zukunft im lokalen Inklusionsbereich aufgegeben und sich mit der Mehrfachexklusion im sozialen Brennpunkt abgefunden. Vergangenheit und Zukunft werden als Zeitdimensionen mit kontinuierlicher randständiger Lebenslage erlebt bzw. antizipiert, welche die Selektionsfreiheit der Lebenskarriere in der jeweiligen Gegenwart der Kindheit, Jugend und dem Erwachsensein stark einschränkt. Deren Verlauf wird vor allem durch eine Sequenz von negativen Schlüsselereignissen – familiale Gewalt, Sucht eines Elternteils, meistens des Vaters, Scheidung und Wiederheirat eines Elternteils, schulischer Misserfolg, kriminelle Handlungen, gescheiterte eigene Partnerbeziehungen, diskontinuierliche Formen der Erwerbsarbeit – geformt, die in Knappheitshaushalte und kontinuierliche Interventionen der lokalen Sozialadministration, Sozialarbeit, Polizei und Justiz eingebettet sind (Kaufmann-Reis 1992, 101 ff.; AZ 1996; Neuhöfer 1998, 39; Häußermann 2000, 20).

- Ihr verschärftes Exklusionsrisiko besteht in der Einweisung in totale Institutionen bzw. stationäre Einrichtungen. Dies können, je nach Lebensphase, Erziehungsheime, Vollzugsanstalten oder therapeutische Einrichtungen sein. Dabei sind kriminelle Karrieren und/oder Suchtkarrieren besonders für männliche Karrieremuster typisch (vgl. Kaufmann/Reis 1992, 106 ff.; Blüml u. a. 1994, 69).
- Dieses Karrieremuster ist jedoch nicht zwangsläufig. Stattdessen kann es besonders bei Frauen zu einer, wenn auch riskanten Stabilisierung dauerhaft randständiger Karrieren kommen (vgl. zum Folgenden besonders Kaufmann-Reis 1992, 55 ff. u. 101 ff.). Riskant ist diese u. a. deshalb, weil die in sozialen Brennpunkten geborenen Frauen in einer ambivalenten Weise an die Lebensziele und Lebensstile ihrer Herkunftsfamilie, speziell ihrer Mütter, gebunden sind. Einerseits bewundern sie deren familiale und außerfamiliale Überlebensstrategien, die oftmals die Absenz oder die Schwäche des Vaters kompensieren mussten. Andererseits versuchen sie, deren emotionale Härte und rigorose Sparsamkeit durch übertriebene affektive Zuwendung und Verwöhnung der eigenen Kinder mittels Konsumgütern auszugleichen. Führt dieser permissive Erziehungsstil zu Verhaltensauffälligkeiten in Kindergarten und Schule, kommt zudem noch hinzu, dass der oder die Partner die Frauen verlassen, sind sie wiederum auf die Hilfe ihrer Mütter angewiesen und mit dem Risiko der Fremdplatzierung ihrer

Kinder durch das Jugendamt konfrontiert. Werden darüber hinaus Möglichkeiten der Schwarzarbeit und nachbarschaftlichen Hilfe durch Entsolidarisierung erschwert, wird die Selektionsfreiheit der in den sozialen Brennpunkten geborenen Frauen in zunehmender Weise durch die Bindung an die Herkunftsfamilie, durch Probleme mit den eigenen Kindern und der Sozialadministration eingeschränkt. Ob die randständige Karriere dennoch weiterhin stabilisiert werden kann, hängt dann vor allem von den eigenen Überlebensstrategien ab (vgl. dazu ausführlicher 2.5). Münden diese in riskante Entscheidungen ein – z. B. den Gebrauch von Suchtmitteln, der Wahl eines falschen Partners, der Zustimmung zur Fremdplatzierung, der Delegation der Erziehungsverantwortung an die Mutter –, kann sowohl die eigene Zukunft als auch die der Kinder durch die endgültige Destabilisierung des eigenen Familiensystems gefährdet werden.

b) Neben der Teilgruppe der von Geburt an dauerhaft und kontinuierlich exkludierten Personen, gibt es eine weitere und größere Teilgruppe. Ihre randständige Lebenslage und randständige Phase der Lebenskarriere im sozialen Brennpunkt setzt erst zu einem späteren Zeitpunkt ihres Lebenslaufs ein. Typisch für sie ist ein Wechsel vom lokalen Inklusionsbereich zum lokalen Exklusionsbereich des sozialen Brennpunktes, aus dem man nicht mehr durch Reinklusion heraus kann oder will. Ihre Personen stammen vorwiegend aus dem traditionellen Arbeitermilieu (vgl. Boettner/Tobias 1992, 236; Häußermann 2000, 17; Keim/Neef 2000, 31–32).

- Ein Teil von ihnen hat sich mit dem Abstieg in das traditionelle Armutsmilieu abgefunden. Er wird vorwiegend durch ältere, potentiell erwerbsfähige Männer repräsentiert und verzichtet auf jedwede Form eigenverantwortlicher Zukunftsgestaltung. Es dominiert eine Kontinuität der Hoffnungslosigkeit, deren jeweilige Gegenwart durch Überschuldung, resignativen Rückzug in die Wohnung, dauerhaften Fernseh- und Alkoholkonsum und nostalgische Erinnerung an bessere vergangene Zeiten gekennzeichnet ist (vgl. Boettner/Tobias 1992, 245; AZ 1996; Keim/Neef 2000, 37).
- Demgegenüber interpretiert eine andere Teilgruppe des ehemaligen traditionellen Arbeitermilieus die Phase ihrer Lebenskarriere im sozialen Brennpunkt rückblickend als eine der Stabilisierung (vgl. zum Folgenden Boettner/Tobias 1992). Ihre Konsolidierungsfunktion erhält sie für sie durch die Differenz der früheren Zugehörigkeit zu einer diffusen Mittelschicht bzw. zum traditionellen Arbeitermilieu einerseits und einer sich daran anschließenden Phase einer extrem randständigen Lebenslage, z. B. der Wohnungslosigkeit, andererseits.

War diese doch durch die Exklusion aus dem lokalen Beschäftigungssystem, die sich daran anschließende Zahlungsunfähigkeit aufgrund von Überschuldung sowie häufige Wohnungswechsel und extreme Belastungen der Partnerschaft und Haushaltsführung, besonders wenn der Ehemann im Alkohol Zuflucht suchte, gekennzeichnet. Im Unterschied dazu wird der Wechsel in den sozialen Brennpunkt retrospektiv als Stabilisierungsphase erinnert.

Dabei wird sie als das Resultat eines schmerzhaften Lernprozesses beschrieben, der aus der Perspektive der betroffenen Personen vor allem durch die Negativerfahrungen der extrem randständigen Lebenslage der vorhergehenden Phase angestoßen wurde. Ihre Wiederholung möchten sie in Zukunft auf jeden Fall vermeiden. „Nie wieder die Wohnung verlieren oder verkommen lassen! Nie wieder die Kontrolle über die unmittelbaren Lebensumstände verlieren! Nie wieder sozial geächtet werden!" (Boettner/Tobias 1992, 243) Das sind die reinterpretierten Lebensziele, an denen sie sich nun im lokalen Exklusionsbereich des sozialen Brennpunktes orientieren.

Sofern zur Stabilisierung der eigenen Lebenslage Eigenentscheidungen beitragen konnten, implizierte dies zunächst häufig die Trennung der Frauen vom Partner und die Wahl eines neuen Partners, der zu einer solchen Reorganisation der Lebensziele aufgrund ähnlicher Negativereignisse bereit war (vgl. Boettner/Tobias 1992, 243; vgl. auch AZ 1996). Entscheidende Selektionskriterien für die Partnerwahl der Frau waren der Verzicht des Mannes auf hedonistische Konsumpräferenzen wie Alkohol, Spielhallenbesuche und den Kontakt zu männlichen Cliquen, die zu kriminellen Aktionen tendierten.

Hinzu kamen die Verwaltung des Haushaltsbudgets und die Entscheidungskompetenz bezüglich des familialen Konsumprogramms durch die Frau. Dabei ließ die Abhängigkeit der Einnahmen von sozialstaatlichen Transferzahlungen (Sozialhilfe, Unterhalt, Kindergeld, Wohngeld) wenige Freiheitsgrade für individuelle Konsumansprüche zu. Den rechtlich fixierten Ausgaben für Miete und Nebenkosten und der Versorgung mit den elementaren Lebensmitteln wurde die höchste Priorität eingeräumt (vgl. Boettner/ Tobias 1992, 243). Dies erforderte die Zurückstellung spontaner Konsumbedürfnisse und ein hohes Maß an Sparsamkeit. Waren kleine finanzielle Spielräume vorhanden, wurden am ehesten die Konsumansprüche der Kinder erfüllt. Der Mann musste sich mit einem Taschengeld abfinden. Die erzwungene Armutsaskese lässt somit eine langfristig orientierte familiale und individuelle Zukunftsplanung nicht zu. Es dominiert die Kurzfristigkeit der gegenwärtigen Zukunft und die Gefährdung der familialen-haushaltlichen Konsolidierung durch unvorhersehbare Ausgaben. Fallen diese an, ist man auf die Beeinflussung von Fremdentscheidern angewiesen und ihre Bereitschaft, Ratenzahlungen und Stundungen zuzulassen. Eine Strategie, die umso erfolgreicher ist, desto stärker man seine eigene Kreditwürdigkeit in der Vergangenheit durch sparsame Haushaltsführung und pünktliches Bezahlen der Miete, der Nebenkosten etc. unter Beweis gestellt hat.

Die familiale-haushaltliche Konsolidierung fungierte und fungiert jedoch nicht nur als Vermeidung des Risikos des möglichen Abgleitens in eine Subkultur der Armut, sondern zugleich auch als Aufrechterhaltung einer fiktiven Kontinuität mit der früheren Lebenslage und Lebenskarriere im lokalen Inklusionsbereich. Ablesbar ist dies zum einen an der Teilnahme der Männer an der informellen Ökonomie des sozialen Brennpunktes. Sie erledigen die damit verbundenen Arbeiten in Arbeitskleidung und unterwerfen sie einem Zeitrhythmus, welcher an die Erwerbsarbeit angelehnt ist, auch wenn sie in kürzerer Zeit erbracht werden könnten. Zum anderen versuchen sie durch in Eigenarbeit angefertigte langlebige Konsumgüter den Schein einer Kontinuität mit der früheren Lebenslage und Lebenskarriere im Inklusionsbereich herzustellen. So soll z. B. die Küche den Eindruck einer gekauften Einbauküche erwecken, deren Erinnerungsspuren an Eigenarbeit und gebrauchte Teile weitestgehend getilgt wurden (vgl. Boettner/Tobias 1992, 242).

Anhand der vorgestellten Teilgruppen sozialer Brennpunkte wird also die spezifische Eigenzeit ihrer Lebenslagen und Lebenskarrieren deutlich. Ihre langfristige Zukunft ist nicht mehr an einem Crossing zum lokalen Inklusionsbereich orientiert. Stattdessen wird ihre Gegenwart durch die Vermeidung eines zukünftigen Abdriftens in eine Subkultur der Armut innerhalb oder außerhalb der sozialen Brennpunkte oder in die Randständigkeit totaler Institutionen wie Heime, Gefängnisse oder Sonderkliniken bestimmt. Es geht ihnen gewissermaßen darum, die Exklusion der Exklusion zu verhindern. Dies gilt besonders für die Frauen. Dass dies nicht immer gelingt, haben sie entweder temporär individuell selbst erfahren, erlebten es durch Fremdplatzierungen ehemaliger Partner und eigener Kinder oder den Vergleich mit anderen Teilgruppen des sozialen Brennpunkts.

Die Gegenwart der Lebenslagen und Lebenskarrieren der beiden Teilgruppen sozialer Brennpunkte ist jedoch nicht nur durch die Vermeidung des (Wieder-)Eintritts einer schlechteren Zukunft, sondern auch eine ambivalente Bindung an die Vergangenheit bestimmt. So achten die im sozialen Brennpunkt geborenen Frauen ihre Mütter wegen ihrer Überlebensstrategien, von denen sie in eigenen Krisen profitierten, lehnen aber deren gefühllosen Erziehungs- und asketischen Lebensstil ab. Demgegenüber teilen die später in den sozialen Brennpunkt abgeglittenen Frauen die Sparsamkeitsstrategie der Mütter der ersten Generation. Zugleich versuchen sie allerdings mit ihren neuen Partnern den Schein einer Vergangenheit im Inklusionsbereich in die Gegenwart hinüber zu retten. Ob dies anfänglich auch für jene galt, als sie in den sozialen Brennpunkt kamen, kann nur vermutet werden.

Konnten wir bereits im Anschluss an die soziale Brennpunktforschung die unterschiedlichen Eigenzeiten der Lebenslagen und Lebenskarrieren von Teilgruppen exkludierter Personen herausarbeiten, so können wir die Komplexität unserer Beobachtung ihrer Temporalstrukturen mit Rekurs auf Ergebnisse der lebenslauftheoretisch orientierten dynamischen Armutsforschung nochmals steigern.

2. Ohne explizit auf Untersuchungen von Karrieremustern in sozialen Brennpunkten Bezug zu nehmen, betont sie als Ergebnis der Aktenuntersuchungen von Sozialhilfeempfängern der Stadt Bremen die Bedeutung der Verzeitlichung und Biographisierung von Armut (vgl. Ludwig 1992; Ludwig 1994; Buhr 1995; siehe zum Folgenden vor allem Leisering 1995, 73 ff.; Leisering 2008).

Indem sie den Begriff der Verzeitlichung mit dem der Armutslagen koppelt, erweitert sie die Kritik der Milieuforschung am klassischen Schichtenmodell sozialer Ungleichheit durch eine stärkere Konzentration auf den Exklusionsbereich. Im Zentrum der lebenslauftheoretischen Armutsforschung stehen zeitdynamische Armutstypen, welche objektive Zeitstrukturen des Lebenslaufs nach drei Phasen unterscheiden, nämlich die Phase in die, durch die und aus der Armut.

Erste Forschungsergebnisse weisen daraufhin, dass die traditionelle Annahme homogener Armutslagen von Problemgruppen durch eine Heterogenität von Armutslagen substituiert werden muss. Differenziert man diese nach den zeitlichen Kriterien der Dauer und Kontinuität, lassen sich Sozialhilfeempfänger in dem untersuchten Zeitraum von 1983 bis 1989 in

- „transitorisch" Arme (kurze Dauer bis zu einem Jahr);
- „mehrfachtransitorisch" Arme (diskontinuierliche Armut mit jeweils kurzer Dauer);
- „Pendler" (diskontinuierliche Armut mit langer Dauer);
- „Langzeitarme" (lange Dauer, kontinuierlich);
- „Ausbrecher" (lange Dauer, später Ausstieg)

unterscheiden (vgl. Leisering 1995, 75).

So waren in der Bremer Untersuchung 56% Sozialhilfeempfänger bis zu einem Jahr, 14% bis zu 2 Jahren, 18% bis zu 3 Jahren und 11% 6 Jahre und mehr arm. 40% durchliefen mindestens zwei Bezugsepisoden von Sozialhilfe. Problemgruppen wie Alleinerziehende und Arbeitslose wiesen jeweils sehr heterogene Verlaufsphasen der Armut auf. Von den Alleinerziehenden waren 46% transitorisch arm, 4% mehrfachtransitorisch, 16% Pendler, 28% Langzeitarme und 6% Ausbrecher. Für die Arbeitslosen wurden 64% transitorisch Arme, 19% mehrfachtransitorisch Arme, 6% Pendler, 9% Langzeitarme und 1% Escaper festgestellt (vgl. Leisering 1995, 74 u. 76).

Doch nicht nur die traditionelle Homogenitätsannahme, sondern auch die herkömmliche statische Kausalitätsannahme wird aufgrund der Ergebnisse der lebenslauftheoretischen Armutsforschung in Frage gestellt und durch eine dynamische Kausalitätsvorstellung ersetzt. So stellt z.B. Arbeitslosigkeit als Einstiegsursache für Armut nur ein Risiko dar. Ihre Gleichsetzung mit der Problemgruppe Arbeitslose greift insofern zu kurz, als erst andere Ereignisse – wie Scheidung, Krankheit, Verlust eines Zweitverdieners etc. – hinzukommen müssen, wenn Arbeitslosigkeit zum Einstieg in die Armut führen soll. Ferner gilt es zu berücksichtigen, dass sich die Ursachen im Verlauf der Armut ändern oder bei einem Zweiteinstieg andere sein können. In Betracht zu ziehen ist schließlich auch die Variabilität von Ausstiegsursachen. Neben der Reinklusion durch Aufnahme von Erwerbsarbeit spielen hierbei auch die unterschiedliche Dauer der Wartezeiten auf soziale Transferzahlungen wie Arbeitslosengeld oder eine Heirat eine bedeutende Rolle.

Außer der Verzeitlichung der Armutslagen ist es zusätzlich die Perspektive der Biographisierung, welche die Beobachtung der temporalen Komplexität der Armut durch die dynamische Armutsforschung zu steigern erlaubt.

Als erstes verweist sie auf eine Kopplung der Armutslagen mit biographisch unterschiedlichen Zeithorizonten. Diese lassen sich auf prekäre passagere Ereignisse wie Scheidung, Krankheit, Auszug aus dem Elternhaus, Übergangszeiten vom Ausbildungs- zum Beschäftigungssystem etc. mit temporärer Armut beziehen; ferner auf eine längere biographische Dauer von Armut, die sich im Rahmen von Sequenzen einzelner Lebensphasen als Armutskarriere konstituiert und schließlich auf umfassende Lebensphasen wie Kindheit, Jugend, Erwachsensein und Alter, die biographisch beispielweise mit Kinderarmut (vgl. Buhr 1998; Zander 2005) oder Altersarmut (vgl. Backes/Clemens 1998, 174 ff.) verbunden sind.

Als zweites ist Biographisierung der Armut an die Gesamtbilanzierung des jeweiligen Individuums und die selbstbezügliche Relevanz der jeweiligen Lebensbereiche bzw. Funktionssysteme gekoppelt. Die monetäre Knappheit in Form der Einkommensarmut ist somit – neben der Kindererziehung, dem Expartner etc. – nur einer von mehreren Lebensbereichen, der für die biographische Einheit des Individuums ins Gewicht fällt. Je nachdem an welchen Präferenzwerten sich seine Selbstbeobachtung orientiert, wird der biographische Stellenwert der Einkommensarmut im positiven wie im negativen Sinne relativiert. So können Alleinerziehende die Abhängigkeit von Sozialhilfe in Kauf nehmen, wenn für sie die Kindererziehung Vorrang hat und Erwerbsmöglichkeiten mit dieser inkompatibel sind. Oder es kann für sie der Verlust eines Partners durch Scheidung schwerer wiegen als Einkommensarmut.

Schließlich ermöglicht die biographische Relationierung von Armutszeit und Lebenszeit die Selbstbeobachtung als „subjektive Überbrücker" oder „bewusste Langzeitarme" (vgl. Leisering 1995, 79). Gehen jene davon aus, dass der Status als Sozialhilfeempfänger trotz langjährigem Bezug zeitlich befristet ist, haben sich diese mit ihm arrangiert und stabilisieren ihre Armutslage durch ein entsprechendes soziales Netzwerk.

Baut man die Ergebnisse der lebenslauftheoretischen bzw. dynamischen Armutsforschung in unsere bisherigen Beobachtungen zur Temporalstruktur sozialer Brennpunkte ein, dann indizieren sie eine Steigerung ihrer temporalen Eigenkomplexität, die sich wie folgt resümieren lässt:

a) die dynamische Armutsforschung stößt ebenso wie die explizite Erforschung sozialer Brennpunkte auf Personengruppen von Langzeitarmen. Dabei entsprechen die von ihr beobachteten „bewussten Langzeitarmen" am ehesten der von uns bereits näher betrachteten Personengruppe mit prekärer Stabilisierung randständiger Lebenslagen und Lebenskarrieren. Darüber hinaus bezieht sie sich auf Problemfälle. Zu diesen zählt sie „missglückte subjektive Überbrücker", deren zukünftige Perspektive der Reinklusion scheiterte, und „resignierte Langzeitarme", „bei denen in Folge von Deprivation in mehreren Lebensbereichen eine reale Hoffnungslosigkeit eingekehrt ist" (Leisering 1995, 80). Dieser Personengruppe begegneten wir in der sozialen Brennpunktforschung als Angehörige der traditionellen Armutskultur bzw. Subkultur der Armut.

b) Die dynamische Armutsforschung macht mit der Personengruppe der „subjektiven Überbrücker" auf Individuen aufmerksam, die biographisch für eine längere Dauer ihrer Erwachsenenphase eine randständige Lebenslage als Folge eines negativen Lebensereignisses – z.B. Scheidung oder Trennung – in Kauf nehmen. Dennoch halten sie an einer Zukunft im Inklusionsbereich fest. Die Abhängigkeit von der lokalen Sozialadministration betrachten sie folglich als eine befristete Möglichkeit, präferierte Lebensziele, z.B. die Erziehung ihres Kindes, zu realisieren. Ihre Selbstbeobachtung entspricht eher der von Alleinerziehenden als derjenigen von armen Sozialhilfeempfängern (vgl. dazu Ludwig 1992).

c) Die dynamische Armutsforschung verweist auf eine kleine Personengruppe von „Escapern" (6% bei Alleinerziehenden, 1% bei Arbeitslosen), der auch noch nach langer Dauer im Exklusionsbereich der Wechsel zum Inklusionsbereich gelingt. Dass dies auch für Personengruppen sozialer Brennpunkte möglich ist, lässt sich an einzelnen Beispielen belegen (vgl. AZ 1996).

d) Die von der dynamischen Armutsforschung identifizierten Personengruppen der „mehrfachtransitorisch" Armen und „Pendler" lassen sich auch in sozialen Brennpunkten antreffen. Ihre soziale Lage ist ökonomisch nur geringfügig besser als die der stabilen Langzeitarmen. Zusammen mit den transitorisch Armen handelt es sich um diejenigen Teilgruppen sozialer Brennpunkte, welche am ehesten für deren beobachtete hohe Fluktuation in Betracht kommen (vgl. Boettner/Tobias 1992, 234; Neuhöfer 1998, 39; Häußermann 2000, 16; Keim/Neef 2000, 31). Ihre kurzfristige oder mittelfristige Zukunftsperspektive schließt immer auch die Möglichkeit des Wechsels in den Inklusionsbereich mit ein. Im Gegensatz zu den stabilen Langzeitarmen sind sie zudem weniger gezwungen, die Differenz zu den instabilen Langzeitarmen durch eine biographische Scheinnormalität oder selbst gesetzte Befristung aufrechtzuerhalten. Stattdessen entfliehen sie ihrer randständigen Lebenslage nach kurzer Zeit oder bei der erstbesten Gelegenheit, die sich durch einen neuen Arbeitsplatz, Transferzahlungen oder der Entspannung des lokalen Wohnungsmarktes bietet.

e) Schließlich beansprucht die dynamische Armutsforschung, sich von der herkömmlichen sozialen Brennpunktforschung dadurch zu unterscheiden, dass sie durch die Kopplung von verzeitlichten Armutslagen und der Biographisierung der Armut zu einer gewissen Entdramatisierung der Lebenslagen exkludierter Personengruppen beiträgt (vgl. Leisering 1995, 81; Buhr 1998; Leisering 2008, 121). Besonders deutlich wird dies anhand der subjektiven Überbrücker und Escaper, denen es auch nach längeren Sequenzen der Armut gelingt, den Exklusionsbereich zu verlassen.

Andererseits verweisen die Vertreter der dynamischen Arbeitsforschung zugleich auch auf die Dramatisierung der Armut durch soziale Entgrenzung. Als latentes Risiko sei die Armut heute nicht mehr nur auf die traditionellen Randschichten beschränkt, sondern weite sich auch auf Teile der Mittelschichten aus. Die gesellschaftliche Selbstbeschreibung einer „Zweidrittelgesellschaft" müsse somit durch eine „70-20-10" Gesellschaft mit 70 % Nie-Armen, 20 % gelegentlich Armen und 10 % häufiger Armen ersetzt werden (Leisering 1995, 81).

Wir können und wollen hier nicht in die umstrittene Diskussion über die Exklusionsquote des Teils der Bevölkerung einsteigen, der arm ist. Sie variiert vor allem mit dem unterstellten Armutsbegriff der Beobachter (vgl. dazu Jacobs 2000, 246 ff.; Geißler 2006, 201 ff.). Stattdessen wollen wir abschließend auf einen zentralen blinden Fleck der dynamischen Armutsforschung aufmerksam machen. Aus systemtheoretischer Sicht ergibt er sich aus ihrer Kombination eines reduktiven und expansiven Armutsbegriffs.

In seiner reduktiven Variante wird er an der Leitdifferenz zahlungsfähig/ zahlungsunfähig des Wirtschaftssystems festgemacht und in Form der Einkommensarmut, die Zahlungsunfähigkeit durch Erwerbslosigkeit impliziert, auf die sozialpolitisch konstituierte Personengruppe der Sozialhilfeempfänger bezogen. Demgegenüber referiert der Armutsbegriff in seiner expansiven Variante auf eine Vielheit weiterer Lebensbereiche bzw. Funktionssysteme und ihre jeweiligen codespezifischen Negativwerte. Die Armutslage bzw. biographisierte Armut der entsprechenden Personengruppen wird in diesem Falle durch ihre sequentielle Exklusionsverkettung in Form von ungeliebt, lernunfähig, psychisch krank, erfolgloser Schulabschluss, keine Ausbildungsstelle und hilfsbedürftig erzeugt. Damit wird zwar zum einen der funktionssystemspezifische kommunikative und biographische Eigensinn der jeweiligen Exklusionformen als Geschiedene, Alleinerziehende, Patient, Schulabgänger, Ausbildungsplatzsuchender, auf Hilfeleistungen wartender Klient und sein Effekt für die anderen Exklusionformen betont. Zugleich wird er jedoch wieder auf das Label „Arme" reduziert. Und zum anderen gerät die jeweilige Eigenzeit der die randständigen Lebenslagen und Karrieren im lokalen Exklusionsbereich konstituierenden Sozialsysteme in den Blick, wird aber auf das Label „Armutslage" und „Armutskarrieren" bzw. „Sozialhilfekarrieren" eingeengt. Armut gerät somit durch die sich selbst als dynamische Armutsforscher beschreibenden Wissenschaftler in die Gefahr, zu einer Art Supercode zu werden. Als solcher informiert er zu wenig über die Lebenslage und Biographie von Personengruppen im Exklusionsbereich, wenn er auf Einkommensarmut reduziert wird, und verspricht zu viel, wenn er auf ihre gesamte Lebenslage und Biographie ausgedehnt wird (vgl. zu weiteren Kritikpunkten an der Armutsforschung aus der Sicht der neueren Systemtheorie Stichweh 1997, 126 ff.; Kuhm 2000, 65 ff.).

Als letztes wollen wir noch kurz auf die Systemgeschichte sozialer Brennpunkte Bezug nehmen. Ihr wird in der sozialen Brennpunktforschung sowohl von unterschiedlichen Fremdbeobachtern als auch von den Bewohnern als Selbstbeobachtern Tribut gezollt.

Die Fremdbeobachter rekonstruieren sie in Abhängigkeit von der Zugehörigkeit zu ihrem jeweiligen Funktionssystem. Für sozialwissenschaftliche Fremdbeobachter fungiert sie – je nach gesellschaftstheoretischem Paradigma – als extremes lokales Beispiel für die strukturellen Folgeprobleme und Krisen der aktuellen Transformation der modernen Gesellschaft. Dabei variieren deren Selbstbeschreibungen von individualistischer Risikogesellschaft über Dienstleistungsgesellschaft bis hin zur dualen Gesellschaft (vgl. Kaufmann-Reis 1992, 78 ff.; Dubet/Lapeyronnie 1994, 195; Häußermann 2000, 14). Die Geschichte sozialer Brennpunkte wird primär als Abstiegsgeschichte beobachtet, die zum sukzessiven Abdriften von Wohnquartieren des lokalen Inklusionsbereichs in Obdachlosensiedlungen, Altbauquartiere und Trabantensiedlungen des lokalen Exklusionsbereichs führt. Erfolgsgeschichten im Sinne der umfassenden Transformation eines urbanen sozialen Brennpunktes in ein normales Wohnquartier liegen trotz vielfältiger sozialwissenschaftlicher Beschreibungen der Interventionsversuche lokaler Funktionsbereiche und Organisationen so gut wie nicht vor (vgl. allerdings Fritz 1992; Fritz/Thies 1997). Sozialwissenschaftliche Rekonstruktionen der Systemgeschichte sozialer Brennpunkte verstehen sich somit nicht zuletzt auch als Fallbeispiele für das erfolgreiche Scheitern von Interventionsbemühungen lokaler Organisationen des Wohlfahrtsstaates und des Systems sozialer Hilfe. Zugleich reklamieren sie für sich eine Alarmfunktion, in dem sie auf die „Krise der sozialen Stadt" verweisen (vgl. Hanesch 1997; Häußermann 2000).

Lokale politische Fremdbeobachter schreiben die Systemgeschichte sozialer Brennpunkte besonders in jüngerer Zeit vornehmlich den Folgen rasanter nationaler und globaler Modernisierungsschübe zu. Trotz deren nicht zu verleugnender Bedeutung, werden jedoch allzu schnell die lokalpolitischen Möglichkeiten der Vermeidung der Entstehung bzw. Erneuerung sozialer Brennpunkte durch präventive Stadtentwicklung oder nachträgliche lokale Interventionsprogramme ausgeblendet (vgl. dazu Alisch 1997, 347). Ist diese lokalpolitische Problemverschiebung und Exklusionsverwaltung aufgrund der Skandalisierung durch Massenmedien (vgl. Keim/Neef 2000, 38), des politischen Protests betroffener Bewohner (vgl. Dubet/Lapeyronnie 1994, 162 ff.; Rink 2000) oder ihrem Votum für radikale Parteien (vgl. Häußermann 2000, 21) nicht länger möglich, lassen sich unterschiedliche lokalpolitische Strategien beobachten. Entweder beschränkt man sich auf symbolische Politik durch Talk, kooperiert selektiv mit exkludierten Personengruppen (vgl. Dubet/Lapeyronnie 1994, 168 ff.; Rink 2000) oder versucht durch administrative Reformmaßnahmen („Neues Steuerungsmodell") und neue politische Programme („soziale Stadt") effektiver und effizienter zu intervenieren (vgl. Hanesch 1997; Becker/Löhr 2000). Dabei spielt die Eigenzeit des lokalen politisch-administrativen Systems insofern eine Rolle, als das Scheitern früherer Interventionen sowohl die Skripts der Politiker im Hinblick auf die Erfolgsaussichten aktueller Interventionen als auch das Vertrauen der Adressaten in diese mit beeinflusst (vgl. Kaufmann-Reis 1992, 85; Dubet/Lapeyronnie 1994; Neuhöfer 1998, 42; Keim/Neef, 2000, 38).

Massenmediale lokale und supralokale Fremdbeobachter nehmen die Systemgeschichte sozialer Brennpunkte oftmals zum Anlass für Skandalisierung. Durch sie soll die lokale und supralokale Öffentlichkeit auf die Schattenseiten der Stadtentwicklung in den Modernisierungszentren aufmerksam gemacht werden. Dominieren in der Berichterstattung jedoch diejenigen Personengruppen, deren Lebenslage und Karrieremuster sich durch Hoffnungslosigkeit, Resignation, Gefahren und Elend am ehesten den massenmedialen Selektionsmechanismen fügen (vgl. dazu Luhmann 1996), kann es zu nichtintendierten Effekten kommen. Es sind dann die Massenmedien und nicht die skandalisierten Lebenslagen, gegen die sich der Protest derjenigen Personengruppen richtet, die ihre Lebenslage und Karrieremuster anders als die der resignierten Personengruppen beobachten und sich durch die Berichterstattung diskriminiert fühlen (vgl. Boettner/Tobias 1992, 247 ff.; Keim/Neef 2000, 38).

Die unterschiedlichen Reaktionen der in sozialen Brennpunkten exkludierten Personengruppen auf die massenmediale Präsentation ihrer Lebenslagen machen also bereits die Differenz von Fremdbeobachtung und Selbstbeobachtung deutlich. Wie letztere an die Systemgeschichte im sozialen Brennpunkt gebunden ist und in Abhängigkeit von ihr variiert, wollen wir nun abschließend kurz thematisieren.

Schließt man diesbezüglich an selektive Selbstbeobachtungen an, wie sie durch die soziale Brennpunktforschung dokumentiert werden, so fällt zunächst auf, dass vor allem diejenigen Personengruppen, die länger in sozialen Brennpunkten leben oder in ihnen geboren wurden, deren Gegenwart schlechter als die Vergangenheit bewerten. Ausschlaggebende Kriterien für ihre zunehmende Negativbewertung sind zum einen ihre Beobachtungen der Transformation von einer in der Vergangenheit erlebten Solidargemeinschaft in Richtung einer Entsolidarisierung und zunehmenden Vereinzelung (vgl. Kaufmann-Reis 1992, 82 ff.; Häußermann 2000, 20). Und zum anderen ihre Ängste vor einer beschleunigten ethnischen Heterogenität, welche die einstmals existierende Vertrautheit sozialer Netzwerke und Formen des Gemeinschaftserlebens zu bedrohen scheint (vgl. Neuhöfer 1998, 42 ff.; Keim/Neef 2000, 37).

Demgegenüber bringen vornehmlich diejenigen Personengruppen, welche später in soziale Brennpunkte überwechselten, eine konstante Distanz zu ihnen und ihrer Systemgeschichte zum Ausdruck (vgl. AZ 1996). Ihre paradoxen Selbstbeschreibungen laufen mithin darauf hinaus, entweder als „subjektive Überbrücker" oder „Escaper" die zu sein, die sie noch nicht sind, oder als relativ stabile Langzeitarme die zu sein, die sie nicht mehr sind. Die Äußerung: „Ich wohne hier zwar, aber ich lebe hier nicht", bringt dies am klarsten zum Ausdruck (Boettner/Tobias 1992). Bezugspunkte ihrer „eigentlichen Identität" sind somit die Vergangenheit oder Zukunft des lokalen und supralokalen Inklusionsbereichs, nicht aber die Gegenwart des Exklusionsbereichs sozialer Brennpunkt, in dem sie aktuell wohnen. Dies erklärt auch ihren Protest gegenüber der massenmedialen Skandalisierung, welche die Invisibilisierung ihrer paradoxen Selbstbeschreibung gefährdet (vgl. Boettner/Tobias 1992, 248).

2.5 Riskante Problemlösungen exkludierter Personengruppen

Unsere folgenden Beobachtungen zu riskanten Problemlösungen in sozialen Brennpunkten beziehen sich vor allem auf die Entscheidungen derjenigen Personengruppen, die dort geboren wurden oder bereits längere Phasen ihrer Lebenskarriere zugebracht haben. Im Zentrum stehen dabei weder ihre Einstiegsrisiken noch die Ausstiegsrisiken, sondern die mit einem längeren Aufenthalt in sozialen Brennpunkten verbundenen Risiken (vgl. generell zum im Folgenden verwendeten Risikobegriff Luhmann 1991, 30 ff.). Zugleich nehmen wir im Rahmen des rekursiven Netzwerkes unserer Argumentation bereits ausgeführte Gesichtspunkte selektiv wieder auf und reorganisieren sie neu im Hinblick auf das Generalthema dieses Abschnitts (siehe zum Folgenden auch Schaubild 6, S. 70).

Als riskant bezeichnen wir die Problemlösungen exkludierter Personengruppen deshalb, weil die geringe Anzahl nahräumig zugänglicher und oftmals prekärer Sozialsysteme in sozialen Brennpunkten im Gegensatz zum lokalen Inklusionsbereich ihre Selektionsfreiheiten stark einschränkt. Ob deren verbliebene Spielräume mit Fremd- und/oder Selbstgefährdung einher gehen oder als Chance genutzt werden, ist mit weitreichenden Konsequenzen verbunden. Forciert jene Alternative die Destabilisierung der randständigen Lebenslage und Karriere, trägt diese zu ihrer Stabilisierung bei, die unter bestimmen Bedingungen auch zum Ausstieg führen kann.

Schaubild 6: Merkmale urbaner sozialer Brennpunkte – Exklusionskarrieren
als Inklusionsformen mit eingeschränkten Selektionsfreiheiten
und besonderen Abhängigkeiten vom System sozialer Hilfe

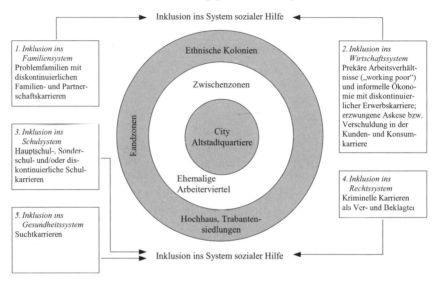

Fragt man sich, welches die wenigen nahräumig zugänglichen Sozialsysteme sind, in welche die Mehrheit der in sozialen Brennpunkten lebenden Personen noch inkludiert sind, so stößt man zunächst auf die Intimsysteme.

1. Sieht man von den zumeist unfreiwillig exkludierten Singles ab, so dominiert eine Ausdifferenzierung der Intimsysteme in vollständige Familien, Ein-Eltern-Familien und Stieffamilien. Überwiegen die letzten beiden Formen der Intimsysteme bei den Deutschen, sind die Mehrzahl der Intimsysteme von Ausländern vollständige Familien, teilweise auch Mehrgenerationenfamilien (vgl. Blüml u.a. 1994, 64; Neuhöfer 1998, 37; Keim/Neef 2000, 32).

a) Konzentrieren wir uns zunächst auf die Beobachtung der selbstdestruktiven Problemlösungen dieser spezifischen Formen der Intimsysteme. Ihr generelles Risiko besteht darin, dass sie das funktionssystemspezifische Medium der Liebe überstrapazieren und somit vor allem das Paarsystem die Form eines Konfliktsystems annimmt. Dessen Konfliktthemen resultieren vornehmlich aus einem Misslingen der Redefinition der traditionell eingespielten Rollenerwartungen des Paares. So sind es vornehmlich die (Ehe-)Männer, denen es schwer fällt, den Verlust der Erwerbsarbeit zu kompensieren. Die dadurch erlittenen Enttäuschungen schlagen auf ihr Handeln und Erleben als (Ehe-)Partner und Vater durch. Ihre Selektionsfreiheiten reduzieren sich zunehmend auf Problemlösungen, die in negative Kommunikationsformen einmünden und die (Ehe-)Partnerin und Kinder massiv irritieren. In grober Vereinfachung können wir folgende Verlaufsformen der Konfliktkommunikation identifizieren, welche die Intimsysteme in unterschiedlicher Weise destabilisieren:

- Das Paarsystem kontinuiert, obwohl oder gerade weil sich das Konfliktsystem verstetigt (vgl. dazu passend Luhmanns (1984, 532) Aussage: „Hat man sich einmal auf einen Konflikt eingelassen, gibt es kaum noch Schranken für den Integrationssog dieses Systems – es sei denn solche der Umwelt, der Verhaltenszivilisation, des Rechts."). Die Liebe des Ehemannes und Vaters schlägt in verbale und/oder körperliche Gewalt gegen die Ehefrau und Kinder um. Die Transformation von der Intim- zur wiederholten Gewaltkommunikation wird zusätzlich durch die räumliche Enge der Wohnung forciert, deren kommunikative Verdichtung Strategien der Konfliktvermeidung durch Rückzugsmöglichkeiten erschwert. Kommt außerdem Alkoholabhängigkeit des Ehemannes und Vaters hinzu, so senkt sie seine Hemmschwelle zur Gewalt bereits aus scheinbar nichtigen Anlässen. Halten die Ehefrau oder Partnerin gleichwohl an der Ehe (Partnerschaft) fest, sind es nicht selten die Kinder, welche – traumatisiert durch die familiale Gewaltkommunikation – die Sozialisation der Familie durch die von Cliquen des sozialen Brennpunktes oder Ausreißversuche zu substituieren versuchen (vgl. Kaufmann-Reis 1992, 105 ff.; DJI 1995, 113 ff.). Die Verhinderung der endgültigen Destabilisierung des Familiensystems hängt dann nicht zuletzt von einer gelingenden Kooperation der Ehefrauen und Mütter mit informellen und formalen Hilfesystemen ab (vgl. dazu unser 3. Kapitel).
- Das Paarsystem löst sich durch Trennung auf. Bei fehlender informeller und formeller Hilfe und/oder Überforderung bzw. Resignation der Mutter, die z.B. den Verlust des Partners psychisch nicht verkraftet, tritt die temporäre oder endgültige Destabilisierung der nach der Trennung verbliebenen Ein-Eltern-Familie ein. Die Mutter droht in eine Sucht- oder Patientenkarriere abzugleiten. Während die Selektionsfreiheiten der Kinder, je nach Geschlecht, Alter, familialer Erziehung, sozialem Netzwerk und Eigensozialisation, unterschiedlich stark eingeschränkt sind. Formen der Inklusionsvermittlung in Heime und Pflegefamilien sind dann ebenso möglich wie die Selbstinklusion in Straßencliquen. Dabei ist es nicht ausgeschlossen, dass die Kinder die bisherigen Risiken der Herkunftsfamilie durch neue Formen der Selbst- und Fremdgefährdung eintauschen (vgl. DJI 1995; Institut für soziale Arbeit 1996).
- Ein neues Paarsystems wird konstituiert. Dessen riskante Problemlösung besteht in seiner strukturellen Kopplung mit einer komplexen Stieffamilie. Die eingeschränkte Partnerwahl im Exklusionsbereich des sozialen Brennpunktes, fehlende Lernprozesse der Partner, die Geburt zusätzlicher Kinder und ein zwischen Permissivität und Gewalt oszillierender Erziehungsstil können die Wahrscheinlichkeit ihrer Destabilisierung durch Konflikteskalation erhöhen. Die Gefahr nimmt zu, dass negative Konfliktmuster früherer Intimsysteme unter komple-

xeren Bedingungen kopiert werden. Es sind dann vor allem die Ehefrau bzw. Lebensgefährtin und die Stiefkinder, die unter der sich wiederholenden Gewaltspirale des neuen Ehemannes bzw. Lebensgefährten und Vaters zu leiden haben.

b) Die riskanten Problemlösungen der exkludierten Personengruppen sozialer Brennpunkte müssen jedoch nicht notwendig auf die Destabilisierung von Intimsystemen hinauslaufen. Sie implizieren auch Chancen, die von einem Teil der exkludierten Personengruppen zur Stabilisierung ihrer randständigen Lebenslage und Karriere genutzt werden. Dies ist besonders dann der Fall, wenn es vornehmlich den Frauen gelingt, sich zu trennen oder – trotz eingeschränkter Partnerwahl – einen neuen Partner an das Intimsystem zu binden (zur Schwierigkeit von Frauen, einen „Marriageable Man" im Exklusionsbereich zu finden, vgl. auch Stichweh 1997, 128). Auch hier wiederum lassen sich in geraffter Form folgende Verlaufsmuster mit den entsprechenden Problemlösungen identifizieren:

- Die Auflösung des Paarsystems. Sie ist mit der Chance der Restabilisierung des Intimsystems in Form der Ein-Eltern-Familie verbunden, wenn die (Ehe-)Frau nur ein Kind hat, beide die Trennung vom Ehemann und Vater als Entlastung erleben, ein informelles Netzwerk von Verwandten, Freundinnen und Nachbarn existiert und das Kind nicht als Ersatz für den Expartner fungiert (vgl. Napp-Peters 1985; Kaufmann-Reis 1992, 82; Niepel 1994; Peuckert 2008, 194 ff.). Die Wahrscheinlichkeit der Restabilisierung des Intimsystems in Form einer Ein-Eltern-Familie variiert zusätzlich mit der Dauer im Brennpunkt und den milieuspezifischen Ansprüchen und Erwartungen der Frau an Intimsysteme.

- Die Substitution des alten durch ein neues Paarsystem und die Etablierung einer Stieffamilie. Auch diese Problemlösung kann eine Chance darstellen, wenn es gelingt, die Partnerschafts- und Familienkarriere im Kontext eines neuen Intimsystems zu stabilisieren. Dass diese Möglichkeit eintritt, hängt besonders davon ab, wie die durch den lokalen Exklusionsbereich des sozialen Brennpunktes eingeschränkte Partnerselektion der Frauen ausfällt. Bezieht sie sich auf diejenigen Männer, die einer Suchtkarriere oder kriminellen Karriere entsagt haben, erhöht sich die Wahrscheinlichkeit ihrer Familiarisierung. Da das Familiensystem nicht selten die Form eines Matriarchats annimmt, kommt es zusätzlich darauf an, ob der neue Partner der Frau ihre daran gekoppelte familiale Dominanz akzeptiert. Dies ist vor allem dann der Fall, wenn er seinen Beitrag zur ökonomischen Haushaltskonsolidierung durch ein Substitut für die verlorene Erwerbsrolle zu leisten bereit ist (vgl. Boettner/Tobias 1992, 241 ff.; Keim/Neef 2000, 33). Spielt sich diese Redefinition der geschlechtsspezifischen Rollen ein, verringern sich zugleich die Anlässe für Enttäuschungen und familieninterne Gewaltkommunikation.

2. Neben der prekären Stabilisierung von Intimsystemen ist die eingeschränkte Zahlungsfähigkeit ein zweites zentrales Problem, mit dem die
Mehrheit derjenigen Personengruppen konfrontiert wird, die in sozialen
Brennpunkten geboren wurde oder bereits über längere Sequenzen ihrer
Lebenskarriere in diesen lebt. Die Exklusion aus dem Beschäftigungssystem durch den Verlust der Leistungsrolle in Form der Erwerbsarbeit inkludiert sie, monetär betrachtet, in Knappheits- bzw. Armutshaushalte. Diese
differenzieren sich in Einpersonenhaushalte, Paarhaushalte und Mehrpersonenhaushalte aus.

Ob ihre ökonomische Problemlösungen Risiken oder Chancen implizieren,
ist somit generell daran gebunden, wie sie ihre Zahlungsfähigkeit ohne Erwerbsarbeit auf Dauer stellen und ihre Konsumausgaben der Knappheit ihrer Zahlungsmittel anpassen können.

Was zunächst die Zahlungsfähigkeit der Armutshaushalte anbelangt, so
wird sie primär durch soziale Transferzahlungen (Sozialhilfe, Mietzuschüs-
se, Wohngeld, Kindergeld, Unterhaltszahlungen, Wohngeld, Arbeitslosengeld etc.) regeneriert, die ihre Mitglieder als Sozialhilfeempfänger und Arbeitslose von der lokalstaatlichen Sozialadministration erhalten. Hinzu
kommt Einkommen durch Schwarzarbeit im Rahmen der informellen Ökonomie des sozialen Brennpunktes oder des Inklusionsbereiches des lokalen
Beschäftigungssystems (Kaufmann-Reis 1992, 32; Boettner/Tobias 1992,
239 ff.; Keim/Neef 2000, 36).

Was die Konsumausgaben der Armutshaushalte betrifft, so handelt sich erstens um rechtlich gebundene, z.B. Miete, Nebenkosten der Wohnung oder
Ratenzahlungen für langlebige Konsumgüter; zweitens um elementare Lebensmittel (Nahrungsmittel und Getränke), die zur organischen Reproduktion der Haushaltsmitglieder notwendig sind; und drittens um sozio-
kulturelle Konsumansprüche des individuellen Lebensstils der Haushaltsmitglieder, die sich auf Mode, Freizeit, Verkehr, Bildung, Kunst etc. beziehen.

a) Betrachten wir nun zunächst diejenigen Formen von Armutshaushalten
etwas genauer, deren eingeschränkte monetäre Selektionsfreiheit sie auf
riskante Problemlösungen zurückgreifen lässt, die ihre Haushalte ökonomisch destabilisieren, indem sie ihre Konsumausgaben der Knappheit
ihrer Zahlungsmittel nicht anpassen können:
- alkoholabhängige männliche Singlehaushalte: sie geben ihr Geld primär für Alkohol und elementare Lebensmittel aus und reduzieren ihre
  Kunden- und Konsumentenrolle auf den Besuch weniger konsumorientierter Dienstleistungsorganisationen (Billigmärkte, Kneipen oder
  Trinkhallen) des sozialen Brennpunktes. Weitestgehend entkoppelt
  von dessen informellen sozialen Netzwerken und ohne jeglichen Kredit im Inklusionsbereich verbringen sie einen großen Teil ihrer Zeit

zurückgezogen in dem, was manche Beobachter als „Chaoshaushalte" bezeichnen (vgl. Keim/Neef 2000, 37 u. 39).

- Mehrpersonenhaushalte: ein Teil von ihnen ist nicht bereit oder in der Lage, seine Konsumansprüche auf die knappen monetären Einnahmen einzustellen. Dies kann durch den Alkoholkonsum besonders der männlichen Haushaltsmitglieder bedingt sein (vgl. dazu Kaufmann/ Reis 1992, 31), aber auch durch den Lebensstil der übrigen Familienmitglieder, der sich an den Bezugsgruppen von Milieus der Mittelschicht orientiert. Reichen die Transferzahlungen und zusätzlichen Einnahmen durch Schwarzarbeit nicht aus, um die rechtlich verbindlichen Ausgaben zu bezahlen, droht die Destabilisierung dieser Armenhaushalte durch Überschuldung. Sie verlieren die Kreditwürdigkeit bei Vermietern, Banken, Versandhäusern und Supermärkten (vgl. Boettner/Tobias 1992, 240; Kuhm 2000, 69) und werden als Schuldner wiederholt mit dem Besuch des Gerichtsvollziehers konfrontiert. Zusätzlich müssen sie mit der Rückzahlung von Sozialhilfegeldern rechnen, wenn Nachbarn die lokale Sozialadministration über ihre Einnahmen durch Schwarzarbeit informieren oder diese durch Betriebskontrollen aufgedeckt wird (vgl. Kaufmann-Reis 1992, 111).

Damit wird ihre Kundenrolle auf wenige Anbieter konsumorientierter Organisationen im sozialen Brennpunkt eingeschränkt; sie können von informellen Kontrollen durch kreditwürdige Anlaufstellen des sozialen Brennpunktes abhängig werden; müssen mit verschärfter Kontrolle durch die lokale Sozialadministration rechnen und Schuldnerberatung aufsuchen. Zudem erleben die Kinder unmittelbar durch den wiederholten Besuch von Gerichtsvollziehern, Sozialarbeitern und der Polizei die mangelnde Kreditwürdigkeit und Achtung, die ihren Eltern entgegengebracht wird. Speziell für in sozialen Brennpunkten geborene Kinder kann die erlebte Kopplung von Sozialhilfebezug, Schwarzarbeit und eingeschränkter Konsumentenrolle zu einer prekären ökonomischen Sozialisation führen, die das Risiko von Kleinkriminalität erhöht (vgl. Häußermann 2000, 20).

b) Neben den skizzierten riskanten Problemlösungen lassen sich gleichwohl auch Chancen einer prekären (Re-)stabilisierung bei denjenigen Armutshaushalten beobachten, denen es gelingt, die Knappheit ihrer Zahlungsfähigkeit mit ihren eigenen Konsumansprüchen zu vereinbaren. Bei diesen Armutshaushalten handelt es sich vor allem um die vom Inklusionsin den lokalen Exklusionsbereich abgestiegenen Personengruppen. Als stabile langzeitarme Haushalte bleiben sie entweder dauerhaft im sozialen Brennpunkt, orientieren sich als subjektive Überbrücker an einem zukünftigen Ausstieg oder verlassen den sozialen Brennpunkt nach längerer Dauer als Escaper.

Wie wir bereits sahen, gilt dies vor allem für diejenigen Armutshaushalte, die sich erstens die Kreditwürdigkeit dadurch erhalten, dass sie den rechtlich verbindlichen Ausgaben die Priorität durch konstante zeitliche Kopplung mit bestimmten Einnahmen aus Transferzahlungen einräumen; die sich zweitens auf einen Lebensstil der Sparsamkeit umzustellen in der Lage sind, der spontane Konsumbedürfnisse zu verschieben ermöglicht; die drittens regressive Konfliktlösungen wie Sucht vermeiden können und viertens mit den ökonomischen und sozialadministrativen Organisationen aktiv kooperieren, wenn vorübergehender Zahlungsverzug droht. Hinzu kommt schließlich die Möglichkeit, das Abgleiten in einen Chaoshaushalt oder sichtbaren Armutshaushalt durch Aufrechterhaltung einer an Standards der Mittelschichten orientierten Wohnqualität zu vermeiden, die sich auf Eigenarbeit und eventuell Schwarzarbeit stützt.

Gemeinsam ist ihnen, dass sie trotz ihrer ökonomischen Lebenslage als Armutshaushalt, die mit der Übernahme der Rollen des Sozialhilfeempfängers und Kunden mit reduzierten Konsummöglichkeiten verknüpft ist, ihre Lebensziele und ihren Lebensstil nicht an denjenigen einer „Armutskultur", sondern an denjenigen der Milieus der Mittelschicht orientieren. Sie sind somit sowohl als Kunde geringer diskreditiert und weniger in der Wahl der konsumorientierten Organisationen eingeschränkt als auch als Kooperationspartner der Sozialadministration verlässlicher. Dies hat auch Konsequenzen für die ökonomische Sozialisation ihrer Kinder. Ihre Konsumansprüche werden familienintern präferiert, ohne dass diese Präferenz aufgrund der Konsumaskese ihrer Eltern mit dem dauerhaften Risiko der Überschuldung und entsprechenden Konflikten mit der Polizei, dem Gericht und der Sozialadministration überschattet ist.

Abschließend wollen wir noch andeuten, welche zusätzlichen Risiken, aber auch Chancen mit den eingeschränkten Selektionsfreiheiten weiterer Sozialsysteme für die Personengruppen im sozialen Brennpunkt verbunden sind.

3. So sahen wir bereits, dass der Rückgriff auf riskante Problemlösungen – körperliche Gewalt im Intimsystem, Überschuldung, Schwarzarbeit, aber auch (Klein-)Kriminalität und Vandalismus von Kindern und Jugendlichen – die Wahrscheinlichkeit erhöht, mit dem Rechtssystem, sei es in Form der Polizei oder des Gerichts, in Kontakt zu geraten. Ereignisse wie der Besuch des Gerichtsvollziehers, Anzeigen von Supermärkten, Räumungsklagen von Vermietern, Verhaftung durch die Polizei etc. können mithin zur weiteren Gefährdung der Intimsysteme und Haushalte bzw. der jeweiligen Lebenskarriere ihrer Mitglieder führen.

Je nach Ausmaß und Wiederholung des rechtswidrigen Handelns kann es zu unterschiedlichen Verlaufsmustern krimineller Karrieren kommen, die das Intimsystem und den Haushalt, aber auch die Lebenskarriere einzelner Familienmitglieder zusätzlich destabilisieren. Durch Bewährungsauflagen, Diskreditierung als krimineller Haushalt oder Krimineller, Aufenthalte im Vollzug werden zudem die Selektionsfreiheiten der Betroffenen zusätzlich eingeschränkt und die Bindung an den sozialen Brennpunkt verstärkt.

4. Nimmt man die wiederholt erwähnte regressive Problemlösung des Rückgriffs auf Suchtmittel hinzu, so besteht deren Risiko einer Suchtkarriere darin, dass sie nicht nur zur organischen und psychischen Selbstgefährdung der betroffenen Personen führt, sondern besonders im Falle der Suchtkarriere eines Elternteils oder beider Eltern das Intimsystem und den Haushalt massiv gefährdet. Zum einen droht die Gefahr der Destabilisierung der Intimkommunikation durch Verletzung der körperlichen und psychischen Integrität der Partnerin und Kinder durch körperliche Gewalt und ihre Missachtung und Demütigung durch Verbalinjurien. Zum anderen besteht die Gefahr der Destabilisierung der Wirtschaftskommunikation des Haushaltes durch unkontrolliertes Ausgabenverhalten. Darüber hinaus kommt es zur Gefährdung der familialen Außendarstellung durch die Zuschreibung als Alkoholikerhaushalt, was die Selektionsfreiheit des informellen Kontaktnetzes der übrigen Familienmitglieder zusätzlich einschränkt.

5. Riskant ist auch die frühe Exklusion der Kinder und Jugendlichen vom lokalen Erziehungssystem durch Abbruch der Schulausbildung, Besuch von Sonderschulen oder die Beendigung der Schullaufbahn mit einem schlechten Hauptschulabschluss. Die damit verbundene schulische Negativkarriere erhöht die Risiken der Jugendlichen, vom Ausbildungs- und Beschäftigungssystem exkludiert oder von prekären Formen der Erwerbsarbeit abhängig zu werden. Ihre Wahrscheinlichkeit nimmt in dem Maße zu, in dem die Kinder und Jugendlichen im sozialen Brennpunkt geboren und in denjenigen Intimsystemen und Armutshaushalten sozialisiert werden, die sich mit der Armutskultur abgefunden haben. Es erstaunt dementsprechend nicht, wenn sie die prekäre Sozialisation ihrer Herkunftsfamilie durch die oftmals nicht weniger prekäre von Straßencliquen ersetzen. Nicht selten ist es somit die Wut und der Hass besonders von hoffnungslosen männlichen Jugendlichen und jungen Männern, die sich im Vandalismus, in Kleinkriminalität und Auseinandersetzungen mit anderen Straßencliquen und der Polizei entladen (vgl. Kaufmann-Reis 1992, 31 ff.; Dubet/Lapeyronnie 1994, 111 ff.; Rink 2000).

Zusammenfassend können wir also festhalten, dass sowohl riskante Problemlösungen als auch Chancen mit der Mehrfachexklusion von Personengruppen in sozialen Brennpunkten verknüpft sind. Sie kann zur dauerhaften „Armutskultur", prekären Stabilisierung im sozialen Brennpunkt oder zum Ausstieg aus ihm führen. Welche der damit implizierten Lebenslagen und Lebenskarrieren eintreten, hängt u. a. davon ab, wie die Personengruppen die im sozialen Brennpunkt eingeschränkten Selektionsfreiheiten der ihnen zugänglichen Intimsysteme, Haushalte, Wohnungen, Wirtschaftsorganisationen, Schulen, informellen sozialen Netzwerke, Sozialadministration, Rechtssystem etc. durch Selbstselektion nutzen.

Dabei nimmt das Risiko der Selbstselektion in dem Maße zu, in dem diese zur Destabilisierung der erwähnten Sozialsysteme durch Präferenz für die diabolische Seite der Kommunikationsmedien beiträgt. Hass, Gewalt, unkontrollierte hedonistische Konsumbedürfnisse, Lernunfähigkeit, Hilfsunfähigkeit und Illegalität drohen dann, die kommunikative Anschlussfähigkeit der Sozialsysteme zu blockieren. Gleichzeitig gefährden sie auch das Vertrauen in die Personen, die verbliebenen Rollen als Intimpartner, Eltern, Mieter, Kunden und Konsumenten, Schüler, Sozialhilfeempfänger, Arbeitslose, Rechtsbürger etc. erwartungssicher zu realisieren. Es wächst somit die Gefahr einer weiteren Einschränkung der Selektionsfreiheiten der Sozialsysteme und der Zunahme der Abhängigkeit von Fremdselektionen. Im Grenzfall kommt es zur unfreiwilligen Exklusion aus dem sozialen Brennpunkt durch Monoinklusion in totale Institutionen wie Frauenhaus, Erziehungsheim, Vollzug oder Sonderkliniken.

Demgegenüber erhöht sich die Chance zur Stabilisierung der erwähnten Sozialsysteme durch Selbstselektion der Personengruppen in dem Maße, in dem diese die verbindende – sprich symbolische – Seite, der Kommunikationsmedien präferieren. Die eingeschränkten Selektionsfreiheiten der Sozialsysteme werden in diesem Fall dazu genutzt, ihre kommunikative Anschlussfähigkeit aufrechtzuerhalten und die Risiken des Umschlagens zur diabolischen Seite der Selbst- und Fremdgefährdung zu reduzieren. Je nachdem, wie erfolgreich die Personengruppen dabei agieren, nimmt das Vertrauen in sie zu, die verbliebenen Rollen erwartungssicher zu erfüllen. Zugleich steigt die Chance einer entweder prekären Stabilisierung der randständigen Lebenslage und Karriere oder auch der Möglichkeit eines Ausstieges aus dem sozialen Brennpunkt, sei es als subjektiver Überbrücker oder Escaper.

Welches Verlaufsmuster die Lebenslage und Lebenskarriere der jeweiligen Personengruppen im lokalen Exklusionsbereich des sozialen Brennpunktes annimmt, hängt jedoch auch damit zusammen, aus welchem Milieu sie in diesen abgestiegen sind, sofern sie nicht in ihm geboren wurden. So sind es nicht zuletzt die Lebensziele bzw. Werte und der Lebensstil der Milieus, denen sie im Inklusionsbereich angehörten, die als unentscheidbare Entscheidungsprämissen ihre Möglichkeiten der Selbstselektion und Selbstbeobachtung im Exklusionsbereich mit beeinflussen (vgl. zum Begriff der unentscheidbaren Entscheidungsprämissen Luhmann 2000a, 240ff.). Treffen die Beobachtungen der dynamischen Armutsforschung und sozialen Brennpunktforschung zu, dass – neben dem traditionellen Arbeitermilieu, dem traditionslosen und hedonistischen Milieu – zunehmend auch Milieus der unteren Mittelschichten vom Abstieg in den Exklusionsbereich bedroht sind, müssen auch sie zukünftig stärker bei dessen Analyse berücksichtigt werden. Die Verlaufsmuster der Lebenslagen und Lebenskarrieren exkludierter Personengruppen werden folglich auch dadurch mitbestimmt, ob es ihnen einerseits gelingt, diejenigen Werte und Aspekte des Lebensstils zu entlernen, die zum Abstieg in den Exklusionsbereich beigetragen haben. Und ob sie andererseits diejenigen Werte und Aspekte des Lebensstils konservieren können, die eine prekäre Stabilisierung im bzw. einen Ausstieg aus dem sozialen Brennpunkt ermöglichen.

2.6 Moralische Selbst- und Fremdbeobachtung exkludierter Personengruppen

Beiläufig hatten wir schon verschiedentlich erwähnt, dass es für den Einstieg in den und den Verlauf der Lebenslage und Lebenskarriere im sozialen Brennpunkt eine nicht unwesentliche Rolle spielt, wie dieser von den exkludierten Personengruppen selbst beobachtet wird. Wir hatten die Relevanz von Selbstbeobachtungen sowohl im Hinblick auf die Zeitdimension als auch hinsichtlich der Selektion von Problemlösungen in der Sachdimension hervorgehoben.

Wir wollen uns im Folgenden auf einen zentralen Aspekt der sozialen Dimension der Selbstbeobachtung exkludierter Personengruppen konzentrieren, nämlich den der Differenz von Achtung/Verachtung. Anschlussmöglichkeiten dazu findet man in der sozialen Brennpunktforschung im Zusammenhang mit der Stigmatisierung exkludierter Personengruppen, in der dynamischen Armutsforschung in Verbindung mit der biographischen Bewertung von Armut und in der Milieuforschung im Kontext der Werte bzw. Lebensziele.

Deren Einsichten lassen sich für die soziologische Fremdbeobachtung der Selbstbeobachtung der exkludierten Personengruppen fruchtbar machen, wenn man die Differenz von Achtung/Verachtung auf die Moralkommunikation bezieht und sich deren zentrale Implikationen kurz klarmacht (vgl. dazu Luhmann 1989; Luhmann 1990a; Luhmann 1997b, 396 ff. Wir optieren allerdings aus semantischen Gründen im Gegensatz zu Luhmann für „Verachtung" anstelle von „Missachtung" zur Bezeichnung des Negativwertes. Führt diese doch die Nebenkonnotation des Ignoriens oder Vergessens eines Sachbezuges mit, während es im Falle der Moral primär um den Personenbezug geht.).

Moralisch kommuniziert wird immer dann, wenn die Achtung/Verachtung eines einzelnen Individuums als ganze Person auf dem Spiel steht. Im Unterschied zum Respekt, dem man der überlegenen Leistung einer Person in der Berufsrolle oder einer anderen Rolle zollt, sind die Achtungsbedingungen der Moralkommunikation jedoch nicht asymmetrisch, sondern symmetrisch gebaut. Sie konditionieren das Verhalten, den Charakter oder die Einstellung der an der Moralkommunikation beteiligten Personen, indem sie deren Selektionsfreiheit in Richtung des Positivwertes des Moralcodes gut zu dirigieren versuchen. Demgegenüber indizieren schlechtes Verhalten, ein schlechter Charakter oder eine böse Einstellung die Kontingenz der Einschränkung der Selektionsfreiheit durch den Moralcode. Dessen Negativwerte oder Reflexionswerte schlecht/böse machen den an Moralkommunikation beteiligten Personen deutlich, dass die Konditionierung der Kommunikation im Sinne guten Verhaltens, eines guten Charakters oder einer guten Einstellung misslingen kann.

Wer moralisch kommuniziert, riskiert somit seine Selbstachtung zu verlieren oder die des Gegenübers in Frage zu stellen. Werden die implizit oder explizit kommunizierten Achtungsbedingungen (Werte oder Gesinnung) nicht geteilt, kann es zum Streit oder Konflikt kommen, der sich auf alle Funktionsbereiche und Rollen der beteiligten Personen auszuweiten droht. Die Funktion der Moralkommunikation, die ganze Person durch symmetrische Achtungsbedingungen zu inkludieren, schlägt somit in wechselseitige Verachtung der Personen um. An deren Ende steht nicht selten die moralische Exklusion derjenigen Person oder Personengruppen, die sich den Achtungsbedingungen nicht unterwerfen wollen. Ihre Mitteilungen gelten nicht mehr als kommunikativ anschlussfähig. Sie werden als verachtete Personen aus dem jeweiligen Kommunikationssystem exkludiert.

Bezieht man die bisherigen Überlegungen auf die heutigen Modernisierungszentren der Weltgesellschaft, so gilt es im Hinblick auf den Moralcode, die Moralkommunikation und die Möglichkeit moralischer Exklusion von Personen und Personengruppen folgende Spezifika zu berücksichtigen:

1. Die Codes der gesellschaftlichen Teilsysteme der Politik, der Wirtschaft, Wissenschaft, Intimbeziehungen, Medizin, des Rechtes, des Sportes, der Erziehung etc. (Regierung/Opposition, zahlungsfähig/zahlungsunfähig, wahr/unwahr, geliebt/ungeliebt, krank/gesund, Recht/Unrecht, Sieg/Niederlage, lernfähig/lernunfähig etc.) können nur dann funktionssystemspezifisch operieren, wenn Personen in deren Inklusionsbereich sowohl in der Leistungsrolle als in den Laienrollen kommunikativ an beide Seiten der Codes anschließen können, ohne moralisch exkludiert zu werden (vgl. dazu Luhmann 1997b, 316ff.; Hohm 2002, 141ff.). So hat es normalerweise nichts mit Achtung/Verachtung der Person oder von Personengruppen zu tun, ob jemand Regierungs- oder Oppositionspolitiker ist, die Regierungs- oder Oppositionspartei wählt, als Erwerbstätiger ein hohes oder niedriges Gehalt bezieht oder ein bestimmtes Konsumgut bezahlen kann oder nicht, ob jemand einen Prozess als Anwalt gewinnt oder verliert, als Angeklagter zu einer Geldstrafe verurteilt oder freigesprochen wurde, ein Wissenschaftler eine wahre Theorie publiziert oder irrt, ein Laie über bestimmte wissenschaftliche Kenntnisse informiert ist oder nicht, ob jemand verheiratet oder geschieden ist, ein Arzt eine bestimmte Krankheit heilen kann oder nicht bzw. ein Individuum krank oder gesund ist etc. Die funktionssystemspezifischen Codes und die mit ihnen verknüpften Inklusionsvoraussetzungen sind also daran gebunden, dass sie zunächst amoralisch operieren.

2. Dies schließt die Ausdifferenzierung funktionssystemspezifischer Sondermoralen mit besonderen Achtungsbedingungen für die Inhaber von Leistungsrollen nicht aus (vgl. zur Sondermoral des Hochleistungssports Bette

1989, 197 ff.; zum Mobbing Leymann 1991). Als Professionsethik, Berufs-ethik oder Unternehmensethik sind sie auf bestimmte Probleme bezogen, welche die Anschlussfähigkeit der funktionssystemspezifischen Kommuni-kation und die Trennschärfe ihrer Codes gefährden können. Man denke z. B. an das Doping im Hochleistungssport, die Bestechlichkeit von Politi-kern und Beamten im politisch-administrativen System, eklatante Kunstfeh-ler im Medizinsystem, Datenfälschungen im Wissenschaftssystem, hochris-kante Kreditvergaben und Geldwäsche im Bankensystem oder bestimmte Personalstrategien wie Mobbing in Unternehmen (vgl. zu ihrer moralischen Skandalisierung durch die Massenmedien, Luhmann 1997b, 404–405).

Möglich sind auch funktionssystemspezifische Sondermoralen, die be-stimmte Achtungsbedingungen von Laienrollen voraussetzen. So kann Hooligans Stadionverbot im Sportsystem erteilt, Andersgläubigen der Zu-gang zu religiösen Stätten und Sakramenten verwehrt werden, können ein-zelne Kunden Hausverbot von Einzelhandelsunternehmen erhalten oder ih-nen Kredite von Banken verweigert werden, Risikogruppen der Patienten von Privatversicherungen abgelehnt, unerwünschte Personen die Einreise in bestimmte Länder verweigert werden etc.

Im Inklusionsbereich der einzelnen Funktionssysteme können also sowohl Inhaber von Leistungsrollen als auch Laienrollen moralisch exkludiert wer-den, wenn sie eklatant gegen die Achtungsbedingungen der funktionssys-temspezifischen Sondermoral verstoßen.

3. Ob sich die moralische Exklusion auf die ganze Person mit all ihren Rollen im Inklusionsbereich ausdehnt, ist an weitere strukturelle Voraussetzungen und sequentielle Ereignisse gebunden. Die moralische Negativkarriere im ei-nen Funktionssystem muss auch zum Achtungsverlust in anderen führen. Ob dies der Fall ist, hängt u. a. davon ab, ob sich die betroffenen Personen oder Personengruppen dem Achtungsverlust an bestimmten Orten und in bestimm-ten Funktionsbereichen durch Mobilität entziehen können oder nicht. Ist dies möglich, ist die Restabilisierung ihrer Selbstachtung an einem anderen Ort an das Ausmaß und die Skandalträchtigkeit des Achtungsverlustes, aber auch ih-rer Zugehörigkeit zu einem Milieu gebunden. Dessen Funktion besteht näm-lich vor allem auch darin, zur moralischen Inklusion von Personengruppen durch implizit kommunizierte moralische Werte und Gesinnungen beizutra-gen. Das Risiko der moralischen Exklusion variiert dann in Abhängigkeit von der Toleranz/Intoleranz, die Personengruppen mit dem Verhalten oder der Gesinnung verbinden, die zum Achtungsverlust führen, und der moralischen Bindung der betroffenen Person an ihr Milieu.

In den Milieus der Oberschicht, der oberen und mittleren Mittelschichten des Inklusionsbereichs kann die moralische Exklusion somit einen temporä-ren oder auch dauerhaften Ausschluss aus bestimmten Organisationen und informellen Kontaktnetzen der Funktionssysteme nach sich ziehen. Eine damit verbundene Abstiegskarriere ist jedoch normalerweise nicht mit einem Wechsel in den lokalen Exklusionsbereich des sozialen Brennpunktes verknüpft, weil die betroffenen Personen in aller Regel über genügend monetäre Ressourcen, Einfluss, Qualifikationen und Kontakte verfügen, um einen umfassenden Achtungsverlust im lokalen Inklusionsbereich zu verhindern. Wahrscheinlicher ist ein vorübergehender Achtungsverlust im bisherigen Milieu, der einen Wiederaufstieg zu einem späteren Zeitpunkt nicht ausschließt, oder ein dauerhafter Abstieg in ein niedrigeres Milieu des Inklusionsbereiches.

Wechselt man nun zur Beobachtung der moralischen Selbstbeobachtung von in sozialen Brennpunkten exkludierten Personengruppen über, dann lassen sich folgende Einsichten festhalten:

1. Die Achtungsbedingungen der Moralkommunikation, an welche die exkludierten Personengruppen ihre jeweilige Selbstachtung binden, variieren in Abhängigkeit von den heterogenen randständigen Lebenslagen, Lebenszielen und Lebensstilen. Sie fungieren zugleich als mehr oder weniger explizit kommunizierte Differenz einer Binnen- und Außenmoral.

So erhalten z. B. diejenigen Personengruppen, die ihre Lebenslage stabilisieren können, ihre Selbstachtung dadurch, dass sie sich von den Personengruppen, die resigniert haben, mit zum Teil scharfen moralischen Formulierungen abgrenzen. Dies machen u. a. folgende Aussagen deutlich: „Es gibt hier zwei Gruppen, die, die aus dem tiefen Loch, in das sie gefallen sind, wieder herauswollen, und die, die sich hinter dem Alkohol verkriechen." (AZ 1996). „Wenn du dann siehst, da kriegen die Kohle und aasen. Hör mal, die haben einen Tag oder zwei Stunden Geld, is weg, Ende, Feierabend. Ist nichts mehr. Sind die eigentlich bekloppt oder was?" (Boettner/ Tobias 1992, 245).

Ein Teil der Personengruppen mit eher destabilisierter Lebenslage verachtet jene wiederum als „Schmarotzer", da sie im Unterschied zu ihnen, die Empfänger von Arbeitslosengeld sind, von Sozialhilfe auf Kosten der Allgemeinheit leben (vgl. Boettner/Tobias 1992, 245).

In sozialen Brennpunkten mit einer Mehrheit sehr heterogener ausländischer Personengruppen existieren nicht nur fein abgestufte Achtungsgrenzen innerhalb der Minderheit deutscher Bewohner, sondern auch zwischen länger dort lebenden und neu eingewiesenen ausländischen Bewohnern bzw. Aussiedlern. Ferner grenzen sich nicht selten Teile der südeuropäischen und türkischen Personengruppen des traditionellen Arbeitermilieus von deutschen Personengruppen mit destabilisierter Lebenslage moralisch ab. Für sie sind „die Deutschen die Asozialen" (vgl. Neuhöfer 1998, 39; vgl. auch Keim/Neef 2000, 37).

Die exemplarisch angeführten Aussagen exkludierter Personengruppen verweisen auf eine je spezifische Differenz von Selbstachtung/Fremdverachtung, welche die jeweilige eigene moralische Überlegenheit betont.

Es sind bevorzugt die anderen, die sich „hinter dem Alkohol verkriechen", „aasen", „bekloppt" sind, oder als „Schmarotzer" und „Asoziale" bezeichnet werden. Demgegenüber gehört man selbst, so die implizit kommunizierte moralische Selbstbeobachtung, zu denjenigen Personengruppen, die „aus dem tiefen Loch wieder raus wollen", die „nicht aasen", „vernünftig" und „leistungsbereit" waren oder sind.

2. Die Differenz von moralischer Überlegenheit/Unterlegenheit erhöht die Wahrscheinlichkeit konflikthafter Moralkommunikation der exkludierten Personengruppen vor allem durch die erzwungene räumliche Immobilität ihrer randständigen Lage. Diese verhindert in der Mehrzahl der Fälle eine Deeskalation durch Wegzug und stellt somit die Anwesenheit der sich wechselseitig mehr oder weniger stark verachteten Personengruppen auf Dauer. Die dadurch induzierte kommunikative Verdichtung im sozialen Brennpunkt intensiviert nicht nur die wechselseitigen milieuspezifischen Beobachtungen in der Nachbarschaft und den Außenräumen. Sie forciert auch die moralische Grenzziehung der exkludierten Personengruppen durch die Differenz von Binnen- und Außenmoral. Ihr latentes Konfliktpotential droht besonders dann in manifeste Konfliktkommunikation umzuschlagen, wenn sich die Grenzziehung durch eigene moralische Überlegenheit nicht auf den Schimpfklatsch über abwesende Andere beschränkt (vgl. Keim/ Neef 2000, 36), sondern in mehr oder weniger offen kommunizierte Verachtung einmündet.

Dabei variieren die strukturellen Gründe für streitauslösende Moralkommunikation. Sieht eine Teilgruppe Deutscher ihre Selbstachtung durch die stabilere Lebenslage, besonders der erwerbstätigen Türken, in Frage gestellt, überfordern eine andere die beschleunigten Zuzüge unterschiedlichster ausländischer Personengruppen. Und schon länger in sozialen Brennpunkten lebende Ausländer sehen ihre eigenen Anpassungsleistungen durch anpassungsunwillige, neu hinzugekommene Ausländergruppen bedroht. So äußert eine arbeitslose alleinerziehende deutsche Mutter von 20 Jahren: „Ich hasse diese Türken ganz einfach" (vgl. Neuhöfer 1998, 40). Ein bereits lange Zeit in einem sozialen Brennpunkt Berlins lebender Deutscher bemerkt: „An die Türken hat man sich gewöhnt, und jetzt kommen die Albaner und Polen, und das ist schwierig. Wenn es nach mir ginge, sollte man die Mauer wieder aufbauen" (vgl. Neuhöfer 1998, 42). Und ein in relativ stabiler Lebenslage lebender Türke konstatiert: „Hier leben meistens Ausländer, aber sie leben so weiter wie dort, wo sie hergekommen sind. Aber hier…hat die industrielle Revolution stattgefunden. Aber die Ausländer bringen mit sich alles, was zu ihnen im Dorf gehört. Kleider, Kultur, Sprache. Kurz gesagt, sie passen sich dem Leben hier nicht an, deshalb kommt es zu Konflikten." (Vgl. Keim/Neef 2000, 37)

Es erstaunt somit nicht, dass Ereignisse wie nächtlicher Lärm, mangelnde Sauberkeit, Nichteinhalten der Hausordnung etc. im Kontext der kommunikativ verdichteten, halböffentlichen und öffentlichen Binnen- und Außenräume der Hausgemeinschaft und Nachbarschaft als Anlässe streitauslösender Moralkommunikation fungieren können. Dabei ist das Ausmaß von Toleranz/Intoleranz an die Differenz von Binnen- und Außenmoral gebunden, so dass das gleiche Ereignis intern anders beurteilt wird als extern.

Endet die streitauslösende Moralkommunikation im Falle von Nachbarschaftskonflikten normalerweise mit Beschimpfungen, Beschwerden bei Vermietern oder weitestgehendem Kommunikationsabbruch, droht sie vornehmlich bei deutschen und ausländischen männlichen Jugendlichen und jungen Erwachsenen in Gewaltkommunikation umzuschlagen. Sie sind es vor allem, welche nicht selten stellvertretend für diejenigen Personengruppen offene Konflikte austragen, die ihre moralische Verachtung und Grenzziehung nur indirekt zum Ausdruck bringen können oder wollen. Ihre durch Mehrfachexklusion und im Falle jugendlicher Immigrantengruppen zusätzlich durch indirekte oder offene Ausländerfeindlichkeit verletzte moralische Selbstachtung kompensieren sie dann qua Bindung an cliqueninterne Achtungsbedingungen. Diese nehmen die Form einer „präventiven Selbstbehauptungsmoral" (vgl. Neuhöfer 1998, 41) an, die an den unterschiedlichsten Orten der Außenräume des sozialen Brennpunktes (Spielplätze, Hinterhöfe, Straßenecken, Jugendtreffs etc.) offensiv und provokativ kommuniziert wird. Ihre Adressaten sind Kinder, Frauen und ältere Menschen, bevorzugt aber auch andere Zuwanderercliquen und die Polizei. Den deutschen und ausländischen Jugendlichen geht es jedoch nicht nur um die Demonstration der eigenen moralischen Überlegenheit, sondern zusätzlich um die Stabilisierung ihrer eigenen Selbstachtung durch körperliche Überlegenheit und territoriale Dominanz in den Außenräumen des sozialen Brennpunktes. Besonders gefährlich wird das Umschlagen der Moralkommunikation in Gewaltkommunikation, wenn Wut und Hass auf andere Cliquen und Personen an religiös fundamentalistische oder politisch nationalistische Werte der moralischen Überlegenheit gekoppelt sind. Oder wenn es um die Vorherrschaft bestimmter Territorien geht, die als Umschlagplatz für Drogen oder Hehlerware dienen.

Der soziale Brennpunkt ist somit nicht nur räumlich, sondern auch moralisch ein paradoxer Ort der Zuflucht für sich untereinander achtende und der Flucht vor sich gegeneinander verachtende Personengruppen. Indem Teile von ihnen, sich offen wechselseitig diskreditieren und diskriminieren und zusätzlich auf physische Gewalt zurückgreifen, machen sie nicht nur die Streitnähe der Moralkommunikation deutlich (vgl. Luhmann 1989, 370), sondern kopieren zugleich im sozialen Brennpunkt diejenigen Mechanismen der räumlichen und moralischen Exklusion, von denen sie selbst im lokalen Inklusionsbereich betroffen sind.

3. Eine zentrale Paradoxie der moralische Selbstbeobachtung der exkludierten Personengruppen im sozialen Brennpunkt besteht für den soziologi-

schen Fremdbeobachter darin, dass jene ihre Selbstachtung an einem Ort behaupten müssen, von dem sie wissen, dass er von der Mehrzahl der Beobachter des lokalen Inklusionsbereichs als Ort des Achtungsverlustes beobachtet und bewertet wird (vgl. AZ 1996; Häußermann 2000, 19; Kuhm 2000, 69; Keim/Neef 2000, 30 ff.). Sie sind folglich mit dem moralischen Dilemma der Vermeidung der Transformation von Fremdverachtung in Selbstverachtung konfrontiert. Betrachtet man nun, wie die exkludierten Personengruppen mit diesem moralischen Dilemma umgehen, so lassen sich folgende Strategien identifizieren:

a) Eine erste Strategie bindet ihre Selbstachtung an Achtungsbedingungen einer Binnenmoral, die sich von den Achtungsbedingungen anderer exkludierter Personengruppen durch fein abgestufte Formen moralischer Überlegenheit unterscheidet. Abhängig ist die Anschlussfähigkeit dieser Binnenmoral im sozialen Brennpunkt von der Vermeidung der Infragestellung der überlegenen Bedingungen der Selbstachtung durch andere exkludierte Personengruppen und vom Ausblenden des Vergleichs mit den Achtungsbedingungen des Inklusionsbereichs (vgl. Boettner/Tobias 1992, 247; Dubet/Lapeyronnie 1994, 106 ff.). Das Risiko des Überganges von Selbstachtung in Selbstverachtung wächst somit, wenn andere exkludierte Personengruppen die Rollen des Sozialhilfeempfängers, Arbeitslosen, Alkoholikers, der Alleinerziehenden, des fremden Ausländers etc. zum Anknüpfungspunkt für indirekt oder direkt kommunizierte Verachtung benutzen. Moralische Attribuierungen wie „Schmarotzer", „Asoziale", „Bekloppte", „Aaser", „verantwortungslose Mutter", „anpassungsunwillige Ausländer" etc. werden folglich als Angriffe auf die Selbstachtung perzipiert. Diese wird jedoch auch durch funktionssystemspezifische Kontakte mit dem lokalen Inklusionsbereich gefährdet, bei denen die exkludierten Personengruppen mit unterschiedlichen Formen kommunizierter Verachtung gestraft werden (vgl. Dubet/Lapeyronnie 1994, 114). Gelingt es den betroffenen Personengruppen nicht, sich gegenüber den Attacken auf ihre Selbstachtung zu immunisieren, kann die wiederholte im Medium der Moralkommunikation erlebte eigene Unterlegenheit zur Selbstverachtung führen.

b) Eine zweite Strategie lässt sich dementsprechend als die des forcierten Rückzugs exkludierter Personengruppen in die Binnenräume der Wohnung und des Wohnblocks identifizieren (vgl. Dubet/Lapeyronnie 1994, 104). Das durch Selbstverachtung erzeugte selbstdestruktive Potential nimmt dann entweder die Form der Autoaggression durch Suchtkarrieren und/oder die der familieninternen Gewaltkommunikation an. Deren gleichsam sadomasochistische Variante einer paradoxen Moral koppelt nicht selten die Selbstachtung an eine symmetrische Eskalation von wechselseitig mitgeteilter verbaler Verachtung und körperlichen Attacken (vgl. Watzlawick u. a. 1969, 149 ff.; Kaufmann-Reis 1992, 105 ff.).

c) Eine dritte Strategie oszilliert zwischen Fremdverachtung und Selbstverachtung. Sie invisibilisiert die erste, indem sie, besonders bei deutschen und ausländischen Jugendlichen, die Selbstachtung an eine cliquenspezifische Selbstbehauptungsmoral bindet. Diese erfährt ihre Bestätigung durch verbale Provokationen und körperliche Gewalt, mit denen sie den räumlichen Rückzug anderer Cliquen und der Polizei erzwingt. Dass sich jedoch die Selbstverachtung als die andere Seite der Fremdverachtung nicht dauerhaft invisibilisieren lässt, kommt im ungezügelten Hass und der Wut der Jugendlichen zum Ausdruck, der sich auch gegen diejenigen Teile der Gebäude, Einrichtungen und Gegenstände von Plätzen richtet, in denen sie sich bevorzugt aufhalten und die sie partiell mit gestaltet haben (vgl. Kaufmann-Reis 1992, 108; Dubet/Lapeyronnie 1994, 117–118; Nollmann 1997).

d) Schließlich lässt sich eine vierte Strategie einer nationalistisch und/oder religiös gefärbten Selbstbehauptungsmoral beobachten. Ihr Extremismus bzw. Fundamentalismus manifestiert sich vornehmlich bei derjenigen Minderheit exkludierter Personengruppen, die mit der Semantik „ausländerfreier Zonen" bzw. „ethnisch homogener Stadtviertel" eine strukturelle Kopplung von moralischer, räumlicher und im Grenzfall körperlicher Exklusion der von ihnen verachteten Personengruppen verknüpfen (vgl. Heitmeyer 1995, 399 ff; Heitmeyer 1997).

4. Zum Abschluss dieses Abschnittes wollen wir noch kurz auf einige Implikationen der moralischen Selbstbeobachtung der exkludierten Personengruppen für die Hilfekommunikation aufmerksam machen:

a) Es fällt auf, dass ein zunehmender Teil der länger im lokalen Exklusionsbereich sozialer Brennpunkte lebenden Personengruppen die Rückläufigkeit wechselseitiger Hilfe im Vergleich zu früher beklagt (vgl. Kaufmann-Reis 1992, 82 u. 105; AZ 1996; Keim/Neef 2000, 36). Einerseits wird damit auf die selbstorganisierte Hilfe einer Mehrheit der exkludierten Personengruppen gegenüber Interventionen lokaler Organisationen der sozialen Hilfe, Polizei oder Vermieter abgestellt. Andererseits geht es um den zeitlichen Ausgleich von Bedarfen der Familie im Falle von Krankheit, Knappheit von Lebensmitteln, der Einhaltung der Hausordnung etc. durch Nachbarschaftshilfe. Diese Laienformen der Hilfekommunikation nehmen offensichtlich in dem Maße ab, in dem sich mit der Heterogenisierung der randständigen Lebenslagen die Achtungsbedingungen der exkludierten Personengruppen pluralisieren. Kurz: denjenigen, die man verachtet, hilft man auch nicht. Das frühere Zusammengehörigkeitsgefühl wird somit durch Tendenzen der Entsolidarisierung ersetzt, die sich beispielsweise anhand anonymer Anzeigen der Schwarzarbeit von Sozialhilfeempfängern ablesen lassen (vgl. Kaufmann-Reis 1992). Gleichzeitig kontinuieren jedoch Formen der Nachbarschaftshilfe innerhalb derjenigen exkludierten Personengruppen, die sich an die gleichen Achtungsbedingungen binden (vgl. Keim/Neef 2000, 36).

b) Die Wahrscheinlichkeit familialer Selbsthilfe exkludierter Personengruppen wächst, wenn ihre Intimkommunikation einerseits nicht durch zu starke Achtungsverluste ruiniert wird, die sich die Familienmitglieder selbst zufügen und zuschreiben. Und wenn andererseits die familiale Hilfekommunikation das Medium Liebe nicht durch Überforderung einseitiger Hilfeerwartungen, z. B. an die (Ehe-) Frau und Mutter, gefährdet, und damit die Reziprozität der Hilfe innerhalb des Intimsystems auf Dauer unmöglich macht.

c) Die Inklusion ins lokale System der sozialen Hilfe kann sowohl zur dauerhaften Stabilisierung der randständigen Lebenslage exkludierter Personengruppen als auch zu ihrer temporären Stabilisierung im sozialen Brennpunkt mit der Möglichkeit der Reinklusion beitragen. Welches der Verlaufsmuster sich durchsetzt, hängt nicht zuletzt auch davon ab, ob die Hilfsbedürftigen ihre Selbstachtung dauerhaft an die Rolle des Hilfebedürftigen koppeln müssen, wollen, können oder nicht. Die Bindung an die Rolle des Hilfsbedürftigen variiert u. a. in Abhängigkeit von den Hilfsmöglichkeiten des lokalen Systems sozialer Hilfe und der Selektion der Werte (Lebensziele) und des Lebensstils, an die exkludierte Personen und Personengruppen ihre gegenwärtige und zukünftige Selbstachtung knüpfen.

d) Der Grad der Bindung an die Rolle des Hilfebedürftigen wird jedoch auch durch die Möglichkeit des Erschließens zusätzlicher Ressourcen beeinflusst. Zu diesen gehören Eigenarbeit, die informelle Ökonomie der Schwarzarbeit innerhalb und außerhalb des sozialen Brennpunktes, Kleinkriminalität – Diebstahl, der Handel mit Drogen und Hehlerware –, das ethnisch homogene Kontaktnetz der Nachbarn, die aggressive Selbstbehauptungsmoral von Jugendlichen etc. Die Inanspruchnahme dieser Ressourcen durch die exkludierten Personengruppen lässt sich mithin im Hinblick auf die Abhängigkeit vom lokalen System sozialer Hilfe als funktional äquivalente Problemlösung interpretieren. Als solche verweist sie nicht nur auf abgestufte Formen brauchbarer Scheinlegalität und Illegalität (vgl. Luhmann 1976, 304 ff.), sondern zugleich auch auf Formen der Selbsthilfe derjenigen exkludierten Personengruppen, die sich mit der Reduktion der Zuschreibung auf die Rolle des Hilfebedürftigen durch das lokale System der sozialen Hilfe nicht abfinden wollen. Sekundäre Formen der Hilfeabhängigkeit der in diese informellen Hilfesysteme inkludierten Personengruppen sind dabei ebenso wenig ausgeschlossen (vgl. Boettner/Tobias 1992, 240) wie „parasitäre" Mitnahmeeffekte der Angebote des lokalen Systems sozialer Hilfe durch die betroffenen Personengruppen.

e) Schließlich sei noch auf zwei weitere Typen exkludierter Personengruppen hingewiesen. Die erste entzieht sich dem lokalen System der sozialen Hilfe, da dessen Inanspruchnahme mit ihrer Selbstachtung nicht vereinbar ist. Hierbei handelt es sich vornehmlich um ältere Frauen, die weitestgehend zurückgezogen und verschämt als Witwen in der eigenen

Wohnung des sozialen Brennpunktes leben und eine Form der individuellen Selbsthilfe betreiben. Sozialisiert unter den Bedingungen des traditionellen Arbeitermilieus und gewöhnt an dessen Knappheiten, können sie den eigenen Bedarf den knappen Mitteln der Rente anpassen und einen Lebensstil praktizieren, der von Fremdbeobachtern als verdeckte bzw. latente Armut beschrieben wird (vgl. Leisering 1995, 93; Bäcker u. a. 2008, 237 ff.; Jacobs, 2008, 248 ff.). Demgegenüber ist der zweite Typ exkludierter Personengruppen durch ein Umschlagen von Selbstachtung in Selbstverachtung gekennzeichnet. Individuelle Selbsthilfe mündet bei ihm in selbstdestruktive Formen einer Suchtkarriere ein. Dies trifft vornehmlich auf ältere Männer des ehemaligen traditionellen Arbeitermilieus zu. Ihre Alkoholsucht droht die Stabilität des Intimsystems zu ruinieren und dessen Abhängigkeit vom lokalen System der sozialen Hilfe zu verstetigen.

Sieht man unsere systemtheoretisch inspirierten Ausführungen am Ende dieses Kapitels auf einen Blick, so versuchten wir im Anschluss an unsere Ausgangsfragen zu zeigen, was es bedeutet, wenn sich in den urbanen Modernisierungszentren der Weltgesellschaft soziale Brennpunkte als Quartiere des lokalen Exklusionsbereichs ausdifferenzieren. Wir konnten beobachten:

a) welche Folgen mit der räumlichen Segregation und den kommunikativ verdichteten Binnen- und Außenräumen für die dort lebenden Personengruppen verbunden sind;
b) dass ihre Lebenslagen heterogen und durch Mehrfachexklusion gekennzeichnet sind;
c) ihre Exklusionskarrieren unterschiedliche Verlaufsformen annehmen können;
d) dass deren Chancen und Risiken nicht zuletzt auch in Abhängigkeit von der Inanspruchnahme der ihnen verbliebenen Selektionsfreiheiten und
e) ihrem Grad an Selbstachtung und Potential an Selbsthilfe variieren.

Sofern letzteres jedoch an Grenzen stößt, ist es für uns als systemtheoretische Beobachter eine sowohl theoretisch als auch praktisch interessante Frage, ob es ein Funktionssystem gibt, das auf die Folgeprobleme der Exklusion aus den primären Funktionssystemen bezogen ist. Der Beantwortung dieser allgemeinen Frage und ihrer Respezifikation am ausführlich erörterten Beispiel der Sozialpädagogischen Familienhilfe wenden wir uns nun im nächsten Kapitel zu.

3. Das Funktionssystem Soziale Hilfe und Sozialpädagogische Familienhilfe

Seit spätestens Mitte der 1990er Jahre wird die Frage, ob sich im Zuge der forcierten Modernisierung der Modernisierungszentren der Weltgesellschaft die Ausdifferenzierung eines Funktionssystems Sozialer Hilfe beobachten lässt, kontrovers diskutiert. Dies gilt besonders für Soziologen und Wissenschaftler der Sozialarbeit und Sozialpädagogik, die der neueren Systemtheorie nahe stehen (vgl. Baecker 1994; Bommes/Scherr 1996; Fuchs 1997; Merten 1997; Weber/Hillebrandt 1999; Bardmann 2000; Bommes/Scherr 2000).

Die schon seit längerem andauernde Auseinandersetzung darüber, ob Sozialarbeit/Sozialpädagogik der Status einer Profession oder Semiprofession zukommt (vgl. dazu stellvertretend Merten/Olk 1999, 955 ff.), wird damit durch die Debatte abgelöst, ob es ein System Sozialer Hilfe als (sekundäres) Funktionssystem gibt oder nicht (vgl. zu beiden Themen aktuell May 2010). Das zentrale Problem der Autonomie der Sozialarbeit wird somit von der Systemebene der Organisation oder Interaktion auf diejenige eines gesellschaftlichen Teilsystems verschoben. Es wird eine Systemebene höher gezont und gewinnt seine Relevanz durch den Vergleich mit den primären Funktionssystemen der modernen Gesellschaft, der an die Stelle des Vergleichs der Sozialarbeit mit den klassischen Professionen tritt.

Im Rahmen dieses letzten Kapitels werden wir zunächst an diese Kontroverse um das System Sozialer Hilfe selektiv anschließen. Nachdem wir einige zentrale Argumente vorgestellt haben, die generell für die Annahme eines sekundären Systems Sozialer Hilfe sprechen, werden wir danach einige ihrer Implikationen exemplarisch und ausführlich anhand der sozialpädagogischen Familienhilfe thematisieren. Im Kern geht es um hierbei um die Frage, welchen Beitrag diese komplexe und intensivste Form ambulanter Erziehungshilfen auf der lokalen Ebene des Systems Sozialer Hilfe für die in urbanen sozialen Brennpunkten exkludierten Personengruppen zu leisten vermag. Im Anschluss an die Thematisierung der Grenzen ihrer Hilfefähigkeit werden wir unsere Arbeit mit einem Ausblick zum Programm „Soziale Stadt" beenden.

3.1 Soziale Hilfe als sekundäres Funktionssystem

Im Zentrum der Aufmerksamkeit der Debatte um das System Sozialer Hilfe stehen die folgenden Fragen: a) Was ist das Bezugsproblem bzw. die Funktion des Systems Sozialer Hilfe? b) Was ist sein Code? c) Wie operiert Hilfekommunikation im Unterschied zu anderen Formen der Kommunikation? d) Gibt es ein Kommunikationsmedium? e) Was ist seine Kontingenzformel? f) Welche Hilfeprogramme stehen dem System Sozialer Hilfe zur Verfügung? g) Welches sind seine Leistungen? h) Inkludiert es stellvertretend, verwaltet es Exklusion oder kann es Exklusion präventiv vermeiden? i) Welche Möglichkeiten der Intervention gibt es? j)Welche Konsequenzen ergeben sich aus all dem für die Sozialarbeit und Sozialpädagogik als Profession bzw. Semiprofession?

Wir können im Folgenden nicht alle diese Fragen, sondern nur einen Teil von ihnen zu beantworten versuchen. Vorab wollen wir jedoch klarstellen, dass wir von der Existenz des Systems Sozialer Hilfe als sekundärem Funktionssystem ausgehen (vgl. zum Hochleistungssport und zur Pflege als zwei weiteren möglichen sekundären Funktionssystemen und den damit verknüpften Debatten Bette 1989, 165 ff.; Bette 1999 c; Hohm 2002; Bauch 2005). Mit der Attribuierung „sekundär" verbinden wir dabei die zeitliche Dimension seiner späteren Ausdifferenzierung. Es schließt somit an die evolutionär früher erfolgte funktionale Differenzierung primärer Funktionssysteme in den Modernisierungszentren der Weltgesellschaft an. Weitere Präzisierungen unserer Position innerhalb der Kontroverse um das Funktionssystem Sozialer Hilfe ergeben sich aus der nun folgenden Argumentation.

1. Unterstellt man ein Funktionssystem Sozialer Hilfe, so stellt sich als erstes die Frage nach der gesellschaftlichen Funktion, die es im Unterschied zu den primären Funktionssystemen in seiner gesellschaftsinternen Umwelt exklusiv bedient. Bestimmt man seine Funktion als die der „Daseinsnachsorge", dann zielt es auf eine gegenwärtige Kompensation von Bedarfen ab, die zur Exklusion von Personengruppen aus den primären Funktionssystemen führten (vgl. Luhmann 1975 a, 143; Baecker 1994, 98). Das Funktionssystem Sozialer Hilfe ist somit auf das Erzeugen von Inklusionsrisiken der primären Funktionssysteme der Modernisierungszentren angewiesen, deren Exklusionsfolgen sie nicht selbst bearbeiten können (vgl. dazu auch einige Beiträge in Merten/Scherr 2004). Dies gilt insbesondere für die Grenzen der Kompensationskompetenz des Wohlfahrtsstaates (vgl. zu anderen „Exklusionsgeneratoren" Eugster 2000, 100 ff.). Zur operativen Autonomie des sekundären Funktionssystems Sozialer Hilfe gehört mithin die Inklusion von Personengruppen, die aus den primären Funktionssystemen exkludiert wurden oder sich exkludierten, ohne ihre Inklusion auf Dauer zu stellen. Verstetigt es deren Inklusion, setzt es sich diversen Verdächtigungen von Fremdbeobachtern aus: es selbst profitiere am ehesten von der Hilfe, es helfe ineffizient oder trage zur Stigmatisierung der Hilfsbedürftigen bei (Bae-

cker 1994, 93). Seine Hilfe drohe in Exklusionsverwaltung umzuschlagen (Bommes/Scherr 2000, 76), werde mit finanziellen Kürzungen konfrontiert und führe zu psycho-sozialen Belastungen des Personals durch die Stress erzeugende Ambivalenz von Kontrolle und Hilfe.

2. Vermeiden oder zumindest reduzieren lassen sich diese Fremdzuschreibungen gescheiterter oder erfolgloser Hilfe dann, wenn sich das Funktionssystem Sozialer Hilfe seiner Autonomie vergewissern kann. Dies setzt die Ausdifferenzierung eines funktionsspezifischen Codes voraus, an dem sich seine kommunikativen Operationen orientieren können. In Frage kommt dafür nur der Hilfecode. Er generiert eine Engführung an Hilfekommunikation, indem er diese von der gesellschaftlichen Kommunikation und der funktionssystemspezifischen Kommunikation der primären Teilsysteme durch die Einheit einer Differenz unterscheidet, die Hilfe als Beobachtung zweiter Ordnung reflexiv werden lässt. Die Reflexivität des Hilfecodes eröffnet dem Funktionssystem Sozialer Hilfe damit die Möglichkeit, die Hilfekommunikation daraufhin zu beobachten, ob sie systemintern anschlussfähig ist oder nicht. Seine Hilfe wird kontingent und ermöglicht sowohl die autonome Suche nach funktionalen Äquivalenten für bis dato notwendig gehaltene strukturelle Formen der Hilfe als auch die autonome Einsicht in die gegenwärtige Unmöglichkeit bestimmter Formen der Hilfe.

Sofern der Hilfecode wie jeder Code eines Funktionssystems binär strukturiert ist, stellt sich die Frage nach der genaueren Bezeichnung seiner Leitdifferenz. Die Mehrheit derjenigen systemtheoretischen Beobachter, die von der Annahme eines Funktionssystems Sozialer Hilfe ausgehen, optieren entweder für Helfen/Nichthelfen (Baecker 1994, 100; Merten 1997, 97 ff.; Merten 2000, 186 ff.) oder für bedürftig/nicht-bedürftig (Weber/Hillebrandt 1999, 196 ff.) als Leitdifferenz des Hilfecodes (vgl. auch die von Fuchs/ Schneider, 1995, 215 ff. und Fuchs 1997, 427 vorgeschlagene Differenz Fall/Nichtfall). Kommt bei der ersten Variante primär der Selbstbezug des helfenden Systems in den Blick, ist es im zweiten Fall der durch das helfende System beobachtete Fremdbezug desjenigen Systems, dem Hilfebedarf oder kein Hilfebedarf zugeschrieben wird.

Für die Hilfekommunikation als spezifischer Kommunikationsform des Funktionssystems Sozialer Hilfe sind – wie wir noch sehen werden – beide Unterscheidungen von Relevanz. Wir präferieren jedoch den Selbstbezug des helfenden Systems. Deshalb schlagen wir zur Bezeichnung seines Hilfecodes die Leitdifferenz Hilfefähigkeit/Hilfeunfähigkeit vor. Sein Reflexionswert Hilfeunfähigkeit erlaubt unseres Erachtens eine präzisere Bestimmung der codespezifischen Engführung der Hilfekommunikation als die Reflexionswerte „Nichthelfen" oder „nicht-bedürftig". Diese schließen nämlich keinen der Codewerte der primären Funktionssysteme in der gesellschaftsinternen Umwelt des Funktionssystems Sozialer Hilfe aus. Allesamt implizieren sie Nichthelfen bzw. Nichtbedürftigkeit. Damit erschweren die erwähnten Reflexionswerte das Crossing der beiden Codewerte der Hilfekommunikation und die Schließung des Funktionssystems sozialer Hilfe (vgl. dazu auch Luhmann 1995 c, 306–307, der für das Kunstsystem den Vorschlag von Fuchs, dessen Negativwert als „Nichtkunst" zu bezeichnen, ablehnt.). Für unseren Begriffsvorschlag spricht zudem, dass kein Reflexionswert der primären Funktionssysteme mit dem Präfix „nicht" bezeichnet wird (Es wäre m.E. interessant, einmal der semantischen Differenz der Präfixe „nicht" und „un" hinsichtlich ihrer Funktion für die Trennschärfe von Dualen genauer nach zu spüren.).

Jeder Code eines Funktionssystems operiert anhand der Differenz eines Positivwertes und Negativwertes. Der Positivwert des Funktionssystems Sozialer Hilfe ist folglich Hilfefähigkeit und sein Negativwert Hilfeunfähigkeit. Systemintern anschlussfähig ist somit diejenige Kommunikation, die Hilfefähigkeit ermöglicht. Demgegenüber fungiert der Negativwert Hilfeunfähigkeit als Reflexionswert. Durch ihn beobachtet das Funktionssystem Sozialer Hilfe seine Hilfekommunikation darauf hin, wann (Zeitdimension) sie, gegenüber wem (Sozialdimension) sie, bei welchen Bedarfen (Sachdimension) sie und wo (Raumdimension) sie in Hilfeunfähigkeit übergeht, weil seine Hilfefähigkeit noch nicht möglich, nicht mehr möglich, unmöglich oder überflüssig geworden ist. Soll es jedoch sein rekursives Netzwerk der Hilfekommunikation fortsetzen, muss Hilfe an Hilfe anschließen können. Dafür bieten sich mehrere Möglichkeiten an. So können strukturelle Reformmaßnahmen Formen der Hilfefähigkeit etablieren, die bis dato noch nicht vorlagen. Des Weiteren kann die qua Inklusionsvermittlung erfolgreich abgeschlossene Hilfefähigkeit durch die Zufuhr neuer, aus den primären Funktionssystemen exkludierter Personengruppen regeneriert werden. Schließlich kann das Funktionssystem Sozialer Hilfe erfolgreich neue Hilfebedarfe selbst erzeugen.

Wichtig für die Ausdifferenzierung des Hilfecodes ist ferner, dass er – wie jeder Code – amoralisch operieren können muss (vgl. dazu Luhmann 1997 b, 403 und bereits unseren Abschnitt 2.6). Möglich wird dies, wenn er einerseits die mit der Beobachtung der Gesellschaft als normativer Einheit verknüpfte Differenz von Konformität/Abweichung (vgl. Baecker 1994, 94 ff.; Bardmann 2000, 87) rejiziert, sprich verwirft. Und andererseits gegenüber den mit den Symmetriebedingungen des Moralcodes gut/schlecht bzw. böse verbundenen Achtungsbedingungen des Verhaltens oder der Einstellung von Personen auf Distanz geht. Die codespezifische Einheit des sekundären Funktionssystems Sozialer Hilfe entkoppelt sich somit sowohl von einer normativen Kontrolle als auch von Achtungsbedingungen der Gesamtgesellschaft. Die strukturellen Voraussetzungen seiner Hilfekommunikation setzen weder eine Markierung abweichender Lebenslagen und/oder abweichender Personengruppen noch die Identifizierung stigmatisierender Achtungsbedingungen und/oder stigmatisierter Hilfebedürftiger voraus. Der Hilfecode verhält sich diesen gegenüber vielmehr indifferent.

Schließlich sei noch erwähnt, dass der Hilfecode – wie jeder Code eines Funktionssystems – nicht die Kriterien dafür mitliefert, ob Hilfefähigkeit oder Hilfeunfähigkeit im Falle der Hilfekommunikation gegeben ist. Er ist als zugleich universalistischer und spezifisch invarianter formaler Code inhaltsleer und entscheidungsoffen. Damit überlässt er es den Entscheidungen bzw. Entscheidern der sich an ihm orientierenden Organisationen und Interaktionen festzulegen, welche Programme Hilfefähigkeit ermöglichen und welche nicht.

3. Zur Ausdifferenzierung und operativen Schließung eines jeden autopoietisch operierenden Funktionssystems gehört die genauere Angabe derjenigen spezifischen Kommunikationsform, die es von anderen unterscheidet. Im Falle des Funktionssystems Sozialer Hilfe ist dies – wie wir bereits sahen – die Hilfekommunikation. Diese respezifiziert die Dreistelligkeit der Selektion von Information, Mitteilung und Verstehen, die für jede Kommunikation konstitutiv ist (vgl. dazu Luhmann 1984, 193 ff.), in einer bestimmten Form. Sie informiert über einen Hilfebedarf, teilt mit, dass er kompensiert werden soll und gibt zu verstehen, dass die Kompensation des Bedarfes kontingent ist (vgl. dazu Baecker 1994, 99, der allerdings von Defizit anstelle von Bedarf spricht). Die Kontingenz der Hilfekommunikation verweist somit auf das Fehlen einer einfachen Kausalität, die den Hilfebedarf in sein Gegenteil transformieren könnte. Ihr konstitutives Technologiedefizit gerät besonders bei Interventionsversuchen mittels Hilfekommunikation in autopoietisch operierende Systeme, seien es exkludierte hilfsbedürftige Personen oder Soziale Systeme mit Hilfebedarf (Funktionssysteme, Organisationen, Interaktionssysteme), in den Blick (vgl. zur Intervention im Zusammenhang mit dem Funktionssystem Sozialer Hilfe bzw. der Sozialarbeit Baecker 1994, 106 ff.; Eugster 2000, 137 ff.). Wir kommen darauf zurück.

Das Spezifische und zugleich Unwahrscheinliche der Hilfekommunikation des sekundären Funktionssystems Sozialer Hilfe erhellt sich vor allem dann, wenn man zusätzlich zu ihrer Dreistelligkeit ihre Erfolgsbedingungen mit beobachtet (vgl. zum damit verknüpften Problem der Erfolgsmedien generell Luhmann 1997b, 306 ff.; Hohm 2006, 80 ff.). Soll sie nämlich gelingen, muss sie auch akzeptiert werden Die Wahrscheinlichkeit ihrer Unwahrscheinlichkeit basiert nun besonders auf zwei Spezifika. Zum einen setzt sie die im Inklusionsbereich der primären Funktionssysteme wirksam werdende negative Sanktionsbereitschaft außer Kraft, wenn inkludierte Personengruppen Erwartungen enttäuscht haben. Zum anderen verzichtet sie auch auf die dort dominierenden Reziprozitätserwartungen (vgl. zum Folgenden Baecker 1994, 100 ff.). Indem die Hilfekommunikation folglich Sanktionsbereitschaft durch Permissivität und Reziprozität durch Reziprozitätsverweigerung substituiert, wird die Annahme von Hilfe wahrscheinlicher. Hinzu kommt die Invisibilisierung der widersprüchlichen Erfolgszuschreibungen der Hilfe durch die Helfenden und Hilfebedürftigen. Als vorzeigbare Motive würden sie nämlich die Ingangsetzung und Beendigung der Hilfekommunikation verhindern.

Was zunächst die Permissivität anbelangt, so bindet sie die Hilfekommunikation daran, dass derjenige der Hilfebedarf kommuniziert, nicht vom Helfenden als jemand beobachtet wird, der für den Eintritt des Hilfebedarfes verantwortlich zeichnet. Ihm wird pauschal Hilflosigkeit attestiert. Einerseits werden damit Sanktionen durch den Helfenden inhibiert. Andererseits kann er helfen, ohne jedoch die Motivationen des Hilfebedürftigen teilen und ihm zustimmen zu müssen.

Die Kommunikation der Reziprozitätsverweigerung offeriert darüber hinaus dem Hilfebedürftigen die Möglichkeit, die Hilfekommunikation jederzeit abzubrechen. Er muss sich nicht auf Dauer auf sie einlassen. Wie lange er an ihr teilnimmt, hängt vielmehr davon ab, ob er sich nach wie vor als hilfsbedürftig beobachtet und somit die entsprechenden Inklusionsmotive regeneriert. Voraussetzung für die Hilfekommunikation ist folglich die Möglichkeit des Hilfebedürftigen, überhaupt entscheiden zu können, ob er Hilfe benötigt oder nicht. Ist diese Entscheidungsfähigkeit gegeben und optiert er für Hilfe, entbindet ihn jedoch die jederzeitige Möglichkeit der Reziprozitätsverweigerung von einer dauerhaften Teilnahme an der Hilfekommunikation. Er kann sie in deren sequentiellem Verlauf jederzeit revidieren.

Daraus resultiert das Folgeproblem, wer sich im Fall einer erfolgreichen Beendigung der Hilfekommunikation den Erfolg zuschreibt: der Helfende oder der Hilfsbedürftige. Verzichtet der Helfende auf die Selbstzuschreibung des Hilfeerfolges, dementiert er seine Leistung und macht sich überflüssig. Betont er den Eigenbeitrag zu sehr, negiert er denjenigen des Hilfebedürftigen, den er doch gerade anstrebt. Hebt der Hilfsbedürftige vor allem seinen Anteil am Hilfeerfolg hervor, negiert er seine Hilfebedürftigkeit, die jedoch die Voraussetzung zur Inklusion in die Hilfekommunikation war. Unterschlägt er ihn, macht er sich weiterhin von der Hilfekommunikation abhängig, deren Erfolg jedoch gerade darin resultiert, dass er von ihr unabhängig wird.

4. Ob die Hilfekommunikation zum Erfolg führt oder nicht, ist zusätzlich an Kriterien gebunden. Die Entscheidungsoffenheit des Hilfecodes Hilfefähigkeit/Hilfeunfähigkeit verweist somit – wie wir bereits erwähnten – das Funktionssystem Sozialer Hilfe auf Entscheidungskriterien, ohne die es die Hilfekommunikation nicht daraufhin beobachten könnte, ob sie erfolgreich war oder nicht. Diese werden vor allem von sozialen Hilfeorganisationen und den Berufen der Sozialarbeit und Sozialpädagogik kommuniziert. Sie basieren auf einer doppelten Selektivität. In einem ersten Schritt werden deren Freiheiten in Form von Hilfeprogrammen reduziert, welche als Entscheidungsprämissen die Kriterien für richtiges/falsches Helfen bzw. für erfolgreiches/erfolgloses Helfen grob festlegen. Und in einem zweiten Schritt

erfolgt ihr sequentielles Kleinarbeiten mittels weiterer Entscheidungen im Kontext organisierter Interaktionssysteme.

Die Organisationen und Interaktionssysteme des Funktionssystems Sozialer Hilfe transformieren bzw. respezifizieren folglich durch ihre programmierten Entscheidungen die Hilfe in eine zugleich formal organisierte und professionell erbrachte, erwartbare Form (vgl. zu einer vom Aufbau her ähnlichen Argumentationskette für das Erziehungssystem Luhmann 2002). Als solche unterscheidet sie sich einerseits von informalen bzw. gering formal organisierten und nichtprofessionellen Formen sozialer Hilfe. Dazu gehören u. a. spontane Hilfe im Kontext flüchtiger Interaktionen, soziales Ehrenamt, familiale Hilfe, Nachbarschaftshilfe, problembezogene Selbsthilfe und Bürgerengagement. Und andererseits grenzt sie sich von formal organisierten und professionell erbrachten Formen der rechtlichen, ärztlichen und seelsorgerischen Hilfe im Kontext des Rechtssystems, Medizinsystems und Religionssystems ab (vgl. dazu auch Bommes/Scherr 2000, 83, die allerdings die Autonomie der Sozialen Arbeit anzweifeln; siehe dazu ebd. 80).

5. Die formal organisierte und professionell erbrachte Hilfe der Sozialarbeit und Sozialpädagogik fußt jedoch auf zwei zusätzlichen strukturellen Voraussetzungen: zum einen auf der Binnendifferenzierung des sekundären Funktionssystems Sozialer Hilfe und zum anderen auf seinen strukturellen Kopplungen mit den primären Funktionssystemen der gesellschaftsinternen Umwelt.

a) Die Binnendifferenzierung des sekundären Funktionssystems Sozialer Hilfe verweist auf die Steigerung seiner Eigenkomplexität durch die systeminterne Wiederholung der System/Umwelt-Differenz. Dadurch unterscheidet es sich nicht nur von der gesellschaftsinternen Umwelt anderer Funktionssysteme, sondern auch systemintern durch den spezifischen Anschluss an die evolutionär erreichten gesellschaftlichen Differenzierungsformen (vgl. dazu Luhmann 1997b, 760 ff.).
Segmentär differenziert sich das sekundäre Funktionssystem Sozialer Hilfe, indem es die nahräumige Erreichbarkeit seiner formal und professionell organisierten Hilfeformen mittels der wohlfahrtsstaatlichen Leistungsverwaltung und gemeinnützigen Wohlfahrtsorganisationen lokal in tausendfacher Form zu erleichtern versucht.
Funktional differenziert es sich dadurch, dass diese die unterschiedlichsten Hilfebedarfe besonderer Lebenslagen – Wohnungslosigkeit, Obdachlosigkeit, Erwerbslosigkeit, Sucht, Gewalt und Missbrauch in Familien, Krankheit, Pflegebedürftigkeit, Migration, politischen Extremismus, Straffälligkeit, Schulversagen, Mobbing am Arbeitsplatz etc. – zum Thema sozialarbeiterischer und sozialpädagogischer Hilfe machen.
Die Zentrum-Peripherie-Differenz kopiert es in sich hinein, indem es seine zwei Zentren in der wohlfahrtsstaatlichen Leistungsverwaltung und den gemeinnützigen Wohlfahrtsorganisationen hat (vgl. zur Zentrum-

Peripherie-Differenz im Hinblick auf andere Funktionssysteme Luhmann 2000 b, 249 ff.). Diese zurren durch Verhandlungssysteme die Entscheidungsprämissen in Form von Hilfeprogrammen national, regional und lokal fest, welche im Medium der interaktiv organisierten Hilfekommunikation der lokalen wohlfahrtsstaatlichen Leistungsverwaltung und Wohlfahrtsorganisationen sozialarbeiterisch und sozialpädagogisch kleingearbeitet werden. Demgegenüber ist seine Peripherie durch diejenigen Formen der sozialarbeiterischen und sozialpädagogischen Hilfe gekennzeichnet, welche ihre Leistung primär außerhalb der Organisationen der wohlfahrtsstaatlichen Leistungsverwaltung und gemeinnützigen Wohlfahrtsorganisationen im lokalen Exklusionsbereich oder im Inklusionsbereich der Organisationen primärer Funktionssysteme erbringen. Zur Peripherie gehören jedoch auch diejenigen Formen der sozialen Hilfe, die wir als nichtprofessionell bezeichneten.

Die stratifikatorische Differenzierung nimmt im Kontext des Funktionssystems Sozialer Hilfe die funktionsspezifische Form von Erwerbskarrieren der SozialarbeiterInnen und SozialpädagogInnen an. Sie sind besonders an die Inklusion in die lokalen Organisationen der wohlfahrtsstaatlichen Leistungsverwaltung und gemeinnützigen Wohlfahrtsverbände gekoppelt. Im Vergleich zu den klassischen Professionen fällt deren relativ geringe Stellenhierachisierung, relativ geringes Prestige und niedrige Entlohnung auf (vgl. dazu Merten/Olk 1999, 972). Dass dies so ist, könnte – neben den primär weiblich dominierten Erwerbskarrieren (vgl. dazu Sachße 1994; Rauschenbach 1999) –, auch damit zusammenhängen, dass die Kontingenzformel Gerechtigkeit (siehe dazu Baecker 1994, 104) und die Selbstbeobachtung als sozial helfender Beruf die Forcierung der statusinternen Differenzierung durch die Berufsverbände der SozialarbeiterInnen und SozialpädagogInnen blockieren. Komplementär zu ihrer funktionssystemspezifischen Inklusion durch Erwerbskarrieren kommt es zur funktionssystemspezifischen Inklusion hilfebedürftiger Personengruppen qua Laienrollen. Deren im Vergleich zu anderen Laienrollen paradoxe Besonderheit besteht vor allem darin, dass ihr Karriereerfolg im Funktionssystem Sozialer Hilfe umso wahrscheinlicher eintritt, desto kürzer ihre darin zugebrachte Inklusionszeit ist. Dies unterscheidet die Laienrolle des sozial Hilfebedürftigen von bestimmten anderen Laienrollen personenverändernder Berufe – z.B. des Schülers im Erziehungssystem, des Patienten der Psychoanalyse oder des Gläubigen im Religionssystem –, bei denen der Erfolg an eine längere Inklusionszeit gebunden ist (Diesen Unterschied übersieht Baecker 1994, 103, wenn er auf die Notwendigkeit der Zufuhr neuer Personengruppen für die autopoietische Reproduktion der jeweiligen Funktionssysteme abstellt.).

b) Im Unterschied zur Binnendifferenzierung des Funktionssystems sozialer Hilfe, welche die Eigenkomplexität und den Selbstbezug seiner Hilfekommunikation steigert, aber auch das Risiko seiner ungebremsten Expansion durch die Suche nach neuen Hilfebedarfen erhöht, stellt die strukturelle Kopplung auf seine Rückbindung an die gesellschaftsinterne Umwelt ab (vgl. generell zum Begriff der strukturellen Kopplung Luhmann 1997b, 92 ff.). Dabei handelt es sich um langfristige Einrichtungen, die auf die statische Integration des Funktionssystems Sozialer Hilfe mit anderen Funktionssystemen in den Modernisierungszentren der Weltgesellschaft abheben (vgl. Luhmann 1997b, 776 ff.). Als solche indizieren sie deren wechselseitige Beschränkung der Selektionsfreiheiten. Das Funktionssystem Sozialer Hilfe gelangt somit zu seiner autopoietischen Autonomie, indem es im Zuge der Evolution der modernen Gesellschaft seine strukturellen Kopplungen wechseln und bestimmen kann, in welchem Ausmaß und von welchen der gesellschaftsinternen Umweltsysteme es sich jeweils abhängig macht. Wir müssen deshalb bei der folgenden Betrachtung der wichtigsten strukturellen Kopplungen des Funktionssystems Sozialer Hilfe zwischen älteren und neueren unterscheiden. Eine erste, bedeutsame ältere strukturelle Kopplung des entstehenden Funktionssystems Sozialer Hilfe lässt sich in Bezug auf das Religionssystem beobachten. Dieses stellte besonders durch die christlichen Kirchen beider Konfessionen dem allmählich sich ausdifferenzierenden Funktionssystem sozialer Hilfe ehrenamtliches Personal und Einrichtungen zur Verfügung. Umgekehrt profitierten die Kirchen des Religionssystems von deren „caritativen" Leistungen, die lebensnahes Zeugnis für die biblische Botschaft der Kirchen ablegten, sich der Armen und Schwachen anzunehmen. Die strukturelle Kopplung vom Religionssystem und Funktionssystem sozialer Hilfe kontinuiert bis heute, wenn auch mit anderen Vorzeichen. Stellen Caritas und Diakonie die zwei dominanten gemeinnützigen Wohlfahrtsorganisationen des Funktionssystems sozialer Hilfe dar, sind die konfessionellen Fachhochschulen des Erziehungssystems bedeutsame Zulieferer qualifizierten sozialpädagogischen und sozialarbeiterischen Personals für jene und andere Organisationen des Funktionssystems Sozialer Hilfe (vgl. dazu Boeßenecker 2005; Hohm 2005).

Eine zweite ältere und bis heute zentrale strukturelle Kopplung bezieht sich auf den Sozial- und Wohlfahrtsstaat des politischen Systems. Beschränkte sich der Sozialstaat zunächst auf eine Kombination von Sozialversicherungspolitik und ehrenamtlich betriebener lokaler Armutspolitik, welche die Exklusionsrisiken durch kommunale Fürsorge auffangen sollte, so führte die Inklusionsdynamik der Demokratisierung des politischen Systems zur Expansion des Wohlfahrtsstaates (vgl. Luhmann 1981, 25 ff.). Dieser baute nicht nur die Sozialversicherungssysteme aus, sondern schuf zunehmend auch die strukturellen Voraussetzungen für eine professionelle Hilfekommunikation des Funktionssystems Sozialer Hilfe durch wegweisende sozial- und bildungspolitische Programme (RJWG 1922; BSHG 1961; JWG 1962, Fachhochschulgesetz 1970; KJHG 1991; Pflegeversicherung 1994; Reorganisation des Sozialrechts in Form weiterer Sozialgesetzbücher und veränderter Aufbaustruktur in den 1990er Jahren und zu Beginn des 21. Jahrhunderts etc.). Schränkte er damit dessen Selektionsfreiheit in Form rechtlich und monetär gebundener Sozialhilfeprogramme lokaler wohlfahrtsstaatlicher Organisationen ein, erweiterte er zugleich die Möglichkeiten kompetenter sozialpädagogischer und sozialarbeiterischer Hilfe für exkludierte Personengruppen in besonderen Lebenslagen. Umgekehrt machte sich die Politik des Wohlfahrtsstaates davon abhängig, dass jene Hilfe zur Vermeidung von Legitimationsproblemen durch Bedrohung des sozialen Friedens beitrug. Eine Gefahr, die für sie in dem Maße wuchs, in dem trotz kostenintensiver Expansion sozialpädagogischen und sozialarbeiterischen Personals die Exklusionsverwaltung der Hilfebedürftigen anstelle ihrer Reinklusion zunahm (vgl. zur beschleunigten Expansion des Personals im sozialen Sektor seit den 1970er Jahren Merten 1997, 159 ff.; Merten/Olk 1999, 970 ff.; Rauschenbach 1999, 48 ff.). Es überrascht dementsprechend nicht, dass die Politik die lokalen wohlfahrtsstaatlichen und wohlfahrtsverbandlichen Organisationen des Funktionssystems Sozialer Hilfe mit Reformmaßnahmen wie Förderung von Selbsthilfe, Neues Steuerungsmodell und Bürgerengagement konfrontierte (vgl. dazu Braun/Opielka 1992; Merchel/Schrapper 1996; Beher/Liebig/Rauschenbach 1999; Grunwald 2001, 57 ff.; Rauschenbach 2001; Heintze/Olk 2001; Merchel 2003, 199 ff.; Bieker 2004; Boeßenecker 2005). Einerseits sollen sie zur Effizienz- und Effektivitätssteigerung der Hilfe des sozialpädagogischen und sozialarbeiterischen Personals beitragen und andererseits die nichtprofessionellen Hilfeformen stärken (vgl. Merchel 2003, 155 ff.). Dies zwang und zwingt wiederum das Funktionssystem Sozialer Hilfe zur forcierten Selbstbeobachtung seiner Hilfeformen. Dabei geraten nicht nur die Strukturen ihrer Kernorganisationen und bestimmte Formen der Exklusionsverwaltung (stationärer Bereich, soziale Brennpunkte, lokale Arbeitsvermittlung und -förderung) unter Reformdruck, sondern wird auch das Selbstverständnis sozialer Hilfe überhaupt und insbesondere das der sozialarbeiterischen und sozialpädagogischen Profession zum Thema (vgl. Merten 1997, 113 ff. u. 149 ff.; Merten/Olk 1999, 976 ff.; Bommes/Scherr 2000; Grunwald 2001, 101 ff.; May 2010, 69 ff.).

Dass die Profession als spezifische Form beruflicher Hilfe zum Dauerthema des Funktionssystems Sozialer Hilfe werden konnte, ermöglichte seine partielle Entkoppelung vom Religionssystem und stärkere strukturelle Kopplung mit dem Wissenschaftssystem. Indem dieses seit Beginn der 1970er Jahre die Fachdisziplinen der Sozialarbeit und Sozialpädagogik ausdifferenzierte, trieb es die am theoretischen und methodischen Erkenntnisgewinn orientierte Fremd- und Selbstbeobachtung des Funktionssystems Sozialer Hilfe voran. Die Dominanz der Fachhochschulen führte zu einer Präferenz für Applied Sciences in der Forschung und rückte zudem die Hochschullehre ins Zentrum (Dies übersieht Mertens 1997, 159 ff. allzu lineare Rekonstruktion der Ausdifferenzierung der

Fachdisziplinen der Sozialpädagogik und Sozialarbeit. Vgl. zu einer
stärker die Ambivalenzen betonenden Rekonstruktion Kleve 1999). Einerseits wurde und wird damit die enge curriculare Kopplung an die ausdifferenzierten Hilfebereiche des Funktionssystems sozialer Hilfe durch
praxisnahe Forschung, methodische Ausbildung und Praktika erleichtert.
Andererseits wurde und wird dadurch die wissenschaftliche Konstituierung der Sozialpädagogik und Sozialarbeit als eigenständiger Fachdisziplinen in Form einer „Sozialarbeitswissenschaft" aufgrund fehlender
Grundlagenforschung und Selbstrekrutierung des Wissenschaftsperso-
nals wegen Absenz des Promotionsrechtes erschwert (vgl. dazu Hohm
2005).

Eine weitere strukturelle Kopplung des Funktionssystems Sozialer Hilfe
kommt bezüglich des Wirtschaftssystems in den Blick. Deren Konjunktur-
zyklen forcieren das Problem der Daseinsnachsorge vor allem in länger
andauernden Phasen der Rezession durch steigende Arbeitslosenquoten.
Diese manifestieren sich in einer Zunahme vom Beschäftigungssystem exkludierter Personengruppen, die aus der Perspektive des Funktionssystems
Sozialer Hilfe als Wachstum von Personengruppen mit ökonomischen Hilfebedarfen beobachtet werden (vgl. Mohr 2007). Gleichzeitig ist es auf die
monetären Ressourcen des Wirtschaftssystems, sei es direkt durch Spen-
den privater Haushalte oder Social Sponsoring von Unternehmen, sei es
vermittelt durch den Wohlfahrtsstaat, z. B. in Form von Leistungsentgelten
und Subventionen, angewiesen. Das Dilemma der strukturellen Kopplung
des Funktionssystems Sozialer Hilfe mit dem Wirtschaftssystem besteht
damit darin, dass der ökonomisch induzierte Hilfebedarf steigt, wenn die
für die soziale Hilfe notwendige Ressourcenzufuhr des Wirtschaftssystems
oder Wohlfahrtsstaates abnimmt. Daran ändern auch aktuelle Versuche
nichts, dieses Dilemma zu reduzieren. So ökonomisieren die lokalen wohlfahrtsstaatlichen Organisationen und Wohlfahrtsverbandsorganisationen
des Funktionssystems Sozialer Hilfe ihre Hilfebereiche und adressieren die
Hilfebedürftigen als Kunden, die ihre Bedarfe selbst bestimmen können
sollen (vgl. Manderscheid 1997; vgl. Bieker 2004, 32 ff. u. 82ff). Zugleich
ermöglicht die Politik die Zulassung gewinnorientierter Organisationen
zum System Sozialer Hilfe. Die Ersetzung der Semantik der Hilfebedürftigen durch die der Kunden darf jedoch nicht darüber hinweg täuschen, dass
die in dieser Form Adressierten nach wie vor primär in die Hilfekommunikation und nicht die Wirtschaftskommunikation inkludiert sind, auch wenn
sie ihren Hilfebedarf in bestimmten Grenzen wählen können. Und für die
gewinnorientierten Hilfeorganisationen gilt, dass sie dazu tendieren, ihre
„soziale" Hilfe auf zahlungsfähige Kunden zu beschränken. Damit droht
das Funktionssystem Sozialer Hilfe partiell entdifferenziert zu werden und
der Wirtschaftscode den Hilfecode zu substituieren (vgl. dazu Baecker
1994, 106).

Eine letzte neuere strukturelle Kopplung des Funktionssystems Sozialer
Hilfe lässt sich an seiner Relation zum Funktionssystem der Massenme-

dien festmachen. Indem dieses heute am folgenreichsten die Wirklichkeit konstruiert (vgl. Luhmann 1997b, 1096 ff.; Berghaus 2003, 187 ff.), ermöglicht die Selektion seiner programmspezifischen Themenkarrieren, immer wieder neue Hilfebedarfe von Personengruppen publikumswirksam zu verbreiten, deren Exklusionsrisiken bis dato unbekannt waren (Eugster 2000, 105 ff.; 127 ff.). Die Massenmedien regenerieren dadurch nicht nur die Möglichkeiten und Notwendigkeiten (z. B. im Falle von Katastrophen und Kriegen) der Hilfefähigkeit des Funktionssystems Sozialer Hilfe, sondern sie tragen darüber hinaus zu seiner monetären Ressourcenzufuhr qua Spendenaufrufe bei. Ja sie bieten sich im zunehmenden Maße selbst als Erbringer von Hilfeleistungen an (vgl. paradigmatisch die Sendung Super-Nanny). Gleichzeitig beschränken sie jedoch auch die Selektionsfreiheit des Funktionssystems Sozialer Hilfe. So machen sie auf die Ineffizienz und illegalen Praktiken von Hilfeorganisationen aufmerksam und gefährden die Chancen der Reinklusion exkludierter Personengruppen durch ihre öffentliche Stigmatisierung und ihr mediales Outing (vgl. Boettner/Tobias 1992, 248; DJI 1995, 132 ff.; Kuhm 2000, 70). Umgekehrt wird die Selektionsfreiheit besonders der seriöseren Organisationen der Massenmedien dadurch beschnitten, dass sie bei ihren Spendenaktionen, ihrer Berichterstattung und ihren Hilfeleistungen auf die Beobachtung und die Kooperationsbereitschaft der Hilfeorganisationen des Funktionssystems Sozialer Hilfe angewiesen sind.

Insgesamt lässt sich also festhalten, dass die Hilfeleistungen des Funktionssystems Sozialer Hilfe sowohl seine zunehmende Binnendifferenzierung als auch strukturelle Kopplungen mit den primären Funktionssystemen seiner gesellschaftsinternen Umwelt voraussetzen. Dabei ermöglichen vor allem seine Hilfeorganisationen und Interaktionssysteme, in deren Kontext anhand von Hilfeprogrammen über die Richtigkeit der Hilfe entschieden wird, eine Öffnung für andere Werte. So bieten diese Haushalten und Personen mit Kreditproblemen Hilfen zur Behebung ihrer Inkompetenz als Konsumenten und Kunden des Wirtschaftssystems qua Verbraucher- und Schuldnerberatung an (vgl. Schruth u. a. 2003). Schneiden sie ihre Hilfeprogramme in der Familienberatung auf Intimsysteme und Personen zu, die an zu viel oder zu wenig Liebe zu scheitern drohen (siehe unser Kapitel 3.2). Reduzieren sie die Gefährdung des sozialen Friedens des politischen Systems durch Hilfeleistungen des präventiven Konfliktmanagements und von Streetwork, welche gewaltbereiten Personengruppen alternative Möglichkeiten der Konfliktlösung und politischen Einflussnahme eröffnen (vgl. Nollmann 1997, 291 ff.). Offerieren sie Personen mit Lernproblemen Erziehungshilfen, um deren kommunikative Anschlussfähigkeit im Erziehungssystem zu erleichtern. Und adressieren sie auch an diejenigen Personen ihre Hilfe, deren Bewusstseinssysteme an Sinndefiziten durch Irreligiosität, Sinnproblemen durch Religionszweifel oder überzogenes religiöses Engagement kranken (vgl. Baecker 1994, 106).

Auf der anderen Seite generiert die Differenz der Ebenen des Funktionssystems Sozialer Hilfe und seiner Hilfeorganisationen und helfenden Interaktionssysteme die Möglichkeit der Beobachtung ihrer Kontingenz. Indem nämlich durch den Reflexionswert des Hilfecodes funktional äquivalente strukturelle Lösungen für das Problem der Daseinsnachsorge in den Blick geraten, wird die Varietät und Austauschbarkeit der organisations- und interaktionsspezifischen Hilfeleistungen kommunizierbar. Zugleich wird damit jedoch auch deutlich, dass ihre entscheidungsabhängige Substitution nicht mit der Beendigung des Funktionssystems Sozialer Hilfe als autopoietischem Teilsystem identisch ist.

6. Ob die angeführten Hilfeleistungen des Funktionssystems Sozialer Hilfe das Problem der Daseinsnachsorge erfolgreich lösen können oder nicht, hängt nicht zuletzt davon ab, ob die mit ihnen verbundenen Interventionen anschlussfähig sind oder nicht. Da die intervenierten Sozialsysteme und Personen bzw. organisch-psychischen Systeme autopoietisch operieren, können die Interventionen nicht qua Durchgriffskausalität funktionieren. Der Erfolg oder Misserfolg der Interventionen durch Hilfeleistungen ist folglich konstitutiv an die Selbstanpassung der intervenierten Systeme gebunden (vgl. Baecker 1994, 108; Eugster 2000, 137 ff.). Da für diese andere Unterscheidungen als für das Funktionssystem Sozialer Hilfe relevant sind, kann es die intervenierten Systeme nur über seine Grenze hinweg als Fremdbeobachter beobachten. Sofern jene für es also, wenn auch in abgestufter Form, Black Box bleiben, bietet es sich an, den Erfolg/Misserfolg seiner Interventionen anhand eigener Kriterien zu beobachten. Dass dies für einen sozialwissenschaftlichen oder andere Fremdbeobachter auf eine Überschätzung der eigenen kommunikativen Operationen der Hilfe und eine Unterschätzung derjenigen des intervenierten Systems hinauslaufen mag, ändert daran nichts.

Zieht man mögliche Kriterien für einen Interventionserfolg des Funktionssystems Sozialer Hilfe in Betracht, so fiele sein radikalstes Kriterium mit der umfassenden Einlösung der Kontingenzformel Gerechtigkeit zusammen (vgl. Corsten/Rosa/Schrader (Hrsg.) 2005 127 ff. zur Diskussion der Gerechtigkeitskriterien in ausgewählten Funktionsbereichen, inklusive der Sozialen Arbeit). Das Problem der Daseinsnachsorge wäre obsolet geworden und das Funktionssystem Sozialer Hilfe könnte seine Autopoiesis einstellen. Doch selbst in diesem unwahrscheinlichen Fall bliebe offen, wem letztlich der Erfolg zuzuschreiben wäre: den Umweltsystemen, die ihre Inklusions- und Exklusionsrisiken nun selbst lösen könnten, oder dem sekundären Funktionssystem Sozialer Hilfe, das gleichsam in einem grandiosen Akt letzter Hilfe seine paradoxe Selbstauflösung betrieben hätte.

Schließt man dieses radikalste Kriterium des Interventionserfolges als höchst unwahrscheinliche Möglichkeit aus, dann bietet sich als naheliegendstes Kriterium die Reinklusion von hilfebedürftigen Personen in die primären Funktionssysteme oder die Beendigung weiterer Hilfebedarfes sozialer Systeme an. Dies vor allem deshalb, weil das Funktionssystem Sozialer Hilfe – wie wir bereits sahen – durch Erfüllung dieses Kriteriums am ehesten den Einwänden begegnen kann, es betreibe Exklusionsverwaltung, die nur ihm nütze, unterminiere das Selbsthilfepotential und stigmatisiere die hilfebedürftigen Personen bzw. sozialen Systeme mit Hilfebedarf. Dazu muss es sich selbst anhand eigener programmspezifischer Hilfeleistungen als erfolgreich beobachten und im Falle des Misserfolges seine Programme, Organisationen oder Personal, sprich: seine Eigenwerte, verändern können.

In zeitlicher Hinsicht kann dies dadurch geschehen, dass es sich durch zeitlimitierte Ordnungen (z. B. Projekte, Kontrakte, Fallzeiten) unter Erfolgsdruck setzt und mittels eines Vergleich von Vorher und Nachher beobachtet, wie viele der exkludierten Personengruppen innerhalb des vorgegebenen Zeitrahmens reinkludiert werden konnten. Je nachdem, wie hoch oder niedrig die programmspezifische Erfolgserwartung angesetzt wurde, kann das Programm dann fortgesetzt, korrigiert oder beendet werden.

Eine andere Möglichkeit, die oft übersehen oder nur am Rande erwähnt wird (vgl. Baecker 1994, 108; Bommes/Scherr 2000), lässt sich sowohl auf die sachliche als auch soziale Dimension der Hilfeleistung beziehen. So kann das Funktionssystem Sozialer Hilfe die Anforderungen an die Erfolgskriterien seiner Hilfeprogramme entweder aufgrund der unterschiedlichen sachlichen Komplexität des Hilfebedarfes bestimmter sozialer Systeme oder gemäß der gradualisierten Hilfebedürftigkeit exkludierter Personengruppen variieren. Exklusionsverwaltung muss dann nicht zwangsläufig als Misserfolg der Intervention abgebucht, sondern kann durchaus systemintern als Erfolg beobachtet und bewertet werden. Dies trifft besonders auf diejenigen Adressaten der Hilfe zu, bei denen die Chancen der Reinklusion unwahrscheinlich oder gar unmöglich sind – wie bei Teilgruppen der Behindertenhilfe oder sozialer Brennpunkte. Dass jedoch auch seit einigen Jahren die Erfolgskriterien im Bereich der Behindertenhilfe bzw. Heilpädagogik aus einer Vielzahl von system- und systemexternen Gründen des Systems Sozialer Hilfe höher gezont wurden, wird am Paradigmenwechsel von der Sonder-, über die Integrations- zur inklusiven Heilpädagogik deutlich. Suboptimale bis gar keine Förderung der Behinderten durch segregierte und separierte Exklusionsverwaltung von Sonderorganisationen mit daran gekoppelten lebenslangen Exklusionskarrieren der Behinderten gerät zunehmend in die Kritik. Stattdessen wachsen die Forderungen nach Erhöhung der Inklusionschancen und ihre selektive Erprobung und Durchsetzung in Form von diversen Pilotprojekten (vgl. dazu Wetzel 2004; Wansing 2005; Markowetz 2007; Wansing 2007; Bleidick 2008; Powell 2009)

Das Funktionssystem Sozialer Hilfe und seine Subsysteme können also in zeitlicher, sachlicher und sozialer Hinsicht, aber auch in räumlicher Hinsicht – man denke nur an die Formen zubringender Hilfe – die Erfolgskrite rien der Intervention sozialer Hilfe durch Varietätsspielräume flexibilisieren. Dass schließt ihren Verzicht auf Intervention durch soziale Hilfe nicht aus, sondern ein, wenn sie die Erfüllung des Hilfebedarf als unlösbar oder „parasitär" beobachten. Entscheidend für das Funktionssystem Sozialer Hilfe ist letztlich die Möglichkeit der Fortsetzung seiner Autopoiesis im Medium der Hilfekommunikation. Ob diese von Fremdbeobachtern bereits als Erfolg bewertet wird, ist fraglich. Dass ohne sie anspruchsvolle Formen sozialer Hilfe heute jedoch erst gar nicht möglich sind, scheint uns unstrittig.

3.2 Sozialpädagogische Familienhilfe

Im ersten Abschnitt dieses Kapitels haben wir herauszuarbeiten versucht, weshalb wir generell von der Existenz eines sekundären Funktionssystems Sozialer Hilfe ausgehen. Weitestgehend offen blieb, wie es als lokaler Funktionsbereich der Kommunen operiert. Dieser steht folglich im Zentrum unserer folgenden Ausführungen. Sie thematisieren nicht primär das komplexe lokale System sozialer Hilfe als Einheit einer Vielfalt (= Wohlfahrtspluralismus) von Hilfeorganisationen und Interaktionssystemen, in deren Kontext professionelle und laienförmige Hilfe in unterschiedlicher Form erbracht werden (vgl. zu Teilaspekten des lokalen Systems sozialer Hilfe Wolf 1983; Olk 1986; Geiger 1991; Schroer 1994; DJI 1996; Manderscheid 1997; Merchel 2003; Bieker 2004; Boeßenecker 2005). Sondern vornehmlich diejenigen lokalen Hilfesysteme, die für die Erbringung urbaner sozialpädagogischer Familienhilfe (= SPFH) von Relevanz sind. Die Selektion und Fokussierung auf diese Hilfeform erfolgt vor allem deshalb, weil ihre Hilfekommunikation

1. auf Personengruppen mit Mehrfachexklusion abstellt, zu denen auch besonders diejenigen urbaner sozialer Brennpunkte gehören;
2. sich speziell auf das Sozialsystem Familie bezieht, das im lokalen Exklusionsbereich sozialer Brennpunkte – wie wir sahen – eines der wenigen Funktionssysteme ist, in das die Mehrzahl der dort lebenden Personengruppen, wenn auch in prekärer Form, noch inkludiert ist;
3. Kinder und Jugendliche, deren Lebenslage und Lebenskarriere in sozialen Brennpunkten besonders gefährdet ist, als Adressaten explizit mitberücksichtigt;
4. die durch räumliche Exklusion erschwerte kommunikative Erreichbarkeit der Personengruppen sozialer Brennpunkte durch eine „Gehstruktur" der Hilfe zu überwinden sucht.

Hinzu kommt, dass die SPFH durch diverse Veröffentlichungen – speziell des Deutschen Jugendinstituts – gut dokumentiert ist (vgl. dazu Blüml u. a. 1994; Helming 1998; Helming u. a.1999; Helming 2000; siehe auch Woog 1998). So liegt sowohl eine umfassende sozialwissenschaftliche Bestandsaufnahme dieser Hilfeform für Anfang der 1990er Jahre für die Kommunen und Landkreise des Bundeslandes Bayern als auch eine Ausweitung der

Beobachtung auf die anderen Bundesländer der BRD für die zweite Hälfte der 1990er Jahre vor. Auf deren theoretische und empirische Beobachtungen werden wir bei unseren folgenden Ausführungen besonders Bezug nehmen. Dabei lassen wir uns von folgenden, systemtheoretisch induzierten Fragen leiten, deren Beantwortung zugleich eine Vertiefung unserer generellen Darstellung zum sekundären Funktionssystem Sozialer Hilfe auf der lokalen Ebene intendiert:

1. Inwieweit ist die Ausdifferenzierung der SPFH als spezifische Hilfeform des lokalen Systems sozialer Hilfe an die strukturelle Kopplung mit supralokalen Funktionssystemen gebunden?
2. Macht es einen Unterschied aus, ob die SPFH den lokalen Hilfeorganisationen des Jugendamtes oder der freien Träger zugeordnet wird?
3. Lässt sich die SPFH als ein selbstorganisiertes Interaktionssystem des lokalen Systems sozialer Hilfe beobachten, das weder mit den entsprechenden Fachbereichen der Hilfeorganisationen des öffentlichen Jugendamts oder freier Träger noch dem intervenierten Familiensystem identisch ist?
4. Was wird jeweils von den Experten und Familien als Erfolg/Misserfolg der SPFH bewertet?
5. Wie lässt sich besonders die Erfolgsbewertung der Experten anhand systemtheoretischer Kriterien beurteilen?

3.2.1 Supralokale strukturelle Kopplungen der Sozialpädagogischen Familienhilfe

Im ersten Kapitel gingen wir davon aus, dass die Kommunen, besonders die Großstädte, ihre Autonomie als Einheit vielfältiger lokaler Funktionsbereiche durch die zusätzliche Orientierung ihrer funktionssystemspezifischen Kommunikation am Supercode lokal/translokal gewinnen. Es überrascht somit nicht, dass auch der lokale Funktionsbereich sozialer Hilfe hinsichtlich seiner Hilfekommunikation an bestimmte strukturelle Kopplungen mit supralokalen Entscheidungsprämissen der Funktionssysteme gebunden ist.

Für die Ausdifferenzierung der SPFH im lokalen System sozialer Hilfe spielten und spielen hierbei vor allem das durch den Zentralstaat (= Bund) beschlossene und seit 1991 gültige KJHG (jetzt SGB VIII) und der von ihm in Auftrag gegebene und 1990 verabschiedete 8. Jugendbericht mit den zentralen Steuerungsmedien des Rechts und sozialpädagogischen Expertenwissens eine wichtige Rolle. Darüber hinaus wurden auf der Länderebene Fördermodelle und Formen berufsspezifischer Weiterbildung etabliert, welche den strukturellen Take-off für die monetäre und fachliche lokale Implementierung der SPFH erleichterten (vgl. für Bayern Blüml u. a. 1994, 46 ff.).

Bereits ein sehr grober Blick auf die Systemgeschichte der SPFH verdeutlicht mithin, dass ihre beschleunigte lokale Diffusion auf vielfältige strukturelle Kopplungen mit supralokalen Ebenen (Bund und Länder) des politischen Systems, Rechtssystems, Wissenschaftssystems und Weiterbildungssystems angewiesen war. Zwar erprobten einzelne Stadtstaaten (wie Berlin) schon Ende der 1970er Jahre erste Ansätze der SPFH auf lokaler Ebene und zogen in den 1980er Jahren auch Großstädte (Essen 1982; Köln 1983; Karlsruhe und Heidelberg 1984) anderer Bundesländer nach (vgl. Helming u. a. 1999, 8). Der eigentliche Schub ihrer Implementierung erfolgte jedoch sowohl in den alten als auch neuen Bundesländern erst zu Beginn der 1990er Jahre. So stieg die Zahl der von der SPFH betreuten Familien in der BRD von 1991 bis 1996 von 9089 auf 12484 (Helming u. a. 1999, 13). Inklusive der beendeten SPFH rangierte sie damit im Jahr 1996 mit 20179 (= 49992 Kinder/Jugendliche) quantitativ nach der Erziehungsberatung (203300) und Heimerziehung/sonstige betreute Wohnform (100969) an dritter Stelle der Erziehungshilfen (vgl. Helming u. a. 1999, 15). Diese Gesamtzahl wuchs bis zum Jahr 1998 nochmals auf 24954 an (Hofgesang 2001, 530).

Wir wollen uns im Folgenden zunächst auf einige zentrale Implikationen der strukturellen Kopplungen der SPFH mit dem zentralen Wohlfahrtsstaat des politischen Systems bzw. dem Rechtssystem (KJHG) und dem Wissenschaftssystem (8. Jugendbericht) konzentrieren.

3.2.1.1 Das KJHG und die Sozialpädagogische Familienhilfe

Mit der Verabschiedung des KJHG ist die SPFH zu einer Pflichtaufgabe der öffentlichen Jugendhilfe geworden und erfüllt zugleich die Funktion eines Sozialleistungsgesetzes (vgl. Helming u. a. 1999, 6).

Generell bedeutet dies, dass der Bund als zentraler Wohlfahrtsstaat seine Funktion kollektiv bindenden Entscheidens dazu benutzte (vgl. ausführlicher zur Funktionsbestimmung des politischen Systems Luhmann 2000, 84 ff.), durch machtgedecktes Recht (= Gesetz) die Selektionsfreiheiten der Entscheider des lokalen politisch-administrativen Systems und Systems sozialer Hilfe einzuschränken. Zum einen delegierte er die operative Durchführung der SPFH an die lokale Sozialadministration und reduzierte deren Spielräume, indem er sie zur Pflichtaufgabe und nicht nur einer freiwilligen Aufgabe der öffentlichen Jugendhilfe machte. Und zum anderen verpflichtete er ihre Entscheider zur Leistungserbringung der SPFH, wenn ihre Adressaten bestimmte programmspezifische Kriterien erfüllen. Sie haben somit einen Rechtsanspruch auf deren Gewährleistung.

Schaut man sich nun an, wie das KJHG die normativen Erwartungen des Rechts an die SPFH beschreibt, so lautet der einschlägige § 31 wie folgt (vgl. Wiesner u. a. 1995, 334): „Sozialpädagogische Familienhilfe soll durch intensive Betreuung und Begleitung Familien in ihren Erziehungsaufgaben, bei der Bewältigung von Alltagsproblemen, bei der Lösung von Konflikten und Krisen sowie im Kontakt mit Ämtern und Institutionen unterstützen und Hilfe zur Selbsthilfe geben. Sie ist in der Regel auf Dauer angelegt und erfordert die Mitarbeit der Familie."

Was unter dieser umfassenden Formulierung der SPFH genauer zu verstehen ist, erhellt sich in einem ersten Schritt im Anschluss an die Perspektive von Rechtsbeobachtern bzw. Rechtskommentatoren. Diese orientieren sich am Rechtscode Recht/Unrecht des Rechtssystems. Ihre Interpretationen erleichtern die Anschlussfähigkeit der Rechtskommunikation, indem sie die Entscheider der lokalen Sozialadministration oder Sozialgerichte darüber informieren, wie die zu Fällen gewordenen Ereignisse programmspezifisch entschieden wurden und werden können. Dabei rekurrieren sie nicht nur auf die normativen Entscheidungsprämissen des § 31, sondern auch auf sozialwissenschaftliche Forschungsergebnisse zur SPFH. Aus der Sicht von Rechtskommentatoren weist die SPFH mithin folgende zentrale Spezifika auf (vgl. zum Folgenden Wiesner u.a. 1995, 334ff.):

a) Sie ist eine ganzheitliche, da ihr Hilfeadressat im Unterschied zu den übrigen Erziehungshilfen des KJHG nicht einzelne Familienmitglieder sind, sondern die Familie als Ganzes ist;

b) sie wird primär im Binnenraum der Familie erbracht. Dies unterscheidet sie als spezialisierter Dienst des Allgemeinen Sozialdienstes (ASD) oder anderer Träger von Erziehungshilfen (z.B. Erziehungsberatung), die vornehmlich in deren Diensträumen durchgeführt werden;

c) ihre zentralen Ziele bzw. Schwerpunkte als ganzheitliche Hilfe sind:
   1. die Sicherung oder Wiederherstellung der Erziehungsfunktion der Familie. Abgezielt wird hier besonders auf die emotionale und soziale Entwicklungsförderung der Kinder und Jugendlichen in der Familie durch die Verbesserung des elterlichen Erziehungsverhaltens, der Interaktionen der Familienmitglieder und der gesamten Rahmenbedingungen;
   2. die Unterstützung im gesamten Familienalltag. Sie bezieht sich vor allem auf die Haushaltsführung, die Wohnsituation, z.B. Wohnungssuche und Einrichtung, die finanzielle Situation, z.B. Entschuldung und Ausgabenplanung, die Versorgung der Familienmitglieder mit Nahrung und Kleidung, die Entwicklung des Familiensystems hinsichtlich seiner Kommunikationsstrukturen, des Problemlösungsverhaltens, des Umgangs mit Streit und Konflikt und der Rollenverteilung und schließlich die Schulentwicklung der Kinder;
   3. die Aktivierung und dauerhafte Stabilisierung der Problemlösungs- und Selbsthilfefähigkeit hinsichtlich von 1. und 2.;
   4. die Verhinderung der Fremdplatzierung des Kindes;

d) sie basiert auf unterschiedlichen Arbeitsmethoden und Interventionsformen (z.B. Beratung; entlastenden Interventionen wie Verhinderung von Zwangsräumung). Diese können an einzelne Familienmitglieder, die Familie als Interaktionssystem oder ihr Verhältnis zur Umwelt adressiert sein. Besonders der Einschluss des Umweltbezuges verweist auf ihre

Differenz zur Familientherapie, die primär auf das Binnenverhältnis der Familie abstellt;

e) sie ist zentral an die Mitwirkung der Betroffenen gebunden. Diese setzt das Zustandekommen einer gemeinsamen Zielsetzung und Problemdefinition von Fachkraft und Familie voraus, welche den Anschluss an die vorhandenen Ressourcen der Familie und sukzessive Erhöhung ihrer Selbsthilfe- und Problemlösungskompetenzen ermöglicht. SPFH unterscheidet sich somit durch Ressourcenorientierung von einer Form der Hilfe, welche die Probleme und Defizite der Adressaten pathologisiert;

f) sie ist als Hilfeprozess von langer Dauer (2 Jahre und mehr) mit Probe-, Haupt- und Abschlussphase und hoher Betreuungsintensität (wöchentlich zwischen 10- und 15-stündigem Aufenthalt der Fachkraft in der Familie). Deshalb bedarf es nach § 36 KJHG eines Hilfeplanes. Er ist das Ergebnis eines Aushandlungsprozesses zwischen den Fachkräften und der Familie bezüglich der Ziele und Erwartungen, Inhalte und Beziehungen der gemeinsamen Arbeit und der zeitlichen Präsenz der Fachkraft. Die Vereinbarungen werden regelmäßig fortgeschrieben. Die rechtliche Normierung eines gemeinsam gestalteten Hilfeprozesses verweist zudem auf die Notwendigkeit der Jugendhilfe, sich als Partner der Familie und ihres sozialen Netzwerkes zu begreifen. Sie unterscheidet sich von daher von einer Eingriffsbehörde, die „Maßnahmen" durch einseitige Entscheidungen trifft (vgl. Wiesner u. a. 1995, 461).

Die Rechtsbeobachter arbeiten jedoch nicht nur die Spezifika der SPFH heraus, sondern sie verweisen auch, informiert durch sozialwissenschaftliche Beobachtungen, auf die folgenden Probleme, die mit ihr verbunden sind (vgl. Wiesner u. a. 1995, 335–339):

a) Zielkonflikt zwischen Kontrolle und Hilfe: dieser wird vor allem an der Beobachtung festgemacht, dass die SPFH die Gefahr der „gläsernen Familie" nach sich ziehen kann, wenn sie die Familie als Ganze adressiert und vornehmlich in ihrem Binnenraum stattfindet. Zugleich ergibt sich aber auch erst durch die familiale Öffnung die Chance, die Fremdplatzierung der Kinder zu verhindern. Der Zielkonflikt zwischen Kontrolle und Hilfe wird als unauflösbar beobachtet. Er lässt sich allerdings reduzieren, wenn die Familie darauf vertrauen kann, dass die Weitergabe von Informationen über sie an ihre Zustimmung gebunden ist und sich die Fachkraft ihr gegenüber transparent verhält.

b) Fehlen eindeutiger Zuweisungskriterien: Rechtsbeobachter weisen darauf hin, dass es für die SPFH ebenso wenig wie für andere Erziehungshilfen eindeutige Zuweisungskriterien für die in Frage kommenden Familien gibt. Allenfalls lassen sich bestimmte Ausschlusskriterien formulieren, z. B. Suchtprobleme oder schwere psychische Krankheiten von Familienmitgliedern.

c) Innere Bereitschaft zur Mitwirkung der Betroffenen: die SPFH wird primär durch den ASD oder andere Mittler initiiert und weniger von den

Betroffenen. Ihre innere Bereitschaft zur Mitwirkung muss folglich erst erzeugt und gefördert werden. Deshalb ist auch ihre Teilnahme an der Zielsetzung und Problemdefinition zusammen mit der Fachkraft notwendige Voraussetzung für den Hilfeprozess.

d) Fehlen einer ausbildungsbezogenen Vorbereitung der Fachkräfte auf die SPFH: berufsbegleitende Qualifizierungsmöglichkeiten sind solange notwendig, solange die Hochschulen die Fachkräfte noch nicht hinreichend auf die SPFH vorbereitet haben.

In pointierter und zugespitzter Form lässt sich die durch die Rechtsbeobachter kommentierte strukturelle Kopplung der SPFH mit dem Recht (=KJHG bzw. SGB VIII) somit auf folgende Spezifika reduzieren:

1. Sie soll an die Familie als Sozialsystem adressiert sein und im Hinblick auf diese eine mehrfache Zielsetzung verfolgen;
2. sie setzt zu deren Realisierung und Konkretisierung nicht nur komplexe Arbeitsmethoden und Interventionsformen des sozialpädagogischen Personals voraus, sondern soll von Beginn an mittels der Hilfeplanung die aktive Kooperation der Familie und Familienmitglieder einschließen;
3. sie soll deren Mitwirkung dadurch erleichtern, dass sie die Auswahl- bzw. Zuweisungskriterien lockert, ihre Probleme und Defizite entpathologisiert und sie in ihren Binnenräumen aufsucht.

Teilt man die Beobachtung, dass sich die SPFH durch die strukturelle Kopplung mit dem Recht als ein zweckprogrammiertes und verfahrensgesteuertes Interaktionssystem (= Hilfeprozess) konstituiert (vgl. dazu ausführlicher Merchel in Helming u. a. 1999, 27 ff.), dann soll dieses qua Zweckprogrammierung anstelle der klassischen Konditionalprogrammierung der lokalen öffentlichen Jugendhilfe gesteuert werden. Seiner organisatorischen Einbettung in eine hierarchisch strukturierte Eingriffsbehörde soll eine stärker heterarchisch strukturierte Hilfeorganisation weichen, welche die Hilfeadressaten zu Mitentscheidern anstelle von Entscheidungsbetroffenen macht. Und eine am klinisch-kurativen Modell orientierte personenbezogene Einzelfallhilfe soll durch komplexe sozialpädagogische Arbeitsmethoden und Interventionsformen ersetzt werden, die sich auf die Familie als Sozialsystem und ihre Umweltrelationen beziehen.

Aus der Perspektive ihres operativen kommunikativen Vollzuges bedeuten die strukturelle Kopplung der SPFH mit dem Recht durch Zweckprogrammierung und das Hilfeplanverfahren jedoch nicht die Gleichsetzung des organisierten Interaktionssystems mit einem Rechtsverfahren und des sozialpädagogischen bzw. sozialarbeiterischen Fachpersonals mit Verwaltungsbeamten bzw. Juristen der lokalen Sozialadministration oder Sozialrichtern. Die rechtsnormativen Erwartungen des KJHG stellen für die SPFH und ihr Fachpersonal zwar normative Einschränkungen ihrer Selektionsfreiheiten dar, lassen sich aber nicht auf Formen der Rechtshilfe oder Rechtskontrolle reduzieren. Als soziale Hilfe gewinnt das Fachpersonal der SPFH seine Autonomie stattdessen dadurch, dass es seine kommunikativen Beiträge primär am Hilfecode und den eigenen Hilfeprogrammen (=Konzepte und Arbeitsmethoden) orientiert, was weder decodierte Formen der Kommunikation noch selektive Beschränkungen durch anders codierte Kommunikationsformen ausschließt (vgl. Eugster 2000, 140).

3.2.1.2 Der 8. Jugendbericht und die Sozialpädagogische Familienhilfe

Für die umfassende Implementierung der SPFH im Kontext der öffentlichen Jugendhilfe spielte und spielt die strukturelle Kopplung mit dem supralokalen Wissenschaftssystem eine weitere bedeutsame Rolle. Besonders dem 8. Jugendbericht kam und kommt hierbei eine Schlüsselfunktion zu. Die für seine Erarbeitung von der Bundesregierung eingesetzte Sachverständigenkommission rekrutierte sich nämlich aus bedeutenden Repräsentanten des nationalen sozialpädagogischen und sozialarbeiterischen wissenschaftlichen Establishments (vgl. BMfFSFuJ 1990, 2 u. 221 ff.). Ihre Fremdbeobachtungen zur Einheit der Vielfalt der Jugendhilfe und Empfehlungen zu strukturellen Notwendigkeiten und Möglichkeiten ihrer Veränderung stießen innerhalb wie außerhalb der lokalen Jugendhilfe auf nachhaltige Resonanz. So mahnten sie an verschiedenen Stellen des 8. Jugendberichts die Notwendigkeit eines Leistungsgesetzes für die Jugendhilfe an. Vor allem aber versuchten sie, die plurale und komplexe Entwicklung der verschiedenen Arbeitsfelder der Jugendhilfe anhand von Strukturmaximen transparent zu machen. Dabei handelt es sich um Prävention, Dezentralisierung/Regionalisierung, Alltagsorientierung, Integration/Normalisierung und Partizipation. Sie werden als konstitutiv für eine lebensweltorientierte Jugendhilfe erachtet (vgl. BMfFSFuJ 1990, 85 ff.).

Vergleicht man die im 8. Jugendbericht skizzierten Strukturmaximen der Jugendhilfe mit den rechtlichen Formulierungen der SPFH des KJHG, dann wird deutlich, dass sie weitestgehend an den Paradigmenwechsel zur lebensweltorientierten Jugendhilfe anschließt. Dies lässt sich anhand der einzelnen Strukturmaximen kurz klarmachen:

a) *Prävention:* Indem die SPFH als eines ihrer zentralen Ziele die Vermeidung der Fremdplatzierung anstrebt, orientiert sie sich zumindest an der Sekundärprävention, die der 8. Jugendbericht wie folgt beschreibt: „In einer zweiten Stufe müssen Angebote ausgebaut werden, die es belasteten Kindern, Heranwachsenden und Familien in kritischen Lebensereignissen erlauben, sich mit ihren Verhältnissen besser zu arrangieren, also Maßnahmen der Beratung, der vorbeugenden Unterstützung, vor allem aber auch gezielte Hilfen zur Erschließung von Ressourcen und Beziehungen zu Selbsthilfeinitiativen." (ebd. 1990, 85).

b) *Alltagsorientierung:* Diese Strukturmaxime wird im 8. Jugendbericht auf das institutionelle Setting und die Methoden bezogen und in Zugänglichkeit im Alltag, Situationsbezogenheit und Ganzheitlichkeit dekomponiert. Dabei stellt er explizit auf die SPFH ab, wenn Beispiele von Arbeitsfeldern für die Zugänglichkeit im Alltag angeführt werden. Unter Situationsbezogenheit versteht der 8.Jugendbericht ausdrücklich auch den sozialen Systembezug der Hilfsbedürftigen und der Hilfe, der – wie wir sahen – eines der Spezifika der sozialpädagogischen Familienhilfe ausmacht. So heißt es dort: „Lebensweltorientierte Jugendhilfe meint Hilfen, die den Menschen in seinen sozialen Verhältnissen sehen, in den Selbstverständlichkeiten, Schwierigkeiten und Belastungen seiner *sozialen Systeme.*" (ebd. 1990, 87; Hervorhebung H.-J. H.). Indem sich der 8. Jugendbericht mit der Begrifflichkeit der Ganzheitlichkeit auf Hilfen bezieht, „die die Realität der Heranwachsenden und der Familien in jener komplexen Verflochtenheit sehen, wie sie für Alltagsverständnis und Alltagspragmatik charakteristisch sind" (ebd. 1990, 87), setzt er sich explizit von Hilfen ab, die Probleme vereinzeln, segmentieren oder parzellieren. Er dispräferiert also spezialisierte Formen der Hilfe, wie sie sowohl im Kontext der Verwaltung oder in therapeutisch orientierten Arbeitssettings dominieren. Stattdessen präferiert er die ganzheitliche Orientierung der traditionellen Methoden der Sozialarbeit und Sozialpädagogik. Auch daran schließt die SPFH an, wenn sie sich auf Alltagsprobleme der Familie bezieht und ihre Rechtsbeobachter ihre Methodenvielfalt und unterschiedlichen Interventionsformen betonen.

c) *Integration/Normalisierung:* Mit dieser Strukturmaxime stellt der 8. Jugendbericht vor allem auf die Gefahr ab, dass die Institutionen der Jugendhilfe durch Spezialisierung und Differenzierung der Hilfen zur Abgrenzung, Ausgrenzung und Aussonderung bestimmter Kinder/Jugendlicher und Familien mit besonderer Belastung (z. B. Jugendliche mit Drogenproblemen, Familien mit Behinderten, Ausländer) beitragen. Demgegenüber votiert er für ihre stärkere Integration in die allgemeinen Hilfen, sprich: für Strategien der Normalisierung. Anschlussmöglichkeiten an diese Strukturmaxime finden sich bezüglich der SPFH insbesondere hinsichtlich des Problems eindeutiger Zuweisungskriterien und der Entpathologisierung der familialen Probleme.

d) *Partizipation:* Der 8. Jugendbericht erwähnt im Zusammenhang mit dieser Strukturmaxime ausdrücklich die SPFH, indem er betont, das hier „der Wille der Adressaten zu solcher Hilfe vorausgesetzt wird." (ebd. 1990, 88). Generell wird die Notwendigkeit von Partizipation damit legitimiert, dass „lebensweltorientierte Jugendhilfe darauf hinzielt, dass Menschen sich als Subjekte ihres eigenen Lebens erfahren" (ebd. 1990, 88). Ihre besondere Relevanz für die SPFH kommt – wie wir sahen – in deren normativer Erwartung an die Mitarbeit der Familie bei der Hilfe – speziell beim Hilfeplan – zum Ausdruck.

e) *Dezentralisierung/Regionalisierung:* Diese Strukturmaxime bezieht sich vornehmlich auf die Reorganisation bzw. Neuordnung der sozialen Dienste, besonders der Jugend- und Sozialämter. Ihre Bedeutung wird daran ersichtlich, dass der 8. Jugendbericht in einem besonderen Abschnitt sowohl zwei Organisationsmodelle der Neuorganisation sozialer Dienste, nämlich von Bremen und Dortmund, ausführlich skizziert als auch Empfehlungen für die Organisationsstruktur sozialer Dienste abgibt (ebd. 1990, 183 ff.). Im Kern geht es darum, die organisatorischen Voraussetzungen für eine stärker lebensweltorientierte lokale öffentliche Jugendhilfe zu schaffen. Dazu sollen Dezentralisierung und Regionalisierung beitragen, indem sie die Erbringung sozialer Dienste für die lokalen/regionalen Gegebenheiten und Möglichkeiten, z. B. von Stadtbezirken und Stadtteilen, öffnen. Damit geht eine Abkehr von einer bürokratischen Organisationsform einher, die sich am Modell der Eingriffsbehörde orientiert. Diese bietet ihre sozialen Dienstleistungen zentralisiert an. Bettet sie ferner in eine mehrfach gestaffelte hierarchische Steuerung in Form der Dienst- und Fachaufsicht ein. Und bindet sie zudem an eine am Gesetz und am Buchstabenprinzip orientierte horizontal hochspezialisierte und nach Innen- und Außendienst differenzierte berufliche Aufgabenzuteilung. Demgegenüber sollte eine reorganisierte, lebensweltorientierte öffentliche Jugendhilfe ihre sozialen Dienstleistungen dekonzentriert anbieten. Darüber hinaus die Orientierung am Gesetz und Buchstabenprinzip durch eine Regionalisierung der Zuständigkeit der Mitarbeiter ersetzen. Und schließlich die Aufgabentrennung von Innen- und Außendienst aufheben und eine umfassende Aufgabenzuständigkeit und Entscheidungskompetenz der Mitarbeiter einrichten, welche die Verzahnung materieller und persönlicher Hilfen mit einschließt.

Abschließend sei noch erwähnt, dass der 8. Jugendbericht als eines seiner wichtigsten Ergebnisse auf die „regionalen Unterschiede in den Problembelastungen und den Versorgungsangeboten" (ebd. 1990, 87) aufmerksam macht. Soll deren Verschärfung vermieden werden, muss – nach Ansicht seiner Verfasser – die Einheitlichkeit der Sicherung von Lebensverhältnissen zusätzlich durch eine Angebotsstruktur etabliert werden, deren Standards durch ein Leistungsgesetz und Pflichtaufgaben gewährleistet sind (vgl. ebd. 1990, 87).

Dass diese Forderung der Verfasser des 8. Jugendberichts durch die Verabschiedung des KJHG umgesetzt und insbesondere die SPFH zur Pflichtaufgabe der lokalen öffentlichen Jugendhilfe wurde, haben wir bereits erwähnt.

Bilanziert man unsere Beobachtungen zu den supralokalen strukturellen Koppelungen der SPFH mit dem zentralen Wohlfahrtsstaat des politischen Systems und dem Rechtssystem (KJHG) sowie dem Wissenschaftssystem (8. Jugendbericht), so wird deutlich, dass diese sowohl ihre kommunikative Selektionsfreiheiten als Interaktionssystem der lokalen öffentlichen Jugendhilfe in spezifischer Weise normativ und kognitiv limitieren als auch Spielräume in Richtung einer komplexen Form sozialer Hilfe eröffnen. Möglich wird diese paradoxe Steigerung der Komplexität der SPFH durch spezifische Einschränkungen ihrer Selektionsfreiheiten mittels programmspezifischer Entscheidungsprämissen des Rechts (KJHG) und der Wissenschaft (8. Jugendbericht). Deren innovative normative Rechtserwartungen und kognitive Reformempfehlungen bestehen im Kern darin, die Jugendhilfe als Teilsystem des lokalen Systems sozialer Hilfe strukturell auf eine Kombination eines situativen administrativen und alltagsweltorientierten professionellen Steuerungstyps umzustellen (vgl. dazu bereits Olk 1986, 240 ff.). Gemeinsam ist diesen Steuerungstypen die Öffnung der lokalen Hilfeformen der Jugendhilfe – hier der SPFH – gegenüber der Komplexität der Hilfebedarfe einer als Lebenswelt beobachteten Umwelt.

Dass der damit spätestens seit Beginn der 1990er Jahre eingeleitete Paradigmenwechsel einer lebensweltorientierten Jugendhilfe durchaus mit Folgeproblemen, Ambivalenzen und Widersprüchen auf der organisatorischen und operativen Ebene der sozialen Hilfe verbunden ist, betonen sowohl die Rechtsbeobachter, die Autoren des 8. Jugendberichts als auch wissenschaftliche Beobachter der Sozialarbeit und Sozialpädagogik (vgl. Wiesner u. a. 1995, 336 ff.; Olk 1986, 240 ff.; Helming 2000, Hofgesang 2001, 531 ff.). Wie sich diese speziell für die SPFH als Interaktionssystem der lokalen Jugendhilfe kommunikativ manifestieren, und welche Erfolge bzw. Misserfolge mit deren Intervention verknüpft sind, versuchen wir im Folgenden herauszuarbeiten.

3.2.2 Lokale Hilfeorganisationen und Adressaten der Sozialpädagogischen Familienhilfe

Bevor wir die SPFH als organisiertes Interaktionssystem thematisieren, wollen wir uns noch darüber informieren, inwieweit sich deren strukturelle Voraussetzungen, je nach Einbettung in die lokalen Hilfeorganisationen des Jugendamtes oder freier Träger, unterscheiden, und welche Familienformen ihre faktischen Adressaten sind. Dabei gehen wir davon aus, dass die SPFH als organisiertes Interaktionssystem in ihrem operativen Vollzug weder mit dem fachspezifischen Expertensystem als Team innerhalb der lokalen Hilfeorganisationen noch mit den Sozialsystemen der Familien, in deren Binnenräumen sie primär operiert, identisch ist (vgl. generell zur Ausdifferenzierung von Drittsystemen bezüglich intervenierender Interaktionssysteme der Sozialarbeit und therapeutischer Systeme Eugster 2000, 140 ff.; Luhmann in Simon 1997, 170 ff.). Gleichwohl ist sie sowohl auf bestimmte Entscheidungsprämissen von jenen als auch auf spezifische Entscheidungen von diesen angewiesen, soll sie überhaupt zustande kommen können.

3.2.2.1 Das Jugendamt und die freien Träger der Wohlfahrtspflege

Damit SPFH als organisiertes Interaktionssystem im Sinne einer zeitlimitierten Ordnung bzw. eines Projektes mit einem vorhersehbaren Anfang und Ende immer wieder aufs Neue regeneriert werden kann (vgl. zum Projektbegriff Luhmann 2000, 273 ff.; zum organisierten Interaktionssystem Krause 2005, 55 ff.; Hohm 2006, 22 ff.), bedarf es lokaler Hilfeorganisationen, die sie erwartbar machen. Im Kern handelt es sich hierbei um das Jugendamt und die freien Träger. Es sind vor allem ihre Entscheidungsprämissen, welche die Selektionsfreiheiten der SPFH als organisiertes Interaktionssystem beschränken, zugleich aber auch ihren Take-off erst ermöglichen.

Am prägnantesten kommen die organisationsspezifischen Entscheidungsprämissen der lokalen Hilfeorganisationen des Jugendamtes und der freien Träger in Form der Stellen zum Ausdruck. Diese lassen sich als eine dreistellige Kombination von a) Programmen, b) Zuordnung zu horizontalen und vertikalen Kommunikationswegen (= Fachbereichen und Abteilungen) und c) Personal mit jeweiligen Entscheidungskompetenzen und Fähigkeiten bestimmen (vgl. dazu generell Luhmann 2000, 232 ff.).

Wie die mit den Stellen verbundenen Entscheidungsprämissen die operative Durchführung der SPFH im Kontext der lokalen Hilfeorganisationen zugleich strukturell limitieren und ermöglichen, und ob es einen Unterschied ausmacht, ob die lokalen Entscheider die SPFH dem Jugendamt oder freien Trägern zuordnen, werden wir im folgenden thematisieren. Dabei werden wir unsere systemtheoretisch orientierten Beobachtungen – wie bereits eingangs erwähnt – vorwiegend auf die Forschungsergebnisse des DJI bezüglich der Implementierung der SPFH in Bayern beziehen, was das selektive Anknüpfen an andere wissenschaftliche Beobachtungen der SPFH nicht ausschließt (vgl. Buggenthien 2005; Strohmeier 2006; Schattner 2007).

a) Die programmspezifische Implementierung der SPFH

Schaut man sich zunächst generell an, für welche lokale Hilfeorganisation sich die Entscheider des lokalen Hilfesystems zur Durchführung der SPFH entschieden, so dominierten im Jahr 1996 in den neuen Bundesländern die freien Träger mit 64,3 %, während im gleichen Jahr in den alten Bundesländern nur 32,8 % freie Träger die SPFH erbrachten. Insgesamt betrug der Anteil der freien Träger in Deutschland zu diesem Zeitpunkt 42,9 % (vgl. Helming u. a. 1999, 10; Hofgesang 2001, 534). Die prozentualen Durchschnittswerte der Relation von öffentlichen und freien Trägern informieren jedoch nur sehr ungenau über die faktischen lokalen Kontextbedingungen der SPFH in den einzelnen Bundesländern. So wurden z. B. in Bayern zu Beginn der 1990er Jahre 69 % der SPFH (vgl. Blüml u. a. 1994, 59) und in Thüringen Ende 1994 72 % von freien Trägern durchgeführt (vgl. Kühl 1997, 159).

Hinter der Lösung des Problems der Verteilung der Verteilung der SPFH auf die öffentlichen oder freien Träger durch die lokalen Entscheider in den einzelnen Bundesländern verbirgt sich jedoch nicht nur ein quantitatives Problem, sondern vor allem auch eines der Frage der Strukturqualität im Hinblick auf die organisationsspezifischen Voraussetzungen der SPFH (vgl.

Merchel 1998, 20 ff.). So präferiert die Mehrheit der fachwissenschaftlichen Beobachter die Option zugunsten der freien Träger. Dies zum einen deshalb, weil die lokalen Jugendämter trotz Reformmaßnahmen im Anschluss an den 8. Jugendbericht (vgl. Schroer 1994) nach wie vor von einem Teil der Hilfeadressaten als klassische Eingriffsbehörde perzipiert werden und somit die Schwelle zur Inanspruchnahme der SPFH erhöhen (vgl. Blüml u. a. 1994, 277; Hofgesang, 2001, 534). Zum anderen deshalb, weil empirische Untersuchungen zum organisationsspezifischen Kontext der SPFH erhebliche Strukturvorteile der freien gegenüber den öffentlichen Trägern herausarbeiteten (vgl. Blüml u. a. 1994, 204 ff.).

Bevor wir auf diese im Einzelnen eingehen, wollen wir zunächst verdeutlichen, weshalb die Option zugunsten freier Träger überhaupt möglich ist. Neben ihrem Nachweis der Fachlichkeit, sprich des Vorhandenseins entsprechender sozialpädagogischer Hilfeprogramme (Konzepte und Arbeitsmethoden), ist sie vor allem auch an die Finanzierungmöglichkeit der SPFH gekoppelt (vgl. zum Folgenden Blüml u. a. 1994, 234 ff.).

1. *Finanzierungsformen*
Da eine Kostenbeteiligung der Hilfeadressaten der SPFH ausgeschlossen ist, ist ihre Finanzierungsform das Ergebnis von Kostenvereinbarungen interorganisatorischer Verhandlungssysteme des Jugendamtes und der freien Träger. Deren Selektionsfreiheiten werden durch normative Vorgaben des KJHG (§ 77 und § 74, Abs. 1, Punkt 4) limitiert. Diese sehen zwar eine Grundsicherung der SPFH als Leistungsangebot durch die öffentliche Jugendhilfe vor, ihre Entscheider können jedoch bei ihrer organisationsspezifischen Implementierung die eigene Haushaltslage einbeziehen. Zudem müssen sie im Falle der Option zugunsten der freien Träger deren Finanzlage bei der Kostenerstattung berücksichtigen. Von diesen wird folglich gemäß § 74, Abs. 1, Punkt 4 eine „angemessene Eigenleistung" zur Finanzierung der SPFH erwartet.
Wie die Resultate der lokalen Verhandlungssysteme letztlich ausfallen, ist von mehreren Faktoren abhängig: dem jeweiligen Budget der Entscheider, ihren Personalverflechtungen und informellen Kontaktnetzen, der strategischen Kopplung der Finanzierungsform mit programmspezifischen Zielen etc. (vgl. dazu auch Manderscheid 1997; Naßmacher/ Naßmacher 1999, 307 ff.).
Dass die erzielte Finanzierungsform durchaus auch Auswirkungen auf die Qualität der Durchführung der SPFH hat, wird deutlich, wenn man die zwei dominanten Formen der pauschalen Projektfinanzierung und pauschalen Einzelfallfinanzierung miteinander kontrastiert. So präferiert die Mehrzahl des Fachpersonals der SPFH die pauschale Projektfinanzierung u. a. aus folgenden Gründen: sie „können kurzfristig mehr Familien übernehmen und Krisenintervention leisten; die Stundenzahl kann – ohne langes Genehmigungsverfahren je nach fachlichem Bedarf und ohne bürokratischen Aufwand – erhöht oder reduziert werden … die pauschale

Projektfinanzierung gibt größere fachliche Freiheit, als damit professionelle Entscheidungen grundsätzlich unabhängiger von finanziellen Erwägungen gehandhabt werden können... (sie) gibt ... Raum für unterschiedlichen Zeitbedarf von Familien, für unterschiedliche Zeiteinteilung in verschiedenen Phasen der Arbeit, für Intervallarbeit, für Nachbetreuung, für Gruppenarbeit usw." (Blüml u. a. 1994, 239; vgl. dazu auch Merchel 1998, 21)

Zu Beginn der 1990er Jahre dominierte in Bayern die pauschale Projektfinanzierung mit einem 10% Eigenanteil der freien Träger (Blüml u. a. 1994, 237). Zugleich heben jedoch fachwissenschaftliche Beobachter hervor, dass Mitte der 1990er Jahre sowohl in den neuen als auch den alten Bundesländern bestimmte qualitätssteigernde Voraussetzungen wie Mitarbeiterfortbildung und Supervision zunehmend aus den Kostenvereinbarungen ausgespart blieben (vgl. Kühl/Pastäniger-Behnken 1999, 165).

2. *Selbstbeschreibungen von Hilfeprogrammen*
(Konzepte und Arbeitsmethoden)
Mit der Selbstbeschreibung der Hilfeprogramme kommunizieren die lokalen Hilfeorganisationen der öffentlichen oder freien Träger ihren jeweiligen Grad der aktuell erreichten Fachlichkeit in Bezug auf die SPFH. Dabei handelt es sich um generalisierte und simplifizierte Darstellungen derjenigen Erwartungen, die an die operative Durchführung der SPFH in sachlicher, zeitlicher, räumlicher und sozialer Hinsicht gekoppelt sind. Der Grad ihrer Eigenkomplexität variiert u. a. in Abhängigkeit von
a) den familienspezifischen Interventionserfahrungen des Fachpersonals und ihrer organisationsinternen kommunikativen Selbstthematisierung;
b) der Teilnahme des Fachpersonals an regionalen und landesweiten sozialen Netzwerken (Arbeitstagungen, Fortbildung, Weiterbildung), welche die SPFH thematisieren, und ihrer organisationsinternen kommunikativen Anschlussfähigkeit;
c) der Varietät von Konzepten und Arbeitsmethoden der SPFH, die in der jeweiligen Gegenwart des sekundären Funktionssystems Sozialer Hilfe in der Fachöffentlichkeit kommunikativ erzeugt wird und durch die Entscheider der lokalen Hilfeorganisationen beobachtet und bewertet und organisationsintern selegiert und stabilisiert wird.
Es überrascht dementsprechend nicht, dass sich die Selbstbeschreibungen von auf die SPFH bezogenen Hilfeprogrammen der lokalen Hilfeorganisationen im Laufe ihrer bundesrepublikanischen Implementationsgeschichte veränderten (vgl. zu entsprechenden Phasenmodellen für die neuen Bundesländer Kühn 1997; für die alten Bundesländer Helming 1998, 292 ff.; siehe auch Buggenthien, 2005, 218 und Strohmeiers 2006 Darstellung des sozialraumorientierten Reformkonzepts der Stuttgarter Jugendhilfe).

Beobachtet man die Evolution der Selbstbeschreibungen der Hilfeprogramme der SPFH etwas genauer, so wird seit Beginn der 1990er Jahre in den alten Bundesländern von einem Paradigmenwechsel gesprochen. Seine zentralen Komponenten lassen sich anhand von schriftlich verfassten Konzepten lokaler öffentlicher und freier Träger Bayerns verdeutlichen, die vornehmlich vom Fachpersonal der SPFH verfasst wurden. Sie unterscheiden sich hinsichtlich des Abstraktheitsgrades und der Ausführlichkeit ihrer Formulierungen. Ihre wichtigsten Themen sind Ausschlusskriterien bzw. Grenzen der eigenen Hilfe, Problembereiche der ausgewählten Familien, Ziele, die mit diesen angestrebt und Themenbereiche, die mit ihnen vornehmlich bearbeitet werden, methodische Ansätze, der zeitliche Ablauf und die Kooperation mit anderen Subsystemen der lokalen Jugendhilfe und Organisationen anderer lokaler Funktionsbereiche (vgl. dazu Blüml u. a. 1994, 222 ff.). Der angesprochene Paradigmenwechsel lässt sich auf folgende programmspezifische Kernaussagen reduzieren;

1. die defizitorientierte Hilfe wird durch eine ressourcenorientierte Hilfe substituiert, welche die Ziele stärker einbezieht, welche die Familien selbst formulieren;
2. sowohl die Bindung an zu restriktive Ausschlusskriterien als auch an klare Zeitvorgaben der SPFH wird zugunsten weicherer Ausschlusskriterien und flexiblerer Zeithorizonte aufgegeben;
3. die ganzheitliche Perspektive wird durch einen Methodenmix betont, zu dem die systemische Perspektive als zentraler Bestandteil und die weitestgehende Abgrenzung familientherapeutischer Vorgehensweisen gehört (siehe dazu auch Buggenthiel 2005, 18);
4. die fachspezifische und persönliche Kompetenz der Familienhelferinnen wird besonders akzentuiert, wozu auch die deutlichere Abgrenzung gegenüber dem Informationsbedarf des Jugendamtes gehört.

Dass von den 46 ausgewerteten bayrischen Konzepten knapp 60 % vom Fachpersonal freier Träger formuliert wurden, verweist nicht nur darauf, dass sie die für die Erbringung der SPFH notwendige Fachlichkeit aufwiesen, sondern ihre Organisationssysteme dafür auch die strukturellen Voraussetzungen eröffneten. Wie und ob diese sich von denjenigen der öffentlichen Träger unterschieden, wollen wir nun thematisieren.

b) Vertikale und horizontale Kommunikationswege
(Ressourcen, Entscheidungskompetenzen)

Die Implementierung der SPFH beim Jugendamt oder einem freien Träger ist also nicht nur an programmspezifische Entscheidungsprämissen der Stellen in monetärer und fachlicher Hinsicht gebunden. Ihre für die Organisation der Organisation verantwortlichen Entscheider müssen sie darüber hinaus in die vertikalen und horizontalen Kommunikationswege ihrer jeweiligen Organisation einbauen, die Stellen mit Ressourcen und Entscheidungskompetenzen ausstatten und für sie unbekanntes Fachpersonal rekrutieren, vorhandenes und bekanntes fortbilden und eventuell befördern (vgl. zur Organisation der Organisation generell Luhmann 2000, 302 ff.).

Fragt man sich, ob die damit verbundenen Strukturentscheidungen zu organisationsspezifischen Unterschieden führen, so fällt der Vergleich sozialwissenschaftlicher Beobachter, die dazu Fachpersonal der SPFH befragten, zugunsten der freien Träger aus (vgl. Blüml u. a. 1994, 256, 278). Im Einzelnen gilt dies für die folgenden Strukturmerkmale:

1. *Räumliche und sachliche Ressourcen*
   Diese sind sowohl für die Vor- und Nachbereitung des Fachpersonals der SPFH im Kontext von Teamsitzungen als auch die selektive Kontaktierung und Arbeit mit den Hilfeadressaten von Bedeutung. Zudem verweisen sie auf den Grad der binnenräumlichen Ausdifferenzierung des Fachpersonals der SPFH innerhalb der lokalen Hilfeorganisationen gegenüber anderen sozialen Diensten und die Möglichkeiten ihrer kommunikativen Selbstdarstellung gegenüber der Umwelt.
   Im Vergleich mit den öffentlichen Trägern wies das Fachpersonal der SPFH bei den freien Trägern in Bezug auf alle räumliche und sachliche Ressourcen zum Teil erhebliche organisationsspezifische Vorteile auf. Eigene Räume, eigene Büros, Gruppenräume, Telefonanschluss, Teamräume, freie Verfügungsmittel und Spiel- und Arbeitsmaterial standen ihm in weitaus größerem Maße zur Verfügung (Blüml u. a. 1994, 245).

2. *Fortbildung* und *Supervision/Praxisberatung*
   Fortbildung, Supervision und Praxisberatung ermöglichen dem Fachpersonal der SPFH sowohl die Aufrechterhaltung der eigenen Sachkompetenz als auch tragen sie zur Selbstreflexion im Hinblick auf die zu behandelnden Fälle, die Selbstthematisierung der eigenen Person, den Organisations- und Berufskontext, Teamkonflikte und die Hilfeprogramme bei (vgl. dazu Kühl/Pastäniger-Behnken 1999). Darüber hinaus dienen sie den Berufseinsteigern zur Absorption von Unsicherheit.
   Auch hier lassen sich zum Teil signifikante Unterschiede zwischen öffentlichen und freien Trägern feststellen. Letztere offerierten ihrem Fachpersonal ein größeres Angebot an Fortbildungsmöglichkeiten und mehr Selektionsfreiheiten, z. B. zwischen Gruppen- und Einzelsupervision wählen zu können (Blüml u. a. 1994, 258 ff.).

3. *Koordinations- und Leitungsfunktionen*
   Diejenigen öffentlichen und freien Träger, die Stellen mit mehr als fünf fachlich in der SPFH ausgebildeten Personen aufwiesen, differenzierten Stellen mit Koordinations- und Leitungsfunktionen aus (vgl. zum Folgenden Blüml u. a. 1994, 249 ff.).
   Die Entscheidungskompetenzen der KoordinatorInnen schlossen sowohl die Fach- als auch Dienstaufsicht aus. Sie „haben keine Kontrollbefugnisse, Weisungsbefugnisse oder Verantwortlichkeiten in der Hierarchie nach oben." (Blüml u. a. 1994, 252). Innerhalb des Teams koordinierten

sie bestimmte Aufgaben, z. B. die Verteilung der Fälle, Teilnahme an den Besprechungen des ASD oder die Zuteilung des Dienstwagens. Hinsichtlich der horizontalen Kommunikationswege der Hilfeorganisation kam ihnen eine Sprecherrolle bezüglich der systeminternen Umwelt der anderen Fachbereiche zu. Und in Bezug auf die vertikalen Kommunikationswege bündelten sie die Interessen des Teams bei der großen Dienstbesprechung des ASD, den Abteilungsleitersitzungen und der Leitung des Trägers.

Die Funktion der KoordinatorInnen war zudem mit einigen Fallstricken verbunden. Sie wurde systemintern weder durch eine bessere Bezahlung noch durch einen Aufstieg in eine höhere Stelle honoriert. Zudem war die Teilnahme der KoordinatorInnen an den vertikal höher angesiedelten Abteilungssprechersitzungen, speziell im Kontext öffentlicher Träger, davon abhängig, ob deren Mitglieder sie formal als Leiterin akzeptierten. Demgegenüber waren Leitungsfunktionen der SPFH mit Fachaufsicht und Dienstaufsicht verknüpft. Ihre Entscheidungskompetenzen schlossen Kontrollfunktionen ein, für deren Folgen die jeweiligen Personen die Verantwortung übernehmen mussten. Sie manifestierten sich am deutlichsten anhand spezifischer Weisungsbefugnisse.

Diese waren im Falle der Leitungsfunktion mit Dienstaufsicht primär auf die Organisation der Organisation zugeschnitten. Ihren Stelleninhabern stand die Entscheidung sowohl über die generellen zeitlichen, monetären und personellen Entscheidungsprämissen als auch die kommunikativen Abläufe der einzelnen Fachbereiche der lokalen Hilfeorganisationen zu. Die Stellen, welche an die Leitungsfunktion mit Fachaufsicht gebunden waren, waren hingegen vornehmlich auf die programmspezifische operative und strukturelle Durchführung der SPFH im engeren Sinne bezogen. Dazu gehörte

a) die Fach- und Praxisberatung des Teams oder einzelner seiner Mitglieder in Einzelgesprächen, manchmal auch die Einarbeitung neuer MitarbeiterInnen und von BerufsanfängerInnen;

b) die programmspezifische Weiterentwicklung und Konsolidierung der SPFH;

c) verschiedene systeminterne und systemexterne Umweltkontakte, z. B. die Kooperation mit der Bezirkssozialarbeit, die Vertretung der Interessen des Teams gegenüber dem freien Träger und/oder Jugendamt, aber auch anderen Fachbereichen und Abteilungen;

d) die Kontaktaufnahme zu den Familien als potentieller Hilfeadressaten und die Mitentscheidung bei wichtigen Phasen der operative Durchführung der Hilfekommunikation der SPFH;

e) die Präsentation der SPFH durch Öffentlichkeitsarbeit und die Sicherstellung ihrer monetären Ressourcen.

Beim öffentlichen Träger wurde die Dienstaufsicht vor allem vom Jugendamtsleiter oder Abteilungsleiter wahrgenommen. Bei freien Trägern waren es besonders die Leiter von Beratungsstellen, Direktoren, der Vorstand des Trägers oder Geschäftsführer. Hingegen wurde die Fachaufsicht – neben den genannten Stelleninhabern – zunehmend auch von LeiterInnen der SPFH durchgeführt, die sich aus dem Fachpersonal der Sozialarbeit und Sozialpädagogik rekrutierten (vgl. Blüml u. a. 1994, 251). In diesen Fällen handelte es sich um einen organisationsinternen Aufstieg, der zugleich mit einer tariflichen Höhergruppierung verbunden war. Dass die organisationsspezifische Selektion der Koordinations- und Leitungsfunktionen strukturell unterschiedliche Selektionsfreiheiten des Fachpersonals der SPFH erzeugte, verdeutlichten dessen Beobachtungen und Bewertungen im Hinblick auf seine kommunikative Einbindung in die für die SPFH relevanten Entscheidungen. So sah es bei öffentlichen Trägern bezüglich ihrer Konzeption, der Auswahl und Zuordnung der Familien als Hilfeadressaten, der Öffentlichkeitsarbeit und Personaleinstellung signifikant weniger Mitspracherechte für sich (vgl. Blüml 1994, 256).

c) Spezifika der Personalstellen der SPFH

Bezieht man sich auf die Daten desjenigen Fachpersonals (=155) der SPFH, das zu Beginn der 1990er Jahre in Bayern eine Stelle innehatte, dann lassen sich folgende organisationsspezifische Besonderheiten der öffentlichen und freien Träger bezüglich dieser stellenspezifischen Entscheidungsprämisse konstatieren (vgl. zum Folgenden Blüml u. a. 1994, 211 ff.):

1. *Geschlechtsspezifische Personalrekrutierung:*
Das geschlechtsspezifische Rekrutierungsmuster des Personals der SPFH fiel mit 87 % eindeutig zugunsten der Frauen aus. Demgegenüber dominierten die Männer in den Leitungsfunktionen. 76 % von ihnen hatten die Dienstaufsicht und ca. 65 % die Fachaufsicht inne, während dies jeweils nur auf 13 % bzw. 18 % Frauen zutraf (vgl. Blüml u. a. 1994, 251).

2. *Altersspezifische Personalrekrutierung:*
Die SPFH wurde primär von jüngeren Mitarbeiterinnen im mittleren Erwachsenenalter durchgeführt. 59 % wiesen ein Lebensalter zwischen 27 und 38 Jahren auf, 6 % waren jünger und 13 % älter. 24 % der Befragten verzichteten auf eine Altersangabe.

3. *Vertragsform:*
Differenziert man die Vertragsform des Personals anhand von unbefristet/befristet einerseits und Tarifverträgen/Honorarverträgen andererseits, so lassen sich bedeutende Unterschiede hinsichtlich der vertragsrechtlichen Sicherheit der Mitgliedsrollen und der temporären Bindung von Nichtmitgliedern zwischen öffentlichen und freien Trägern beobachten. So hatte bei freien Trägern ca. 81 % des Personals einen unbefristeten Vertrag, 11,6 % einen befristeten und 5,4 % einen Honorarvertrag. Demgegenüber wies bei öffentlichen Trägern 51 % des Personals einen unbefristeten, 4,7 % einen befristeten Vertrag auf, während 41,9 % auf Hono-

rarbasis arbeiteten. Dabei waren ABM bei den befristeten Verträgen einbezogen.

4. *Arbeitszeit:*

Differenziert man die Arbeitszeit nach Vollzeitstellen, dreiviertel Stellen und Halbtagsstellen, so ergaben sich im Hinblick auf die freien und öffentlichen Träger die folgenden Unterschiede:

Bei freien Trägern war 54,5% des Personals in einer Vollzeitstelle tätig, 12,5% in einer dreiviertel Stelle und 25% arbeiteten halbtags. Hingegen hatten bei öffentlichen Trägern 40% eine Vollzeitstelle, 9,3% eine dreiviertel Stelle und 35% eine Halbtagsstelle.

5. *Bezahlung:*

Differenziert man die Bezahlung entsprechend der Eingruppierung nach BAT, so lassen sich folgende Unterschiede festhalten:

Bei den freien Trägern wurde 7,9% des Personals nach BAT IVa, 68,3% nach BAT IVb bezahlt und BAT Vb erhielt 18,8%. Bei den öffentlichen Trägern wurde 7% des Personals nach BAT IVa, 57% nach BAT IVb und 7% nach BAT Vb eingruppiert. Die Bezahlung war weitestgehend unabhängig von der formalen Ausbildungsqualifikation. Ob die betreffenden Personen einen Abschluss als ErzieherIn oder SozialpädagogIn bzw. SozialarbeiterIn aufwiesen, wurde folglich von den Trägern monetär nicht honoriert.

6. *Ausbildungsabschluss/Zusatzausbildung:*

Differenziert man das Fachpersonal hinsichtlich der Ausbildungsabschlüsse und abgeschlossenen bzw. noch laufenden Zusatzausbildungen, so ergibt sich folgendes Bild:

Mit 77% dominierten die Ausbildungsabschlüsse als Sozialpädagoginnen und Sozialarbeiterinnen. 6% des Personals hatten einen Ausbildungsabschluss als Erzieherin. 14% von ihnen waren bei öffentlichen und 3,6% bei freien Trägern angestellt. Die Hälfte wies eine Zusatzausbildung auf. Darüber hinaus gab es 9% mit universitärem sozialwissenschaftlichem Abschluss.

Insgesamt 22,5% des Fachpersonals hatte eine Zusatzausbildung gemacht. 18,8% waren gerade dabei, sie zu absolvieren. Bei 25% der Zusatzausbildungen handelte es sich um eine zusätzliche Beratungsausbildung, bei 24% um eine 2jährige berufsbegleitende Weiterbildung als Familienhelferin, bei 14% um weitere Therapien und bei 4% um eine Supervisionszusatzausbildung.

7. *Verweildauer in der SPFH und Berufsperspektive:*

Differenziert man das Fachpersonal im Hinblick auf die Dauer, die sie bei der SPFH zubrachten und die Motive, die es bezüglich einer Fortsetzung bzw. Beendigung der entsprechenden Tätigkeit kommunizierte, so lässt sich folgendes konstatieren:

Anfang 1992 arbeitete ein Drittel des Fachpersonals das erste Jahr in der

SPFH, 29% 2 bis 3 Jahre, 19% 4 bis 5 Jahre und 20% 6 Jahre und länger (Blüml u.a. 1994, 212). 39% des Fachpersonals wies mithin eine Erfahrung von mindestens 4 Jahren und mehr in der SPFH auf. Circa zwei Drittel des Fachpersonals beabsichtigten, unbegrenzt in der SPFH zu arbeiten, während demgegenüber ein Viertel in der näheren Zukunft oder in 2 Jahren einen Wechsel der Tätigkeit anvisierte. Sofern bei dieser Teilgruppe knapp die Hälfte nicht länger als zwei Jahre in der SPFH arbeitete, bestand ein Grund für das beabsichtigte frühe Ausscheiden in ihrer mangelnden Praxisanleitung. Diejenigen, die länger in der SPFH tätig sein wollten, führten hingegen ein Bündel von positiven Motiven zugunsten einer weiteren Tätigkeit in der SPFH an. Sie beobachteten und bewerteten sie als entwicklungsreich, vielseitig und abwechslungsreich, die Eigenverantwortung und Selbständigkeit zulasse und zudem einen Arbeitsstil ermögliche, welcher den persönlichen Fähigkeiten entspreche. Hinzu kamen die flexible Zeiteinteilung und zum Teil auch die guten Kontextbedingungen und positive Kollegialität.

Sieht man abschließend die organisationsspezifischen Voraussetzungen der SPFH auf einen Blick, so sprechen die Forschungsergebnisse zu ihrer lokalen Implementierung Anfang der 1990er Jahre in Bayern dafür, die SPFH eher den freien Trägern als den öffentlichen Jugendämtern zuzuordnen. Ihre Strukturentscheidungen bzw. stellenspezifischen Entscheidungsprämissen weisen im Hinblick auf die programmspezifische Implementierung, die vertikalen und horizontalen Kommunikationswege und das Fachpersonal der SPFH erhebliche Strukturvorteile gegenüber den öffentlichen Jugendämtern auf. Sie entsprechen damit eher denjenigen organisationsspezifischen Kriterien, die von fachwissenschaftlichen Beobachtern als konsentierter Maßstab für die Strukturqualität der SPFH bewertet werden (vgl. Merchel 1998, 20 ff.) und steigern somit zugleich ihre Erfolgswahrscheinlichkeit auf den operativen Ebenen ihrer Durchführung und kommunikativen Selbstthematisierung ihrer Effekte.

3.2.2.2 Familien multiexkludierter Personengruppen als Adressaten der SPFH

Soll SPFH als organisiertes Interaktionssystem der lokalen Jugendhilfe anlaufen können, ist dessen Fachpersonal auf eine Beobachtung derjenigen Familiensysteme in seiner Umwelt angewiesen, die für es als Hilfeadressaten in Betracht kommen. Schließt man an die Untersuchungen zur Bayerischen SPFH an, so ergeben sich anhand der Informationen der BezirkssozialarbeiterInnen und des Fachpersonals der SPFH folgende Spezifika für 331 Familien, die aktuell SPFH erhielten (vgl. zum Folgenden Blüml u.a. 1994,VIII–X; 63 ff.):

a) Familienform: Es dominierten im Wesentlichen drei Familienformen: Einelternteilfamilien mit 38,4%, Kernfamilien mit 39,3% und Stieffamilien mit 20,5%. Dabei wiesen erstere im Schnitt 2,42 Kinder, die Kern-

120

familien 2,82 Kinder und die Stieffamilien 3,01 Kinder auf. Damit lag ihre durchschnittliche Kinderzahl mit 2,78 erheblich über derjenigen der übrigen Bevölkerung Bayerns, die für alle Familienformen 1,76 betrug. Hinzu kamen bei ca. 15% der Familien fremdplatzierte Kinder, die vor allem in Heimen untergebracht wurden. Knapp 90% der Kinder waren bis zu 14 Jahren alt. Mehr als die Hälfte von ihnen lebte nur mit einem leiblichen Elternteil zusammen. 75% der Mütter und Väter in Einelternteilfamilien waren zudem geschieden oder getrennt.

b) Bisherige Inklusion der Familien in die lokale Jugendhilfe: Knapp die Hälfte der Familien war der Bezirkssozialarbeit bereits länger als 4 Jahre bekannt, darunter 13% 10 Jahre und mehr. Dies verdeutlicht, dass ein nicht unerheblicher Teil schon eine längere Inklusionszeit und Systemgeschichte bezüglich des lokalen Systems der Jugendhilfe vor Aufnahme der SPFH hinter sich hatte.

c) Mehrfachexklusion der Familienmitglieder aus Funktionssystemen: Von den erwachsenen Familienmitgliedern gab es, neben der Exklusion eines der PartnerInnen, vornehmlich der Männer, aus dem Paarsystem, ca. 25%, die entweder das allgemeine Erziehungssystem ohne Schulabschluss verlassen oder eine Sonderschule besucht hatten. Darüber hinaus dominierte bei einem knappen Drittel der Hauptschulabschluss, während nur 3% einen Realabschluss aufwiesen. Eine Lehre hatten 17% absolviert. Ca. 37% der Männer waren ungelernte Arbeiter und ca. 29% Facharbeiter, 76% der Frauen Hausfrauen. Ein Drittel der Familien wies ein Einkommen auf, das dem Sozialhilfeniveau entsprach, und knapp zwei Drittel eines, welches das 1,5 fache des Sozialhilfeniveaus ausmachte. Die Arbeitslosigkeit der Männer betrug knapp 14%. Fast 70% der Familien waren verschuldet, ein Fünftel musste bereits einen „Offenbarungseid" leisten. Bei fast der Hälfte der Familien war die Wohnsituation problematisch. Hinzu kommt, dass bei einem Drittel der Familien ein Erwachsener süchtig war. Vorwiegend handelte es sich dabei um Alkoholsucht der Männer. Schließlich war von gut der Hälfte der Familienmitglieder eines behindert, wobei psychische Behinderungen vorherrschten.

Sieht man die sozialen Lagen derjenigen Familien, die als Adressaten in die SPFH inkludiert wurden, auf einen Blick, so wird deutlich, dass sie mehrere Merkmale derjenigen randständigen sozialen Milieus aufweisen, denen wir bereits bei der Beobachtung urbaner sozialer Brennpunkte begegneten. Es erstaunt folglich auch nicht, dass ein Drittel von ihnen in sozialen Brennpunkten lebte (Blüml u. a. 1994, IX). Während die sozialwissenschaftlichen Beobachter die beschriebenen Lebenslagen eines erheblichen Teils der Familien als „Armut" im Sinne einer „Kombination von Unterversorgungslagen (Bildung, Gesundheit, Wohnung, Arbeit) mit einem materiellen Mangel und einer eingeschränkten Fähigkeit, soziale und gesundheitliche Dienste zu nutzen" (Blüml u. a. 1994, 74) bezeichnen, wollen wir aus den im 2. Kapitel bereits genannten Gründen an der Bezeichnung von randständigen Lebenslagen im Sinne einer Mehrfachexklusion der betroffenen Personengruppen festhalten.

3.2.3 Sozialpädagogische Familienhilfe als organisiertes Interaktionssystem

Bis dato haben wir klarzumachen versucht, dass die Etablierung der SPFH als lokale Pflichtaufgabe und Sozialleistungsgesetz zum einen an strukturelle Kopplungen mit supralokalen Funktionssystemen gebunden war und ist. Und dass sie zum anderen auf Entscheidungsprämissen der lokalen Hilfeorganisationen der Jugendhilfe und die Reproduktion spezifischer lokaler Lebenslagen exkludierter Personengruppen angewiesen ist, deren beobachtete Hilfebedarfe sie vor allem an ihren prekären Familiensystemen und den dadurch induzierten Risiken für die Kinder und Jugendlichen festmacht.

Wenn wir nun im Folgenden die SPFH als organisiertes Interaktionssystem genauer betrachten, geht es uns besonders darum, aufzuzeigen, wie dieses im Medium der Hilfekommunikation als ein autonomes Sozialsystem unter Bedingungen der Anwesenheit sequentiell operiert (vgl. generell zu organisierten Interaktionssystemen bzw. zu Kommunikationssystemen unter Anwesenden Kieserling 1999; Hohm 2006, 22 ff.). Als solches – so unsere Grundannahme – ist es weder mit dem jeweiligen Fachbereich der lokalen Hilfeorganisationen des Jugendamtes oder der freien Träger noch mit dem jeweiligen Familiensystem, in dessen Binnenräumen es vornehmlich operiert, identisch. Statt dessen konstituiert es sich als ein zeitlimitiertes Drittsystem, dessen Dauer normalerweise kürzer als die der Sozialsysteme des Fachbereiches und der Familie ist und eine Vielfalt von Formen als emergentes Resultat einer je spezifischen Systemgeschichte annehmen kann.

Es ist nicht unsere Absicht, diese Formenvielfalt der SPFH im Folgenden darzustellen (vgl. zu dieser Buggenthiel 2005; Strohmeier 2006; Schattner 2007). Vielmehr werden wir einige generelle Strukturmerkmale und Probleme thematisieren, die mit der operativen Durchführung der SPFH als organisiertem Interaktionssystem und den kommunikativen Beiträgen sowie der wechselseitigen Wahrnehmung der FamilienhelferInnen und Familienmitglieder verknüpft sind. Dabei schließen wir unsere darauf bezogenen Beobachtungen an die temporale Selbstbeschreibung der SPFH als Interaktionssequenz von Eröffnungs- bzw. Kontaktphase, Probephase, Intensivphase und Abschlussphase an (vgl. zu alternativen Selbstbeschreibungen und phasenspezifischen Einteilungen der SPFH Buggenthiel 2005; Strohmeier 2006; Schattner 2007; Haye/Kleve 2008. Auffallend ist bei einigen dieser AutorInnen die begrifflich unscharfe Verwendung des implizit an Habermas 1973, 14 ff. anschließenden Begriffsduals System/Lebenswelt. So bleibt bei der Unterscheidung „lebensweltlicher Kontext/Hilfesystem-Kontext" von Haye/Kleve 2008, 106 ff. z. B. unklar, ob die Familie ein System ist, zur Lebenswelt gehört oder beides abdeckt. Und bei Strohmeiers 2006, 171 ff. Abschnitt „Vom System zur Lebenswelt und zurück", ist offen, warum eine Kinderarztpraxis, ein Discounter, ein umzäunter Spielplatz, eine Bushaltestelle und Bäckerei „Lebenswelt" und nicht stadtteilspezifische „Organisationssysteme" der Funktionsbereiche Gesundheit, Wirtschaft, Freizeit und Verkehr als Umwelten der Familie sein sollen.).

a) Eröffnungs- bzw. Kontaktphase

Damit die SPFH als organisiertes Interaktionssystem überhaupt beginnen kann, muss zunächst das Problem gelöst werden, wie Familien mit Hilfebedarf von potentiellen zu aktuellen Adressaten seiner Hilfekommunikation werden. Schließt man aus, dass die Erstinitiative vom Fachpersonal der SPFH ausgeht, so können entweder die Familien durch direkte Kontaktaufnahme mit diesem die Initiative ergreifen, oder es werden andere Subsysteme innerhalb oder außerhalb des lokalen Hilfesystems der Jugendhilfe aktiv, indem sie die Familien an das Fachpersonal der SPFH vermitteln (siehe dazu auch Buggenthien 2005, 220 ff.).

Welcher der Kommunikationswege de facto in Anspruch genommen wird, hängt offensichtlich zum einen von den spezifischen Problemen der Familien ab, und ist zum anderen daran gebunden, ob sie bereits eine Inklusionsgeschichte in das lokale Hilfesystem aufweisen oder nicht. So sinkt die Wahrscheinlichkeit des Fachpersonals der SPFH, Erstadressat der Familien mit Hilfebedarf zu werden, in dem Maße, in dem diese aufgrund von strukturellen und chronischen Krisen bereits seit längerem Hilfeadressat des Jugendamtes und ASD sind. Demgegenüber erhöht sie sich bei Familien mit akuten Krisen ohne vorherige längere Inklusionszeiten ins lokale Hilfesystem.

Folgt man den Daten des DJI in Bayern, so dominierten dort die indirekten Kommunikationswege. Bei 80 % der Fälle fungierte die Bezirkssozialarbeit als Vermittlungsinstanz der Familien mit Hilfebedarf, bei 7,5 % waren es Beratungsstellen und bei 2,5 % Gerichte, z. B. im Falle von drohendem Sorgerechtsentzug. Hingegen wurde das Fachpersonal der SPFH nur in 10 % der Fälle von den Familien mit Hilfebedarf direkt kontaktiert (vgl. Blüml u. a. 1994, 279).

Die Ingangsetzung der SPFH durch das Fachpersonal war somit vor allem an die Vermittlung der Familien durch die BezirkssozialarbeiterInnen des ASD gebunden. Sie nahmen als Erstadressat der hilfsbedürftigen Familien zugleich die Funktion eines Gatekeepers bzw. Selektionsfilters bezüglich der potentiell für die SPFH in Frage kommenden Familien wahr (vgl. zur Gate-keeper-Funktion der niedergelassenen Ärzte bezüglich der Einweisung der Patienten in die Krankenhäuser Voss 1993, 149 ff.). Diese perzipierten folglich die SPFH mehrheitlich als Zweitadressat bzw. Letztadressat sozialer Hilfe, unabhängig davon, welche konkreten inhaltlichen Erwartungen sie jeweils mit ihr verknüpften.

Dominiert der indirekte Kommunikationsweg, werden die Eröffnungs- und Kontaktphase der SPFH zeitlich entkoppelt. Erstere schließt nämlich den direkten Kontakt des Fachpersonals der SPFH mit den Familien zunächst aus. Stattdessen beschränkt sie sich auf die Kontaktaufnahme der BezirkssozialarbeiterInnen mit dem Fachpersonal der SPFH und die mehr oder weniger zwingende normative Erwartung an die Familien, sich auf die SPFH als möglicher Hilfeform einzulassen. Soll diese als organisiertes Interaktionssystem anlaufen können, müssen somit die Bedingungen unmittelbarer Anwesenheit durch die Vereinbarung eines Kontaktgespräches hergestellt werden, bei dem die Familien als mögliche Hilfeadressaten die Familienhelferin kennenlernen können. Wenn die SPFH somit als organisiertes Interaktionssystem in die Kontaktphase bzw. das Kontaktgespräch eintritt, in der sich die Familienhelferin und die Familie erstmals unmittelbar begegnen, handelt es sich in striktem Sinne noch nicht um ihren faktischen, sondern möglichen Beginn.

Da die SPFH im Falle ihres Zustandekommens primär in der Wohnung der Familien stattfinden wird, wird das Kontaktgespräch normalerweise in dieser geführt (vgl. dazu die Fallschilderung von Strohmeier 2006, 171 ff., der anstelle des Kontaktgesprächs die Semantik des Kontraktgesprächs als Bestandteil des Stuttgarter sozialraumorientierten Reformmodells der Jugendhilfe benutzt.). In der Mehrzahl der Fälle nehmen daran, neben der Familie, die Bezirkssozialarbeiterin und eine Familienhelferin teil. Dabei ist davon auszugehen, dass die Beteiligten mit je unterschiedlichen impliziten und expliziten Erwartungen in das Kontaktgespräch hineingehen. Die Bezirkssozialarbeiterin und Familienhelferin müssen die kontaktierte Familie über die Besonderheiten der SPFH informieren, zugleich aber auch diese auf dem Hintergrund ihrer Hilfeprogramme (= Konzepte) und Interventionserfahrungen daraufhin beobachten, ob sie für diese Hilfeform geeignet ist oder nicht. Und die Familie bzw. ihre Mitglieder werden die kommunizierten Möglichkeiten der offerierten sozialen Hilfe und besonders die Selbstdarstellung der Familienhelferin anhand ihrer bisherigen Erfahrungen mit dem lokalen Hilfesystem und ihrer aktuellen familialen Situation beobachten und bewerten.

Kommt es zum vereinbarten Kontaktgespräch, können sich die Helferpersonen – je nach Familie, mit der sie es zu tun haben – bereits einen unmittelbaren Eindruck von deren Problemen, aber auch möglichen Ressourcen machen. Sie können beobachten, wie die Familie ihre Grenzen kommunikativ nach außen schließt bzw. öffnet, wer von den Familienmitgliedern Reden statt Schweigen präferiert, wie die Eltern mit ihren Kindern kommunizieren, wie sich die Familie als Gastgeber präsentiert, in welchem Zustand sich die Wohnung befindet etc. Vor allem aber auch werden sie wahrnehmen können, mit welchem Maß an Vertrauen oder Misstrauen ihnen die

Familienmitglieder begegnen. So müssen sie besonders bei Vätern mit einer Mischung aus Skepsis und mehr oder weniger offen kommunizierter Ablehnung gegenüber der offerierten Hilfe rechnen (vgl. Blüml u.a. 1994, 190; dazu auch Buggenthien 2005, 233; Strohmeier 2006, 184). Und werden sie speziell bei Familien, die bereits eine längere Systemgeschichte mit dem lokalen System der Jugendhilfe aufweisen und/oder denen der Entzug des Sorgerechts droht, mit der Angst vor Kontrolle anstelle des Vertrauens in ihre Hilfe konfrontiert werden (dazu passend Buggenthien 2005, 232: „Bei dieser Familie wurde im Erstgespräch deutlich, dass sie aufgrund bisheriger Erfahrungen mit Behörden ... sehr misstrauisch ist").

Ob das Kontaktgespräch am Ende in eine Entscheidung für oder gegen die operative Durchführung der SPFH einmündet und damit eine flüchtige interaktive Episode bleibt oder nicht, ist letztlich davon abhängig, anhand welcher Ausschlusskriterien und Mindestanforderungen die Bezirkssozialarbeiterin und Familienhelferin die jeweilige Familie beurteilen. Dass dies durchaus mit Aushandlungsprozessen einhergeht, verweist auf divergierende programmspezifische Erwartungen im Hinblick auf die SPFH.

So legten die BezirkssozialarbeiterInnen einen signifikant höheren Wert auf Ausschlusskriterien, zum Teil gepaart mit Mindestanforderungen, als die Familienhelferinnen (vgl. dazu Blüml u.a. 1994, 151 ff.). Sofern diese Ausschlusskriterien berücksichtigten, dominierten „fehlende Motivation", „vorherrschende Suchtproblematik", „psychotische Erkrankung" und „geistige Behinderung". Ihre Relevanz relativierte sich zum einen bei längerer Berufserfahrung der Familienhelferinnen, welche die Mindestanforderungen stärker betonten. Und sie hing zum anderen von der Ausbildung ihrer SupervisorInnen ab. Hatten diese eine therapeutische Ausbildung und Praxis, akzentuierten sie stärker die Mindestanforderungen. Zu diesen zählten vor allem Freiwilligkeit und Motivation, Bereitschaft zur Mitarbeit und Änderung bei mindestens einem Erwachsenen der Familie.

Die Funktion des Kontaktgespräches bzw. der Kontaktphase besteht also vornehmlich darin, die anfangs noch offene Frage, ob die kontaktierte Familie als Adressat der SPFH de facto in Betracht kommt oder nicht, zu entscheiden. Dabei dienen die programmspezifischen Ausschlusskriterien und Mindestanforderungen den professionellen Helferinnen dazu, sowohl ihre eigene Hilfefähigkeit als auch die der kontaktierten Familie anhand der im Medium des Kontaktgesprächs erhaltenen Informationen und Mitteilungen und sie begleitenden Wahrnehmungen zu reflektieren. Je nachdem, wie eng oder weit die Ausschlusskriterien und Mindestanforderungen ausfallen, sinken oder steigen die Chancen der kontaktierten Familie, mit der SPFH beginnen zu können. Fällt die Entscheidung zugunsten der Durchführung der SPFH aus, mündet diese in die Probephase ein.

b) Probephase

Läuft die Probephase der SPFH an, impliziert diese für die jeweilige Familie den Einbau von feststehenden Hilfeterminen in die eigene Familienzeit. Je nach Einzelfamilie variiert die häusliche Präsenz der Familienhelferin, die diese nun normalerweise alleine aufsucht, zwischen einem Termin und mehreren Terminen wöchentlich. Abendtermine sind darin ebenfalls einbezogen, wenn z. B. der Vater tagsüber beruflich absent ist. Der Zeitumfang der SPFH betrug während der Probephase in der Mehrzahl der Fälle zwischen 6 und 10 Std. bzw. 11 Std. und mehr wöchentlich (vgl. Blüml u. a. 1994, 183). Für die Mehrheit der Familienhelferinnen bedeutete dies – je nach Stellenumfang – das Aufsuchen von zwei oder drei Familien während der Woche (vgl. Blüml u. a. 1994, 180–181).

Zu Beginn der Probephase ist die jeweilige Familie zudem über die ungefähre Gesamtdauer der SPFH und ihre zeitliche Abfolge von Probephase, Intensivphase und Ablösephase informiert. Die in Bayern untersuchten 276 SPFH wurden zu ca. 72 % nach 2 Jahren beendet (Blüml u. a. 1994, 168). Die Probephase dauerte 3 Monate bis ein halbes Jahr; die Intensivphase ein Jahr mit der Möglichkeit der Verlängerung und die Ablösephase drei Monate bis ein halbes Jahr (vgl. Blüml u. a. 1994, 171; siehe jedoch zu einer nur zweimonatigen Probezeit Buggenthien 2005, 224).

Soll die Semantik der Probephase Sinn machen, schließt sie die Möglichkeit der vorzeitigen Beendigung der SPFH mit ein. Die am Ende der Kontaktphase zugunsten der Aufnahme der SPFH getroffene Entscheidung ist mithin sowohl von Seiten der Familienhelferin als auch der jeweiligen Familie revidierbar. Die Hilfekommunikation reproduziert sich mithin als eine, welche die doppelte Kontingenz in der Form mitführt, dass zumindest bis zum Ende der Probephase der SPFH offen ist, ob sie als Intensivphase kontinuiert oder beendet wird.

Wie die Entscheidung am Ende der Probephase ausfällt, ist an die jeweilige Systemgeschichte der SPFH gebunden. Diese konstituiert sich vor allem dadurch, dass sie ein Systemgedächtnis erzeugt und mitführt, das es ermöglicht, die Interaktionssequenzen der SPFH – trotz wiederholter Auszeiten, in denen die Familienhelferin und die Familie etwas anderes tun – miteinander anschlussfähig zu machen. Dabei kommt den Themen in Form des Hilfeprogrammes der Familienhelferin und Hilfebedarfes der Familie insofern eine bedeutsame Funktion für ihre Systemgeschichte und ihr Systemgedächtnis zu, als sie die kommunikativen Beiträge der beteiligten Personen zu strukturieren erlauben. Da sich jedoch die SPFH primär im Medium der sprachlichen Kommunikation sequentiell als Interaktionssystem reproduziert und zugleich auf die wechselseitige Wahrnehmung durch die Bewusstseine der Anwesenden selektiv Rücksicht nehmen muss, ist die simultane Bearbeitung seiner thematischen Komplexität limitiert. Zudem sind den Möglichkeiten ihrer Binnendifferenzierung aufgrund der überschaubaren Größe der Teilnehmerzahl enge Grenzen gezogen. Sowohl die Familienhelferin als auch die Familie sind mithin zu Beginn der Probephase und deren weiterer Sequenzen zu einer Reduktion der Komplexität der zu bearbeitenden Hilfethemen gezwungen. Zugleich müssen sie sich des Mediums der selektiven Verschriftung bedienen, soll ein Systemgedächtnis der SPFH erzeugt werden können, das zu seiner Fortführung nicht nur auf das Gedächtnis der psychischen Systeme der anwesenden Personen angewiesen ist. Präferiert dieses doch eher Vergessen als Erinnern und erinnert das, was es erinnert, oftmals auch noch höchst selektiv (vgl. dazu Luhmann 1995, 44 ff.).

Differenziert man die Hilfethemen entsprechend der Selbstbeschreibungen von Familienhelferinnen, so beziehen sie sich auf die vier Arbeitsbereiche Veränderung bzw. Verbesserung der erwachsenenzentrierten Familiendynamik, der Situation der Familienmitglieder (Erwachsene und Kinder) durch Außenkontakte, ihrer Lebenspraxis und materiellen Grundlagen. In der Probephase dominieren vom Arbeitsaufwand her eindeutig die beiden zuerst genannten Themenbereiche. Demgegenüber nehmen die anderen beiden weniger Zeit in Anspruch (vgl. Blüml u. a. 1994, 84). Dabei zielen der erste und zweite Themenbereich auf die gezielte Förderung der Elternpersonen und Eltern-Partnerbeziehung einerseits und die der Kinder in Bezug auf die Schule und ihre sonstige Entwicklung bzw. die Kontakte der Erwachsenen zu den Behörden andererseits ab. Der dritte Themenbereich intendiert die Verbesserung der Wohnsituation und die Anleitung der Erwachsenen in praktischen Dingen und der vierte die Schuldenregulierung und Verbesserung der Einkommenssituation.

Wie und ob sich die mit diesen Themenbereichen verknüpften Probleme im Verlaufe der Probephase der SPFH durch die kommunikativen Beiträge der Familienhelferin und die Familie verändert haben bzw. gelöst werden konnten, ergibt sich aus der Eigendynamik ihrer jeweiligen Systemgeschichte und dem sie begleitenden Systemgedächtnis. Wird dieses im Medium der Verschriftung festgehalten, ermöglicht es einerseits eine Erinnerung an die ursprünglichen Zwecke der Hilfekommunikation und den Grad ihres Erreichens/Nichterreichens. Andererseits lässt es auch zwischenzeitliche Korrekturen zu, wenn sich bestimmte Hilfeziele oder Methoden aufgrund der bisherigen Systemgeschichte als zu ambitiös erwiesen oder sich bestimmte Zielverschiebungen in ihrem Verlauf herauskristallisierten. Darüber hinaus fungiert die Verschriftung auch als Voraussetzung eines Hilfeberichtes, dessen Ergebnisse als Grundlage für die Fortsetzung oder den Abbruch der SPFH dienen können.

Zur Systemgeschichte der Probephase gehören besonders auch die Effekte, die sie sowohl in der Umwelt der Familie als auch des Expertensystems vor und nach den Interaktionssequenzen der SPFH erzeugt. Das Expertensystem ermöglicht der Familienhelferin die Selbstthematisierung und Bewertung der erreichten und nicht erreichten Wirkungen in der Familie. Wohingegen diese beobachten kann, welche Effekte mit der SPFH für die system-externen und systeminternen Rollen ihrer Mitglieder verknüpft sind. Dabei unterscheiden sich die Beobachterperspektiven der Familienhelferin und der Familie bzw. ihrer Familienmitglieder. So wird jene anhand ihrer bishe-rigen Berufserfahrung, Kompetenz und der Teilnahme an Teamsitzungen und Supervisionen die Ereignisse der Probephase der aktuellen SPFH mit der von vergangenen kontrastieren und bewerten. Während demgegenüber die Familien – je nach Inklusionsdauer in das lokale System der (Jugend-) Hilfe und bereits in Anspruch genommenen Formen der Hilfe – die famili-eninternen Effekte der SPFH und die Kompetenz und das Vertrauen in die Person der Familienhelferin mit den in der Vergangenheit erhaltenen Hilfe-formen und Helferpersonen vergleichen und bewerten. Ob die Probephase der SPFH in einen Abbruch oder eine Fortsetzung einmündet, ist folglich auch daran gebunden, wie die jeweiligen Beobachtungen und Bewertungen des Expertensystems und der Familie ausfallen, und wie sie in die Interakti-onssequenzen der SPFH kommunikativ eingespeist werden können.

Wie viele der SPFH mit der Probephase enden, lässt sich anhand von Be-fragungen zu abgeschlossenen SPFH ablesen. Bei 276 von ihnen wurden 4% nach der Probephase beendet und 10% von der Familienhelferin bzw. 9% von den Eltern. Von diesen 19% wiederum wurden 81% innerhalb des ersten Jahres abgebrochen (vgl. Blüml u. a. 1994, 162–163). Dabei spielten für die Familienhelferinnen einerseits die während der Probephase beobach-teten körperlichen und psychischen Gefährdungen des Kindes durch die El-tern eine zentrale Rolle. Und andererseits die Beobachtung, als Person von der Familie bzw. einem Elternteil nicht akzeptiert zu werden (vgl. Blüml u. a. 1994, 166–167). Demgegenüber brachen die Familien die SPFH des Öfteren ab, wenn eines der Elternteile, vornehmlich die Väter, die durch die Hilfekommunikation induzierten familialen Veränderungen als Bedrohung ihrer innerfamilialen Position bewerteten (vgl. Blüml u. a. 1994, 168).

Endet die Probephase mit dem Abbruch, ist damit jedoch keineswegs die Exklusion der Familie aus dem lokalen System der (Jugend-)Hilfe verbun-den. Vielmehr wird der Abbruch im Expertensystem und mit der Familie in einem Abschlussgespräch thematisiert und ein Großteil der Familien wird kontinuierlich oder gelegentlich von den BezirkssozialarbeiterInnen weiter betreut (vgl. Blüml u. a. 1994, 165).

c) Intensivphase

Wird hingegen die SPFH fortgesetzt, geht die Probephase in der Mehrzahl der Fälle in die einjährige oder längere Intensivphase über. Für sie gehören die Kontakt- und Probephase bereits zu ihrer kürzer und weiter zurücklie-genden Vergangenheit und die Ablösephase zu ihrer ferneren Zukunft. Die Möglichkeit des Abbruchs wird damit in denjenigen Fällen unwahrscheinli-cher, in denen die Familie ein Vertrauen in die Familienhelferin aufgrund der bisherigen Systemgeschichte aufbauen konnte. Indem die Familie die

Probephase „bestanden" hat, indiziert dies zugleich, dass die Familienhelferin der Familie zutraut, ihre Probleme besser als bisher lösen zu können. Dass diese Phase als Intensivphase bezeichnet wird, lässt sich auch daran ablesen, dass die Familienhelferinnen sie als diejenige beschreiben, in der sie den größten Arbeitsaufwand investieren. Indem dieser sich besonders auf die Beeinflussung der erwachsenenzentrierten Familiendynamik und der Außenkontakte der Kinder und Erwachsenen bezieht, wird zugleich eine problem- bzw. themenspezifische Selektion deutlich, die typisch für diese Phase der Systemgeschichte der SPFH ist (vgl. Blüml u. a. 1994, 85).

Im Kern geht es in dieser darum, ob es der Familienhelferin gelingt, die Familien qua Medium des Gesprächs, durch die Selektion unterschiedlicher Arbeitsmethoden und nicht zuletzt das beharrliche Vertrauen in ihre Selbsthilfefähigkeit in einer Form zu irritieren, welche die Beschränkung ihrer Selektionsfreiheiten als zum Teil hoch integrierte Konfliktsysteme reduziert (vgl. zu entsprechenden Beobachtungen im Hinblick auf therapeutische Systeme Luhmann 1997, 183; generell zur hohen Integration von Konfliktsystemen Luhmann 1984 532 ff. und zu einer systemtheoretisch orientierten Konflikttheorie Messmer 2003, die auf 4 Formen des Konflikts – Konfliktepisoden, Sachkonflikte, Beziehungskonflikte und Machtkonflikte – basiert.). Möglich wird diese Steigerung familialer Selektionsfreiheiten, wenn bestimmte Formen thematischer Inhibierung, wie sie im Laufe der Familiengeschichte entstanden sind, desinhibiert und zum kommunikativen Thema der SPFH gemacht werden können (vgl. zu dieser Begrifflichkeit Luhmann 1990, 203). Je nachdem, welche Problemlösungen der Familie sich im Laufe der Familiengeschichte kommunikativ eingeschliffen haben, geht es dementsprechend darum, deren destruktive Konsequenzen sowohl familienintern als auch im Umweltkontakt der Familie durch konstruktivere Problemlösungen zu ersetzen. So müssen in vielen Familien die Ehepartner lernen, das Schweigen durch Reden zu substituieren, um verstehen zu können, weshalb sie so und nicht anders erleben und handeln. In anderen müssen besonders die Mütter lernen, wie sie die Selbstwahrnehmung der eigenen Überforderung thematisieren können und Möglichkeiten ihrer Entlastung realisierbar sind. Ferner müssen gewaltfreie Möglichkeiten der Erziehung anstelle enthemmter Formen der Gewaltkommunikation in den Blick geraten. Zudem geht es darum, rigide Personen- und Rollenzuschreibungen der Partner zu relativieren, aber auch Versagens- und Stigmatisierungsängste im Kontakt mit Behörden, Schulen und anderen Umweltsystemen zu reduzieren (vgl. dazu informativ Buggenthien 2005, 220 ff. anhand eines Fallbeispiels aus dem Bereich der „erweiterten Klientel", womit Familien gemeint sind, die nicht zur „klassischen Klientel" randständiger Familien gehören) .

Die Intensität dieser Phase der SPFH kommt für die beteiligten Personen besonders darin zum Ausdruck, dass sie auf Seiten der Familien mit Ängsten, Rückschlägen, Widerständen und Steigerung von Krisen einhergehen kann. Und auf Seiten der Familienhelferin zu Enttäuschungen, zur Korrektur kognitiver Hilfepläne, zu starkem Engagement, aber auch nichtintendierten Effekten der offerierten Hilfe führen kann.

Inwieweit der dadurch induzierte kommunikative und organisch-psychische Stress reduziert werden kann und gleichwohl Lernprozesse in und durch die Familien initiiert werden können, hängt nicht zuletzt auch davon ab, ob und wie im Verlaufe der Systemgeschichte der SPFH die Familienhelferinnen und die Familien die Effekte der Hilfekommunikation jeweils anhand der Differenz von vorher/nachher beobachten und bewerten. Neben der Möglichkeit, dies jeweils in Abwesenheit der Familienhelferinnen und der Familien innerhalb des Expertensystems und der Familie zu können, kommt es vor allem auch darauf an, die erreichten Erfolge und Misserfolge innerhalb der SPFH zu thematisieren. Dies ist besonders dann notwendig, wenn die Intensivphase allmählich in die Ablösephase übergeht. Ob diese eher als eine bedrohliche und Angst auslösende Zukunft oder als eine mit erweiterten Optionen beobachtet und bewertet wird, ist besonders daran gebunden, inwieweit sich die Familien und ihre Mitglieder selbst als Problemlöser mit erweiterten Selektionsfreiheiten betrachten.

d) Ablösephase

Mit der Ablösephase endet die Systemgeschichte der SPFH. Für die Familienhelferin spitzt sich damit die Frage nach dem Grad des Erfolges/Misserfolges zu, der am Ende einer derart langen und intensiven Hilfeform steht. Und für die Familie stellt sich die Frage, inwieweit sie in Zukunft ohne SPFH auskommen kann. Es erstaunt folglich nicht, dass einzelne Familien noch kurz vor Ende der SPFH eine Krise produzieren, um gleichsam die SPFH zu verlängern (vgl. Blüml u. a. 1994, 172).

Wie jedoch bereits die Bezeichnung Ablösephase deutlich macht, handelt es sich bei ihr um keinen abrupten, sondern um einen gleitenden Übergang. So dünnt die Familienhelferin allmählich die Termine der SPFH aus, damit sich die Familie langsam an ihre Absenz gewöhnen kann. Wie sie mit der Reduktion der Hilfe durch die Familienhelferin umgeht, ist somit zugleich auch ein Indiz für diese, welchen Grad an Autonomie sich die Familie im Laufe der SPFH durch Selbsthilfe angeeignet hat.

Die Rückläufigkeit der SPFH wird zugleich auch anhand des abnehmenden Hilfeaufwandes deutlich, der insgesamt am niedrigsten im Vergleich zu den vorhergehenden Phasen ist. Dennoch liegen das Ausmaß der Hilfe bezüglich der Familiendynamik und die Förderung der Außenkontakte der Kinder und Erwachsenen immer noch über dem Niveau der Probephase (vgl. Blüml 1994, 85).

Dass mit der Beendigung der SPFH jedoch nicht notwendigerweise der Kontakt der Familien zu ihr abgebrochen wird, geht daraus hervor, dass bei knapp der Hälfte von ihnen auch noch nach Beendigung ein gelegentlicher

(= 38 %) oder kontinuierlicher Kontakt (= 7 %) vorhanden war (vgl. Blüml u. a. 1994, 175). Bei einem Teil der Familien scheint sich aufgrund der Systemgeschichte ein besonderes Vertrauen zur Familienhelferin und/oder der SPFH als Hilfeform aufgebaut zu haben, an die sie sich vornehmlich in Krisensituationen wenden.

Zudem impliziert die Beendigung der SPFH durchaus nicht in allen Fällen die Exklusion aus dem lokalen System der (Jugend-)Hilfe. So wiesen die BezirkssozialarbeiterInnen darauf hin, dass ein Drittel der Familien kontinuierlich durch sie weiter betreut wurde und etwa die Hälfte gelegentlich. Themen der diesbezüglichen Hilfekommunikation waren Anträge auf Erhalt einer Frühförderung für die Kinder, Sorgerechtserklärungen, Unterhaltsprobleme alleinerziehender Mütter, Amtspflegeschaften, Sozialhilfeprobleme etc. (vgl. Blüml u. a. 1994, 177). Wenn Blüml u. a. (1994, 177) in diesem Zusammenhang formulieren: „Andererseits sind Familien, die SPFH erhalten haben, ja zumeist welche, die schon seit längerem der Bezirkssozialarbeit bekannt sind, mit gravierenden Rundum-Problemen; so dass selbst ein Erfolg der SPFH nicht heißen muss, dass sie nun endgültig aus dem Fokus der öffentlichen Jugendhilfe entlassen sind, selbst wenn der Verbleib der Kinder in der Familie erst mal gesichert ist", dann thematisieren sie damit die Frage nach dem Erfolg oder Misserfolg der SPFH, der wir uns nun zum Abschluss dieses Kapitels zuwenden wollen.

3.2.4 Wie erfolgreich ist die Sozialpädagogische Familienhilfe?

Zunächst werden wir im Anschluss an die empirischen Untersuchungen zur SPFH in Bayern einige Ergebnisse der Erfolgsbewertung aus der Perspektive der Experten und der Familien vorstellen (vgl. Blüml u. a. 1994, 100 ff.; 110 ff.). Daran anschließend deren Ergebnisqualität anhand unserer systemtheoretischen Perspektive zu beurteilen versuchen. Im Zentrum wird dabei die Beantwortung der Frage stehen, ob die SPFH die Inklusionschancen der Familien(personen) erweitern oder an ihrer Abhängigkeit vom lokalen Hilfesystem nichts Einschneidendes verändern kann.

3.2.4.1 Die Beobachtung des Erfolges durch die Experten

Beobachtet man, wie die Experten (= BezirkssozialarbeiterInnen und Familienhelferinnen) den Erfolg der SPFH bewerteten, so können wir sowohl an Ergebnisse zu abgeschlossenen als auch zu Beginn der 1990er Jahre noch laufenden SPFH anschließen.

a) Der Erfolg von abgeschlossenen SPFH

Wurde der Erfolg als Wirkungsgrad von abgeschlossenen SPFH entlang einer Skala von hoch, mittel und niedrig operationalisiert, stimmten die Einschätzungen der Expertinnen weitestgehend überein. Ca. 30 % der SPFH wurden mit einem hohen, ca. 40 % mit einem mittleren und knapp 30 % mit einem niedrigen Wirkungsgrad bewertet. Die Familienhelferinnen tendierten bei 277 abgeschlossenen SPFH zu einer insgesamt leicht negativeren Einschätzung als die BezirkssozialarbeiterInnen bei 244 abgeschlossenen SPFH (vgl. Blüml u. a. 1994, 101).

Wurde der Erfolg von 277 abgeschlossenen SPFH anhand der Beendigungsgründe gemessen und wurden nur die Familienhelferinnen befragt, so lässt sich in einem ersten Schritt folgendes allgemeines Resultat konstatieren (vgl. Blüml u. a. 1994, 102):

Bei ca. 52 % der SPFH wurden die Ziele zu ca. 23 % und die Teilziele zu ca. 29 % mit ihrer Beendigung erreicht. Ferner wurden ca. 23 % der SPFH durch die Familienhelferinnen, die Eltern oder nach der Probephase abgebrochen. Die Beendigungsgründe des restlichen Viertels wurden mit knapp 8 % auf die Substitution durch andere Hilfeformen oder mit 17 % auf die Veränderung der Familiensituation, einen Wohnortwechsel oder das Ausscheiden der Familienhelferin zurückgeführt.

Dieses Ergebnis wurde in einem zweiten Schritt respezifiziert, indem die Ziele und Teilziele als Erfolg der SPFH und die Abbrüche als Misserfolg durch die Familienhelferinnen und/oder Forscher bewertet wurden. Daraus ergeben sich die folgenden Beobachtungen (vgl. Blüml u. a. 1994, 103 ff.):

1. Die Relation von Erfolg/Misserfolg der SPFH variierte vor allem in Abhängigkeit von der Präferenz des primären Arbeitsbereiches und seiner Kombination mit weiteren Arbeitsbereichen. Die Relevanz des Arbeitsbereiches „Verbesserung der Familiendynamik" wird daran deutlich, dass die erreichten Ziele und Teilziele, unabhängig von der Kombination mit anderen Arbeitsbereichen, einen Wert von über 60 % erzielten;
2. am erfolgreichsten war die SPFH mit ca. 78 % erreichten Zielen und Teilzielen bei denjenigen 32 Familien, bei denen die Verbesserung der Familiendynamik mit der „Kinderförderung" und „Verbesserung der Außenbeziehungen" als zweite und dritte Arbeitsbereiche kombiniert wurde. Die Abbrüche, inklusive der Probephase, reduzierten sich auf 9,4 %;
3. noch größer fiel der Erfolg der SPFH mit ca. 81 % erreichten Zielen und Teilzielen im Falle von 47 Familien aus, wenn zur Verbesserung der Familiendynamik als erstem Arbeitsbereich eine therapeutische Ausbildung und Praxis der Supervisorin hinzukam und die Familienhelferin eine mehr als dreijährige Erfahrung in der SPFH besaß. Der größere Erfolg dieser SPFH wird auch daran ersichtlich, dass die erreichten Ziele prozentual höher ausfielen als die erreichten Teilziele. Die Abbrüche, inklusive der Probephase, lagen hier bei knapp 13 %;
4. demgegenüber sanken die Erfolge vor allem bei den SPFH, bei denen der Arbeitsbereich „Verbesserung praktischer Fähigkeiten" an erster Stelle stand. Die erreichten Ziele und Teilziele machten zusammen nur ca. 31 % bei gleichzeitig ca. 28 % Abbrüchen, inklusive der Probephase, aus.

b) Der Erfolg von noch laufenden SPFH

Wechselt man zur Beobachtung und Bewertung der Erfolgsaussichten der noch laufenden SPFH durch die Familienhelferinnen über, so variierten ihre Aussagen entlang einer Skala von 1 (sehr hoch) und 5 (sehr gering) hinsichtlich einzelner Tätigkeiten beträchtlich (vgl. Blüml u. a. 1994, 107 ff.):

1. Eher negativ schnitten diejenigen Tätigkeiten ab, welche um die Verbesserung der monetären Situation und Wohnungsqualität (Wohnungssituation, Einkommen/Arbeitssuche, Schuldenabbau), aber auch die kommunikative Herstellung von Außenkontakten im Sinne des Aufbaus sozialer Netzwerke gruppiert waren. Die Werte schwankten hier zwischen 3,5 und 3,2;
2. demgegenüber wies die Kinderförderung mit 2,4 den besten Wert auf, gefolgt von Behördenkontakten, Entlastung der Mutter und praktischer Anleitung der Erwachsenen, Eltern-Kind-Beziehung und Förderung der Eltern, deren Werte zwischen 2,57 und 2,69 lagen. Weniger aussichtsreich wurden die Erfolgsaussichten bezüglich der Verbesserung der Paarbeziehung mit 3,18 bewertet.

Bevor wir zur abschließenden Bewertung des Erfolges der SPFH kommen, wollen wir noch zur Frage übergehen, wie die Familien als Hilfeadressaten diese beobachteten und bewerteten.

3.2.4.2 Die Beobachtung des Erfolges durch die Familien

Für die Erfolge der SPFH durch die Beobachtung der Familie bzw. von Familienmitgliedern können wir nur auf die selektive Darstellung und Interpretation von 14 Fallberichten zurückgreifen, die aus 34 interviewten Familien ausgewählt wurden, welche die SPFH für sich als erfolgreich bewerteten. Dabei können wir schon allein deshalb nicht auf jede Einzelfamilie Bezug nehmen, weil das Datenmaterial sehr unterschiedlich aufbereitet wurde. Kamen einige Familien und Familienmitglieder kommunikativ sehr ausführlich zu Wort, wurden die Aussagen anderer Familien durch die Forscher zusammengefasst und wiederum andere aus der Perspektive der Familienhelferinnen geschildert (vgl. dazu und zum Folgenden Blüml u. a. 1994, 110 ff.; Anhang 3–31).

Trotz dieser methodischen Unzulänglichkeiten lassen sich jedoch bestimmte Indikatoren aus der Perspektive der ausgewählten Familien anführen, welche die Wahrscheinlichkeit des Erfolges der SPFH erhöhen. Damit wird jedoch nicht behauptet, dass sie alle in gleichem Maße in der jeweiligen Einzelfamilie wirksam wurden. Dies ist schon deshalb nicht der Fall, weil jede von ihnen eine spezifische Systemgeschichte aufwies, welche durch die strukturelle Kopplung mit der SPFH unterschiedliche Anschlussmöglichkeiten der Hilfekommunikation eröffnete. Wenn wir nun einige Erfolgsindikatoren der SPFH aus der Perspektive der Familien vorstellen, so verfolgen wir mit den zum Teil ausführlich zitierten Passagen auch die Absicht, die in Abschnitt 3.2.3 eher abstrakt gehaltene Darstellung der SPFH als organisiertem Interaktionssystem durch die kommunizierten Erfahrungen der Familien zu ergänzen.

1. Als erstes lässt sich konstatieren, dass der Erfolg der SPFH aus dem Blickwinkel der Familien bzw. einzelner ihrer Familienmitglieder in dem Maße wahrscheinlicher wurde, in dem ihre Selbstbeobachtung auf den Aufbau eines allmählichen Vertrauens in die Person der Familienhelferin bzw. des Familienhelfers hinauslief. Dies gilt besonders für diejenigen Familien, die bereits länger in das lokale System der (Jugend-)hilfe inkludiert waren und deshalb aufgrund ihrer bisherigen Erfahrungen mit deren Hilfeformen eher skeptisch an die SPFH herangingen.

So berichtet der *Vater einer Stieffamilie* (Blüml u. a. 1994, 127): „Man ist da immer skeptisch, ne, wir haben auch schon ziemlich viel durchgemacht und es ist eigentlich alles den Bach obi gegangen. Und jetzt hab i mir denkt, jetzt kommt da wieder jemand und i weiß net, ob des alles so gut ist." Und eine *alleinerziehende Mutter mit 6 Kindern* äußert sich wie folgt (Blüml u. a. 1994, 141–142): „Und er hat dann mit der Zeit auch angefangen, über die Probleme zu reden; also nicht bloß zu hören, was er sagt, sondern man hat dann auch langsam angefangen, Vertrauen zu kriegen, aber des hat gedauert, ja." Dabei kann das Vertrauen sowohl durch zufällige Gemeinsamkeiten der Fachperson und eines der Familienmitglieder entstehen, z. B. einem gleichen Sternzeichen, aber auch durch den beobachteten Vergleich der Hilfekompetenz der aktuellen mit früheren Fachpersonen. So wenn der bereits erwähnte Vater äußert (Blüml u. a. 1994, 129): „Und vor allen Dingen macht ers ja gleich vor (lacht), und das hat bis jetzt noch kein anderer gemacht."

2. Als weitere Erfolgsvoraussetzung wurde von den Familien bzw. einigen ihrer Familienmitglieder die kontinuierliche und verlässliche Präsenz der Familienhelferin zu einem bestimmten Termin und die Durchführung der SPFH in der eigenen Wohnung bewertet.

So betont die *Mutter einer Kernfamilie mit zwei Kindern* (Blüml u. a. 1994, 117): „Ich glaub, der Gedanke alleine schon, dass sie kommen ist, die Aussicht alleine, hat mich unheimlich ruhig gemacht. Ich hab gwußt, am Mittwoch kommt die H. (FH), und derweil kann ich das irgendwo mal lassen." Und eine *alleinerziehende Mutter mit einem 5 jährigen Sohn* lehnt die Erziehungsberatung mit dem Argument ab (Blüml 1994 u. a. Anhang, 4): „Na, i wui jemand, wo i Vertrauen hab und bei dene weißt net, ob dies umanand erzähln oder weiß der Teifi … Na des liegt mer net, da einfach da zu dene neigeh und dene die Probleme da sagen, na."

Deutlich wird anhand dieser Aussagen, dass offensichtlich bereits das räumliche Setting der Erziehungsberatung im Kontext des Jugendamtes bei einigen Familien ein systemisches Misstrauen, unabhängig von der potentiellen Hilfeperson, erzeugt. Die „Geh-Struktur" der SPFH ist somit für sie eine notwendige Voraussetzung, die es ihnen erst ermöglicht, ihre Probleme zu thematisieren. Der Binnenraum der eigenen Wohnung stellt gleichsam einen Teil der Vertrautheit ihrer Lebenswelt dar, die sie der Unvertrautheit und Anonymität des Jugendamtes vorziehen. Hat die Familienhelferin das Vertrauen der Familie gewonnen, fungiert ihre erwartbare und wiederholte Präsenz zudem als stabilisierender und entlastender Faktor für die Psyche der Familienmitglieder, da sie in ihr einen verlässlichen Adressaten für die Thematisierung ihrer familieninternen Konflikte sehen. Für einen Teil der Familien scheint folglich das von Experten thematisierte Risiko einer „gläsernen Familie" geringer zu sein (siehe Buggenthien 2005, 223: „Möglichst vermieden wird, ein Erstgespräch im Haushalt der Familie zu führen – aus Rücksicht auf die Privatsphäre") als die Gefahren und Unsicherheiten, die von einem für sie unberechenbaren Jugendamt ausgehen, sofern sie der Familienhelferin, die sie regelmäßig „besucht", vertrauen.

3. Eine weitere, zentrale Erfolgsvoraussetzung der SPFH sehen die Familien in der Möglichkeit von Gesprächen. Je nach Einzelfamilie focussieren sich dabei die Themen in unterschiedlichem Maße auf die Familien- bzw. Paardynamik, den Selbstwert der Eltern, speziell der Mütter bei Einelternfamilien, den stärkeren Einbezug der Väter bei Kern- und Stieffamilien und die „schwierigen" Kinder.

a) Was zunächst die positiven Effekte der Gespräche im Hinblick auf die Familien- bzw. Paardynamik betrifft, so reichen sie – je nach Systemgeschichte der Familie – vom Erlernen elementarer Konversationsmaximen, über die Substitution eingefahrenen Schweigens durch Reden bis hin zur Überwindung familieninterner Thematisierungsschwellen und eingeschliffener personenbezogener Attribuierungen.
So äußert die *Mutter einer Kernfamilie mit drei Kindern* (Blüml u. a. 1994, 138): „Dann haben wir drüber gesprochen, wie man sich gegenseitig helfen kann und wie die Schwierigkeiten, wie man red, dass man den Partner anschaut, wenn man red..." Und der *Vater einer Stieffamilie* betont (Blüml u. a. 1994, 133): „Und meistens ist das auch so eingefahren, dass man einfach, da setzt man sich wieder vorn Fernseher und die Kiste läuft und läuft und läuft und da ko man sich net unterhalten."
Hinsichtlich der Kommunikation von Themen, die unter Latenzschutz standen, sagt seine *Ehefrau* (Blüml 1994 u. a., 132): „... Man hat immer das Gefühl, man steht ganz kurz vorm Abgrund, wenn man jetzt noch 'n kleinen Schritt macht, dann ist man da, aber wir haben des nicht so extrem gesehen in dem Moment ... Für uns war des eigentlich kein Thema (Probleme in der Ehe), bloß alle Anzeichen, die standen also für Scheidung, der sogenannte Krieg der Sterne. (lacht) ... dass des eigentlich nur 'n Außenstehender sehen konnte, der solche Situationen erzählt kriegt, der auch sagen konnte: ,Also hoppla, jetzt stimmt aber irgendwas nicht.' Wir wären wahrscheinlich schon irgendwann aufs Chaos zugesteuert,

denk ich. Vielleicht wären wir auch ohne Familienhilfe schon lange geschieden, des kann auch sein."

Die Aussagen der Ehefrau machen deutlich, dass das Paar die Systemgrenze zwischen sich – „für uns war des eigentlich kein Thema" – und dem Familienhelfer, den es als „Außenstehenden" betrachtet, zieht. Zugleich beobachtet es aber auch die Differenz von Selbst- und Fremdbeobachtung und den eigenen blinden Fleck. So kann der Familienhelfer als Außenstehender etwas sehen, was das Paar nicht sehen konnte und für es „eigentlich kein Thema" war, wenn es sich in Form von Erzählungen im Rahmen der SPFH selbst thematisierte. Zugleich gelingt es damit, die für das Paar kommunikativ notwendige Inhibierung von Konflikten, die gleichwohl von den Personen psychisch wahrgenommen wurden, zu desinhibieren. Die Familienhilfe hat dadurch aus der Sicht der Ehefrau dazu beigetragen, ein mögliches Chaos bzw. eine mögliche Scheidung des Paares zu verhindern.

Dass die Gespräche der SPFH aus der Perspektive des Paares auch zur Stabilisierung der Familie durch veränderte Selbstattribuierungen führen können, lässt sich anhand der Aussagen des *Ehepaares einer Kernfamilie mit drei Kindern* exemplifizieren (vgl. Blüml u. a. 1994, 138–139). Während sich die Ehefrau am Anfang der SPFH als „Schaufensterpuppe" beschreibt, „die den Mund nicht aufmacht", und der Ehemann als „Löwe", der so brüllt, dass sie es nicht aushält, äußert er sich am Ende der SPFH wie folgt: „Also es hat sich sehr viel verändert. Also der Zusammenhalt der Familie insgesamt ist jetzt stärker halt, obwohl i ab und zu trotzdem wie a Löwe brüll, von dem abgsehen." Und die Ehefrau beschreibt ihre Veränderung: „Und dass ich kei Schaufensterpuppen mehr bin, …"

b) Dass die erwähnten Personenveränderungen nicht leicht vollzogen werden, sondern aufgrund des prekären Selbstwertes der Personen einer längeren Zeit bedürfen und mit kommunikativen Widerständen gegenüber der Familienhelferin bzw. dem Familienhelfer verbunden sind, wird, unabhängig vom Familientyp, von allen Familienmitgliedern, betont. Dass die SPFH gleichwohl aus ihrer Sicht erfolgreich war, heben besonders die Frauen und Mütter hervor. Für sie hat die SPFH einen erhöhten Selbstwert ihrer Person durch ein verstärktes Zutrauen in ihre Kompetenzen generiert. Dazu trugen aus ihrer Perspektive besonders die Person der Familienhelferin bzw. des Familienhelfers und deren jeweiligen Konzepte und Arbeitsmethoden bei. Zugleich sind es jedoch oftmals auch Schlüsselereignisse, die sie zusätzlich als Auslöser für die eigene Personenveränderung verantwortlich machen.

Besonders prägnant kommt die Gemengelage von Erfolgsfaktoren anhand der Formulierungen einer *alleinerziehenden, zu Beginn der SPFH alkoholabhängigen Mutter* mit *6 Kindern* zum Ausdruck (Blüml u. a. 1994, 140 ff.). Die Probephase der SPFH beschreibt sie wie folgt: „Wir haben am Anfang eigentlich bloß so geredet, eigentlich hab ich geredet und er hat zugehört, und ich hab ihm eigentlich nicht viel Ehrliches ge- sagt, aber ich hab halt geredet,…und hab mir vorher halt schon überlegt, was ich ihm reindrücken könnt; und des hat auch ganz gut funktioniert, er hats mir zwar nicht geglaubt, aber ist ja wurscht (lacht)." Nachdem sich allmählich nach ca. einem dreiviertel Jahr ein wechselseitiges Ver- trauen aufgebaut hat, beschreibt sie ihre Lage mit den folgenden Worten: „Aber ich mein, Fertigwerden mit meinen Problemen musst ich selber. Und des musst ich halt erstemal in'n Kopf reinkriegen; und des hat er eben immer versucht, auf seine Art mir des beizubringen, und des hat lang gedauert." Wie sie diese Art beobachtete und bewertete beschreibt sie wie folgt: „Des war einfach die Ruhe, die der S. (Familienhelfer) aus- strahlt, auf'n Menschen zugehen, … des war unwahrscheinlich hilfreich, man hat sich da irgendwo wohlgefühlt; er hat auch nie irgendwie ge- schimpft oder wie's Jugendamt gedroht, des war alles nicht. … Des fand ich unwahrscheinlich toll, weil die vom Jugendamt, die andern, die ha- ben mich bestimmt schon lang aufgegeben ghabt, und ich glaub auch nicht, dass die Frau irgendwie gedacht hat, dass ich des schaff. Des hat sie auch am Schluss zugegeben. Dann als ich mein Aufenthaltsbestim- mungsrecht zurückkriegt hab, hat sie gesagt, also sie hats nicht geglaubt, dass ich's schaff."

Sowohl der vorübergehende Entzug des Aufenthaltsbestimmungsrecht für die Kinder durch die Bezirkssozialarbeiterin ohne Absprache mit der SPFH als auch die Mitteilung ihres neuen Freundes, dass er keine Frauen mag, die trinken, sind für die alleinerziehende Mutter – rückwirkend be- trachtet – Ereignisse, die sie letztlich als entscheidende Anstöße, neben der geduldigen und sanktionsfreien Hilfe durch den Familienhelfer, für eine Korrektur ihres bisherigen Problemlösungsverhaltens betrachtet. So äußert sie im Hinblick auf das erste Ereignis: „Wo dann das Aufenthalts- bestimmungsrecht weg war, und dann: ,Ja, jetzt braucht nur noch das Geringste vorkommen und deine Kinder sind im Heim', und irgendwann kam eben die Erleuchtung." Und im Hinblick auf den Freund bemerkt sie: „Dann hat mein jetziger Freund gesagt, er mag keine Frauen, die trinken, und dann hab ich von heut auf morgen also so aufgehört, so Schluss aus … jetzt keinen Tropfen mehr und irgendwann muss ich nor- mal werden, weil irgendwann muss es ja normal weitergehen. Und ich weiß nicht warum und wie, und das ging auch so ohne Probleme, ohne Zittern und so, nichts, null, überhaupt nicht …"

Ablesen lässt sich anhand der Schilderungen der alleinerziehenden Mut- ter wiederum, wie zentral und zugleich schwierig der sukzessive Aufbau des Vertrauens in die Person des Familienhelfers für eine erfolgreiche SPFH ist. Dies ist offensichtlich besonders dann der Fall, wenn die Selbstachtung der Adressatin der Hilfekommunikation prekär ist, und die bisherige Inklusion ins lokale Hilfesystem von ihr weniger als Hilfe denn als machtgebundene Intervention ins Familiensystem mit massiven Zwei- feln an ihren Fähigkeiten als Erziehungsperson erlebt wurde. Es überrascht mithin nicht, dass sich die alleinerziehende Mutter zu Beginn der SPFH durch eine strategische Selektion ihrer kommunikativen Beiträge zu schützen versuchte. Sie sagte, was, sie nicht meinte, und meinte, was sie nicht sagte. Damit erzeugte sie eine paradoxe Form der Kommunikation, die auf der Annahme basierte, dass nicht nur ihr, sondern auch das Bewusstseinssystem des Familienhelfers wussten, dass die Informationen nicht ernst zu nehmen seien.

Dass sie diese paradoxe Form der Kommunikation schließlich aufgeben und zu einer Selbstbeobachtung übergehen konnte, die ihren Blick für die eigenen Kompetenzen zur Lösung ihrer Probleme schärfte, führt sie vor allem auf die Differenz der Person des Familienhelfers zu den Personen des Jugendamtes zurück. Sowohl seine sanktionsfreie Form der Hilfe als auch seine Hartnäckigkeit und Ruhe ermöglichten ihr, sukzessive ein Vertrauen in die eigenen Problemlösungsfähigkeiten zu gewinnen. Zugleich waren es jedoch auch krisenhafte Schlüsselereignisse wie die Angst, ihre Kinder ins Heim geben zu müssen, und ihren Freund aufgrund des Alkoholkonsums verlieren zu können, die zu ihrer „Erleuchtung" und durchgreifenden Lernprozessen führten, z.B. der Beendigung des Alkoholkonsums.

Die besondere Relevanz, die den Arbeitsmethoden der Familienhelferinnen für die Stärkung der eigenen Kompetenzen zukommt, wird auch anhand zweier weiterer Aussagen ersichtlich. Die *Ehefrau und Mutter einer Kernfamilie mit einem 9-jährigen Sohn und einer 10-jährigen Tochter* äußert sich dazu wie folgt (vgl. Blüml u.a. 1994, 119): „Die H. hat mich irgendwo ermutigt, ich selber zu sein, also dazu Vertrauen zu haben, das glaube ich, war ganz wichtig … Ganz wichtig glaube, sich hinsetzen und nur das eine Problem mal auseinanderklauben, das glaube ich, hab i damals auch glernt. Und sich evtl. aufschreiben, das Für und Wider. Sie hat immer gesagt, dass ich unheimlich mutig bin. … Ich war da also bestärkt, also mutig zu sein, mal was zu schmeißen, mal was Außergewöhnliches zu tun, mir was Gutes zu tun. Des hats unheimlich bestärkt. Das hat auch bewirkt, dass ich ein eigenständiger Mensch bin, net für andere leb, sondern ich selber bin." Und die *Ehefrau und Mutter einer Kernfamilie mit einer 2½-jährigen Tochter, einem 6½-jährigen Sohn und einer 7-jährigen Tochter* formuliert (vgl. Blüml 1994 u.a., 137): „Die (zwei Familienhelferinnen) haben uns des beigebracht, wie man des noch besser machen kann. …Was man aufpassen muss, dass man nichts verpasst, wie man das Haushaltsgeld einteilt, das ist meine Hilfe gewesen, weil da hab ich mich hint und vor nicht auskennt damit."

Mit der ersten Äußerung wird deutlich, wie bedeutsam es für die Mutter und Ehefrau war, von der Familienhelferin immer wieder darin bestärkt zu werden, nicht nur für andere zu leben, sondern Vertrauen in sich zu haben. Zugleich lernte sie auch durch die SPFH, wie man Probleme löst, indem man sie respezifiziert und sich das Pro und Kontra durch Verschriftung präziser vor Augen führen kann. Zudem eröffnete sie sich neue Handlungsmöglichkeiten, indem sie sich Dinge zutraute, die sie sich vorher nicht gestattete. Sie beschreibt sich schließlich als ein „eigenständiger Mensch", der er selber ist und nicht für andere lebt. Es erstaunt mithin nicht, dass sie sich ein Jahr nach der SPFH vom Partner trennte. Die Scheidung lässt sich somit auch als eine nichtintendierte Folge der SPFH interpretieren, die für die Ehefrau erst möglich wurde, als sie sich aufgrund ihrer Personenveränderung zugestand, „mal was Außergewöhnliches zu tun." Demgegenüber verweist die zweite Äußerung auf die unterschiedlichen Ausgangsbedingungen bezüglich der Kompetenzentwicklung der Ehefrauen und Mütter innerhalb der SPFH und die damit verknüpften unterschiedlichen Bewertungen des durch sie erzeugten Erfolges. So stellt die SPFH für einige der Mütter vor allem dann eine erfolgreiche Hilfe dar, wenn sie u. a. durch sie gelernt haben, wie man „nichts verpasst", sprich, die Zahlungstermine einhält, und mit dem Haushaltsgeld richtig umgeht. Dass diese Form der Kompetenzaneignung durchaus von hoher Relevanz ist, sahen wir bereits unter 2.5 des 2. Kapitels.

c) Positive Effekte der SPFH aus der Sicht der Familien ergeben sich auch durch den stärkeren Einbezug der Väter in die Familie. Er trägt insofern zu einer positiven Veränderung der Familiendynamik bei, als diese sehr oft durch eine Überforderung der Ehefrauen und Mütter in den Kern- und Stieffamilien geprägt ist. Sie betrachten die SPFH deshalb auch eher als die Ehemänner und Väter als eine Entlastung für das Familiensystem. Demgegenüber sehen diese nicht selten ihre Frauen und Kinder als die primären Adressaten der SPFH, da sie die Erziehung der Kinder, aber auch die Hausarbeit vornehmlich als Aufgaben ihre Ehefrauen einstufen. Es erstaunt dementsprechend nicht, dass die Ehemänner und Väter der SPFH des öfteren skeptisch bis ablehnend gegenüber stehen (vgl. Blüml u. a. 1994, 190).

Wie der stärkere Einbezug des Ehemannes und Vaters in die Familie durch die SPFH dennoch gelingen kann, verdeutlicht eine Kernfamilie mit 3 Kindern (vgl. Blüml u. a. 1994, 119 ff.). Für die *Ehefrau* „war eigentlich der ausschlaggebende Punkt, dass mir alles zuviel geworden ist, dass wir Hilfe gebraucht haben....Es war halt bei mir so schlimm, ich hab halt immer gemerkt, mein Mann nimmt sich gar keine Zeit mehr für uns und für mich." Da sie zwei körperlich behinderte Söhne im Alter von 8 und 7 Jahren haben, betrachtet sie sich rückblickend als „...immer nur auf einen programmiert, jetzt geh ich mit D. zur Gymnastik, jetzt geh ich mit A. zur Ergotherapie...Wir waren keine Familie, wir waren einfach keine Familie....Die Termine haben uns aufgefressen, die waren wichtig, aber wir haben durch die Termine uns vergessen."
Auch der *Ehemann* bestätigt retrospektiv: „Naja, früher hab ich halt die Frau viel alleingelassen", betont jedoch zugleich auch, dass „... die Frau ... auch immer unterwegs (war), da hat der Partner seine Frau nie

gehabt." Wie sich diese destabile familiale Ausgangssituation sukzessive transformierte, beschreibt der *Ehemann* wie folgt: „Die Frau, die hat ja meistens die Probleme gehabt mit den Kindern, und dann später bin ich ja dazugekommen, und dann zum Schluss waren wir dann die ganze Familie, das hat uns eigentlich sehr gut getan." Dass dies speziell für das Paar nicht leicht war und immer noch nicht leicht ist, macht eine Äußerung der *Ehefrau* deutlich: „Bevors dann auseinandergeht und die Kinder noch mehr leiden, dann sollt man schon schauen, dass man sich da durchbeißt. Es ist bestimmt nicht leicht, das würd ich schon sagen, aber es rentiert sich schon....Das Oberflächliche schon, aber wenns dann sozusagen unter der Gürtellinie war, dann wars schwierig ... Des (schwierige Moment) gabs, weil die Intensivphase, wenn man halt gemerkt hat, oh, jetzt kommt der Herr G. und mir hocken jetzt da und sprechen über unsere Probleme, und wenn man halt nicht von der Stelle kommen sind, immer dran gesprochen haben und gearbeitet haben und mir haben keinen Punkt gesehen, wos vorwärts gegangen ist, dann ist es für uns auch heut noch schwierig."

Ablesen lässt sich anhand der Aussagen der Kernfamilie mehreres: Zunächst wird aus der Perspektive der Ehefrau sichtbar, dass für sie „alles zuviel geworden ist". Besonders die ständige Wahrnehmung der Termine für ihre beiden körperlich behinderten Söhne, deren Relevanz sie sehr wohl sieht, „die waren wichtig", absorbierte sie in einer Weise, die sie nicht nur überforderte, sondern zugleich auch das Paarsystem massiv in den Hintergrund rückte, „aber wir haben durch die Termine uns vergessen."

Ihre Ausgangssituation zu Beginn der SPFH bilanziert sie somit als eine, in der sie – aus ihrer Sicht – keine Familie waren. Dies macht sie vor allem auch daran fest, dass sich ihr Mann weder für sie noch die Kinder Zeit nahm. Zu einer Familie gehört für sie, so ihre unausgesprochene Erwartung, die zeitliche Präsenz und Aufmerksamkeit des Ehemannes und Vaters für sie und ihre Kinder. Der Ehemann und Vater bestätigt rückblickend diese Beschreibung der familialen Ausgangssituation seiner Ehefrau, „naja, früher hab ich halt die Frau viel alleinsgelassen", verweist aber auch darauf, dass er seine Frau aufgrund ihrer ständigen Absenz „nie gehabt habe".

Die SPFH hat somit besonders für die Ehefrau auch die Funktion, zu verhindern, dass die beschriebene prekäre Ausgangssituation der Familie in eine Trennung des Paares und ein noch stärkeres Leiden für die Kinder einmündet. Die darauf bezogene Selbstthematisierung speziell in der Intensivphase der SPFH – und auch noch danach – war und wurde aus der Sicht der Ehefrau vor allem dann schwierig, „wenns ... unter der Gürtellinie war". Wenn also – so lassen sich ihre Äußerungen interpretieren – die wechselseitigen Kränkungen, z.B. das „Sich-Allein-Gelassen-Fühlen", zur Sprache kamen.

Gleichwohl erzeugte die SPFH sowohl aus der Perspektive der Ehefrau als auch des Ehemannes positive Effekte. So resümiert dieser als Ergebnis der SPFH: „... und dann zum Schluss waren wir dann die ganze Familie, das hat uns eigentlich sehr gut getan". Und seine Ehefrau äußert: „Ich denk, dass er (der Vater) mehr auf die Kinder eingeht ..." Dass das Paar dennoch auf Empfehlung des Familienhelfers eine Eheberatung begann, indiziert zum einen die Grenzen der Hilfefähigkeit der SPFH bezüglich der Lösung der Probleme des Paares. Zum anderen verweist es jedoch auch darauf, dass es an ihrer gemeinsamen Lösung interessiert war.

d) Die bisherigen Äußerungen der erwachsenen Familienmitglieder zur SPFH schlossen in mehr oder weniger expliziter Form immer auch die Kinder als Anlass für familieninterne Probleme, Überforderungen und Ängste, aber auch als „Profiteure" von positiven Effekten der SPFH mit ein. Dies erstaunt nicht, ist deren Förderung doch eines ihrer primären Ziele. Welche Erfolge die SPFH selbst oder gerade bei denjenigen Kindern erzielen konnte, die bereits mehrere Hilfeformen erfolglos in Anspruch genommen hatten und deshalb nicht selten von der Familie oder ihren Umweltsystemen als „schwierig" etikettiert wurden, wollen wir abschließend exemplifizieren.

Als erstes wollen wir ein *Ehepaar mit zwei Söhnen im Alter von zwei und vier Jahren und einer 10-jährigen Stieftochter*, die als „schwieriges Kind" gilt, zu Wort kommen lassen (vgl. Blüml u. a. 1994, 125–133). Obwohl die vom Jugendamt nach einem sexuellen Missbrauch der Stieftochter durch einen Mann aus der Nachbarschaft empfohlene SPFH zur Zeit des Interviews erst ein dreiviertel Jahr andauerte, entwickelte sich die Stieftochter, die mehrere Hilfeformen – Erziehungsberatung, Familientherapie, heilpädagogische Tagesstätte, Kinderheim – weitgehend erfolglos durchlaufen hatte, zur Klassenbesten.

Ihre *Mutter* berichtet: „Die Lehrerin hat gesagt, sie hat sich um 180 Grad gedreht. Jetzt hat N. vor kurzem Kommunion ghabt, da war die ganze Verwandtschaft da, und alle kennen sie nur als aufmüpfiges Kind, und die haben auch alle gesagt, dass sie sich gedreht hat um 180 Grad, wie ausgewechselt ist. Sie ist viel offener auch, sie kommt auch jetzt, wenn sie was haben will, sie fragt danach, ob sie's haben kann ... Es sind einfach Sachen, wo man sich schon auf sie verlassen kann, was man früher nicht konnte."

Verantwortlich für diese unwahrscheinliche Personenveränderung der Stieftochter von einem „aufmüpfigem Kind" zur Klassenbesten sind für die Eltern vor allem der Familienhelfer und seine Arbeitsmethoden. So hebt die *Mutter* die Differenz seiner zu den bisherigen Vorgehensweisen mit den folgenden Worten hervor: „Gut, sie hat am Anfang genauso blockiert, wie überall auch, aber dann ist es stehengeblieben und dann wurds von mal zu mal besser ... Es war irgendwo anders ... Das Andere war alles so stumpf, ... nach Schema F, und N." Und der *Stiefvater* betont: „Ja also wir haben ja vorher noch a Familienhilfe ghabt ... und des war zum

Schluss soweit, dass die dann absolut auch zum Kämpfen ogfangt hat mit der N.; … und eines Tages wars soweit, da wollt's ihr eine schmieren, da hats die N. soweit gebracht ghabt."

Im Gegensatz dazu hat der Familienhelfer gleich zu Anfang den Eltern empfohlen, die Tochter zum Reiten zu schicken, „weil sie schon so viel hat aushalten müssen", was für den *Stiefvater* ein „Ausgleich der Gerechtigkeit war". Und er findet es auch „ganz toll, das man des mal fassen kann, … was einem alles so im Kopf umhergeht." Damit bezieht er sich auf abendliche Gespräche, in deren Rahmen die Eltern ihre Gedanken auf einen großen Zettel schreiben, den Familienbaum anschauen, sich die eigene Familiengeschichte erzählen und die eigenen Lebensziele überlegen und aufschreiben konnten.

Dass diese an unterschiedliche Kommunikations- und Wahrnehmungsmedien gebundene Selbstthematisierung aus seiner Sicht besonders auch veränderte kommunikative Konfliktlösungen im Umgang mit seiner Stieftochter generierte, thematisiert er wie folgt: „Also den Kampf gar net erst aufnehmen, sondern sagn, Zimmer aufräumen und fertig. Und keine große Diskussionen über Weltleid und Weltschmerz führen. Und früher san halt die Diskussionen ausgeführt worden, da hab i die Tür net zugemacht, da bin i noch mit neigange, und ein Wort gibt das andere, und dann machts bumbum, und dann hats zwar auch aufgräumt, aber ob des die Lösung is … Es is mit Sicherheit net die Lösung. Einfach der Machtkampf ist vorbei zwischen uns zwei … Für mich hab ich erreicht, dass ich mit meine Eltern besser umgehen kann, und auch mit meiner Frau besser umgehen kann."

Bilanziert man die Aussagen der Eltern zu dem raschen Erfolg der SPFH, den sie besonders an der Personenveränderung der Tochter festmachen, so bewerten sie ihn primär anhand der Differenz der spezifischen Vorgehensweise des Familienhelfers zu früheren Hilfeformen. Aus der Sicht der Mutter verfährt er nicht schematisch nach einem Plan und aus der Sicht des Vaters lässt er sich nicht durch die Tochter provozieren. Stattdessen eröffnet er ihr neue Möglichkeiten, sich auszuprobieren, z. B. durch Reitstunden, und setzt somit eher auf positive als auf negative Sanktionen.

Zudem erzeugt seine Ingangsetzung zur kommunikativen Selbstthematisierung des Paares von dem, „was einem alles im Kopf umhergeht", für den Stiefvater alternative kommunikative Problemlösungen im Kontakt mit der Stieftochter. Deren positiven Effekte beobachtet er anhand der Differenz von vorher/nachher. Kam es früher immer wieder zur Eskalation der Konfliktkommunikation bei Erziehungsfragen, z. B. beim Aufräumen des Zimmers, die letztlich in Anwendung physischer Gewalt durch ihn einmündete, „und dann machts bumbum", präferiert er jetzt eine Strategie der Deeskalation, indem er sich gar nicht erst auf einen „Machtkampf" einlässt. Und auch die Mutter beobachtet ihre Tochter als viel offener und verlässlicher im Unterschied zu früher.

Dass diese Personenveränderung zudem auch von der Umwelt, der Lehrerin und der Verwandtschaft, bestätigt wird, rundet die positiven Effekte der SPFH für die Eltern ab.

Bezüglich der Förderung der Kinder durch die SPFH äußert sich die bereits unter 3 b) erwähnte *Ehefrau und Mutter einer Kernfamilie mit einem 9-jährigen Sohn und einer 10-jährigen Tochter* wie folgt (vgl. Blüml u. a. 1994, 115, 119): „Sie (die Familienhelferin) hat unheimlich viel organisiert. Sie hat damals dafür gesorgt, dass der S. (Sohn) in die Schule nach F. gehen kann; das ist nicht so einfach, ein Schulwechsel ... Und sie hat dann einen Termin vereinbart, dass wir Probeunterricht mitmachen können; ... und hat dann no dafür gesorgt, dass er beim Kinderpsychologen einen Termin kriegt, ziemlich schnell. Sie hat mit denen allen zusammengearbeitet, also immer wieder nachgefragt. Antrag stellen, wo ich hin muss und wie das finanziell läuft. Also sie hat sich da wirklich ganz toll erkundigt. Und sie hat damals zusammengearbeitet mit der Klassenlehrerin vom S., da waren immer Gespräche...Beim S. durch die Familienhilfe hat sich der Lebensweg total anders gestaltet. Also wenn ich mir vorstell, die H. (Familienhelferin) hätts damals nicht gegeben, die hätt des net bewirkt oder hätt mir des Angebot net gemacht, also der wär heut scho gescheitert. ... S. hat dadurch alle Möglichkeiten gekriegt für seine Zukunft. Es ist wirklich alles getan worden, was möglich war."

Und die *Mutter einer Stiefvaterfamilie mit fünf Kindern* kommentiert die positiven Effekte der SPFH in Bezug auf die zwei älteren Kinder, einen 14-jährigen Sohn und eine 11-jährige Tochter, beide aus der ersten Ehe, mit folgender Aussage (vgl. Blüml 1994 u. a., Anhang, 13–14):

„... haben dann auch 'ne Therapie gemacht, so 'ne Spieltherapie, je einzeln ... Ich hatte zuerst so des Gefühl, gerad bei den zwei Therapien, dass dann ja doch wieder was ist, was ich nicht richtig gemacht hab und hab des mit der Frau X. (Familienhelferin) durchgesprochen und die hat des wieder dann in a anderes Licht gerückt. Was mich auch belastet hat, die zwei Therapeutinnen von den Kindern, die haben auch so verschiedene Meinungen wieder gehabt; (lacht), da ist auch wieder einiges durcheinandergelaufen bei mir. Die waren also grad gegensätzlicher Meinung in vielen Sachen, schwierig, des so in eine Reihe zu kriegen. Und ich bin letzten Endes mit Frau X. Hilfe wieder an dem Punkt angelangt, dass es eigentlich am besten ist, so wie ichs selber mach, von der Intuition her; dass man sich des auch alles anhörn kann und ganz gut ist, sich des anzugucken, aber dass doch des machen soll, was man als Mutter als richtig empfindet. Des hat sich auch immer wieder bestätigt."

Die Mutter der zuerst zitierten Äußerung sieht vor allem in der Organisation des Schulwechsels und der mit ihm verknüpften multiprofessionellen Kooperation (Kinderpsychologe, Klassenlehrerin) durch die Familienhelferin die entscheidenden Voraussetzungen für eine erfolgreiche Schulkarriere ihres Sohnes. Ohne dieses Engagement der Familienhelferin, das ihrem Sohn neue Selektionsfreiheiten eröffnete, wäre er aus ihrer Sicht mit hoher Wahrscheinlichkeit bereits gescheitert. Indem die Familienhelferin jedoch zugleich auch das Zutrauen der Mutter in die eigenen Kompetenzen stärkte, ließ sich diese nicht nur im Anschluss an die SPFH scheiden, wie wir bereits unter 3 b) sahen, sondern engagierte sich auch selbst im Elternbeirat der Schule.

Die Möglichkeit, eingeschränkte Selektionsfreiheiten und Desorientierungen hinsichtlich der außerfamilialen Förderung und Erziehung der Kinder zu korrigieren und stärker seiner eigenen Erziehungskompetenz zu vertrauen, wird auch anhand der Äußerung der zweiten Mutter ersichtlich. So trug die Familienhelferin aus ihrer Sicht einerseits dazu bei, ihre erzieherischen Selbstzweifel und Unsicherheiten bezüglich der Spieltherapeutinnen und deren widersprüchlichen Ansichten zu reduzieren. Andererseits unterstützte sie sie darin, sich vor allem auf ihre Intuition als Mutter zu verlassen, ohne die professionellen Meinungen völlig zu ignorieren, jedoch mit der Familienhelferin zusammen zu reflektieren, welche von ihnen überhaupt noch notwendig waren. „Ich denke, wir hatten dann vielleicht zu viel Beratungsstellen und Fachleute im Spiel, und da haben wir dann einfach mal geschaut, was ist denn eigentlich noch wichtig, was sollten wir weitermachen, das haben wir mit der Frau X. dann gemacht (Blüml u. a. 1994, Anhang, 14)."

3.2.4.3 Systemtheoretische Kriterien zur Erfolgsbewertung: Möglichkeiten und Grenzen der Sozialpädagogischen Familienhilfe

Die Frage des Erfolges/Misserfolges der SPFH lässt sich im Anschluss an die Forschungen zur Qualitätssicherung durchaus auch als eine ihrer Ergebnisqualität stellen (vgl. zur Qualitätssicherung generell Görres 1999; speziell zur SPFH Merchel 1998; Helming u. a. 1999). Dass diese eng mit der Struktur- und Prozessqualität verknüpft ist, sahen wir im Hinblick auf die erstere im Zusammenhang mit den stellenspezifischen Vorteilen, welche die freien Träger gegenüber den öffentlichen Trägern als lokale Hilfeorganisationen aufwiesen. Und konnten wir bezüglich der Prozessqualität anhand der operativen Durchführung der SPFH als Interaktionssystem verdeutlichen. Dieses steigerte im Zuge seiner Entwicklung (vgl. Kühl 1997; Kühl/Pastäniger-Behnken 1999) die sachliche, temporale und soziale Eigenkomplexität, welche sowohl mit verschärften qualitativen Ansprüchen an das Fachpersonal als auch erhöhten Erwartungen an die Kooperationsbereitschaft und Fähigkeit zur Selbsthilfe der Hilfeadressaten einher ging.

Wie die Ergebnisqualität bzw. die referierten Erfolge/Misserfolge der SPFH aus systemtheoretischer Perspektive bewertet werden können, wollen wir im Folgenden thematisieren. Wir nehmen dazu insofern eine inkongruente Perspektive ein, als wir über die Grenzen des Wissenschaftssystems hinweg, zu beobachten und bewerten versuchen, wie die Familienhelferinnen als Teilnehmer der SPFH ihre Erfolge/Misserfolge bezüglich der Familien(mitglieder) und deren lokale Umweltsysteme beurteilten. Wenn wir von

„versuchen" sprechen, verweisen wir damit vorab auf theoretisch-methodische Unzulänglichkeiten, die sich aus unserer Sicht bezüglich der Generierung der Daten der Erfolgsbewertung der SPFH und ihrer Interpretation durch die Forscher des DJI ergeben (vgl. zu den Daten unseren Abschnitt 3.2.4.1. Zum insgesamt komplexer angelegten theoretisch-methodischen Ansatz, der sich als Kombination einer systemtheoretischen Variante und einem empirischen Methodenmix versteht, siehe Blüml u. a. 1994, 7 ff.).

Um dennoch zu einer annähernd informationshaltigen Bewertung des Erfolges/Misserfolges der SPFH durch die Familienhelferinnen zu kommen, werden wir in einem ersten Schritt, gleichsam in heuristischer Absicht, systemtheoretische Kriterien zur Beurteilung der Ergebnisqualität der SPFH herausarbeiten. Danach im Rückgriff auf sie die empirischen Daten und Interpretationen der Forscher des DJI zur Erfolgsbewertung der SPFH einer selektiven Kritik unterziehen. Und schließlich anhand unserer systemtheoretischen Kriterien ein abschließendes Fazit zum Erfolg/Misserfolg bzw. der Ergebnisqualität der SPFH ziehen. Dazu werden wir die zusammenfassende Abschlussbewertung der Forscher des DJI zum Erfolg der SPFH und – soweit möglich – die von ihnen präsentierten Bewertungen der Familienhelferinnen und Familien berücksichtigen.

a) Erfolg durch erhöhte Inklusionschancen der Familien(personen) oder Misserfolg durch erfolgreiches Scheitern qua Verbleib im lokalen System sozialer Hilfe?

Wenn wir nun aus systemtheoretischer Perspektive den Erfolg/Misserfolg (bzw. die Ergebnisqualität) der SPFH zu beurteilen versuchen, wollen wir zur Erhellung der folgenden Argumentation kurz an einige der von uns bisher zentral verwendeten Begriffe erinnern. Mit dem Begriff der „Inklusion" stellen wir generell auf die strukturelle Kopplung von Personen mit Sozialsystemen qua Übernahme unterschiedlicher Formen von Rollen ab. Für die Mehrheit der urbanen Bevölkerung nimmt diese die Form der Multiinklusion im Kontext der lokalen/supralokalen Funktionsbereiche und ihrer Organisationen an. Sie manifestiert sich als lebensphasenspezifisch unterschiedliche Übernahme und Kombination von primärer Leistungsrolle, Laienrollen und sekundären Leistungsrollen, welche mit milieu- und karrierespezifisch variierenden Selektionsfreiheiten der Personen verknüpft ist (vgl. zu den rollentheoretischen Unterscheidungen im Zusammenhang mit dem Inklusionsbegriff Stichweh 1988; Schimank 2002 a und b, Hohm 2006, 115 ff.; Burzan u. a. 2008, 29 ff.). Demgegenüber reservieren wir für die andere, gleichsam diabolische oder trennende Seite der Inklusionsform den Begriff der „Exklusion". Dieser verweist auf die strukturelle Entkopplung der Personen von bestimmten für die Teilnahme an den lokalen/supralokalen Funktionsbereichen und ihrer Organisationen notwendigen o. g. Rollen. Liegt diese in mehrfacher Form vor, bezeichnen wir sie als Multiexklusion. Die damit verbundenen milieu-und karrierespezifisch eingeschränkten Selektionsfreiheiten und räumliche Konzentration einer Minderheit der urbanen Bevölkerung ordnen wir dem lokalen Exklusionsbereich urbaner sozialer Brennpunkte zu.

Im Anschluss an die selektive Erinnerung einiger unserer zentralen systemtheoretischen Begriffe können wir den Maßstab des Erfolges/Misserfolges der SPFH durch die rollenspezifische Differenzierung der Inklusionsform wie folgt präzisieren und gradualisieren:

1. Der Erfolg der SPFH: Steigerung der Inklusionschancen der Hilfeadressaten durch abgestufte Formen der Reinklusion

Von einem sehr hohen bis hohen Erfolg der SPFH sprechen wir dann, wenn sie zum einen die Häufigkeit und Drastik der Konfliktepisoden und die Rigidität der Konfliktstrukturen des Familiensystems nachhaltig entschärfen kann. Und zum anderen durch umfassende Reinklusion der hilfsbedürftigen Familienpersonen ins Familiensystem und in andere primäre Sozialsysteme der lokalen Funktionsbereiche ihre Entkopplung vom lokalen Hilfesystem auf Dauer stellen kann.

Die umfassende erfolgreiche Reinklusion der Familien(personen) als sehr hoher und hoher Erfolg der SPFH manifestiert sich mithin durch die Inklusionsverkettung folgender Rollen:

- Die erfolgreiche Reinklusion von erwachsenen Personen oder Kindern ins Familiensystem, z. B. durch Beendigung von Fremdplatzierung eines Kindes oder des Wiedereinbezuges geschiedener oder weitestgehend entkoppelter Väter in die Familie.
- Die erfolgreiche Reinklusion von erwachsenen Personen oder Kindern des Familiensystems in lokale Funktionsbereiche und ihre Organisationen durch die selbstverantwortete Übernahme entsprechender Leistungs- und Laienrollen.
- Die Übernahme einer primären Leistungsrolle in Form der Erwerbsarbeit im lokalen Beschäftigungssystem durch die Erwachsenen. Des Weiteren ihre verantwortliche Wahrnehmung der elterlichen Erziehungskompetenz gegenüber der Schule. Und schließlich im Hinblick auf ihr Rollenrepertoire als Laien die angemessene Erfüllung der wirtschaftsbezogenen Mieter- und Kundenrolle bezüglich der Vermieter und Dienstleistungsorganisationen wie Banken und Supermärkte, der Patienten- und Klientenrolle des Gesundheitssystems und der öffentlichen Verwaltung, aber auch die kommunikative Vernetzung im Freizeitsystem.
- Die angemessene Übernahme der Schülerrolle durch die Kinder und ihre Ermöglichung von lokalen Freizeitkontakten durch die Realisierung diverser Laienrollen und/oder sekundärer Leistungsrollen im Kontext der Organisationen des Sports, der Kunst, der Religion etc.

Von einem durchschnittlichen bzw. zufriedenstellenden Erfolg der SPFH soll demgegenüber dann die Rede sein, wenn diese einerseits sowohl die Häufigkeit und Drastik der Konfliktepisoden reduzieren und temporär mildern als auch die Rigidität der Konfliktstrukturen des Familiensystems verringern kann. Und zum anderen selektive Formen der Reinklusion der Familienpersonen in die Sozialsysteme der lokalen Funktionsbereiche ermöglicht, ohne ihre völlige Entkopplung vom lokalen Hilfesystem erreichen zu können.

Die eingeschränkte Reinklusion und die Kontinuität der Inklusion der Familien(personen) ins lokale Hilfesystem als durchschnittlicher und zufriedenstellender Erfolg sind dementsprechend an ein reduziertes Rollenrepertoire gebunden, das sich exemplarisch wie folgt darstellt:

- Die erfolgreiche Vermeidung der Inklusion der Kinder oder Erwachsenen in totale Institutionen, z. B. qua Fremdplatzierung in Erziehungsheime, Einweisung in Vollzugsanstalten, therapeutische Institutionen etc.
- Die wechselseitige Steigerung von Selektionsfreiheiten der Eltern und Kinder bezüglich der Partnerschaft, Haushaltsführung und Erziehung einerseits und der Hausaufgaben und des verhäuslichten Freizeitverhaltens andererseits durch die Lockerung rigider Inklusionsformen des Familiensystems und die Desinhibierung rigoroser Kommunikationsformen.
- Teilweise größere Motivation, bessere Leistungen und/oder kontinuierlichere Präsenz der Kindergarten- und Schulkinder.
- Stärkere Eigenverantwortlichkeit der Eltern bei der Wahrnehmung bestimmter Laienrollen der lokalen Organisationen, z. B. als Hilfeklient oder „Kunde" der Sozialadministration.

Die Komplexität des durch uns beobachteten Erfolges der SPFH variiert also mit dem Grad der Entschärfung des Konfliktsystems Familie, den dadurch erhöhten Selektionsfreiheiten der Familienpersonen in der Familie und ihren lokalen Umweltsystemen und dem Grad der Exklusion/Inklusion im Hinblick auf das lokale Hilfesystem.

2. Erfolgreiches Scheitern der SPFH durch den Verbleib der Familien und Familienpersonen im lokalen System sozialer Hilfe

Ein Misserfolg der SPFH als anderer Seite der Form des Erfolges liegt im Anschluss an die von uns vorgestellten Erfolgskriterien dann vor, wenn der Erfolg der SPFH als gering oder sehr gering einzuschätzen ist. Dies trifft einerseits dann zu, wenn es ihr nur in geringem Maße gelingt, die Häufigkeit und Drastik der Konfliktepisoden des Familiensystems zu reduzieren oder abzumildern und den negativen Integrationssog seiner Konfliktstrukturen zu entschärfen. Und andererseits dann, wenn sie nur in (sehr) begrenztem Maße Prozesse der Selbstanpassung der Familien(personen) mit erhöhten Selektionsfreiheiten generieren kann, welche die Abhängigkeit vom lokalen Hilfesystem reduzieren könnten.

Der Misserfolg der SPFH lässt sich dementsprechend selektiv anhand des folgenden Rollenprofils exemplifizieren:

- Inklusion eines Kindes oder Erwachsenen in totale Institutionen, z. B. qua Fremdplatzierung in Erziehungsheime, Einweisung in Vollzugsanstalten, therapeutische Institutionen etc.
- Inklusion der restlichen Familienpersonen ins Konfliktsystem Familie mit kontinuierenden Konfliktepisoden und Konfliktstrukturen;
- Kontinuität der Inklusion ins lokale Hilfesystem als hilfsbedürftige Familie(npersonen);
- Exklusion der Erwachsenen aus (lokalem) Beschäftigungssystem;
- Exklusion der Kinder aus lokalen Freizeitorganisationen.

Zusätzlich gehen wir davon aus, dass der Abbruch der SPFH durch die Familie, je nach programmspezifischer Kausalattribution, als professioneller Misserfolg, professionell unlösbares Problem oder legitime Aufkündigung der Reziprozität seitens der Familie bewertet werden kann.

Dass die Wahl der paradoxen Formulierung „erfolgreiches Scheitern der SPFH" durchaus Sinn macht, erhellt sich, wenn wir uns eine bereits zitierte Äußerung von Blüml u. a. (1994, 177) ins Gedächtnis zurückrufen: „Andererseits sind Familien, die SPFH erhalten haben, ja zumeist welche, die schon seit längerem der Bezirkssozialarbeit bekannt sind, mit gravierenden Rundum-Problemen; so dass *selbst ein Erfolg der SPFH nicht heißen muss, dass sie nun endgültig aus dem Fokus der öffentlichen Jugendhilfe entlassen sind* (Hervorhebung H.-J. H.), selbst wenn der Verbleib der Kinder in der Familie erst mal gesichert ist."

Als paradox im Sinne des „erfolgreichen Scheiterns" lässt sich diese Äußerung der Forscher des DJI dann verstehen, wenn mit ihr konstatiert werden soll, dass die SPFH zugleich erfolgreich (Vermeidung der Fremdplatzierung des Kindes) und erfolglos (weiterhin im Fokus der öffentlichen Jugendhilfe) sein kann. Entparadoxieren können wir diese Äußerung einerseits, indem wir sie als Hinweis auf das Komplexitätsgefälle von Organisation (öffentliche Jugendhilfe) und organisiertem Interaktionssystem (SPFH) begreifen, d. h., deren prinzipiell begrenzte Erfolgsmöglichkeiten. Dies entspräche dem, was wir als zufriedenstellenden Erfolg der SPFH bezeichneten. Andererseits können wir ihr jedoch auch implizit entnehmen, dass der Erfolg der SPFH mit der Entkopplung vom Fokus der öffentlichen Jugendhilfe einher gehen kann, d. h., dass in diesem Falle der Erfolg der SPFH mit der Exklusion aus dem lokalen Hilfesystem identisch wäre. Dies entspräche dem, was wir als sehr hohen bis hohen Erfolg der SPFH etikettierten. Warum wir aufgrund des Datenmaterials zur SPFH für die erste Variante des erfolgreichen Scheiterns optieren, werden wir weiter unten (vgl. 3. Schlussfazit) begründen.

b) Kritische Anmerkungen zur Erfolgsbewertung der SPFH
durch die Familienhelferinnen

Wie bereits angedeutet, sind die vom DJI erhobenen Daten zur Bewertung des Erfolges/Misserfolges der SPFH durch die Familienhelferinnen in ihrer tabellarischen Darstellung und begrifflichen Explikation von eingeschränktem Informationswert. (vgl. zu ihrer Präsentation Blüml u.a. 1994, 101 ff. und deren selektiver Darstellung unseren Abschnitt 3.2.4.1). Dies wollen wir im Folgenden kurz klarmachen. Dazu greifen wir schon selektiv auf einige der systemtheoretischen Kriterien zurück, die wir als hinreichend komplexen Maßstab zur Bewertung des Erfolg/Misserfolges der SPFH betrachteten.

1. Die Forscher des DJI machen den Erfolg der abgeschlossen SPFH daran fest, mit welchem Prozentsatz die Familienhelferinnen die Frage „Ziele und Teilziele erreicht" in Relation zu anderen Beendigungsgründen beantworteten. Auf welche von vier Themen bzw. Arbeitsbereichen (Familiendynamik, Kinderförderung, praktische Fähigkeiten, materielle Grundlagen) der SPFH sich die erreichten Ziele und Teilziele mit welchem prozentualen Anteil bezogen, bleibt jedoch im Unklaren (vgl. Blüml u.a. 1994, 102–105).

   Erst der explizite Bezug des prozentualen Anteils der erreichten Ziele/ Teilziele auf die einzelnen Arbeitsbereiche ermöglichte aber eine differenzierte Bewertung des Erfolges der SPFH. Nur so könnte man z.B. wissen, in welchem Ausmaß die Reduktion rigider Inklusionsformen in Bezug auf das Familiensystem (= Familiendynamik) oder die Schule (= Kinderförderung) durch die SPFH erfolgreich war.

2. Indem die Forscher die expliziten Kriterien für die begriffliche Unterscheidung von Zielen und Teilzielen, sprich ihrer Differenzierung in Ganzes und Teil, nicht mitteilen, bleibt im Dunkeln, wie die Familienhelferinnen den Erfolg der abgeschlossenen SPFH quantitativ und qualitativ abstuften (vgl. Blüml u.a. 1994, 102–105).

   So erfahren wir z.B. nicht, ob die Familienhelferinnen im Hinblick auf den Arbeitsbereich „Kinderförderung" den regelmäßigen Schulbesuch vorher schulabsenter Kinder im Sinne der Reinklusion als erreichtes Ziel bewerteten. Oder ob sie ihn ihm nur ein erreichtes Teilziel sahen, wenn er z.B. nicht an eine veränderte Achtung durch die Lehrer und Mitschüler, sprich die Reduktion rigider Inklusionformen, gekoppelt war.

3. Die Zuordnung der erreichten Ziele und Teilziele zu den Familien erfolgt nur mittels ihrer quantitativen Verteilung (= „Familienzahl") in Abhängigkeit von der jeweiligen Rangordnung der Arbeitsbereiche (vgl. dazu den nächsten Punkt 4). Ihre Differenzierung nach Familientypen fehlt. Diese werden nur bei der selektiven fallspezifischen Präsentation der Erfolgsbewertung der SPFH durch die Familien unterschieden. Und zwar danach, ob sie die SPFH selbst kontaktierten, den Elternpersonen der Sorgerechtsent-

zug drohte oder aufgrund von Schwierigkeiten bereits länger im Kontakt mit dem ASD standen (vgl. unseren Abschnitt 3.2.4.2 und Blüml u. a. 1994, 114 ff.).

Der fehlende Bezug des von den Familienhelferinnen als erreichte Ziele/ Teilziele bewerteten Erfolges auf die einzelnen Familientypen erschwert jedoch seine differenzierte Bewertung bezüglich der Hilfeadressaten. So erfahren wir nichts über den Grad und den Umfang ihrer Exklusion aus dem lokalen Inklusionsbereich. Und werden auch nicht darüber informiert, in welchem Maße die erreichten Ziele/Teilziele in Abhängigkeit davon divergierten.

4. Die Differenzierung der Erfolgsbewertung „Ziele/Teilziele erreicht" durch die Familienhelferinnen wird einerseits auf den jeweils ersten der vier Arbeitsbereiche und andererseits auf unterschiedliche Rangfolgen der vier Arbeitsbereiche aller SPFH bezogen (vgl. zu den Arbeitsbereichen unseren Abschnitt 3.2.3). Dadurch erfahren wir zum einen, dass es vier Untergruppen der Familien mit quantitativ ungleicher Verteilung der ersten Arbeitsbereiche und weitere unterschiedlich große Untergruppen der Familien je nach Rangfolge der vier Arbeitsbereiche gibt. Und zum anderen werden wir darüber informiert, wie jeweils der prozentuale Anteil der erreichten Ziele/Teilziele hinsichtlich der Untergruppen der Familien variiert.

Für die Forscher des DJI ist folglich die erfolgreichste Untergruppe diejenige von 32 Familien bzw. SPFH mit dem Arbeitsbereich „Familiendynamik" an erster Stelle, gefolgt von „Kinderförderung" und „Verbesserung der Außenbeziehungen". Sie erreichte 40,6 % der Ziele, 37,5 % der Teilziele, bei 9,4 % Abbrüchen, die entweder durch die Familienhelferinnen bzw. Familien zu späteren Phasen der SPFH oder bereits nach der Probephase vollzogen wurden (vgl. Blüml u. a. 1994, 105–106).

Wie jedoch diese quantitativ operationalisierte Erfolgsabstufung der Familienhelferinnen bezüglich der jeweiligen Untergruppen der Familien bzw. abgeschlossenen SPFH für einen Beobachter zu bewerten ist, bleibt aufgrund unserer vorherigen Einwände unklar. So lässt sich dem Ergebnis nicht entnehmen, auf welche der genannten Arbeitsbereiche sich die als Erfolg bewerteten erreichten Ziele und Teilziele im Einzelnen bezogen, wie zwischen den Zielen und Teilzielen differenziert wurde, und um welche Familientypen es sich handelte. Dass dies die Forscher selbst nur vermuten können, wird u. a. an ihrem Kommentar zu dem für sie überraschend guten Ergebnis derjenigen 45 SPFH deutlich, bei denen die „materiellen Grundlagen" den ersten Arbeitsbereich darstellten (Blüml u. a. 1994, 105): „evtl. gehören diese Familien zu der Gruppe mit materiellen Problemen, auf die andere Faktoren wie Sucht oder eine lange Betreuungsgeschichte nicht zutreffen."

Sieht man unsere Einwände auf einen Blick, so wird deutlich, dass die vom DJI generierten und präsentierten Daten zur Erfolgsbewertung der

SPFH durch die Familienhelferinnen nur eingeschränkte Informationen für eine angemessene Beurteilung der Ergebnisqualität der SPFH liefern können.

c) Fazit zum Erfolg/Misserfolg (der Ergebnisqualität) der SPFH

Um dennoch zu einer abschließenden Beurteilung des Erfolges/Misserfolges bzw. der Ergebnisqualität der SPFH durch die Familienhelferinnen zu kommen, bietet es sich an, an das darauf bezogene zusammenfassende Fazit der Forscher des DJI anzuschließen. Seine zentrale Passage lautet wie folgt (Blüml u. a. 1994, 108–109): „Betrachtet man zusammenfassend die verschiedenen Arbeitsbereiche, die Erfolgseinschätzungen und die Erfolgsaussichten verschiedener Tätigkeiten der Fachkräfte, dann lässt sich sagen, dass SPFHs einerseits einen deutlichen innerfamiliären Schwerpunkt haben (Familiendynamik) und dass andererseits nach außen vor allem die Situation von Kindern (Schulen) verbessert wird. Die Situation der Erwachsenen verbessert sich nach außen vor allem bei den Behördenkontakten. Zwei Bereiche schneiden eher ungünstig ab: das sind einmal die Tätigkeiten zur Verbesserung der materiellen Situation und zum zweiten besteht der Eindruck (etwa aus den Interviews), dass bestehende Isolierungen schwer veränderbar sind."

Vor dem Hintergrund unserer systemtheoretisch ausgearbeiteten Erfolgs-/ Misserfolgskriterien können wir für die Ergebnisqualität der SPFH im Anschluss an das zitierte Resümee und die selektive Berücksichtigung der Ergebnisse der Erfolgsbewertung durch die Familien (vgl. dazu unseren Abschnitt 3.2.4.2) folgende Aspekte festhalten:

1. Erfolge der SPFH

- Das Familiensystem: erhöhte Inklusionschancen durch die SPFH
  Am ehesten gelingt es offensichtlich der SPFH, zum Erfolg im Sinne der Reinklusion, Reduktion oder Vermeidung rigider Inklusionsformen in Bezug auf das Familiensystem und seine Familienmitglieder beizutragen (vgl. auch die Bewertung von Blüml u. a. 1994, 108 zu den Prognosen der Familienhelferinnen).
  Sichtbar wurde dies einerseits hinsichtlich der programmspezifischen Präferenz der Familienhelferinnen zugunsten des Themen- bzw. Arbeitsbereichs der Familiendynamik. Andererseits bezüglich der selektiven Ausschnitte von Familien, welche die Effekte der SPFH für sich als positiv bewerteten.
  So konnten wir Formen erfolgreicher Reinklusion besonders hinsichtlich der aus dem Familiensystem exkludierten Familienväter, zum Teil auch bezüglich von Kindern mit vorheriger Fremdplatzierung beobachten. Formen der Reduktion rigider Inklusionsformen manifestierten sich zum einen anhand der Verringerung der Negativintegration durch familiale Konfliktsysteme. Zum anderen kamen sie durch Per-

sonenveränderungen in Form erhöhter kommunikativer Kompetenzen und selbstbewussterer Selbstbeschreibungen und -darstellungen zum Ausdruck. Bei Erwachsenenpersonen erhöhten sie vornehmlich die Selektionsfreiheiten im Hinblick auf die Erwartungen an die Partnerrolle und die Erziehungsfunktion, was speziell auf die Frauen und die Mütter zutraf. Bei den Kindern besonders den konfliktfreieren Umgang mit den Eltern. Dass auch die Vermeidung des Eintritts in totale Institutionen mit rigiden Inklusionsformen gelang, konnten wir ebenfalls bezüglich einzelner Kinder in Familien beobachten, denen der Sorgerechtsentzug drohte.

• Die Schule und Behörden als familiale Umweltsysteme: erhöhte Inklusionschancen durch die SPFH

Die erfolgreiche Veränderung der System/Umwelt-Kontakte des Familiensystems bzw. seiner Familienmitglieder wird bezüglich der Kinder von den Forschern des DJI primär am verbesserten Umweltkontakt zur Schule festgemacht. Dies überrascht nicht, stellte doch die Kinderförderung die zweite programmspezifische Präferenz der Arbeitsbereiche der SPFH dar (vgl. Blüml u. a. 1994, 104). Ob es sich diesbezüglich eher um Reinklusion im Sinne der Wiedereinbindung vorher absenter Schüler oder die Reduktion rigider Inklusionsformen handelte, müssen wir anhand fehlender Informationen dazu offen lassen.

Gleichwohl konnten wir anhand selektiver Äußerungen von Eltern, welche die Effekte der SPFH positiv bewerteten, sehen, dass sowohl die Inklusionsvermittlung des Familienhelfers als auch das durch die SPFH induzierte Eigenengagement der Mütter zur Reduktion rigider Inklusionsformen in der Schule beitrug. So konnte entweder ein Schulwechsel mit besserem Verständnis der Lehrer und Achtung der Mitschüler und/oder erhebliche persönliche Leistungsverbesserungen die Selektionsfreiheiten und Inklusionschancen der Schulkinder erhöhen.

Was die System/Umweltkontakte der Erwachsenen betrifft, stellen die Forscher des DJI in ihrem Fazit speziell auf die Verbesserung der Kontakte zur lokalen administrativen Umwelt ab. Diese spezifische Selektion erfolgreicherer Umweltkontakte wird von ihnen besonders darauf zurückgeführt, dass es sich hierbei um ein eher vertrautes Arbeitsfeld der Fachkräfte handele (vgl. Blüml u. a. 1994, 108).

Dass mit der administrativen Umwelt primär die Sozialadministration gemeint sein dürfte, können wir aus selektiven Äußerungen der Familien schließen, welche besonders gegenüber dem Jugendamt eine deutliche Aversion bis hin zur Angst kommunizierten (vgl. dazu unseren Abschnitt 3.2.4.2) Ob wir die diesbezügliche Verbesserung als Reinklusion und/oder Reduktion rigider Inklusionsformen bewerten können, hängt nicht zuletzt davon ab, ob die betroffenen Erwachsenen den Kontakt zu den Behörden vor der SPFH vermieden oder nur mit eingeschränkter Kompetenz und einem Mangel an Selbstbewusstsein und Selbstachtung wahrnahmen. Inwieweit ihr kompetenteres, selbstbewussteres und mit mehr Selbstachtung ausgestattete Auftreten gegenüber der lokalen Sozialadministration einen Erfolg oder Misserfolg der SPFH indiziert, ist u. a. daran gebunden, ob diese zugleich ihre Inklusionschancen in Bezug auf andere lokale Umweltsysteme erhöhte.

2. Misserfolge der SPFH

• Das lokale Wirtschaftssystem als familiales Umweltsystem: geringe Erweiterung der Inklusionschancen durch die SPFH
Wenn die Forscher in ihrem Fazit darauf hinweisen, dass „die Tätigkeiten zur Verbesserung der materiellen Situation" eher ungünstig abschneiden, so muss man sich zunächst eine von uns bereits zitierte Einschränkung, die sie dazu machten, in Erinnerung rufen. Sie vermuteten nämlich, dass das nach ihren Kriterien durchaus erfolgreiche Abschneiden der SPFH mit dem erstem Arbeitsbereich „materielle Grundlagen" auf Familienformen ohne Suchtprobleme und eine lange Betreuungsgeschichte zurückzuführen sein könnte. Da sie jedoch dieser Hypothese nicht weiter nachgehen, können auch wir nur annehmen, dass bei den erwähnten Familienformen die Ermöglichung von Inklusionschancen größer ist als bei der Mehrheit der anderen Familien.
Was deren „ungünstigeres Abschneiden" der „materiellen Situation" (vgl. dazu unseren Abschnitt 3.2.2.2) betrifft, lassen sich die damit verknüpften Probleme respezifizieren und aufgrund der bereits erwähnten unzureichenden Datenlage dazu nur die folgenden allgemeinen Aussagen machen:
Bezieht sich der Misserfolg der „materiellen Situation" auf das Einkommen und die Arbeit (vgl. dazu und zur Prognose der Familienhelferinnen Blüml u. a. 1994, 108 und 107; aber auch unseren Abschnitt 3.2.4.2), können die Familienhelferinnen anscheinend nur wenig zur Reinklusion derjenigen Erwachsenenpersonen in das lokale Beschäftigungssystem beitragen, die als Arbeitslose und/oder Sozialhilfeempfänger vor der SPFH aus diesem exkludiert waren. Somit bleiben sie zur Regenerierung ihrer Zahlungsfähigkeit weiterhin auf soziale Transferleistungen des lokalen oder zentralen Wohlfahrtstaates in Form von Arbeitslosengeld, Arbeitslosenhilfe und/oder Sozialhilfe angewiesen. Hinzu kommt die Einschränkung ihrer Selektionsfreiheiten durch die rigideren Inklusionsformen der Organisationskommunikation der lokalen Sozialadministration und ihrer komplementären Rollen als Arbeitsloser und/oder Sozialhilfeempfänger. Dass diese jedoch von manchen der Erwachsenenpersonen selbstbewusster wahrgenommen werden, sahen wir bereits.
Bezieht sich der Misserfolg der „materiellen Situation" auf Probleme der Zahlungsunfähigkeit in Form von Schulden (vgl. dazu Blüml u. a. 1994, 108), indiziert er, dass die Familienhelferinnen bezüglich der

Mehrheit der Familien offenbar keine erfolgreiche Entschuldung einleiten konnten (vgl. jedoch zu einem Beispiel erfolgreicher Entschuldung Blüml u. a. 1994, 136 ff.). Somit sind ihre monetären Selektionsfreiheiten nach der SPFH durch rigide Inklusionsformen ihrer Laienrollen als Schuldner, Bankkunde und Konsument in den lokalen Organisationen des Wirtschaftssystems auch weiterhin stark eingeschränkt.

- Der Sozialraum des eigenen Wohnquartiers als familiales Umweltsystem: geringe Erweiterung der Inklusionschancen durch die SPFH
  Ist der Misserfolg der „materiellen Situation" an Probleme der Wohnungssituation gekoppelt, scheint er für die Familienhelferinnen am größten zu sein (vgl. zu ihrer diesbezüglich schlechtesten Erfolgsprognose Blüml u. a. 1994, 107; unseren Abschnitt 3.2.4.2). Dieser bezieht sich offensichtlich primär auf die erfolglose Korrektur der Substandards der Infrastruktur des Wohnquartiers und weniger auf die der Wohnung. So zumindest interpretieren wir die Zuordnung der von den Familienhelferinnen intendierten Verbesserung der Wohnsituation zu den „außerfamiliären" Tätigkeiten (vgl. zu dieser Einordnung Blüml u. a. 1994, 108).
  Wenn unsere Interpretation zutrifft, impliziert das diesbezüglich aus der Perspektive der Familienhelferinnen sehr ungünstige Abschneiden der SPFH zumindest zweierlei: Zum einen können sie scheinbar nur wenig zur Reinklusion der Familien in die Wohnquartiere der Stadtteile außerhalb der sozialen Brennpunkte beisteuern. Zum anderen bleiben selbst in Bezug auf diese ihre Bemühungen zur Reduktion der von uns beschriebenen rigiden sozialräumlichen Inklusionsformen der dort wohnenden Familien(mitglieder) weitestgehend erfolglos (vgl. unseren Abschnitt 2.2). Das bedeutet aber auch, dass sie die auf den Sozialraum des eigenen Wohnquartiers bezogene Hilfe zur Selbsthilfe im Sinne des vielzitierten Empowerment nur sehr bedingt initiieren konnten und können (vgl. dazu Stark 1993; Blüml u. a. 1994, 9 ff.).
- Soziale Kontaktsysteme als familiale Umweltsysteme: geringe Erweiterung der Inklusionschancen durch die SPFH
  Aus der Schlussbewertung der Autoren des DJI, dass „bestehende soziale Isolierungen" durch die SPFH „schwer veränderbar" seien, geht nicht hinreichend deutlich hervor, auf welche familiale Umweltsysteme die auf ihre Reduktion bezogene Initiierung von „Außenkontakten" durch die Familienhelferinnen genauer referiert (vgl. zum entsprechend ungünstigen Prognoseergebnis der Familienhelferinnen hinsichtlich des Items „Außenkontakte" Blüml u. a. 1994, 107).
  Beziehen sich die Außenkontakte auf Adressaten des lokalen Inklusionsbereichs, impliziert das diesbezügliche Scheitern der SPFH ein Misslingen der Reinklusion der Familienmitglieder in andere als die im Zusammenhang mit dem Erfolg der SPFH erwähnten lokalen Funktionsbereiche. Soziale Isolation hieße in diesem Fall, dass die Familien(mitglieder) als Initiatoren und Adressstellen der Kommuni-

kation einer Vielzahl von Organisationen und Interaktionen lokaler Funktionsbereiche ausschieden.

Handelt es sich hingegen um Kontakte zu familialen Umweltsystemen innerhalb des eigenen Wohnquartiers, seien es informellere (Nachbarn, Verwandte, Freunde, Peergroups, Initiativen etc.), seien es formalere Sozialsysteme (Vereine, Vereinigungen, intermediäre Organisationen), indiziert der Misserfolg der SPFH, dass es ihr selbst dort nur schwer gelingt, die Familien(mitglieder) aus ihrer sozialen Isolation zu „befreien". Ihre Selektionsfreiheiten würden damit weiterhin auf wenige Sozialsysteme des lokalen Exklusionsbereichs der urbanen sozialen Brennpunkte beschränkt. Soziale Isolation würde in diesem Fall mit dem gleichzeitigem Risiko ihrer Abhängigkeit von rigiden Inklusionsformen der verbliebenen Sozialsysteme einhergehen.

3. Schlussfazit

Wenn wir also zum Abschluss die Frage nach der Ergebnisqualität der SPFH zu beantworten versuchen, beziehen wir die Antwort auf unsere systemtheoretisch reformulierte Ausgangsfrage. Ihre als Alternative zugespitzte Form lautete: ist die SPFH erfolgreich, indem sie die Inklusionschancen exkludierter Familien(mitglieder) erhöht? Oder scheitert sie, indem sie zwar Erfolge aufweisen kann, letztlich aber am Verbleib der exkludierten Familien(mitglieder) im lokalen System sozialer Hilfe nichts Einschneidendes verändern kann?

Je nachdem, ob wir für die eine oder andere Seite der Alternative optieren, können wir zwischen einer harten und weichen Antwort unterscheiden. Dabei gilt es zu berücksichtigen, dass beide Antworten nicht auf jede der SPFH zutreffen, ihre Datenbasis eher unzureichend ist und sich im Wesentlichen auf Informationen zur SPFH im Bundesland Bayern stützt. Einschränkungen, die man selbst wiederum auf das Negativkonto des erreichten Entwicklungsstandes der Ergebnisqualität verbuchen könnte (vgl. Merchel 1998, 27 ff.).

- Harte Antwort: erfolgreiches Scheitern durch Verbleib im lokalen System sozialer Hilfe und Exklusionsbereich urbaner sozialer Brennpunkt

  Mit einer harten Antwort kämen wir zu einer Bewertung der SPFH, die im Kern auf ihren Misserfolg im Sinne eines erfolgreichen Scheiterns hinausliefe. Der SPFH bzw. den Familienhelferinnen misslänge in diesem Fall die Erhöhung der (Re-)Inklusionschancen der Familien(mitglieder) bezüglich des lokalen Inklusionsbereichs, besonders der Wirtschaft, einerseits und hinsichtlich der Infrastruktur des eigenen Wohnquartiers und seiner informellen und formellen Sozialsysteme andererseits.

  Die SPFH würde somit ihrem eigenem Anspruch nicht gerecht, sich mit ihren Hilfeoperationen nicht nur auf das Familiensystem und die Familienpersonen zu beschränken, sondern sie zugleich auch auf deren strukturelle Kopplung mit relevanten Umweltsystemen auszuweiten.

Damit könnte sie an der strukturellen Entkoppelung des Familiensystems von diesen und der Mehrfachexklusion der Familienpersonen aus ihnen nichts Entscheidendes verändern. Dies träfe vor allem auf diejenigen SPFH zu, die es mit denjenigen Familientypen zu tun hatten, deren Familienmitglieder im lokalen Exklusionsbereich urbaner sozialer Brennpunkte lebten und bereits eine längere Inklusionsgeschichte (= Betreuungsgeschichte) im lokalen System sozialer Hilfe hinter sich hatten.

Der Erfolg der SPFH schrumpfte in diesem Falle auf die Erhöhung der Inklusionschancen der Familienpersonen hinsichtlich der Trias Familiensystem, Schule und lokale Sozialadministration zusammen. Die Paradoxie ihres erfolgreichen Scheiterns bestünde folglich darin, an ihrem weiteren Verbleib im lokalen System sozialer Hilfe dennoch nichts ändern zu können. Damit geriete die SPFH jedoch in die Gefahr, mindestens zwei der generellen Verdachtsmomente der Beobachter des Funktionssystems sozialer Hilfe zu bestätigen (vgl. 3.1), nicht effektiv helfen zu können und die Zufuhr von Hilfeadressaten, wenn auch mit gestärkten Selbsthilfekompetenzen, auf Dauer zu stellen (Dass sich der dritte Verdacht der Stigmatisierung der Hilfeadressaten qua sozialer Hilfe im Zuge der Qualitätssteigerung der SPFH verringerte, betont Helming 1998, 293). Sie bliebe somit eine zwar intensive, aber weitestgehend ineffektive Episode für die von ihr temporär betreuten Familien(mitglieder) im Rahmen der fortdauernden Exklusionsverwaltung des lokalen Systems sozialer Hilfe (vgl. zum Begriff der Exklusionsverwaltung Bommes/Scherr 1996).

• Weiche Antwort: Erfolg durch Erhöhung von Inklusionschancen und Entkopplung vom lokalen System sozialer Hilfe
  Eine weiche Antwort auf unsere Ausgangsfrage betonte im Unterschied zur harten Antwort die Erfolge der SPFH bezüglich der Trias Familiensystem, Schule und Sozialadministration. Sie sähe in der mit ihr verknüpften Erhöhung der Inklusionschancen der Familien(personen) nicht nur die positiven Effekte ihrer programmspezifischen Präferenzen zugunsten der Familiendynamik und Kinderförderung. Sondern sie erwartete von den damit verknüpften erweiterten Selektionsfreiheiten auch die Möglichkeit eines Transfers auf die anderen familialen Umweltsysteme, sei es des lokalen Inklusionsbereichs, sei es des lokalen Exklusionsbereichs des urbanen sozialen Brennpunkts. Dies träfe vor allem auf diejenigen Familientypen der SPFH zu, die eine eher kürzere Inklusionsgeschichte im lokalen System sozialer Hilfe und keine Suchtprobleme aufwiesen.
  Der Erfolg der SPFH würde dann im Falle seiner erfolgreichsten Variante an der Entkopplung der Familien(personen) vom lokalen Hilfesystem und ihrer weitestgehenden Reinklusion in den lokalen Inklusi-

onsbereich festgemacht. Dazu würde vor allem auch die Lösung der monetären Probleme, z. B. im Falle erfolgreicher Entschuldung, beitragen. Er könnte jedoch auch in einer abgestufteren Variante auf ihre nurmehr lose Anbindung an das lokale System sozialer Hilfe, ihr stärkeres Engagement im Wohnquartier des urbanen sozialen Brennpunktes und einer Verringerung der sozialen Isolation durch die Inklusion in informelle und formale Sozialsysteme bezogen werden.

Anhand unserer systemtheoretischen Erfolgskriterien und der vorhandenen Datenbasis zur SPFH optieren wir für die harte Antwort. Die angedeuteten erfolgreichen Varianten der weichen Antwort halten wir für die empirisch seltener vorkommenden Fälle. So lässt sich auch Schattner (2007, 600) interpretieren, wenn er in seinem aktuellen Artikel zur SPFH deren Effekte wie folgt bilanziert: „Insgesamt kann man im positiven Fall sagen, dass es mit der Hilfeform SPFH gelingen kann, Familien mit Mehrfachbelastungen soweit zu stärken, dass sie wieder einigermaßen zurecht kommen oder sich Hilfe organisieren können. Dies bedeutet, dass sie sich und ihre von ihnen beeinflussbare Umwelt verändert haben. Davon profitieren neben den Eltern besonders die Kinder. Weiterhin kann sich während einer SPFH auch herausstellen, dass trotz aller Bemühungen die Kinder nicht in ihrer Familie bleiben können. Dann kann gerade in der SPFH ein kindgerechter neuer Lebensort gesucht werden, wobei die Eltern verantwortlich an einer freiwilligen Fremdunterbringung beteiligt werden können. Sollen weitergehende Veränderungen erreicht werden, dann sind umfassendere Ansätze nötig."

Mit unserer Option zugunsten der harten Antwort stellen wir jedoch weder das Engagement und die Fachkompetenz der Familienhelferinnen in Frage noch schließen wir es aus, dass Reformreflexionen und -maßnahmen sowohl zur Verbesserung der Ergebnisqualität als auch der Prozess- und Strukturqualität der SPFH beitragen können (vgl. dazu Blüml u. a. 1994, 109; Merchel 1998; Helming 2000; Hofgesang 2001). Wir behaupten jedoch, dass all dies nicht ausreicht, um die Inklusionschancen multiexkludierter Personengruppen urbaner sozialer Brennpunkte auf Dauer zu erhöhen oder das Abgleiten von Personengruppen des lokalen Inklusionsbereiches in diese zu verhindern, wenn es insbesondere um die Lösung der Probleme der Zahlungsunfähigkeit, der Infrastruktur der Wohnquartiere und sozialen Isolation geht.

Zur Ergebnisqualität der SPFH gehört mithin für uns als systemtheoretische Beobachter auch, dass das Fachpersonal in Kooperation mit seinen Koordinatoren und Fachleitern nicht nur die Möglichkeiten, sondern auch die Grenzen seiner Hilfefähigkeit thematisiert. In dem Maße, in dem dies geschieht, schärft das Fachpersonal einerseits das Profil und die Reputation der SPFH bezüglich der Lösung derjenigen Probleme, bei denen sie Erfolge vorweisen kann. Und kann es andererseits „Aufträge" und Erwartungen durch Umweltsysteme wie das Jugendamt und die Familien mit Verweis auf ihre dokumentierte Erfolglosigkeit bzw. Hilfeunfähigkeit abweisen. Dies könnte zudem die Glaubwürdigkeit gegenüber solchen Anbietern erhöhen, die mit „Dumpingpreisen" die Lösung „unlösbarer" Probleme durch die SPFH versprechen (vgl. dazu Merchel 1998, 30).

Sofern zu diesen die Verminderung der Zahlungsunfähigkeit, die Verbesserung der Infrastruktur der Wohnquartiere und der Abbau der sozialen Isolation der Familien(personen) urbaner sozialer Brennpunkte gehörten, stellt sich die Frage, ob sie nur für die SPFH oder prinzipiell unlösbar sind. Zu ihrer Beantwortung müssen wir im letzten Kapitel unserer Ausführungen noch einmal eine komplexere Beobachterperspektive als die der Reduktion auf die SPFH einnehmen.

4. Ausblick: „Soziale Stadt" – eine positive Vision der Transformation sozialer Brennpunkte durch Kontextsteuerung oder Reformpoesie?

Wenn die Akteure des lokalen Funktionsbereichs sozialer Hilfe, wie wir am Beispiel der SPFH gezeigt haben, der Tendenz nach offenbar überfordert sind, sobald sie mehr als die erfolgreiche Stabilisierung ihrer Hilfeadressaten im Exklusionsbereich sozialer Brennpunkt zu erreichen versuchen, bietet es sich an, nach potentiell erfolgreicheren Problemlösungen jenseits dieses Funktionsbereiches Ausschau zu halten.

Wir beschränken unseren Fokus diesbezüglich auf Steuerungsversuche der Großstädte und Stadtstaaten der letzten beiden Dekaden, die explizit auf die sozialen Brennpunkte als lokale Exklusionsbereiche zugeschnitten sind und waren. Zu Beginn der 1990er Jahre waren es zunächst im Anschluss an Programme der Europäischen Union (z.B. Urban I, Urban II) die Bundesländer Nordrhein-Westfalen, Hamburg Hessen und Berlin, die Sonderprogramme für benachteilige Stadtgebiete in Gang setzten. Abgelöst wurden diese seit 1999 vom Bund-Länder Programm „Stadtteile mit besonderem Entwicklungsbedarf – die Soziale Stadt". Das rechtliche Resultat dieser vertikalen Politikverflechtung bestand in ihrer Integration in die „Verwaltungsvereinbarung über die Gewährung von Finanzhilfen des Bundes an die Länder nach Artikel 104 a Absatz 4 des Grundgesetzes zur Förderung städtebaulicher Maßnahmen". Als solches steht das Programm „Soziale Stadt" in der Tradition der seit 1971 im Städtebauförderungsgesetz geregelten Städtebauförderung, was sich auch darin niederschlägt, dass es seit Juli 2004 als § 171 e im Bundesbaugesetz enthalten ist. Seit seiner rechtlichen Institutionalisierung expandierte es sukzessive, so dass es Ende 2008 bereits 571 Programmgebiete in 355 Städten und Gemeinden umfasste (vgl. dazu Bundestransferstelle Soziale Stadt 2010 und zur politisch-rechtlichen Geschichte des Programms „Soziale Stadt" sowie ähnlichen Programmen auf der Ebene anderer westeuropäischer Nationalstaaten und der Europäischen Union, Becker/Löhr 2000, 23–24; Häußermann 2005, 6 ff.; Franke 2008, 128 ff.; Krummacher 2007, 361; Walther/Güntner 2007, 391 ff.).

Schaubild 7: Der Reformprozess des Programms „Soziale Stadt": Politikebenen und Begleitforschung 1999–2010

A. Organisationen: PAS/Wissenschaft/Medien	B. DER REFORMPROZESS DES PROGRAMMS „STADTTEILE MIT BESONDEREM ENTWICKLUNGSBE DARF – DIE SOZIALE STADT"											
	0. Vorlaufphase: 1993–1999		1. Entstehungs-und Experimentierphase: 1999-2002				2. Erweiterte Implementierungs- und Evaluationsphase: 2003–2010					
	1993	1999	1999	2000	2002	2003	2004	2006	2007	2008	2009	2010
I. Politik												
1. Bundesebene: Regierung/BVBW												
2. Länderebene:	Vorreiterfunktionen bei der Erprobung und Umsetzung integrativ-integrierter Stadtteilentwicklungskonzepte:											
NRW	1993: Programm „Stadtteile mit besonderem Erneuerungsbedarf"											
Hamburg	1994: Pilotprogramm zur Armutsbekämpfung											
Ministerkonferenz der ARGEBAU horizontale Politikkoordination (-verflechtung) **HEGISS**	9. November 1996 Gemeinschaftsinitiative „Soziale Stadt" als „Aktionsprogramm"		Stand 01.03.2000 LEITFADEN zur Ausgestaltung der Gemeinschaftsinitiative „Soziale Stadt": Zweite Fassung **September 2000: Hessische Gemeinschafts-initiative Soziale Stadt**									
Bund-Länderebene: vertikale Politikkoordination (-verflechtung)			**September 1999: Verwaltungsvereinbarung zwischen Bund und Ländern Bund-Länder-Programm „Stadtteile mit besonderem Entwicklungsbedarf – die soziale Stadt" als Ergänzung zur traditionellen Städtebauförderung und auf der Basis der Koalitionsvereinbarung zwischen (SPD) und Bündnis 90/Die Grünen**				18. Dezember 2008/25. Februar 2009: Verwaltungsvereinbarung zwischen Bund und Ländern Städtebauförderung 2009 über die Gewährung von Finanzhilfen des Bundes an die Länder nach Artikel 104 b des Grundgesetzes zur Förderung städtebaulicher Maßnahmen					

	1999: 161 Stadtteile in 124 Gemeinden / 2002: 300 Stadtteile in 214 Gemeinden	2009 571 Gebiete in 355 Gemeinden **Frankfurt a.M.: IHK „Soziale Stadt Gallus" (Juli 2006)**
3. Kommunen: Städte und Gemeinden „Stadtteile mit besonderem Entwicklungsbedarf": Fördergebiete		
II. Wissenschaft		
1. Deutsches Institut für Urbanistik – Difu (Begleit- und Auftragsforschung)	Anhang 2: Dezember 2002, 262–264: Gemeinsames Resümeepapier aller Programmbegleitung-vor-Ort-Teams: Soziale Stadtteilentwicklung geht alle an! Das Bund-Länder-Programm Soziale Stadt: Folgerungen für die Weiterentwicklung aus den Erfahrungen der Programmbegleitung vor Ort in den 16 Modellgebieten	Juni 2003: Bericht der Programmbegleitung im Auftrag des BfVBW finanziert aus Mitteln des Programms (ExWoSt)
2. Institut für Stadtforschung und Strukturpolitik – IfS (Auftragsforschung)	Beginn: Juni 2003: Gutachten von BBR im Auftrag des BMVBW zur „Zwischenevaluierung des Bund-Länder-Programms „Förderung von Stadtteilen mit besonderem Entwicklungsbedarf – die soziale Stadt" im Rahmen des Experimentellen Wohnungs- und Städtebaus (ExWoSt)	September 2004: „Zwischenevaluierung des Bund-Länder-Programms „Förderung von Stadtteilen mit besonderem Entwicklungsbedarf – die soziale Stadt": Kurzfassung
3. Experten-/Steuerungsgruppe „Soziale Stadt"	11.09.2002: Vorbereitung und Begleitung der Zwischenevaluierung	30.09.2004/13.10.2004: Stellungnahme zur Zwischenevaluierung des Bund-Länder-Programms „Förderung von Stadtteilen mit besonderem Entwicklungsbedarf – die soziale Stadt" zu der Zwischenevaluierung des Programms durch das IfS
4. Bundestransferstelle Soziale Stadt (Ende Dezember 2003 angeschlossen an Difu)		Juli 2008: Statusbericht 2008 zum Programm Soziale Stadt: Kurzfassung im Auftrag des BMVBS vertreten durch das BBR

Im Folgenden werden wir zunächst die Entstehungs- und Experimentierphase des Programms „Soziale Stadt" in der Form präsentieren, wie sie sich uns 2002 in einer ersten Zwischenbilanz auf dem Hintergrund unserer Grundannahme der dezentralen Kontextsteuerung darstellte. Danach werden wir die damals eventuell etwas vorschnell gestellte Frage nach der positiven Transformation der sozialen Brennpunkte nochmals aufzugreifen versuchen.

Mit der damit angesprochenen zweiten, aktuelleren Zwischenbilanz beziehen wir uns auf die inzwischen eingetretene umfangreichere Implementierungs-, Stabilisierungsphase und Evaluierungsphase des Programms „Soziale Stadt". In ihrem Zentrum wird ein Reframing im Kontext unserer systemtheoretischen Beobachtung stehen: nämlich eine Substitution der Perspektive der Kontextsteuerung durch die der Poesie der Reformen – wenn man so will: ein Wechsel von Willke zu Luhmann. Was man durch die Brille seiner Reformtheorie in Bezug auf das Programm „Soziale Stadt" zu sehen bekommt, wenn man sich ihre Implikationen vorher klargemacht hat, werden wir ausführlich anhand einer komplexen Selbstbeschreibung des Integrierten Handlungskonzeptes des Frankfurter Stadtteils „Gallus" thematisieren. Beenden werden wir das 4. Kapitel mit dem Versuch einer Beantwortung seiner vorangestellten Generalfrage (vgl. zum Folgenden auch das Schaubild 7 zur Groborientierung.).

4.1 Zwischenbilanz der Entstehungs- und Experimentierphase des Programms „Soziale Stadt" (1999–2002)

Zuerst werden wir in gebotener Kürze die zentralen Prämissen des Programms „Soziale Stadt" vorstellen. Danach die These zu begründen versuchen, dass sich ihre eigentliche Innovation als eine Form der dezentralen Kontextsteuerung interpretieren lässt (vgl. zu deren Grundproblemen Willke 1997, 90–91). Und abschließend auf einige ihrer Probleme verweisen.

4.1.1 Zentrale Prämissen des Programms „Soziale Stadt"

Was zunächst die Prämissen des Programms „Soziale Stadt" betrifft, so lassen sie sich anhand der Selbstbeschreibung wichtiger Akteure der Administration bzw. Begleitforschung (vgl. Alisch 1997; Becker/Löhr 2000; Löhr 2000) auf folgende zentrale Merkmale zusammenziehen:

a) Zentrales Ziel:
  Seine wesentliche Zielsetzung besteht darin, „Stadtteile mit besonderem Entwicklungsbedarf zu selbständig lebensfähigen und zu lebenswerten Stadtteilen zu entwickeln" (Löhr 2000, 5) bzw. der „sozialräumlichen Spaltung in den Städten" entgegenzuwirken (Becker/Löhr 2000, 22).

b) Integrierte Stadt(teil)entwicklung/-erneuerung:
Damit dieses Leitziel implementiert werden kann, bedarf es einer integrierten Stadt(teil)entwicklung, die sich erstens nicht nur auf das „Soziale" beschränkt (Löhr 2000, 5); zweitens die Reduktion auf die hierarchische Dominanz einer sektoralen und hoheitlichen Politik bzw. Verwaltung als Steuerungszentrale aufgibt (Becker/Löhr 2000, 24 ff.); drittens sich nicht allein auf die Stadtteile konzentriert und viertens den ineffektiven und ineffizienten Umgang mit knapper werdenden Finanzmitteln aufgibt (Löhr 2000, 15).
Positiv ausgedrückt impliziert das Konzept einer integrierten Stadt(teil)entwicklung dementsprechend

- eine Kooperation und Koordination der unterschiedlichen Sektoren und Ressorts der Verwaltung und Politik durch eine Verwaltungsmodernisierung und mit Hilfe eines strategischen Managements (Löhr 2000, 5; Becker/Löhr 2000, 24 ff.);
- eine Kooperation und Koordination unterschiedlicher Akteure der lokalen Funktionsbereiche außerhalb der Verwaltung und Politik (Wirtschaft, Wohlfahrtsverbände, Wohnbaugesellschaften, Professionelle etc.);
- eine effizientere und effektivere Bündelung der knappen monetären Ressourcen.

c) Quartiersmanagement:
Neben der integrierten Stadt(teil)entwicklung kommt vor allem dem Quartiersmanagement in den Stadtteilen mit sozialen Brennpunkten eine zentrale Rolle als Mittler bzw. Mediator (Löhr 2000, 13) zu. Seine Funktionen bestehen vor allem darin

- zur Vernetzung der lokalen Akteure der Funktionsbereiche des Quartiers untereinander und mit der Verwaltung und lokalen Politik beizutragen;
- die Bewohner für die Entwicklung ihres Quartiers zu aktivieren;
- die Projekte (z. B. in Bezug auf Wohnen und Beschäftigung) zu entwickeln und koordinieren (vgl. Alisch 1997, 351 ff.; Becker/Löhr 2000, Löhr 2000, 10).

d) Vom fürsorgenden zum aktivierenden Staat:
Als innovativ im Zusammenhang mit dem Programm Soziale Stadt gilt besonders das ihm zugrunde liegende veränderte Staatsverständnis. Im Hinblick auf die integrierte Stadt(teil)entwicklung bedeutet es, dass

- die Akteure der Politik und Verwaltung durch neue Verfahren der positiven Kooperation- und Koordination ihr paternalistisches und sektorales an Ressortegoismen orientiertes Selbstverständnis aufgeben sollen. Um die mit der Stadt(teil)entwicklung verknüpften komplexen Sachverhalte lösen zu können, ist es stattdessen notwendig, „zum einen die kontraproduktiven Folgen des eigenen Handelns auf andere Bereiche selbst von vornherein zu bedenken und zum anderen die

Synergien gemeinschaftlichen Handelns zu nutzen (Becker/Löhr 2000, 26)." Neben der Bereitschaft der beteiligten Akteure, zu lernen und zuzuhören, geht es auch darum „etwas von der eigenen 'Macht' abzugeben und zu erkennen, dass durch gelingende Kooperation dieser Verlust mit einem Zugewinn an Einfluss auf andere Politikfelder und damit an Effizienz und Effektivität bei der Verfolgung der eigenen Politikziele verbunden ist (Becker/Löhr 2000, 26)."

Das neue Verständnis des aktivierenden Staates bezieht sich jedoch nicht nur auf die veränderten Verfahren der Kooperation der lokalen Akteure der Politik und Verwaltung, sondern auch auf die der anderen beteiligten lokalen Funktionsbereiche.

In Bezug auf das Quartiersmanagement in den Stadtteilen mit sozialen Brennpunkten impliziert es, dass

- deren BürgerInnen „nicht mehr Objekt einer sozialplanerischen Betreuung von oben (sind), sondern ihnen ... zugetraut und zugemutet (wird), für sich und ihr konkretes Lebensumfeld Kräfte und Kreativität zu mobilisieren (Löhr 2000, 6)." Mit anderen Worten: eine „Kultur der Abhängigkeit" soll durch eine „Kultur der Selbstbestimmung" ersetzt werden. Sie werden somit nicht mehr als Klient staatlicher Fürsorge, sondern als Koproduzent gesehen, da nur so staatliche Leistungen effektiv und effizient erbracht werden können (vgl. Löhr 2000, 6; Becker/Löhr 2000, 24).

e) Bürgergesellschaft:

Mit der Semantik der „Bürgergesellschaft" bzw. „Zivilgesellschaft" wird zum einen auf diejenigen Bürger in den Stadtteilen mit sozialen Brennpunkten abgehoben, die

- in bereits existierenden unkonventionellen Initiativen von Bürgern – Runde Tische, Agenda-Gruppen, Kriminalpräventive Räte, Stadtteilforen, Selbsthilfeorganisationen etc. – miteinander kooperieren. Deren Kooperationspotential gilt es im Zuge des Programms Soziale Stadt vor allem durch das Quartiermanagement zu nutzen.

Zum anderen zielt sie jedoch vor allem auch auf diejenigen Bewohner sozialer Brennpunkte ab, die

- sozial ausgegrenzt sind und durch „einen Verlust von Selbstbewusstsein und Selbstwertgefühl" gekennzeichnet sind. Es soll nicht mehr primär „für" sie durch höhere staatliche Sozialleistungen gesorgt werden. Sondern sie sollen dadurch in die Gesellschaft integriert werden und deren Anerkennung erfahren, dass ihnen die Politik die „Chance einräumt, einen eigenständigen Beitrag zu einer – durchaus weit verstandenen – Wertschöpfung der Gesellschaft zu leisten (Löhr 2000, 14; vgl. auch Becker/Löhr 2000, 27; siehe generell zur Begrifflichkeit aktivierender Staat und Bürgergesellschaft Olk 2001)."

f) Mittelfristige Zielsetzung:

Was schließlich den Zeithorizont des Programms Soziale Stadt anbelangt, so zeigen nationale und internationale Erfahrungen bezüglich benachteiligter Quartiere, dass eine realistische Erfolgserwartung einen Zeitraum von mindestens 5 Jahren voraussetzt (vgl. Alisch 1997, 356; Becker/Löhr 2000, 29).

Worin die „neue Förderphilosophie" bzw. der dem Programm Soziale Stadt zugrunde liegende Paradigmenwechsel besteht, fasst Löhr 2000, 15 aus seiner Sicht wie folgt zusammen: „in der Kooperation möglichst vieler Beteiligter und der Bündelung ihrer Ressourcen, der Motivation und dem Empowerment der örtlichen Bevölkerung und Wirtschaft sowie der integrierten Entwicklung und gesamtstädtischen Solidarität."

4.1.2 „Dezentrale Kontextsteuerung" als eigentlicher Paradigmenwechsel des Programms „Soziale Stadt"

Im Unterschied zu Löhr sehen wir hingegen den eigentlichen Paradigmenwechsel im Versuch der „dezentralen Kontextsteuerung" (vgl. Willke 1997, 90 ff., 142 ff.). Dies wollen wir im Folgenden bezüglich einiger der dargestellten zentralen Prämissen des Programms Soziale Stadt verdeutlichen. Dazu werden wir uns zum einen des selektiven Rückgriffs auf bereits Dargestelltes bedienen (vgl. unsere Kapitel 1 und 2). Zum anderen im Unterschied zu Willkes zentralstaatlichem Bezug die Großstadt als Systemreferenz der dezentralen Kontextsteuerung wählen.

a) Die Großstadt – so unsere zentrale Prämisse – verkörpert das Paradigma der Modernität und Komplexität der Kommunen (vgl. 1.3.1). Ihre Einheit als Stadtgesellschaft lässt sich nurmehr als horizontale Matrix gleichwertiger lokaler Funktionsbereiche begreifen, die jeweils ihrer Eigenlogik und ihrem Eigeninteresse folgen. Resultieren daraus Folgeprobleme (vgl. 1.3.4), welche die Differenz eines lokalen Inklusions- und Exklusionsbereichs konstituieren, stellt sich zunächst die Frage, ob diese Form der „Spaltung" als evolutionäre Drift der lokalen Ebene hingenommen werden soll, oder ob ihr entgegen gesteuert werden soll und kann.

Wenn die Frage der Steuerung, wie im Falle des Programms „Soziale Stadt", bejaht wird, bedeutet dies zunächst generell, dass die bisherigen Selbstbeschreibungen der jeweiligen Großstadt (vgl. 1.3.5) nicht einfach kontinuieren. Sie werden als kontingent betrachtet. Die Zukunft wird somit als eine vorgestellt, die sich von der Vergangenheit dadurch unterscheidet, dass ihre Entwicklung durch gegenwärtige Entscheidungen anders verlaufen kann (vgl. 1.3.3). Die Semantik des Programms „Soziale Stadt" lässt sich folglich bezüglich ihrer abstraktesten Differenz als die von sozial/unsozial interpretieren. Bei der Steuerung geht es mithin darum, eine Zukunft der Großstadt anzuvisieren, welche bisherige unsoziale Konsequenzen ihrer Funktionsbereiche in Form der „sozialräumlichen Spaltung" (vgl. 1.3.2 und 2.) vermeidet oder reduziert. Die Präferenz der Selbstbeschreibung des Programms zugunsten der „Sozialen Stadt" macht dies deutlich.

Wenn dem aber so ist, kommt es zum einen entscheidend darauf an, mit welcher Form der Steuerung man dies erreichen kann. Und zum anderen, ob es gelingt, die Semantik des „Sozialen" in einer Form zu respezifizieren, welche sowohl im lokalen Inklusionsbereich als auch Exklusionsbereich sozialer Brennpunkte kommunikative Anschlussfähigkeit ermöglicht.

Die Antwort auf diese beiden zentralen Fragen sehen wir in der dezentralen Kontextsteuerung, die für uns – wie bereits erwähnt – den eigentlichen Paradigmenwechsel des Programms „Soziale Stadt" darstellt. Ihre wichtigsten Strukturmerkmale werden wir nun anhand einiger seiner zentralen Prämissen herauszuarbeiten versuchen.

b) Ihr erstes Strukturmerkmal machen wir daran fest, dass das Programm Soziale Stadt nicht mehr allein auf das lokale politisch-administrative System setzt. Es zollt damit unserer systemtheoretischen Einsicht Tribut, dass keiner der lokalen Funktionsbereiche der Stadtgesellschaft den Steuerungsprimat für sich reklamieren kann. Die mit einer integrierten Stadt(teil)entwicklung verbundenen Probleme sind dafür zu komplex und das zu ihrer Lösung vorhandene Wissen und die monetären Ressourcen der Akteure des politisch-administrativen Systems zu gering und knapp. Eine Problemlösung, die auf dessen zentrale, hierarchische Steuerung setzt und mit ihr die Einheit einer zukünftigen Stadtgesellschaft als soziale herzustellen versucht, scheidet mithin aus. An ihre Stelle tritt die dezentrale Kontextsteuerung. Sie unterscheidet sich von der zentralen, hierarchischen Steuerung der Akteure des lokalen politisch-administrativen Systems zunächst dadurch, dass sie deren Vormachtstellung ablehnt. Dieses ist mithin – ebenso wie der nationale Zentralstaat – in seine postheroische Phase eingetreten (vgl. Willke 1997, 347 ff.).

c) Das zweite Strukturmerkmal der Kontextsteuerung erfordert es somit, soweit möglich, alle repräsentativen Akteure der lokalen Funktionsbereiche an der Stadt(teil)entwicklung zu beteiligen. Indem es sich bei dieser um die Lösung hyperkomplexer Probleme handelt, die potentiell alle lokalen Funktionsbereiche tangieren, kommt es primär darauf an, ihr disparat vorhandenes Wissen und ihre monetären Ressourcen für die Problemlösungen zu bündeln. Die Funktion der Akteure des politisch-administrativen Systems besteht dementsprechend vor allem darin, dies zu ermöglichen.

d) Das dritte Strukturmerkmal der dezentralen Kontextsteuerung erschließt sich durch die Präzisierung der Selbstbeschreibung der Stadt(teil)entwicklung als „integrierte". Es besteht in der Unwahrscheinlichkeit der Herstellung von Verfahren bzw. Verhandlungssystemen, bei denen die positive Koordination die weitaus üblichere Form der Negativkoordination ersetzt (vgl. Willke 1997, 107, 112 ff.). Für diese gilt, dass die Akteure der lokalen Funktionsbereiche, inklusive derjenigen der Politik und

Verwaltung, sich primär an der Eigenlogik und an ihrem Eigeninteresse orientieren. Verhandlungssysteme und Verfahren nehmen mithin die Form der Integration durch Negativkoordination an. Die beteiligten Akteure der lokalen Funktionsbereiche lassen sich hinsichtlich ihrer Selektionsfreiheiten nur insoweit beschränken, soweit die Verfahren ihnen Gewinne oder minimale Zustimmung ermöglichen. Uninteressant ist für sie, mit welchen externen Kosten dies für die anderen Umweltsysteme und die Einheit der Stadtgesellschaft verbunden ist.

Fragt man sich nun, worin die Unwahrscheinlichkeit des Zustandekommens der Integration durch Positivkoordination besteht, welche die Verfechter des Programms „Soziale Stadt" anstreben, so handelt es sich um folgende zentrale Voraussetzungen:

- Verhandlungssysteme und Verfahren mit Wohlfahrtseffekten:
  Diese müssen so strukturiert sein, dass sie die Teilnahme repräsentativer Akteure lokaler Funktionsbereiche insofern erleichtern, als für sie zum einen sichtbar und erwartbar wird, worin ihre Vorteile bestehen. Und zum anderen für sie deutlich wird, worin die Nachteile für ihr Beharren auf der exklusiven Orientierung an der Eigenlogik und dem Eigeninteresse ihrer lokalen Funktionsbereiche bestehen. Im Kern bedeutet es, dass sie zugunsten von Wohlfahrtseffekten der Großstadt bereit sein müssen, vorübergehende Einbußen oder Nachteile ihres Eigeninteresses in Kauf zu nehmen, weil sie zugleich mit zukünftigen Vorteilen rechnen können.
- Strategische Fähigkeiten:
  Wahrscheinlicher wird die Form der Integration durch positive Koordination, wenn die beteiligten Akteure darüber hinaus über strategische Fähigkeiten verfügen, welche es ihnen ermöglichen, eine gemeinsame Vision zu entwickeln. In bezug auf das Programm „Soziale Stadt" impliziert dies, dass es den beteiligten Akteuren der lokalen Funktionsbereiche gelingt, eine verbindliche Philosophie bzw. eine Selbstbeschreibung der virtuellen Einheit der Großstadt im Sinne einer „Sozialen Stadt" zu entwerfen. Entscheidend ist dabei, dass diese Vision nicht a priori feststeht, sondern das Ergebnis der Selektion aus einer Vielzahl möglicher Optionen für die zukünftige Gestaltung der Stadt darstellt. Es geht folglich darum, das vorhandene funktionsspezifische lokale Wissen der beteiligten Akteure in die Verfahren einzuspeisen und in einem Lernprozess abzuklären, welche der Optionen angesichts der Voraussicht zentraler städtischer Parameter möglich sind und welche nicht (vgl. Willke 1997, 332). Damit ist zugleich ausgeschlossen, dass sich die Vision der „Sozialen Stadt" dem Verdacht aussetzt, ein reines Phantasieprodukt ohne Wissensbasis zu sein (vgl. dazu auch im Hinblick auf die Notwendigkeit der Sozialberichterstattung Hanesch 1997, 44 ff.).
- Reflexionsfähigkeit:
  Sofern zur Entwicklung einer Vision das gemeinsame Lernen der Ver-

fahrensteilnehmer gehört, bedeutet es für diese, sich auf Selbstreflexion einerseits und Fremdbeobachtung über die Grenzen des jeweiligen eigenen lokalen Funktionsbereichs andererseits einzulassen (vgl. dazu Willke 1997, 108 ff.). Im Kern läuft die Erwartung des Lernens mithin darauf hinaus, dass die beteiligten Akteure sich zu sehen bemühen, welche destruktiven, besonders aber auch konstruktiven Folgen mit den jeweiligen Optionen des eigenen lokalen Funktionsbereichs für die anderen Systeme in ihrer Umwelt verknüpft sind. Zum Erfolg führt diese unwahrscheinliche Form durch Selbstreflexion und Fremdbeobachtung dann, wenn es gelingt, vorhandene destruktive strukturelle Kopplungen der lokalen Funktionsbereiche in eine Richtung zu transformieren, welche die Wohlfahrtseffekte für die zukünftige Einheit der Stadt zu steigern ermöglichen. Wie schwierig dies ist, wird ersichtlich, wenn die strukturellen Kopplungen mit Verteilungskonflikten, z. B. in Bezug auf knappe monetäre Ressourcen, oder die Kompetenzkompetenz hinsichtlich der Bereitstellung kollektiver Güter, z. B. öffentlicher Infrastrukturen, verbunden sind. Es muss mithin den Risiken begegnet werden, dass die beteiligten Akteure letztlich wieder in ihre bekannten Muster des Eigeninteresses und der Exklusivität der Eigenlogik ihrer Funktionsbereiche zurückfallen oder sich durch Exitoptionen der Teilnahme an den Verfahren entziehen können.

- Mediation und Supervision bzw. Intervision:
Soll also ein Rückfall in eine Negativkoordination durch reinen Interessenausgleich und damit ein Verfahren vermieden werden, in dem kompetitive Strategien der beteiligten Akteure die Oberhand gewinnen, muss zusätzlich zu den strategischen und reflexiven Fähigkeiten eine dritte Instanz als Mediator bzw. Supervisor institutionalisiert werden (siehe dazu Willke 1997, 112; 339 ff.). Dessen primäre Funktion ist es, soweit möglich, die blinden Flecken der beteiligten Akteure verfahrensintern zum Thema zu machen. Die Akteure des lokalen politisch-administrativen Systems eignen sich dazu allerdings nur dann, wenn sie in Form einer radikalen Selbstthematisierung ihre eigenen Organisationen und Aufgaben einer Revision unterzogen haben. Das Vertrauen in ihre Funktion als Mediator und Koordinator durch die beteiligten Akteure der anderen lokalen Funktionsbereiche wächst mithin in dem Maße, in dem sie zum einen qua Aufgabenkritik und Verwaltungsreform deutlich machen konnten, dass sie die Kompetenzen zur Strategie- und Reflexionsfähigkeit auch auf sich selbst angewandt haben, z. B. durch das Neue Steuerungsmodell und die Selbstbeschränkung als „schlanker Staat" (vgl. Willke 1997, 307 ff.; 345). Und indem sie zum anderen plausibel kommunizieren können, dass sie für sich nicht mehr den Steuerungsprimat in Anspruch nehmen.

- Selbstzwang/Selbstbindung:
Schließlich ist das Gelingen von Verfahren der positiven Koordinierung daran gebunden, dass die beteiligten Akteure in ihre jeweilige

funktionsspezifische Eigenlogik bzw. die Einheit ihrer jeweiligen Leitdifferenzen die gemeinsam beschlossene programmspezifische Vision der „Sozialen Stadt" in Form eines Selbstzwanges respektive einer Selbstbindung einbauen (vgl. Willke 1997, 109 ff.). Das bedeutet, dass die Option zugunsten der Realisierung einer zukünftigen Stadt, die das Soziale strukturell stärker als das Unsoziale präferiert, mit einer Einschränkung der Selektionsfreiheiten der beteiligten Akteure der lokalen Funktionsbereiche zugunsten einer positiven Form der Integration einher geht. Für die Akteure des lokalen Wirtschaftssystems heißt dies, bei ihren Investitionsprogrammen stärker die sozialen Effekte für den lokalen Arbeitsmarkt zu berücksichtigen; für diejenigen der Wohnungswirtschaft, bei Sanierungen behutsam vorzugehen und im Falle der Zuweisung von Wohnungen mehr auf die Zusammensetzung der Bewohner zu achten; für diejenigen des lokalen politisch-administrativen Systems, die Belange der Sozialpolitik besser mit denen anderer Politikbereiche auszubalancieren etc.

e) Ein viertes Strukturmerkmal der dezentralen Kontextsteuerung sehen wir in Bezug auf das Programm „Soziale Stadt" darin, dass es – neben der gesamtstädtischen Perspektive – vor allem auch darauf ankommt, die mit ihr verknüpfte Vision in den Stadtteilen mit „besonderem Entwicklungsbedarf", sprich in den lokalen Exklusionsbereichen sozialer Brennpunkte, zu implementieren. Damit dies möglich ist, sind mehrere Voraussetzungen notwendig:

- Quartiersmanager als Mediatoren:
  Wie wir bereits sahen, besteht eine der zentralen Funktionen von Mediatoren darin, die blinden Flecken der an ihren Eigeninteressen und ihrer Eigenlogik orientierten kompetitiven Akteure lokaler Funktionsbereiche in eine positive Richtung der Koordination zu lenken. Möglich wird dies, wenn diese in ihre Optionen die der anderen Akteure durch strategische Fähigkeiten, Reflexionsfähigkeit und Selbstbindung einzubauen lernen. Notwendig dafür ist das Vertrauen sowohl der Akteure der lokalen Verwaltung und Politik als auch derjenigen der Stadtteilprojekte in den Quartiersmanager bzw. seinen lokalen Träger. Neben seiner Kompetenz kommt es mithin vor allem auch darauf an, als neutraler Dritter von ihnen perzipiert zu werden. Als solcher soll er zum einen die positive Vernetzung der gesamtstädtischen und dezentralen Interessen im Sinne der Vision bzw. des Leitbildes der Sozialen Stadt induzieren. Und zum anderen die Akteure der Stadtteilprojekte dafür gewinnen, sich an neu initiierten Projekten zu beteiligen, die zentrale Exklusionsrisiken (Infrastruktur, besonders Wohnsituation; Beschäftigung, soziale Isolation etc.) der Bewohner zu reduzieren oder verändern in der Lage sind (vgl. auch unsere Abschnitte 2.2 und 2.3).

- Reinklusion der Bewohner urbaner sozialer Brennpunkte:
  Eine zentrale und abschließend von uns erwähnte Voraussetzung des Programms „Soziale Stadt" besteht darin, besonders die exkludierten

Bewohner der sozialen Brennpunkte für ein Engagement in ihrem Quartier zu mobilisieren. Aus der Perspektive der dezentralen Kontextsteuerung bedeutet dies, Bedingungen herzustellen, die es ihnen ermöglichen, sich von der Negativintegration und den rigiden Inklusionsformen der ihnen verbliebenen Sozialsysteme zu entkoppeln (vgl. unseren Abschnitt 2.5 und 2.6). Im Kern geht es mithin darum, sie – ebenso wie die Akteure der übrigen lokalen Funktionsbereiche – für die Teilnahme an Projekten zu interessieren, welche sie dazu veranlassen, die destruktiven Konsequenzen der Eigenlogik ihrer Sozialsysteme für sich und die Umweltsysteme durch zukünftige Vorteile und das gegenwärtige Zurückstellen eigener Interessen zu substituieren. Der Erfolg der Vision der „Sozialen Stadt" wird sich somit vor allem auch daran messen lassen müssen, inwieweit sie in der Lage ist, Kontextbedingungen für die exkludierten Personengruppen bereitzustellen, welche diese befähigen, sich auf Reziprozität und Sanktionen anstelle von Reziprozitätsverweigerung und Permissivität einzulassen (vgl. unseren Abschnitt 3.1). Mit anderen Worten: Ob es ihnen gelingt, sich an der Vision der „Sozialen Stadt" in einer Weise zu beteiligen, die im Sozialen nicht primär das Medium der Fürsorglichkeit des Funktionssystem sozialer Hilfe sieht. Sondern das Soziale stattdessen als eine Möglichkeit betrachtet, sich von dem Unsozialen als seiner diabolischen Seite qua Erhöhung der Inklusionschancen zu entkoppeln.

4.1.3 Implementierungsprobleme des Programms „Soziale Stadt"

Wie anhand unserer Darstellung von zentralen Prämissen des Programms „Soziale Stadt" und ihrer systemtheoretischen Interpretation als dezentrale Kontextsteuerung ersichtlich wurde, handelt es sich um ein sehr anspruchsvolles, ambitioniertes und höchst komplexes Programm (vgl. zu dieser Sichtweise aus der Perspektive der Selbstbeschreibung auch Löhr 2000, 7). Es erstaunt von daher nicht, dass seine Implementierung mit unterschiedlichen Problemen verknüpft ist. Auf einige von ihnen, die wir als zentral betrachten, wollen wir abschließend aufmerksam machen.

a) Soweit bereits Erfahrungen mit der Durchführung des Programms „Soziale Stadt" vorliegen, wird deutlich, dass es besonders den lokalen Akteuren des politisch-administrativen Systems – trotz Institutionalisierung von Koordinierungsgruppen – schwer fällt, ihre Ressortegoismen und sektorale Eigenlogik zugunsten einer integrierten Vision der „Sozialen Stadt" aufzugeben (vgl. Alisch 1997, 358 ff.; Keim/Neef 2000, 38). So bilanziert beispielsweise Alisch 1997, 360 bezüglich des Hamburger „Programms zur Armutsbekämpfung": „Die übergeordnete Zielsetzung einer gesamtstädtischen integrierten Politik gegen Armut ist hingegen noch nicht erreicht. Besonders jene Ressorts, die nicht in der eigens für das Programm zur Armutsbekämpfung eingerichteten Koordinierungsgruppe vertreten sind, bleiben unbeirrt auf altem Kurs und definieren Armut aus ihrem Zuständigkeitsbereich heraus."

b) Sichtbar wird zudem, dass in einigen Städten die Akteure des lokalen politisch-administrativen Systems noch keine Grundsatzbeschlüsse bezüglich des Programms „Soziale Stadt" gefasst haben, obwohl einige ihrer Stadtteile für dieses ausgewählt wurden (vgl. Löhr 2000, 8).

c) Hinzu kommt, dass es den Akteuren des lokalen politisch-administrativen Systems bisher nicht hinreichend gelungen ist, die diversen lokalen und translokalen monetären Ressourcen so mit denjenigen des Programms „Soziale Stadt" zu bündeln, wie es angesichts der zugespitzten Knappheit der öffentlichen Haushalte erforderlich wäre (vgl. Löhr 2000, 8). Darüber hinaus versuchen einige von ihnen, die „Förderphilosophie" dadurch zu unterlaufen, dass sie die monetären Mittel des Programms „Soziale Stadt" lediglich als „Aufstockung der traditionellen Städtebauförderung" betrachten. Sie entkoppeln somit die Mittelverwendung von dem eigentlichen innovativen Ansatz der positiven Koordination der integrierten Stadt(teil)entwicklung (vgl. Becker/Löhr 2000, 25).

d) Schwierig ist es offenbar auch, die Kooperationsbereitschaft einiger der Akteure der lokalen Funktionsbereiche in den Stadtteilen mit sozialen Brennpunkten zugunsten der Lösung ihrer „Schlüsselprobleme" (vgl. zu diesem Begriff Fritz/Thies 1997, 340) zu gewinnen. Dies gilt sowohl für einen Teil der örtlichen Wirtschaft und das Arbeitsamt in Bezug auf die Schaffung und Vermittlung von Arbeitsplätzen des ersten und zweiten Arbeitsmarktes als auch der Wohnungswirtschaft hinsichtlich der Lösung von Wohnungs- und Wohnumfeldproblemen (vgl. Löhr 2000, 11 ff. Zu deren Notwendigkeit und Möglichkeiten siehe auch Neubauer 1998, 44).

e) Auch im Hinblick auf die Mediatorenfunktion der Quartiersmanager lassen sich einige spezifische Implementierungsprobleme beobachten. So eignen sich die bereits existierenden Kooperationsformen von engagierten Bürgern und Repräsentanten unterschiedlicher lokaler Funktionsbereiche der Stadtteile mit sozialen Brennpunkten nicht von vornherein als Unterstützer der Implementierung des Programms „Soziale Stadt". Vielmehr reproduzieren sie zum Teil die Logik der Negativkoordination, welche wir bereits bei den Akteuren des politisch-administrativen Systems antrafen. In zugespitzter Form formuliert dies Alisch 1997, 357 wie folgt: „Beim genaueren Betrachten erweisen sich diese Gremien (Stadtteilkonferenzen, Stadtteilbeiräte, Initiativen oder Arbeitskreise) in der Regel als Zusammenschluss der Vertreter von Einzelinteressen, selten jedoch als Sprachrohr des Quartiers, nie als Forum jener, die sich nicht in Parteien, Vereinen oder sozialen Einrichtungen organisiert artikulieren." Zu einer wichtigen Aufgabe der Quartiersmanager gehört es folglich, diese in positive Formen der Koordination im Sinne der Vision der „Sozialen Stadt" einzubinden.

Dies ist umso schwerer, wenn es zu kompetitiven Strategien der Stadtteilprojekte um die Verteilung der knappen Ressourcen durch das zentrale Steuerungsgremium der Stadt kommt (vgl. Alisch 1997, 358). Ein dezentraler Verfügungsfond, der vom Quartiersmanager gemeinsam mit einem Bürgerforum verwaltet werden sollte, wird deshalb auch als eine Voraussetzung zur Reduktion der damit verbundenen Probleme angemahnt (vgl. Löhr 2000, 10).

Ein letztes und zugleich das schwierigste Problem des Quartiersmanagers wird darin gesehen, die nichtorganisierten Bürger der sozialen Brennpunkte zur Mitarbeit in ihrem Stadtteil zu bewegen, d.h. in der Diktion der Verfechter des Programms „Soziale Stadt", eine „Kultur der Abhängigkeit" in eine „Kultur der Selbstbestimmung" zu transformieren. So schreibt Alisch 1997, 358: „Die Bewohner über die Mitgestaltung konkreter Projekte zu aktivieren, ist bisher kaum mehr als ein Anspruch ... Sich aktiv in der Projekt- und Quartiersentwicklung zu engagieren, ist gerade in benachteiligten Quartieren keine Selbstverständlichkeit, sondern eher eine Zumutung, wenn es keine Unterstützung und Förderung gibt."

Das Quartiersmanagement – so lässt sich das Gesagte zusammenfassen – ist folglich vor allem mit den Schwierigkeiten der Institutionalisierung von Projekten konfrontiert, welche eine positive Koordination unter Mitwirkung der betroffenen Bewohner der sozialen Brennpunkte ermöglichen sollen. Es überrascht dementsprechend nicht, dass die Frage kontrovers diskutiert wird, wer für diese schwierige Funktion des Mediators die hinreichende Kompetenz und das nötige Vertrauen im Stadtteil mitbringt (vgl. dazu Schubert 2000, 292 ff., der für ein Stadtteilmanagement plädiert und Fritz/ Thies 1997, 332 ff., welche die Gemeinwesenarbeit präferieren).

Sieht man die dargestellten Probleme des Programms Soziale Stadt auf einen Blick, so ergibt sich aus unserer systemtheoretischen Perspektive ein widersprüchliches Bild:

Auf der einen Seite wird deutlich, dass die Großstädte als Paradigma der Moderne und Komplexität trotz forcierter Modernisierung ihre Möglichkeiten als autonome Sozialsysteme nutzen, deren Folgeprobleme und Exklusionsrisiken nicht nur der evolutionären Drift zu überlassen, sondern ihnen im Medium der dezentralen Kontextsteuerung zu begegnen. Als Stadtgesellschaft, welche sich qua lokale Kommunikation in die Gesamtgesellschaft durch Ausschließung eingeschlossen weiß, nutzen ihre lokalen Akteure somit zum einen die Ressourcen der translokalen Entscheider als der anderen Seite des Supercodes lokal/translokal (vgl. unseren Abschnitt 1.1). So nehmen sie z.B. die monetären Ressourcen des Zentralstaates und der Länder des politisch-administrativen Systems sowie die Wissenstransfers und vernetzte Koordination der Begleitforschung des Deutschen Instituts für Urbanistik bei der Implementierung des Programms „Soziale Stadt" in Anspruch (vgl. Becker/Löhr 2000, 22 u. 28 ff.). Zum anderen versuchen die lokalen Akteure der Stadtgesellschaft dessen Vision in je spezifischer Weise vor Ort umzusetzen.

Dabei experimentieren sie mit neuen Formen der Steuerung, sprich der dezentralen Kontextsteuerung, welche den hyperkomplexen Problemen heutiger Großstädte Tribut zollt. Dem Anspruch nach lösen sie sich von überholten Formen der zentralen, hierarchischen Steuerung des politisch-administrativen Systems, aber auch der anarchischen Steuerung des Marktes des Wirtschaftssystems. Im Kern setzen sie stattdessen auf eine Selbstbeschreibung bzw. ein Leitbild, dessen Vision der „Sozialen Stadt" sie als das Resultat eines kommunikativen Lernprozesses im Rahmen von positiven Verfahren der Koordination betrachten, in die eine Vielzahl von Optionen der Akteure der lokalen Funktionsbereiche eingespeist werden können. Die Unwahrscheinlichkeit seines Gelingens hängt dabei im entscheidenden Maße davon ab, inwieweit es den daran beteiligten Akteuren möglich ist, durch die Fähigkeiten der Strategie, Reflexion und der Intervision die Vision der sozialen Einheit einer Stadtgesellschaft in ihr Eigeninteresse und ihre Eigenlogik einzubauen. Dies setzt jedoch die Einsicht und die kommunikative Resonanz dafür voraus, dass sich die kurzfristigen Vorteile auf Kosten der anderen lokalen Funktionsbereiche für keinen der Beteiligten mittelfristig rentieren und eine Exitoption weder möglich noch erwünscht ist.

Das gilt besonders für „Schlüsselprobleme" bzw. strukturelle Kopplungen, welche zu unsozialen Konsequenzen im Sinne der Mehrfachexklusion und räumlichen Segregation von Teilen der Bevölkerung in sozialen Brennpunkten führen. Gelingt es mithin andere strukturelle Kopplungen der lokalen Funktionsbereiche durch positive Formen der Koordination einzurichten, lassen sich erfolgreiche Problemlösungen bzw. „Best practices" für und durch die Bewohner der sozialen Brennpunkte beobachten. Diese reichen von der Reinklusion in den ersten und zweiten Arbeitsmarkt, über Sanierungen der Wohnungen bzw. Erneuerungen des Wohnumfeldes und der Reinklusion ins lokale Erziehungssystem bis hin zur verstärkten Teilnahme an sozialen Netzwerken des Wohnumfeldes und zum Engagement in selbstorganisierten Vereinen und Vereinigungen unterschiedlicher lokaler Funktionsbereiche (vgl. dazu Alisch 1997, 361; Fritz/Thies 1997; Neuhöfer 1998, 44; Krummacher/Waltz 2000, 230 ff.).

Wechselt man von der Seite der „Best-practices" des Programms „Soziale Stadt" auf die der „Worst-cases" bzw. der Probleme einer erfolgreichen dezentralen Kontextsteuerung der Großstädte über, wird sichtbar, welche Schwierigkeiten mit ihrer Implementierung verbunden sind. So zerschellen die Hoffnungen der Vision der „Sozialen Stadt" mit ihren Begleitsemantiken des aktivierenden Staates und der Bürgergesellschaft nur allzu schnell an mangelnder Lernbereitschaft, den Eigeninteressen und der Eigenlogik der repräsentativen Akteure der lokalen Funktionsbereiche, aber auch der in Stadtteilprojekten engagierten Bürger. Nicht zuletzt wird jedoch auch deutlich, dass es zumindest einem Teil der heterogen exkludierten Personengruppen schwer fällt, die Ressourcen zu mobilisieren, welche ein Empowerment-Ansatz sich zu stimulieren bemüht.

Wenn wir also am Ende unserer Ausführungen die Frage beantworten sollen, ob das Programm Soziale Stadt als positive Vision der Transformation sozialer Brennpunkte, oder als ein weiterer Versuch des Scheiterns ihrer Veränderung zu bewerten ist (vgl. unseren Abschnitt 2.4), können wir schon allein deshalb keine eindeutige Antwort geben, weil seine Umsetzung noch im Gange ist und umfangreiche Evaluationen noch ausstehen. Was wir aber aus unserer systemtheoretischen Perspektive festhalten können, ist die Einsicht, dass es im Zeitalter der Globalisierung nicht nur darum gehen kann, die Enträumlichung globaler Kommunikation im Duktus der kosmopolitisch vagabundierenden Eliten der Funktionssysteme zu konstatieren. Sondern zugleich auch zu sehen, dass die Kommunen – besonders die Großstädte – nach wie vor für eine Mehrheit der Bevölkerung in ihrer Funktion der Herstellung des umfassenden nahräumigen Zugangs zu den Funktionssystemen unverzichtbar sind (vgl. unseren Abschnitt 1.1). Umso mehr kommt es auf ihrer Ebene darauf an, mit wissensbasierten Visionen zu experimentieren, welche es besonders den exkludierten Personengruppen urbaner sozialer Brennpunkte ermöglichen, die Zukunft nicht primär als vergangenheitsdeterminierte, sondern als eine kontingente zu betrachten – und sei es nur mit der Option erhöhter Inklusionschancen im Nahraum der Großstadt.

4.2 Zwischenbilanz der erweiterten Implementations-, Stabilisierungs- und Evaluationsphase des Programms „Soziale Stadt" (2003–2010)

Mit dem Reframing von der Kontextsteuerung zur Reformpoesie wechseln wir unsere Beobachterperspektive innerhalb der Systemtheorie. Im Zentrum der Beobachtung des Programms „Soziale Stadt" steht damit nicht mehr die Frage seines steuerungstheoretischen Erfolgs oder Misserfolgs. Vielmehr geht es uns um die Frage, was wir mit Hilfe der prima facie ironisch anmutenden Semantik der „Poesie der Reformen" im Hinblick auf die bisherige Reformdynamik des Programms „Soziale Stadt" zu sehen bekommen. Der Sinn der Reformen wird aus diesem Kontext bzw. Frame nicht mehr im Erreichen ihrer Zwecke, sondern in der Aufrechterhaltung einer strukturellen Dynamik gesehen, deren Zeitparadox darin besteht, das Unbestimmbare der Zukunft als durch sie bestimmt zu behandeln und mit dieser Bestimmung zur Vergangenheit zu werden (vgl. Luhmann 2000, 338).

Unsere Generalthese, von der wir uns dabei leiten lassen, läuft darauf hinaus, dass sich hinter der Semantik der „Poesie der Reformen" Skizzen einer „Reformtheorie" bzw. „Theorie der Reformdynamik" verbergen, die Luhmann an keiner anderen Stelle seiner organisationssoziologischen Schriften so ausführlich dargestellt hat wie im Kontext seines posthum erschienen Buches „Organisation und Entscheidung" (Luhmann 2000; zu früheren, explizit auf Reformen der öffentlichen Verwaltung bezogenen organisationssoziologischen Überlegungen vgl. Luhmann 1972 a; 1975 c, d). Im Kern gewinnt er sie zum einen durch die Kritik an diversen organisationstheoretischen Paradigmen, welche die Rationalität von Organisationsveränderungen überschätzen, die unter der Flagge der Semantik der Reform angetreten sind. Und zum anderen mittels der expliziten Ausformulierung einer Evolutionstheorie, die sich auf Einzelorganisationen bezieht und die er den Planungstheorien als umfassendere Theorie der Erklärung organisatorischen Wandels vorzieht. Beiden, der Kritik an den alternativen Organisationstheorien und der Ausformulierung der Evolutionstheorie, liegen zudem bestimmte systemtheoretische Annahmen von Organisationssystemen zugrunde, wie die der Differenz von Entscheidungen als Grundoperation und Entscheidungsprämissen als Struktur, der Differenz von fester und loser Kopplung etc. Sofern nötig, werden wir sie an den entsprechenden Stellen unserer Argumentation näher erläutern.

Die zu den Steuerungsversuchen jedweder Couleur inkongruente Perspektive der Luhmannschen Reformtheorie, also auch zu denen der Kontextsteuerung, lässt sich zugespitzt auf die Kurzformel bringen: was immer die Reformer vorhaben, letztendlich ist es die Evolution der Organisationssysteme, die über den Erfolg oder die Effekte ihrer Vorhaben entscheidet. Welche Implikationen damit für die Beobachtung des Programms „Soziale Stadt" verbunden sind, werden wir im Folgenden anhand selektiver Aspekte zu verdeutlichen versuchen. Dabei stützen wir uns einerseits auf zentrale Bausteine der Luhmannschen Reformtheorie und anderseits vor allem auf Publikationen der Begleitforschung zum Programm „Soziale Stadt". Wir beobachten also mit Hilfe ausgewählter Prämissen der Luhmannschen Reformtheorie, wie diese die strukturelle Dynamik des Programms „Soziale Stadt" als komplexes Reformvorhaben zu unterschiedlichen Zeitpunkten seiner Durchführung beobachtet haben – getreu der Devise „beobachte den Beobachter". Dass es dabei nicht darum gehen kann, den „objektiven" im Gegensatz zum „subjektiven" Sinn der Beobachter zu identifizieren, sollte schon allein dadurch klar sein, dass die Selbstbeschreibungen als kommunizierte Beiträge Teil des „Objekts" sind. Als solche tragen sie zur kommunikativen Reproduktion und Veränderung des „Objekts" bei, das sich in den vier Sinndimension des Sozialen, Zeitlichen, Sachlichen und Räumlichen als Kommunikationssystem reproduziert und kondensieren als Reformsemantik. Dass wir von dieser nur das zu sehen bekommen, was wir mit den Unterscheidungen dieses Frame zu sehen bekommen, wollen wir der Explizitheit halber nochmals betonen. Dass es etwas Verschiedenes Desselben ist, ergibt sich aus der Differenz der Beobachterperspektive. Für unsere weitere Darstellung setzen wir all dies voraus und ersparen uns um der Klarheit willen seine Wiederholung an jeder Stelle unserer Argumentation.

Wir werden im Folgenden also zunächst (4.2.1) einige zentralen Prämissen der Luhmannschen Reformtheorie vorstellen und sie dann (4.2.2) auf den Reformprozess des Programms „Soziale Stadt" beziehen. Was unseren ersten Schritt betrifft, wollen wir erstens darauf hinweisen, dass unsere Darstellung der Luhmann'schen Reformtheorie konsistenter erscheint, als es seine zum Teil disparate und auf unterschiedliche Zeitpunkte bezogene De- und Rekonstruktion der soziologischen Theorie und Praxis der Organisationsreformen prima facie suggeriert. Zum Zweiten haben wir bestimmte Implikationen seiner Argumente dort zu explizieren versucht, wo uns seine zum Teil zu dichte Schreibweise im Stich ließ. Zum Dritten haben wir seine Argumente entlang der Zeitdimension von Reformen, also Beginn, Verlauf und Effekte, sortiert und die Organisation als ihren Bezugspunkt vorausgesetzt wurde. Schließlich gehen wir davon aus, dass eine komplex gebaute Theorie empirische Methoden zwar nicht ersetzen, sie jedoch für Problemstellungen sensibilisieren kann.

4.2.1 Luhmanns Reformtheorie: Reformpoesie und die Begrenztheit rationaler Strukturveränderungen evoluierender Organisationen

a) Voraussetzung der Reform („Strukturreform"): Änderung der systemeigenen Strukturen der Organisation (Entscheidungsprämissen), nicht ihrer Operationen als Einzelereignis (Einzelentscheidungen)

Reformen beziehen sich auf die Änderungen der Strukturen, d.h. die Programm-, Kompetenz- und Personalstruktur als Entscheidungsprämissen der Organisation (vgl. dazu auch unseren Abschnitt 3.2). Indem diese eine Vielzahl von Einzelentscheidungen regulieren, sorgen sie für die Kondensierung und Erwartbarkeit von Entscheidungen und die rekursive Vernetzung der Organisation. Diese gewinnt ihre spezifische Form und Individualität in Differenz zu anderen Organisationen durch die Spezifikation ihrer Strukturen mittels Personalrekrutierung, Programmbestimmung und Vernetzung der Entscheidungskompetenzen. Ihre dynamische Stabilität reproduziert sich durch lose Kopplung sowohl im Verhältnis der Entscheidungsprämissen untereinander als auch in der Relation der Entscheidung zu diesen. Damit scheiden Vorstellungen einer an festen Kopplungen orientierten rationalen Ordnung und Selbststeuerung der Organisation in der Variante eines hierarchisch gesteuerten Befehlsmodells oder einer zweckrationalen Maschine aus.

Dass sich Strukturänderungen primär auf die eigene Organisation beziehen, hängt damit zusammen, dass die Grenzziehung der Organisation eine Kovariation von Strukturänderungen im System und in Umweltsystemen verhindert. Beide verlaufen also im Normalfall unkoordiniert. Sollen sie koordiniert werden, z. B. im Falle des altersbedingten Ausscheidens von Mitgliedern, bedarf es dafür bestimmter Vorkehrungen durch Regeln wie Pensionsregelungen (Luhmann 2000, 331–332).

b) Beginn der Reformdynamik („Von schlechterer Vergangenheit zu besserer Zukunft"): Kommunizierte Reformabsichten, die mittels Entscheidungen über Entscheidungsprämissen den Gesamtzustand der Organisation verbessern oder zumindest eine sich abzeichnende Verschlechterung aufhalten oder abwenden sollen (Luhmann 2000, 337)

Ohne Kommunikation der Reformabsichten kann keine Reform in Gang kommen, reproduzieren sich Organisationen doch als rekursiv vernetzte Systeme kommunizierter Entscheidungen. Der Beginn der Reformdynamik weist verschiedene Eröffnungsmöglichkeiten auf. Diese lassen sich einerseits als unterschiedliche Zeitstrategien des Umgangs mit der unbekannten Zukunft und der vermeintlich bekannten Vergangenheit in der jeweiligen Gegenwart der verkündeten Reformvorhaben interpretieren. Andererseits als eng damit zusammenhängende Sachstrategien der Differenzminderung von schlechter zu besser. Dazu gehören unter anderem die folgenden:

b1) die „Strategie des Vergessens": die intendierten Reformabsichten blenden bereits in der Vergangenheit durchgeführte Reformversuche aus. Das Vergessen (Unbekannte), als andere Seite des Erinnerns bzw. des Bekannten, ermöglicht somit den Reformern ihre Strukturänderungen als „Neu" vorzustellen;

b2) die „Strategie des Kopierens": durch die Kopie in der Gegenwart bereits woanders vorhandener Reformen reduzieren die Reforminitiatoren die mit der unbekannten Zukunft verknüpfte Unsicherheit und erleichtern die Resonanz auf ihre Reformvorschläge. Oftmals kann dies zur schnellen Diffusion von Moden führen;

b3) die „Strategie des Experimentierens": existieren keine Kopiermöglichkeiten, bietet es sich für die Reformer an, die Unsicherheit der Zukunft in die Reformabsichten zu integrieren. Man kommuniziert die Offenheit, Reversibilität und Möglichkeit der Korrektur durch Effekte. Die Durchführung wird somit als kontinuierlicher Lernprozess ausgeflaggt;

b4) die „Strategie der ideengeleiteten Reformen": die Reformabsicht beschreibt sich als bessere Anpassung an Ideen wie mehr Partizipation, mehr Demokratie, humanere Arbeitsbedingungen. Ausgangspunkt sind bestimmte Unstimmigkeiten in der vorhandenen Realität. Die zum Reformanstoß notwendige Vereinfachung bezieht sich auf die Ideen, die zudem der Realität als Gegenprinzip durch Nebenziele oder Zusatzargumente Tribut zollen;

b5) die „Strategie der durch Defekte motivierten Reformen" präsentiert sich als bessere Anpassung an Realitäten", z.B. an schrumpfende Märkte oder neue Kundenwünsche. Sie hat ihren Take-Off ebenfalls in bestimmten Unstimmigkeiten der Realität. Ihrer Simplifizierungen resultieren aus bestimmten Kausalitätsannahmen hinsichtlich von Erschwernissen und Enttäuschungen. Dem Gegenprinzip der Ideen huldigt sie ebenfalls durch den Einbau von bestimmten Nebenzielen oder Zusatzargumenten;

b6) die „Strategie der Umstellung von Prinzipien auf Resultate/Effekte": dass sich die Strukturen von Organisationen nicht durch Orientierung der Reformvorhaben an Prinzipien in Richtung demokratischer, menschenfreundlicher, wirtschaftlicher oder effizienterer Organisationen verändern lassen, mussten viele Reformer erfahren. Die dadurch ausgelösten Enttäuschungen induzierten spätestens seit den 1990er Jahren eine stärkere Umstellung der Reformabsichten von Prinzipien auf Resultate im Sinne der Verbesserung der Gesamtqualität der Systementscheidungen. Luhmann (2000, 344) spricht in Anlehnung an Odo Marquard von der Veränderung der Reformer von „Zielstrebern" zu „Defektflüchtern", wie er sie u. a. anhand der Form des Lean-Management und den Strategien der Privatisierung in der öffentlichen Verwaltung beobachtet;

b7) die „Strategie der partiellen Neugründung von Subsystemen der Organisation":
Wenn Luhmann (2000, 335) davon spricht, dass Reformen eine Art Gründungssituation regenerieren, die eine Neugründung als Alternative zur Reform offerieren, lässt sich dieses Argument in der Form modifizieren bzw. entschärfen, dass man auch die Ankündigung partieller Neugründungen, die in bisherige Organisation integriert werden, zu den Reformstrategien zählen;

b8) die „Strategie höherer Risikobereitschaft der Planungen im Falle allmählicher und abrupter Umweltveränderungen"
Luhmann (2000, 355–56) verweist schließlich auf die Differenz von sogenannten inkrementellen bzw. allmählichen und abrupten Umweltänderungen der Organisationen. Zu letzteren zählt er u. a. die Globalisierung der Märkte, einschneidende politische Umbrüche, neue Kundenansprüche. Dabei lässt er offen, ob der damit verbundene zeitliche Änderungsdruck zwangsläufig an riskantere Planungen der Organisationen gekoppelt ist. Deutet jedoch an, dass dies eine Möglichkeit sein könnte.

Sofern sich die Reformzeit zwischen unbekannter Zukunft und bekannter Vergangenheit in der jeweiligen Gegenwart ereignet, liegt all diesen Reformstrategien ein Zeitparadox zugrunde (vgl. Luhmann 2000, 338; 342–343). Im Kern besteht es darin, in der Gegenwart das Unbestimmbare der Zukunft als Bestimmbares zu behandeln und als solches zur zukünftigen Vergangenheit zu werden, in deren Gegenwart sich das Bestimmte als unzureichend Bestimmbares erweist. Die Kopplung dieses Zeitparadoxes mit der Sachdimension wird daran sichtbar, dass die Reformstrategien den Positivwert des Steigerungsimperativ „besser" der Zukunft und den Negativwert „schlechter" der Vergangenheit zuteilen. Damit ignorieren sie die Gegenserie, welche das „Besser" der Vergangenheit und „Schlechter" der Zukunft thematisiert, was solange möglich ist, solange die zukünftige Gegenwart diese Verteilung der Werte noch nicht zu relativieren in der Lage ist.

c) Die Verlaufsmuster der Reformen zwischen Initiierung und Erreichen/ Nichterreichen der Reformabsichten: Bifurkation, Komplexität und Zeitdistanz als zentrale Probleme des Reformprozesses

Reformvorhaben reproduzieren sich anhand unterschiedlicher Zeithorizonte zwischen Initiierung und Erreichen/Nichterreichen ihrer Reformziele. Manche überdauern mit der Selbstbeschreibung als Reform, z. B. im Erziehungssystem als „Reformschulen" oder „Reformuniversitäten"; andere verschwinden als sachlich oder finanziell unlösbar und deshalb „nicht machbar" in der Schublade oder werden durch Leitungswechsel an höchster Stelle, z. B. der Regierung, vorzeitig abgebrochen; wiederum andere werden in der vorgesehenen Frist beendet oder zu bestimmten Konditionen weiter geführt. Wie immer auch die zeitliche Formenvielfalt der Reformprozesse ausfallen mag, wenn Reformvorhaben kommuniziert werden, werden sie in der Organisation und ihrer Umwelt als solche beobachtet. Dies gilt umso mehr, je höher die Instanz ist, die sie durch Entscheidungen in Gang gesetzt hat. Indem die Organisation als eine zu reformierende beobachtet wird, ist sie eine andere als zuvor. Es ist mithin schwer vorauszusehen, wie die Organisationsmitglieder und die systemrelevanten Umwelten auf die Reformvorschläge reagieren. Wir wollen drei für die weitere Reformdynamik bedeutsamen Merkmale in der Sozial-, Sach- und Zeitdimension, nämlich als Bifurkation, Komplexität und Zeitdistanz, kurz hervorheben:

c1) Bifurkation: „Kündigung des Status quo durch Interessendifferenz"
Mit der Kommunikation der Reformabsichten wird der mehr oder weniger existente Interessenausgleich in der Organisation in Frage gestellt. Es setzt eine iterative Dynamik von Zustimmung oder Ablehnung ein, welche die Beteiligten und Betroffenen zu Positionierungen und Stellungnahmen herausfordert. Je nachdem, ob die Reformer ihre Absichten mit einem Entweder/Oder-Stil oder als „dies und noch das" formulieren, ist von einer Varianz der Konfliktdynamik und Annahmebereitschaft auszugehen. Doch selbst bei gut gemeinten Ideen und Absichten kann es zum Widerstand der Betroffenen und Betreuten kommen, wenn jene an deren Interessen und Einstellungen vorbeigehen.

c2) Oszillieren zwischen Steigerung und Reduktion der Komplexität der Reformthemen: „Prozess ständigen Lernens, Konzession, dass Ergebnisse nicht vorhersehbar sind, unbestimmte Zielformulierungen" vs. Selbstbeglaubigung der Reformer durch „semantischen Apparat von Prinzipien, Werturteilen und Tatsachen, evaluativen Standards, Statistiken, Bilanzen" (Luhmann 2000, 339).
Sofern die Reformen auf Strukturänderungen abstellen, wird schon im Falle einer nur auf die Personalstruktur bezogenen Problemlösungsabsicht eine Eigenkomplexität generiert, die selbst für die Reformer

schnell an die Grenzen des Überschaubaren stößt (siehe als gutes Beispiel Luhmanns 1975 d Ausarbeitung zum Problem des Problems des öffentlichen Dienstes). Sollen die Betroffenen und Mitglieder jedoch von der Notwendigkeit der Reformen und dem schlechten Zustand der Organisation überzeugt werden, sehen sich die Reformer offensichtlich gezwungen, den Reformprozess als Lernprozess zu beschreiben. Mit diesem sind Konzessionen an die Unbestimmtheit der Zielbestimmung, die Offenheit der Ergebnisse und die Notwendigkeit von in den Lernprozess eingebauten Evaluationen verbunden. Für diese ist die wiederkehrende Erarbeitung und Zufuhr neuer Informationen mittels Statistiken, Bilanzen, entsprechender Bewertungen und als Tatsachen deklarierter Behauptungen notwendig. Dabei scheint die einzige implizit in den Lernprozess eingebaute normative Stoppregel darin zu bestehen, sich als Reformer nicht durch Lernen von der ursprünglichen Reformabsicht verabschieden zu sollen (vgl. Luhmann 2000, 339). Für die von dem Reformvorhaben zu Überzeugenden bedeutet der der Selbstbeglaubigung der Reformer dienende semantische Apparat allerdings in Abhängigkeit von ihrer Stelle häufig etwas Unterschiedliches. Das kann neue Selbstbeobachtungen und Selbstbeschreibungen erzeugen, die, je nachdem, zur Konfliktverschärfung des Reformprozesses beitragen oder in neue Möglichkeiten der Kooperation und des Konsenses einmünden.

c3) Die Reformgeschichte: „Entgleiten intendierter Effekte", „Konfusion von geplant/ungeplant" und supplementäre Mechanismen des „kommunizierten Protestes, der Symbolisierung, der Kompensation von Inkompetenz"

Das Übermaß der Informationen, dass in den Reformprozess eingespeist wird, kann jedoch auch dazu führen, dass in seinem Verlauf die Differenz von beabsichtigt/unbeabsichtigt oder geplant/ungeplant konfundiert (vgl. Luhmann 2000, 347). Dies nicht zuletzt dadurch, dass nicht nur die Reformer, sondern auch bestimmte Subsysteme der Organisation oder auch Umweltsysteme immer wieder durch Planung in seine Dynamik zu intervenieren versuchen. Die angesprochene normative Stoppregel des Nichtverlernens der Reformintention droht dann unterlaufen zu werden.

Die Versuche rationaler Planung von Reformen laufen aus dem Ruder. Die damit einher gehenden Folgeprobleme führen zu Enttäuschungen, die durch supplementäre Mechanismen organisationsintern und organisationsextern aufzufangen versucht werden. Zu diesen gehören der Führungswechsel als funktionales Äquivalent für Reform, Proteste von den durch die Konfusion der Reformabsichten Enttäuschten, aber auch Versuche, durch symbolische Politik zu kaschieren, was nicht mehr zu retten ist.

d) Funktion und Effekte der Reformen: „Erzeugung eines Widerstandes der Organisation gegen sich selbst", „weiterer Reformbedarf" und „konstruktive sowie destruktive Effekte jedweder Reform"

Indem Luhmann aufgrund seiner systemtheoretischen und evolutionstheoretischen Annahmen die Prämisse fallen lässt, dass es sich bei Reformen um Vorhaben handelt, die erfolgreiche Strukturänderungen rational durch Entscheidungen zu planen und zu bewirken in der Lage sind, gelangt er zu alternativen Beschreibungen der Funktionen, Effekte und Ziele der Reformen.

d1) „Erzeugung eines Widerstandes der Organisation gegen sich selbst qua interessenbedingter kontroverser Selbstbeschreibungen"
Eine mögliche Funktion von Reformen besteht in deren Beitrag zu einem besseren Realitätsverständnis der Organisation (Luhmann 2000, 337). Indem sie in diese eingespeist werden, zwingen sie die Betroffenen dazu, sich zu positionieren und ihre latenten Interessenunterschiede durch kontroverse Selbstbeschreibungen der Organisation durch Kommunikation sichtbar zu machen. Diese erzeugt insofern einen Widerstand der Organisation gegen sich selbst, als mit der Kommunikation eines in Selbstbeschreibungen eingebundenen „Neins", irreale Konsensfiktionen der Organisationswirklichkeit dekonstruiert werden und so zu einem besserem Realitätsverständnis führen können.

d2) „Erzeugung weiteren Reformbedarfes durch die Reform"
Wenn Luhmann (2000, 340) vermutet, dass das „Hauptergebnis von Reformen im Bedarf für weitere Reformen bestehen könnte", verweist dies zum einen auf das Kontrafaktische der den Reformvorhaben zugrunde liegenden Ideen, die gleichsam nie ans Ende ihrer Realisierung kommen. Zum anderen jedoch auch auf seine evolutionstheoretische Prämisse, dass es nicht primär ihre Zweckerreichung, sondern vor allem die Aufrechterhaltung der Strukturdynamik ist, welche die Reformen ausmachen.

d3) „Konstruktive und destruktive Effekte jedweder Reform"
Wenn es zutrifft, dass die Geschichte bisheriger Reformen zeigt, dass keine Reform nur konstruktive, sondern immer auch destruktive Effekte erzeugt, impliziert dass vor allem, dass es dem Beobachter dieser Differenz freisteht, wie er sich dazu positioniert – also, ob er eher die eine oder andere Seite präferiert (Luhmann 2000, 335).

e) Evolution von Organisationen: kein Reformersatz, aber ein jedwede Reform einschließender, sie deformierender nichtrationaler Entwicklungsprozess

Bevor wir uns nun abschließend der Beantwortung der Frage zuwenden, was wir mit Hilfe der skizzierten Luhmannschen Reformtheorie im Hinblick auf das Programm „Soziale Stadt" als Reformprozess zu sehen bekommen, möchten wir noch kurz einige seiner evolutionstheoretische Prämissen vorstellen (vgl. Luhmann 2000, 346 ff.). Deren besondere Relevanz ergibt sich auch dadurch, dass sich das Programm „Soziale Stadt" auf „Stadtteile mit besonderem Entwicklungsbedarf" bezieht:

e1) Evolution: „kein Reformersatz"
Evolution von Einzelorganisationen lässt sich deshalb nicht als Ersatz für geplante Reformen begreifen, weil sie erstens zu langsam für Problemlösungen ist; zweitens keinen linearen Prozess darstellt und schließlich und vor allem nicht als bessere Anpassung der sich autopoietisch reproduzierenden Organisation an die Umwelt verstanden werden kann. Als zukunftsoffener Prozess kann sie sowohl ungeplante Strukturveränderungen der Organisation als auch ihren Niedergang einleiten. Zur Deformation von Reformen trägt Evolution insofern bei, als die geplanten Entscheidungen in der Organisation beobachtet und als Folge davon modifiziert, verändert oder ignoriert werden können.

e2) Evolution: „Strukturänderungen der Organisation als Resultat ungeplanten bzw. unkoordinierten Zusammenwirkens der drei evolutionären Funktionen Varietät, Selektion und Restabilisierung"

- Die ereignishaften Entscheidungen als operative Basis der Varietät:
Geht man von der Prämisse aus, dass sich Organisationen auf der Basis einer Vielzahl von Entscheidungen reproduzieren, stellen diese als lose gekoppelte Ereignisse den Varietätsspielraum für mögliche Strukturänderungen dar. Potentiell könnte jede von ihnen als Entscheidung für Entscheidungsprämissen fungieren. Im Normalfall wird die Mehrzahl der Entscheidungen im Alltag der Organisation jedoch als Einzelereignis vergessen. Notwendige, wenngleich nicht hinreichende Voraussetzung für ihre Eignung bzw. Selektion als Entscheidungsprämisse ist mithin ihre Erinnerung in der Organisation. Wird eine Entscheidung erinnert, besteht die Möglichkeit ihrer Wiederholbarkeit und Generalisierung. Je nachdem, ob sie als nachahmenswert oder als Warnung beobachtet wird, kann sie dann als ungeplante Entscheidungsprämisse in Form einer positiven oder negativen Selektion fungieren.

- Positiv-, Negativselektion der Entscheidungen als ungeplante Erzeuger von Strukturen (Entscheidungsprämissen)
Sofern die Evolution von organisationsinternen Strukturänderungen unkoordiniert geschieht, müssen Varietät und Selektion in der Organisation getrennt vorkommen. Voraussetzung dafür ist einerseits die lose Kopplung von Entscheidung und Entscheidungsprämissen und umgekehrt. Mit anderen Worten: Nicht jede Entscheidung eignet sich dafür wiederholt und generalisiert zu werden. Und nicht jede Entscheidungsprämisse ist eindeutig formuliert, wird von jeder Person gleich interpretiert oder überhaupt beachtet. Andererseits verändert sich die Entscheidung schon allein durch die Notwendigkeit und Art, wie sie in Organisationen kommuniziert wird. In der Regel werden die ursprünglichen Entscheidungsalternativen nicht mit kommuni-

ziert oder nur selektiv erinnert. Auch dies erzeugt bereits eine Differenz von Varietät und Selektion. Hinzu kommt das Warten auf Gelegenheiten, die man eventuell auch in gleichsam paradoxer Form als Zufallsgeneratoren einplanen kann. So wenn man bei der Raumplanung von Organisationen (z. B. Lage der Büros, Toiletten, Küche, Länge der Flure, Positionierung von Kopierräumen) Kontexte sozial konstruiert, die Zufallsbegegnungen von Mitgliedern ermöglichen.

- Restabilisierung der Organisation durch die Strukturänderung hinsichtlich seines System/Umweltverhältnisses
  Sowohl positive als auch negative Selektionen erfordern die Notwendigkeit einer Restabilisierung der Organisation in ihrem System/Umwelt-Verhältnis. Impliziert die erste, dass eine ungeplante Strukturveränderung in der Organisation als positiv beobachtet und bewertet und damit als anschlussfähig in das rekursive Netzwerk der Entscheidungen integriert wird. Indiziert die zweite, dass sich die Organisation als eine beschreibt, die ihre Strukturen im kommunikativen Widerstand gegen bestimmte Selektionen kontinuiert, denen sie keinen Strukturbildungswert zuschreibt. Sie ist damit – auch wenn sie sich nicht verändert – eine andere, da sie nun in ihrem Systemgedächtnis zumindest für eine bestimmte Zeit die Negation bestimmter Selektionen mitführt. Die Organisation macht sich somit z. B. für andere Organisationen im gleichen Funktionssystem darauf hin beobachtbar, wie sie mit ungeplanten Strukturveränderungen umgeht.

Als Fazit unserer selektiven Darstellung der Luhmannschen Reformtheorie können wir also festhalten, dass Organisationen nur als Struktur sichtbar bzw. beobachtbar sind und eine Form im Sinne von Entscheidungsprämissen annehmen können. Ihre zugrundeliegende operative Dynamik der Masse von Einzelentscheidungen entzieht sich hingegen der Beobachtung aufgrund der Kurzfristigkeit ihrer Ereignishaftigkeit. Zugleich garantiert die Vielzahl der Entscheidungen jedoch die Möglichkeit, durch Selektion und Restabilisierung zu Strukturänderungen der Organisation beizutragen. Eine Re-Form der Organisation ist aus dieser Perspektive das Ergebnis einer unkoordinierten und ungeplanten Strukturveränderung, also der Evolution der Organisation, ohne Garantie auf bessere Anpassung. Darüber täuscht auch nicht die Differenz von positiver und negativer Selektion hinweg, ist diese doch selbst eine organisationsspezifische Beobachterdifferenz. Eine Re-Form der Organisation, die sich demgegenüber als rational geplante und koordinierte Absicht der Strukturveränderung durch Verbesserung ihrer Entscheidungsqualität und bestimmter Umweltsysteme beschreibt, überschätzt aus der evolutionstheoretischen Perspektive ihre Planungsrationalität und Durchgriffskausalität. Sie muss deshalb mit De-Formierungen ihrer Reformabsichten als Normalfall aufgrund der Eigenkomplexität des systeminternen Reformprozesses bzw. ihres zugrunde liegenden Zeitparadoxes rechnen. Dass der eigentlich Sinn der „Poesie der Reformen" deshalb im

Anmelden weiteren Reformbedarfs liegen könnte, muss deshalb nicht erstaunen, gibt es doch immer wieder genügend systeminterne und systemexterne Anlässe des Nachsteuerns, Verhinderns und Verbesserns, solange die Organisation in einer komplexen Umwelt kontinuiert und evoluiert.

4.2.2 Das Programm „Soziale Stadt" und die „Poesie der Reformen"

4.2.2.1 Reformeuphorie als Aufbruchstimmung der Bundesregierung in der Startphase des Programms „Soziale Stadt"

Als Einstieg in eine „reformpoetische" Beobachtung des Programms „Soziale Stadt" wählen wir mit Stolpes im folgenden abgedruckten Vorwort zum Bericht der Programmbegleitung des Deutschen Instituts für Urbanistik (2003) eine makrostrukturelle Ebene:

„Ausgehend von der Bund-Länder-Gemeinschaftsinitiative Soziale Stadt hat die Bundesregierung 1999 das Programm „Die soziale Stadt" auf den Weg gebracht. Mit dem Programm leitete die Bundesregierung die Neuorientierung der Stadtentwicklungspolitik ein, um mit integrierten Handlungsansätzen auf komplexe Herausforderungen in den Städten zu reagieren.

Die Umsetzung des Programms „Die soziale Stadt" eröffnete auf allen Ebenen von Politik und Verwaltung die Chance, gemeinsam mit den Bewohnerinnen und Bewohnern mit neuen Lösungsansätzen einer Abwärtsentwicklung in schwierigen Stadtteilen gegenzusteuern. Bei der Programmumsetzung sind bereits wichtige kurzfristige Ziele erreicht worden. Das zeigen die Ergebnisse der Programmbegleitung durch das Deutsche Institut für Urbanistik, die hier veröffentlicht werden.

Sie verdeutlichen, wie sehr „Die soziale Stadt" eine immer breitere Mitwirkung und Unterstützung findet. Diese Bündelung der Kräfte kennzeichnet das neue Programm. Denn es zielt darauf ab, Bürgerinnen und Bürgern in einer Zeit struktureller Umbrüche im unmittelbaren Lebensumfeld Sicherheit, Orientierung und Perspektive zu bieten und ihnen zugleich die Mitwirkung an lokalen Prozessen zu ermöglichen.

Der vorliegende Bericht zur Programmbegleitung verdeutlicht zum einen, dass die Implementierung des Programms „Die soziale Stadt" dank gemeinsamer Bemühungen gelungen ist. Zum anderen führen die bisherigen Erfahrungen zu dem Ergebnis, dass eine Fortführung der aktiven Unterstützung schwieriger Stadtteile notwendig ist, um in schwierigen Stadtteilen nachhaltige Strukturen aufzubauen.

Trotz der relativ kurzen Laufzeit des Programms ist die öffentliche Resonanz auf „Die soziale Stadt" sehr groß. Es hat in vielen als benachteiligt eingestuften Stadtteilen Aufbruchstimmung erzeugt. Die Programmumsetzung spiegelt das Entstehen einer neuen „Philosophie" gebietsbezogenen und ganzheitlichen Verwaltungshandelns auf Basis eines breiten Dialogs zwischen Bewohnerschaft, Politik und Verwaltung. Zahlreiche Initiativen, wie beispielsweise der Wettbewerb

„Preis Soziale Stadt" setzten den begonnenen breiten Dialog zur sozialen Stadtentwicklung und ihrer Einbettung in die Zivilgesellschaft fort.

Nach erfolgreicher Startphase des Programms „Die soziale Stadt" gilt es nun, die Initiativen zur sozialen Stadtentwicklung gemeinsam fortzuführen. Hierzu gibt der vorliegende Bericht wertvolle Anregungen.

Dr. Manfred Stolpe
Bundesminister für Verkehr, Bau- und Wohnungswesen"

Interpretiert man Stolpes Vorwort des vom DiFU im Juli 2003 vorgestellten ersten größeren Zwischenberichts des Programms „Soziale Stadt" im Anschluss an Luhmanns Reformtheorie, lassen sich mehrere Merkmale der Reformpoesie finden, die wir auf die Formel „Reformeuphorie durch Aufbruchstimmung" bringen können. Interessant ist dieses Vorwort zusätzlich deshalb, weil es im Gewande des Neuen eine Anpassung vor allem des lokalen politisch-administrativen Systems (PAS) und seiner Umwelt an Leitideen propagiert, die, wenn man sich an Slogans der letzten vier Dekaden wie „Mehr Demokratie wagen", „Bürgernahe Verwaltung", „Basisdemokratie", „Ganzheitliches Management" etc. erinnert, so neu nicht sind. Es ist deshalb wohl kein Zufall, dass es gerade die erste Regierungskoalition der SPD/Bündnis90-Die Grünen war, die ihre Reformpolitik an diesen Leitideen orientierte, die ihre Protagonisten in ähnlicher Form bereits Jahrzehnte früher vertraten.

1. Die Relevanz des Programms „Soziale Stadt" wird durch die Initiative der Zentralinstanz Regierung unterstrichen. Den Bruch mit der Vergangenheit und den damit verbundenen Reformanspruch macht Stolpe durch die Dominanz des „Neuen" bei seiner Selbstbeschreibung der Programmmerkmale deutlich.

2. Die intendierten Strukturänderungen, auf welche die Semantik des „Neuen" abzielt, beziehen sich auf das Aufhalten der „Abwärtsentwicklung in schwierigen Stadtteilen" bzw. auf „komplexe Herausforderungen in den Städten" mittels „Lösungsansätzen" und „Gegensteuerung". Klar ist also, dass die Regierung eine bekannte Negativentwicklung der Vergangenheit in der Gegenwart des ausgehenden 20. Jahrhunderts für eine unbekannte Zukunft des 21. Jahrhunderts nicht zu kontinuieren beabsichtigte. Notwendig wurde deshalb die Neuorientierung der „Stadtentwicklungspolitik" durch Restrukturierung im Kontext der unterschiedlichen Systemreferenzen des supralokalen/lokalen PAS und seiner lokalen/„inter"lokalen Umwelt – so unsere systemtheoretische Lesart seiner Formulierungen.

3. Auf die eigene, supralokale Systemebene der Politik und Verwaltung stellt Stolpe zum einen ab, wenn er auf die programmspezifische Inklusion „aller Ebenen von Politik und Verwaltung" referiert. Zum anderen durch den expliziten Bezug auf die „Bund-Länder-Gemeinschaftsinitiative Soziale Stadt". Implizit wird damit der völlige Neuanfang des Pro-

gramms „Soziale Stadt" relativiert. Man konnte an bereits Vorhandenes anschließen und damit die Zukunftsunsicherheit ein wenig reduzieren. Auch betont Stolpe nicht die Schwierigkeiten der damit verbundenen vertikalen Koordination der unterschiedlichen Politik- und Verwaltungsebenen, sondern hebt vielmehr ihre Steuerungs-Chancen im Kontext einer neuen „Philosophie" hervor.

4. Deren Kernelemente lassen sich auf der Ebene des lokalen PAS als Anpassung an folgende Leitideen beschreiben:
   * eine „Philosophie" der Ganzheitlichkeit (= integrierte Handlungsansätze) und Gebietsorientierung eines dialogfundierten Verwaltungshandelns, deren Adressaten die Verwaltung selbst, die Politik und die Bewohnerschaft sein sollen;
   * das Bereitstellen von Sicherheit, Orientierung und Perspektive für die Bürgerschaft im Stadtteil;
   * die Ermöglichung ihrer lokalen Partizipation.

5. Bezüglich der lokalen Umwelt des PAS bringt Stolpe die Ideen der Mitwirkung, Partizipation und Selbstorganisation der Bewohnerschaft und Bürgerschaft im Stadtteil durch die eher körperlich-physikalisch anmutende Metapher der „Bündelung der Kräfte" bzw. dem Hinweis auf „zahlreiche Initiativen" zum Ausdruck. Zudem hebt er mit der Semantik der Nachhaltigkeit explizit auf ein zentrales, noch nicht erreichtes Programmziel, nämlich den „Aufbau nachhaltiger Strukturen in schwierigen Stadtteilen" ab. Unbestimmt bleibt dabei sowohl der Zeithorizont der Nachhaltigkeit der Strukturen als auch ihr Bezug auf die lokalen Funktionsbereiche.

6. Mit der „Einbettung der sozialen Stadtentwicklung in die Zivilgesellschaft" referiert Stolpe auf eine weitere Leitidee des Programms „Soziale Stadt", nämlich die Gesellschaftsbeschreibung der „Zivilgesellschaft". Sie reproduziert sich nach Stolpe im Medium von Wettbewerb und Dialog von Bürger-Initiativen und stimuliert somit zugleich deren „intra- und „interlokalen" Vergleich für das Engagement zugunsten des Programms „Soziale Stadt."

7. Der sich selbst beglaubigende Reformeifer von Stolpe stützt sich vornehmlich auf den Bericht der wissenschaftlichen Programmbegleitung des DiFU. Jedoch zitiert er nicht bestimmte Informationen daraus, sondern begnügt sich mit den eher diffusen Hinweisen auf das Erreichen wichtiger kurzfristiger Ziele, eine immer breitere Mitwirkung und Unterstützung und eine trotz der kurzen Laufzeit sehr hohe öffentliche Resonanz. Sieht Stolpe bereits darin eine Bestätigung des Programms, kulminiert seine kommunizierte Reformeuphorie im unspezifizierten Beleg des DiFU-Berichtes einer „Erzeugung von Aufbruchstimmung" durch das Programm „Soziale Stadt" in den als „benachteiligt eingestuften Stadtteilen". Die damit suggerierte „Jetzt geht's los!-Stimmung", die unausge-

sprochen die „Abbruchstimmung" als Gegensemantik mitführt, wird zusätzlich durch die „Gemeinsamkeitsformel" und das „Entstehen einer neuen Philosophie der Stadtentwicklungspolitik" beschworen.

8. Stolpe bilanziert folglich das Programm „Soziale Stadt" nach seinem mehr als dreijährigen Anlaufen als „erfolgreiche Startphase" bzw. „gelungene Implementierung". Dass damit die intendierten Ziele noch nicht erreicht sind, wird allein an der Semantik der „Startphase" deutlich. Dass das Programm „Soziale Stadt" deshalb fortgeführt werden muss, ist für ihn unstrittig. Weiterer Reformbedarf ergibt sich vornehmlich durch den Aufbau nachhaltiger Strukturen in schwierigen Stadtteilen, dessen Realisierung in der Gegenwart als Resultat der in der Vergangenheit geplanten Zukunft Stolpe noch nicht erkennen kann.

Wir wollen im Folgenden einen Perspektivenwechsel von der supralokalen Ebene der Bundesregierung zur lokalen Ebene der Großstädte vollziehen. Dabei werden wir anhand des Projektes „Soziale Stadt Gallusviertel", eines Stadtteils der Stadt Frankfurt a. M., exemplarisch betrachten, wie sich die Reformpoesie auf der lokalen Ebene der Implementierung des Programms „Soziale Stadt" darstellt. Dass wir uns für dieses Projekt und nicht eines von anderen Großstädten entschieden haben, ist vor allem in der ausführlichen Selbstbeschreibung seines IHK (Integrierten Handlungskonzepts) begründet. Dass sich seine Ergebnisse nicht vorschnell auf die Projekte des Programms „Soziale Stadt" in anderen Großstädten übertragen lassen, ist uns bewusst. Dass sie jedoch durchaus auf bestimmte Probleme verweisen, mit denen auch diese konfrontiert sind, halten wir für sehr wahrscheinlich.

4.2.2.2 Das Projekt „Soziale Stadt Gallusviertel" (IHK Frankfurt 2006): Zur Reformpoesie auf der lokalen Ebene eines Stadtteils

4.2.2.2.1 Selbstbeschreibung des „IHK: ‚Soziale Stadt Gallus'"
(Juli 2006): Vorbemerkung

Das „IHK: ‚Soziale Stadt Gallus' „ (Juli 2006) stellt eine Selbstbeschreibung in Form eines Rück- und Ausblicks des seit November 2001 genehmigten Reformprojektes „Soziale Stadt Gallusviertel" dar (vgl. zum Folgenden Schaubild 8). Es referiert damit auf den Reformbedarf und den Reformprozess eines Stadtteils der Großstadt Frankfurt/M. namens „Gallus". Damit werden die temporären und vergänglichen Einzelbeobachtungen des Stadtteils durch seine Beschreibung ersetzt und sowohl für ihn als auch für andere eine komplexere und dauerhaftere Beobachtung durch Publikation erzeugt.

Schaubild 8: Wichtige Strukturen (Entscheidungsprämissen) und Verfahrensereignisse der Reformgeschichte des Programms „Soziale Stadt Gallus"

A. Programm „Soziale Stadt Gallus"	I. Stadtverordnetenversammlung	II. 1 Städtische Ämter/ II. 2. Stadtplanungsamt = Projektleitung	III. Stadtteilbeirat	IV. Projektsteuerung	V. Quartiersmanagement
	1.3.2001: Beschluss: „Gallus" = Gebiet als „Stadtteil mit besonderem Entwicklungsbedarf" gemäß HEGISS				
	06.11.2001: Aufnahme ins Bund-Länder-Programm durch Erlass des Landes Hessen				
A.1 Rekrutierung wichtiger Akteure		2003: Ausschreibung und Auswahl von IV. und V.	Oktober-Dezember 2003: 8 stadtbezirks-bezogene Wahlveranstaltungen für ersten Stadtteilbeirat	Juli 2003: Beginn von Arbeit im Stadtteilbüro	Juli 2003: Beginn von Arbeit im Stadtteilbüro
		II. 2. Beratendes Mitglied von III. Federführung des Projektes	März 2004: Konstituierende Sitzung nach Wahl für 2 Jahre 2 monatlicher Sitzungsturnus/Bildung von Arbeitsgruppen März 2006: Ende des 1. Stadtteilbeirates Juli 2006: Neuwahl des neuen Stadtteilbeirates 19 BewohnerInnen/18 Vertreter von Institutionen	Beratendes Mitglied von III. Weitere Aufgaben: • Abstimmung, Zusammenführung und Fortschreibung des IHK; • Erstellung und Fortschreibung eines Projekt-, Maßnahmen-, Umsetzungs- und Finanzierungsplanes; • Initiierung, Umsetzungsbegleitung und	Beratendes Mitglied von III. Weitere Aufgaben: • Geschäftsführung und Begleitung des Stadtteilbeirats; • Aktivierung der Bewohnerschaft; • Mitwirkung bei der Initiierung (Bindeglied zur Bewohnerschaft) und Umsetzung von Projekten.

188

A.2 Leitbild			und Initiativen des „Gallus"	Vernetzung von Projekten und Maßnahmen	
			21.07.2005: In dieser Sitzung wurde Leitbild in der Form vertextet, in der es im IHK abgedruckt ist		Beteiligung an Vorentwurf des IHK 20.07.2005: Adressierung des Vorentwurfes an II.
A.3 IHK (= Integriertes Handlungskonzept)	Juli 2006: Weg zur Beschlussfassung durch die Stadtverordnetenversammlung	20.07.2005–20.08.2005 Einarbeitungen von Anregungen und Ergänzungen Zusammen mit IV. fachliche Durchsicht des Abstimmungsergebnisses von I. vom März 2006	Beteiligung an Vorentwurf des IHK 20.07.2005: Adressierung des Vorentwurfes an II. 20.10.2005: Vorstellung des 2., überarbeiteten Entwurfs an die Mitglieder des Stadtteilbeirates 1. Februar 2006 und 15. März 2006: Besprechungen der 2. überarbeiteten Fassung des IHK März 2006: Abschluss der Beratung und Abstimmung über den IHK April 2006 =Bericht von IV. an Stadtteilbeirat: Fast alle seine Anregungen werden in IHK eingearbeitet	Beteiligung an Vorentwurf des IHK 20.07.2005: Adressierung des Vorentwurfes an II. Zusammen mit II.2 Fachliche Durchsicht des Abstimmungsergebnisses von I. vom März 2006	

Gleichwohl bedeutet das nicht, dass die „Realität" der Eigenkomplexität des IHK der „Realität" der Hyperkomplexität des Reformprozesses entspräche. Vielmehr ist diese an die Perspektive derjenigen gebunden, die sie beschreiben.

Im konkreten Fall lassen sich die Autoren des IHK hauptsächlich dem lokalen PAS zuordnen, genauer: dem Projektteam, bestehend aus der Projektleitung des Stadtplanungsamtes und den durch sie Beauftragten der Projektsteuerung und des Quartiermanagements, ergänzt um Beiträge des Stadtteilbeirates. Eingeflochten haben sie Beiträge anderer Fachämter und von Experten jenseits des PAS.

Die Selbstbeschreibung des IHK entspricht somit einer simplifizierten Darstellung des Reformprozesses, indem sie ein Re-entry der System/Umwelt-Relation des lokalen PAS in das PAS vollzieht. Die Eigenkomplexität des IHK ist mithin nicht identisch mit der Hyperkomplexität der Gesamtbeiträge aller am Reformprozess beteiligten lokalen Organisationen und Personen der Funktionsbereiche. Und erst recht nicht mit den diesbezüglichen Leistungen der supralokalen Organisationen und Personen. Das liegt zum einen daran, dass das jeweilige Systemgedächtnis mehr vergisst als erinnert, um offen für neue Information zu sein. Zum anderen hängt es damit zusammen, dass der Befristung und Vergänglichkeit der Einzelereignisse Strukturen abgewonnen werden müssen, die Wiedererkennbarkeit und Erwartungssicherheit von sozialen Systemen ermöglichen. Die entsprechende Strukturbildung impliziert also Reduktion von Komplexität.

Interessant ist zudem, dass die Autoren des IHK mit ihm nicht nur ihre eigene Konstituierung als Reformbeteiligte memorieren, sondern auch auf den Reform- bzw. Erneuerungsprozess als eine Zeit mit und ohne IHK zurück blicken. Eine Funktion des IHK besteht demzufolge in der Vergegenwärtigung der disparaten Vergangenheiten und Ergebnisse des Reformprozesses „Soziale Stadt" durch seine Vereinheitlichung in Form einer konsistenten Selbstbeschreibung. Zugespitzt formuliert, darin, Ordnung in die Konfusion zu bringen (IHK Frankfurt 2006, 35). Und eine andere Funktion, sich in Bezug auf unterschiedliche Zukunftshorizonte der Kontinuität der eigenen Reformabsichten zu vergewissern.

Wir werden uns in unserer Beobachtung der Selbstbeschreibung des Erneuerungsprozesses durch das IHK erstens an dieser Differenz des Vorher/Nachher des IHK halten; zweitens anhand unserer Überlegungen zur Luhmannschen Reformtheorie dessen inkongruente Perspektive mittels ausgewählter Aspekte in Zwischenbetrachtungen einbringen; drittens mit einem kurzen Fazit zur Frage der Kontextsteuerung versus Reformpoesie abschließen.

4.2.2.2.2 Das Projekt „Soziale Stadt Gallusviertel": Selbstbeschreibung des Reformprozesses vor Verabschiedung des IHK

4.2.2.2.2.1 Rückversicherung des Reformprozesses durch Einbettung in die supralokale und lokale Systemgeschichte des Programms „Soziale Stadt" und Orientierung an deren Programmvorgaben

a) Supralokale Ebene: Bund-Länder-Programm „Soziale Stadt"/EU-Programm LOS

Die Hyperkomplexität der Ereignisse des Reformprozesses wird in einem ersten Schritt dadurch reduziert, dass sich die Autoren des IHK die Selektion der wichtigsten Entscheidungsprämissen der supralokalen Ebenen des PAS für die eigene lokale Ebene in Erinnerung rufen. Dabei bedienen sie sich besonders der Formulierungshilfen der HEGISS (siehe dazu besonders HEGISS 2000, 14 ff.; IHK Frankfurt 2006, 20 ff.), wenn man so will einer gewissen Kopiersemantik.

Im Zentrum der knapp und allgemein gehaltenen Rückschau steht auf der einen Seite die Abhängigkeit von den, aber auch die positive Selbstvergewisserung der komplementären Nutzungsmöglichkeiten der Programme der übergeordneten Politikebenen der EU sowie derjenigen des Bundes und der Länder.

So wird vor allem die Multifunktionalität des Bund-Länder Programms „Soziale Stadt" betont, nämlich als Leitprogramm für die Gemeinschaftsinitiative HEGISS, Investitionsprogramm für den Bereich Städtebau/Stadterneuerung, Klammer für die Einbindung anderer Förderprogramme und Finanzierungsbeiträge sowie als Leitprogramm für die Gesamtkoordination aller Maßnahmen und Akteure für die Stadtentwicklung im Fördergebiet, inklusive der Förderung des Stadtteilmanagements. (IHK Frankfurt 2006, 8).

Zudem werden die zusätzlichen Fördermittel für nicht-investive Projekte hervorgehoben, da diese im Bund-Länder-Programm „Soziale Stadt" einen eher nachrangigen Stellenwert einnehmen. Im Fokus steht hier das EU-Programm LOS (Lokales Kapital für soziale Zwecke), da es nur in Gebieten des Bund-Länder-Programms „Die Soziale Stadt" eingesetzt werden kann – insofern als Kompensation für jenes fungiert (IHK Frankfurt 2006, 9). Deshalb werden seine Modalitäten, d. h. der Zeitraum, die Finanzmittel, Zielgruppen etc., im Rückblick ausführlicher beschrieben. Hauptsächlich jedoch auch, weil das „Projekt Soziale Stadt Gallus" mit ihm im Rahmen der ersten zwei von vier Förderzeiträumen, nämlich 2003/4 und 2004/5 19 „Mikroprojekte" realisieren konnte (IHK Frankfurt 2006, 25 ff. u. 52). Plausibilisiert wird die ansonsten sehr knapp gehaltene (Reform-) Bilanz durch die Verabschiedung des IHK, welches durch seine vermeintlich klarere Struktur eine zugleich ausführlichere und spezifischere Rück- und Vorschau des Erneuerungsprozesses ermöglicht.

b) Lokale Ebene: Projekt „Soziale Stadt Gallusviertel"

In einem zweiten Schritt wird die Eigenkomplexität des Reformprozesses auf der lokalen Ebene dadurch reduziert, dass in seiner Rückschau nicht auf die komplexe Vorgeschichte der Stadtteilakteure des lokalen PAS Bezug genommen wird, welche sich für eine Bewerbung und Aufnahme des Stadtteils in das Programm „Soziale Stadt" stark gemacht haben (vgl. dazu die marginalen Hinweise im Anhang des IHK Frankfurt 2006, 135 auf eine BI). Stattdessen wird eine knappe Darstellung der diversen Verfahrenssequenzen präsentiert, die zur Aufnahme des Stadtteils ins Programm „Soziale Stadt" sowie zur Einstellung der Projektsteuerer/Quartiersmanager und Gründung des Stadtteilbeirates durch Rekrutierungs- bzw. Wahlverfahren geführt haben.

b1) Selektion des Stadtteils Gallus als Förder- bzw. Projektgebiet des Bund-Länder-Programms „Soziale Stadt" (November 2001)

Im November 2001 wurde der Stadtteil Gallus als Projektgebiet durch Erlass des Landes Hessen (IHK Frankfurt 2006, 13) ins Programm „Soziale Stadt" aufgenommen. Voraus gingen dem der Vorschlag und die Entscheidung der Stadtverordnetenversammlung Frankfurts im März 2001, den Stadtteil als entsprechendes Projektgebiet zu akzeptieren.

b2) Strukturelle und städtebauliche Merkmale als Auswahlkriterien des Stadtteils Gallus

Die Grundlage für die Entscheidung zugunsten des Stadtteils Gallus als Fördergebiet des Programms „Soziale Stadt" liefert u. a. die Beschreibung seiner Kumulation defizitärer Strukturmerkmale. Ihre Brisanz als Stadtteil „mit besonderem Entwicklungsbedarf" gewinnen sie im Vergleich mit bestimmten statistischen Durchschnittswerten der Gesamtstadt und anderer ihrer Stadtteile (IHK Frankfurt 2006, 15). Zusammengefasst handelt es sich dabei um folgende Merkmale (ebd., 16):

- „Isolierte Lage zwischen den beiden großen Eisenbahnanlagen und Folgen des Strukturwandels führten zu großräumiger Problemlage;
- Mangel an (gewerblichen) Arbeitsplätzen/massiver Abbau industrieller Arbeitsplätze;
- Konzentration von sozial Benachteiligten, Migranten/-innen, gering qualifizierten Arbeitnehmer/-innen und Arbeitslosen;
- hohe Anforderungen an die Integrationsleistung des Stadtteils;
- starke Umwelt- und Verkehrsbelastung;
- Mangel an nutzbaren öffentlichen Grün- und Spielflächen;
- erhöhter Modernisierungs- und Erneuerungsbedarf im Wohnumfeld und Wohnungsbestand,
- Umnutzung der nördlichen Anlage des ehemaligen Güter und Rangierbahnhofs, zu UEC und Europaviertel bergen für das Gallus neue Entwicklungschancen, aber auch Gefahren."

b3) Projektteam und Stadtteilbeirat als zentrale Entscheidungs-, Steuerungs- und Beteiligungssysteme (Juli 2003) des Projektes „Soziale Stadt Gallusviertel"

Dass die Projektsteuerung, das Quartiersmanagement und der Stadtteilbeirat zentral an der Selbstbeschreibung des Stadtteils beteiligt waren, dessen Reformprozess sie als Subsysteme des lokalen PAS ab ihrem Eintritt in diesen maßgeblich mitbestimmt haben, hatten wir bereits erwähnt. Jene traten nach Rekrutierungsentscheidungen durch die Stadtverwaltung ihre Stelle im Stadtteilbüro im Juli 2003 an (siehe auch Krummacher 2007, 365 zum Stadtteilbüro als zentraler Anlauf- und Kontaktstelle im Quartier). Der Stadtteilbeirat konstituierte sich nach erfolgter Wahl durch die Bürger des Stadtteils als ein dezentrales politisches Beratungs- und Entscheidungsgremium im März 2004. Dabei setzt er sich sowohl aus engagierten Bewohnern als auch aus Vertretern der Organisationen und Initiativen der diversen lokalen Funktionsbereiche zusammen (IHK Frankfurt 2006, 19 u. 42 ff.).

4.2.2.2.2.2 Zwischenbetrachtung

a) Programm „Soziale Stadt": Kombination von „Konditional- und Zweckprogramm"

Damit der Reformprozess überhaupt in Gang gesetzt werden konnte, mussten sich die lokalen Akteure der Stadt Frankfurt um die Aufnahme in das Programm „Soziale Stadt" als Projektgebiet bemühen. Dessen Prämissen lassen sich auch als eine Kombination von Konditional- und Zweckprogramm bzw. von Anpassung an defekte Realitäten sowie Leitideen interpretieren (vgl. zu der Differenz der beiden Programmtypen Luhmann 2000a, 256 ff.). Als Konditionalprogramm, sofern bestimmte unerwünschte Zustände in der jeweiligen Gegenwart als Resultat der Vergangenheit eingetreten sein müssen, damit das Programm greifen kann (vgl. unseren Punkt b2 oben). Als Zweckprogramm, sofern bestimmte, aus der Perspektive der jeweiligen Gegenwart zukünftige Zwecke mit alternativen Mitteln erreicht werden sollen (vgl. dazu weiter unten die Bausteine des IHK). Als Besonderheit des Programms „Soziale Stadt" kommt seine Befristung auf zunächst ein Jahr hinzu, was eine Verlängerung nicht ausschließt. Dies erklärt auch die vielfältige Verwendung der Semantik des „Projekts" und seiner Komposita in der Selbstbeschreibung (vgl. dazu 3.2, a4 weiter unten).

b) Doppelter Machtkreislauf des lokalen PAS

Unter dem doppelten Machtkreislauf des lokalen PAS wollen wir im Anschluss an Luhmann die formale und informale Reproduktion von Politik, Verwaltung und Publikumsrollen durch Entscheidungen verstehen (vgl. Luhmann 1987b, 148 ff. und unser Kapitel 1.3.1. Wir übertragen seine dort auf die Makroebene des zentralen PAS bezogenen Formulierungen auf die „Mikroebene" des lokalen PAS. Aus Gründen der Straffung der Argumentation ersparen wir uns an dieser Stelle auf bestimmte Unterschiede dieser beiden Politikebenen genauer einzugehen.). Als formaler entspricht der Machtkreislauf der Selbstbeschreibung der Kommunalverfassung. Als informaler der faktischen Ebene, die dem Komplexitätsproblem der Entscheidungssituation der drei Instanzen Rechnung trägt.

Dabei geht das formale Schaubild entsprechend der Idee der Demokratie davon aus, dass die Bürger (das Volk) durch die Wählerrolle dafür sorgen, dass die von den Parteien aufgestellten Kandidaten entweder die öffentlichen Ämter der politischen Spitze (Oberbürgermeister, Dezernenten) bzw. der Mehrheitsfraktionen oder der Oppositionsfraktionen der Stadtparlamente übernehmen; die politische Spitze die Verwaltung durch Entscheidungsprogramme bindet und die Verwaltung wiederum den Bürger als Entscheidungsbetroffenen in der Klientenrolle mit den dadurch konditionierten Entscheidungen konfrontiert. Demgegenüber unterstellt der informelle Machtkreislauf aus Gründen der Überkomplexität der Entscheidungssituation der formalen Entscheider andere Prämissen. Hier sind es die Parteien bzw. Kandidaten, die die Komplexität der Entscheidungssituation der Wähler durch wenige Wahlkampfthemen und emotionale Bindung an sich zu reduzieren versuchen; ist es die Verwaltung, welche durch ihre Vorlagen die Komplexität der Entscheidungsalternativen der Politiker in ihre Richtung zu dirigieren versucht und sind es die Bürger, welche als Klienten die Verwaltung zu beeinflussen versuchen. Was ihnen umso mehr gelingt, je stärker die Verwaltung von ihrer Kooperation bei der Durchsetzung der Entscheidungsprogramme abhängig ist. So weit so gut.

Beobachtet man daraufhin den Reformprozess des Projekts „Soziale Stadt", so lässt sich bereits an dieser Stelle unserer Argumentation auf folgende Aspekte verweisen (siehe dazu auch das Beteiligungsmodell IHK Frankfurt 2006, 19, das im Kontext des drei Ebenen-Modells – Verwaltungsebene-Vor-Ort-Ebene-intermediäre Ebene – von Krummacher 2007, 363 ff. trotz der egalitären Semantik des Projektteams aufgrund der Federführung der Projektleitung sowie der Rekrutierungsmodalitäten der Projektsteuerung und des Quartiersmanagements eher einem hierarchisch gesteuerten Modell zu entsprechen scheint.):

- Mit ihm steigt die Eigenkomplexität des lokalen PAS durch die programmspezifisch intendierte Forcierung von Entscheidungen, die in den vorhandenen Machtkreislauf eingespeist werden sollen;
- so wird die Verwaltung in Form des Stadtplanungsamtes und diverser anderer Abteilungen und Ressorts mit Zusatzentscheidungen in vielfältiger Form konfrontiert;
- durch die Projektsteuerung und das Quartiermanagement werden zusätzliche Stellen als Vermittler zwischen zentralem und dezentralem lokalem PAS mit komplexen Entscheidungserwartungen eingeführt;
- hinzu kommt ein neues Beteiligungs- und Entscheidungsgremium in Form des Stadtteilbeirates, das auf der dezentralen Ebene der Politik des Stadtteils Gallus den Ortsbeirat und die Bezirksvorsteher ergänzen soll. Offensichtlich löst es den früheren „runden Tisch" als Mitentscheider

durch die Kombination engagierter Bürger und aggregierter Interessen-
vertreter aus den diversen lokalen Funktionsbereichen ab (vgl. Krummacher 2007, 367 zu den daraus resultierenden Konkurrenzproblemen zwischen den politischen Gremien der „etablierten" Lokalpolitik und den
neu hinzu gekommenen Gremien);

- ferner wird die Eigenkomplexität des zentralen und dezentralen lokalen
  PAS noch dadurch gesteigert, dass deren Entscheider in ihre Entscheidungen zusätzlich die Entscheidungsprämissen von supralokalen Entscheidern wie dem LOS, der HEGISS und anderen Förderprogrammen
  einbauen sollen;
- schließlich und vor allem sollen die zentralen und dezentralen lokalen
  Entscheider qua Zielsetzung des Programms „Soziale Stadt" die Voraussetzungen dafür schaffen, dass sich die Stadtteilbewohner sowohl formal
  als auch informal im Kontext ihrer jeweiligen Rollen der lokalen Funktionsbereiche für den Stadtteil und ihre Interessen engagieren sollen. In
  der Konsequenz heißt dies, dass sie ihr Rollenrepertoire durch unterschiedliche stadtteilbezogene sekundäre Leistungsrollen erweitern sollen,
  worunter unter anderem auch die von gewählten ehrenamtlichen Repräsentanten des Stadtteilbeirates fallen.

Vor dem Hintergrund dieser Überlegungen stellt sich folglich für uns die
zentrale Frage, ob und wie im Hauptteil des IHK seine Akteure die programmspezifisch generierte Komplexitätssteigerung des lokalen PAS sowie
seiner stadtteilspezifischen und sonstigen Umweltsysteme in den Blick bekommen. Oder anders formuliert: ob und welche Funktionen die Reformpoesie mit Bezug auf die Komplexitätssteigerung bei der Beschreibung der
bisherigen Ergebnisse des Reformprozesses und der Festlegung seiner zukünftigen Reformziele einnimmt.

4.2.2.2.3 Das Projekt „Soziale Stadt Gallusviertel": Selbstbeschreibung des Reformprozesses nach Verabschiedung des IHK

4.2.2.2.3.1 Selbstbeglaubigung des Reformvorhabens „Soziale Stadt Gallusviertel":

a) Das IHK als Stadtteilentwicklungsprogramm (Arbeitsprogramm) mit der
Funktion der gleichzeitigen Reduktion und Erhöhung der Eigenkomplexität der Selbstbeschreibung des Reformprozesses durch Differenzierung
und Vernetzung von „Bausteinen"

a1) 5 Bausteine (= stadtteilspezifische Handlungsfelder) als Bezugspunkt
des Erneuerungsprozesses
Mit der Semantik von 5 „Bausteinen", die bei einem stark städtebaulich
orientierten Programm wohl nicht zufällig so gewählt wurde, referieren
die Autoren des IHK auf diejenigen stadtteilspezifischen Handlungsfelder, auf die sich der Erneuerungsprozess beziehen soll bzw. bereits bezogen hat. Dazu gehören als Baustein 1 die Chancengleichheit der Be-

wohner; Baustein 2 die lokale Wirtschaft; Baustein 3 das soziale und kulturelle Leben; Baustein 4 die städtebauliche Struktur und als Baustein 5 die Wohnungsstruktur;

a2) die Beobachtung der Bausteine mittels vereinheitlichter Kriterien

Die Programmkriterien, auf die sich die Beobachtung der angeführten 5 Bausteine bezieht, unterscheiden sich in eine jeweilige „Ausgangssituation", die als Resultat der bisherigen Stadtteilgeschichte, also der Vergangenheit, dargestellt wird, einerseits. Und in eine anzustrebende Zukunft, die wiederum in „Handlungsansätze" (Maßnahmen) und „Projektziele" unterschieden wird, andererseits.

Da das Projekt „Soziale Stadt Gallusviertel" bereits vor Verabschiedung des IHK in Gang gekommen ist, beziehen sich die Autoren mit der Semantik der „bereits realisierten Projekte" auf die Zeit davor und auf die Zukunft mit derjenigen der „geplanten Projekte" bzw. der „Kernprojekte". Mit der Bezeichnung „weitere Projekte" wird auf Projekte verwiesen, deren Planungsgrad noch gering ist (siehe IHK Frankfurt 2006, 20 ff.; 32).

a3) Der Steigerungsimperativ „Besser, Aktiver, Stabiler, Nachhaltiger, Mehr, Stärker" als generelle Zielsetzung

Den 5 Bausteinen als unterschiedlichen „Handlungsfeldern" werden jeweils Reformintentionen vorangestellt, die auf einen Steigerungsimperativ verweisen. So ist beim Baustein 1 u. a. von der „Aktivierung und Verbesserung der Chancengleichheit" die Rede; wird beim Baustein 2 von der „Stärkung der lokalen Wirtschaft" und der „Verbesserung der Arbeitsmarktchancen der Bewohner und Bewohnerinnen" gesprochen; heißt es beim Baustein 3 „Verbesserung des sozialen und kulturellen Lebens im Stadtteil"; geht es beim Baustein 4 um die „städtebauliche Stabilisierung des Stadtteils" und im Baustein 5 um die „Verbesserung der Wohn- und Lebensbedingungen".

Dem kontrastiert eine Ausgangssituation, die als Resultat der Stadtteilgeschichte, sprich der unterschiedlich weit zurückliegenden Vergangenheiten, mehr oder weniger explizit mit der Gegenbegrifflichkeit von „schlechter", „passiver", „instabiler", „kurzhaltiger", „weniger", „schwächer" bezeichnet wird und deshalb der Veränderung bedarf.

a4) Die Vernetzung und Überschneidung der Bausteine

Explizit erwähnen die Autoren des IHK, dass sich die Analysen, Ziele und Maßnahmen der einzelnen Bausteine überschneiden, was aus ihrer Sicht sowohl auf die hohe Vernetzungsdichte der Projekte und Maßnahmen als auch die Notwendigkeit der Kooperation der Akteure verweist (vgl. dazu IHK 2006, 32).

a5) Beispiele für jeden Baustein

Baustein 1: „Aktivierung und Verbesserung der Chancengleichheit der Bewohner und Bewohnerinnen, Verbesserung der Bürgermitwirkung und des Stadtteillebens"

„Realisiertes Projekt": „Einrichtung und Begleitung des Stadtteilbeirats „Soziale Stadt Gallus" (IHK Frankfurt 2006, 42–43)

Die im März 2004 erfolgte Einrichtung des Stadtteilbeirates wird retrospektiv unter die Rubrik „realisierte Projekte" subsumiert. Als defizitäre Ausgangssituation, die dessen Realisierung nötig machte, werden dabei die mangelhaften Mitwirkungsmöglichkeiten der Bewohnerschaft am Erneuerungsprozess des Stadtteils Gallus identifiziert. Rückwirkend wird deshalb seine Einrichtung als ein wichtiges Ziel des Verfahrens „Soziale Stadt Gallusviertel" ausgeflaggt. Einerseits deshalb, weil der Stadtteilbeirat sich sowohl aus der Bewohnerschaft als auch bedeutsamen, den Stadtteil vertretenden Institutionen zusammensetzt. Zum zweiten, weil er eine zentrale Funktion als Begleitung des Projektes „Soziale Stadt" durch Ziel-Diskussionen und Maßnahmenvorschläge erfüllt. Da dessen erfolgreiche Institutionalisierung zum Zeitpunkt des Rückblicks bereits gut 2 Jahre zurück liegt, wird aktuell unter der Rubrik „realisierte Projekte" als „wesentliches Ziel" seine Verstetigung über das Projekt der „Sozialen Stadt Gallusviertel" hinaus gefordert (IHK Frankfurt 2006, 42).

Baustein 2: „Stärkung der lokalen Wirtschaft, Schaffung von Arbeits- und Ausbildungsplätzen sowie Beschäftigungsmöglichkeiten auf lokaler Ebene, Verbesserung der Arbeitsmarktchancen der Bewohner und Bewohnerinnen"

„Geplantes Projekt (Kernprojekt)": „Beschäftigungsprojekte für arbeitslose Jugendliche/Qualifizierungsmaßnahmen"

Ziel ist die Ermöglichung des Einstiegs in das Berufsleben für arbeitslose Jugendliche und Erwachsene. Ein erster Handlungsansatz dazu wird in Instandsetzungsarbeiten von Gebäuden des westlichen Teves-Geländes, einer brachliegenden Gewerbefläche im Gallus, gesehen. Darüber hinaus sollen über eine Qualifizierung auch Möglichkeiten zum Einstieg in ein reguläres Arbeitsverhältnis angeboten werden (56). Einschränkend wird im Zusammenhang mit all den im Kontext des Bausteins 2 geplanten Projekten jedoch darauf hingewiesen, dass sie nicht mit Fördermitteln des Programms „Soziale Stadt" finanziert werden können, sondern auf komplementäre Förderprogramme angewiesen sind (54).

Baustein 3: „Verbesserung des sozialen und kulturellen Lebens im Stadtteil"

„Realisiertes Projekt": „Nachbarschaftstreff Gallus" (IHK Frankfurt 2006, 66)

Als Ziel des im Herbst 2005 eingerichteten ehrenamtlich organisierten „Nachbarschaftstreffs Gallus" wird ausdrücklich die Adressierung aller im Gallus lebender Menschen genannt. So heißt es im IHK Frankfurt (2006, 66): „Er richtet sich ausdrücklich an ALLE Menschen, die im Gallus leben, unabhängig von Alter, Geschlecht und ethnischer Zugehörigkeit." Die als LOS-Projekt geförderte Initiative bietet mit ihm einen Ort zum besseren Kennenlernen von Nachbarn des Gallus-Viertels an zwei Tagen der Woche an.

Auch hier wird – wie unter Baustein 1 – unter der Rubrik „realisiertes Projekt" als nächstes Ziel auf die Verstetigung des Projektes durch eine Angebots-Struktur von einem noch zu suchenden Träger hingewiesen.

Baustein 4: „Städtebauliche Stabilisierung des Stadtteils"

„Geplantes Projekt" (Kernprojekt)": „Frankenallee Aufwertung der Freiflächen bis Homburger Damm"

Vor dem Hintergrund des Defizites an nutzbaren Grün- und Freiflächen wird als Ziel dieses Projektes die Aufwertung und Umgestaltung der Freiflächen der Frankenallee mit der daran gebundenen Erwartung einer hohen Aufenthaltsqualität genannt. Die Zielerreichung soll in vier Teilabschnitten erfolgen. Dabei wird der erste Teilabschnitt in seinen einzelnen Verfahrensschritten vom Beginn im Januar 2005 bis zu seinem vorläufigen Abschluss im April 2006 dokumentiert. Zum Zeitpunkt der Publikation des IHK (Juli 2006) rechnen seine Autoren mit einer zeitnahen Ausführungsplanung.

Folgende Akteure waren im angegebenen Zeitraum an dem Verfahren der Umgestaltung des ersten Teilabschnitts der Frankenalle, d. h. eines Grünstreifens zwischen Schwalbacher Straße und Friedenskirche (Fischbacher Straße) und der straßenbegleitenden Freiflächen entlang der Quäkerwiese, sequentiell beteiligt:
- Stadtplanungsamt mit Untersuchungsauftrag;
- Fachplaner für die Freiraumpotentiale;
- die Bewohner des Stadtteils mit 4 Aktionen der Bürgerbeteiligung (2 Spaziergänge; Aktionstag Saubere Frankenallee; Workshop mit Konsenspunkten – u. a. Bepflanzung verbessern, Blühpflanzen setzen);
- frühere Anwohnerversammlung mit weiteren Konsenspunkten;
- 5 Landschaftsarchitekturbüros zur Anfertigung eines Vorentwurfs mit der zu beachtenden Prämisse, die Ergebnisse bzw. Konsenspunkte dabei zu berücksichtigen;

- Vorstellung der fünf Vorentwürfe gegenüber der Projektleitung und Projektsteuerung „Soziale Stadt Gallusviertel" und
- dem Grünflächenamt;
- Auswahl des Vorentwurfs eines Landschaftsarchitektenbüros aus Neu-Isenburg für weitere Zusammenarbeit;
- Vorstellung dieses Vorentwurf gegenüber Ortsbeirat I und
- Stadtteilbeirat;
- zur Zeit der Fertigstellung des IHK Überarbeitung in der Endphase und stadtinternen Abstimmung.

Baustein 5: „Verbesserung der Wohn- und Lebensbedingungen durch bauliche und wohnungspolitische Maßnahmen"

„Geplantes Projekt (Kernprojekt)": „Imagekampagne zum Thema ,Umgang mit den Hinterlassenschaften der Hunde'" (IHK Frankfurt 2006, 96–97)

Als Ausgangssituation wird hier das „große Problem" der „hohen Verschmutzung im Stadtteil" bezeichnet. Ziel des Projektes ist es, die Verringerung der Verschmutzung der wenigen öffentlichen grünen Freiflächen zu bewirken. Die dazu erforderliche Maßnahme wird als „Imagekampagne" zum Thema „Umgang mit den Hinterlassenschaften der Hunde" beschrieben, welche „die Bewusstseinsbildung im Stadtteil ansprechen" (ebd., 97) soll.

Auch hier wird wie beim Baustein 2 auf die finanzielle Unsicherheit bezüglich aller geplanter Projekte verwiesen bzw. die Notwendigkeit ihrer Selbstanpassung an die finanziellen Gegebenheiten.

b) Das Leitbild „Das Gallus macht sich!"

Vom „Stadtteil mit besonderem Entwicklungsbedarf" zum Stadtteil mit einer „zukunftsfähigen Entwicklung" in Richtung einer „inklusiven kleinräumigen Gemeinschaft"

„Das Gallus ist ein ehemaliges Industriearbeiterviertel. Es erstreckt sich vom Platz der Republik im Osten bis zur Mönchhofstraße im Westen. Heute ist es ein urbaner Stadtteil im Wandel. Das Gallus ist unser Zuhause, hier leben und hier arbeiten wir. Unser Stadtteil ist vielfältig und lebendig, seine Bewohnerinnen und Bewohner sind aufgeschlossen, kommunikativ und freundlich. Wir sind eine Gemeinschaft, in der bereits seit Jahrzehnten Menschen vieler Nationen und Kulturen zusammen leben. Das Leben mit dieser Vielfalt ist unsere Chance, Trennungen zu überwinden und dadurch Anregungen für andere Stadtteile zu geben. Unsere Lebenssituation ist eine Herausforderung, der wir uns stellen. Wir setzen uns gemeinsam für eine zukunftsfähige Entwicklung und ein positives Image des Gallus ein. Dazu brauchen wir: ein starkes örtliches Gewerbe, ein vielfältiges Kultur-, Freizeit- und Sportangebot, Bildung, Ausbildungsplätze und Arbeit, attraktive Freiräume. Das Gallus soll ein kinder- und familienfreundlicher Stadtteil werden. Die besonderen Bedürfnisse von Senioren/-innen und Behinderten sollen berücksichtigt werden. Alle Menschen werden hier miteinander in Respekt leben und dabei niemanden zurücklassen. Dazu werden wir die soziale Verantwortung in den Nachbarschaften stärken. Unsere Integrationsleistungen wollen wir mit Unterstützung der Stadt Frankfurt und der Region fortsetzen." (IHK Frankfurt 2006, 31)

b1) „Das Gallus macht sich": Die Leitbildformel – eine positive Motivation zur Aktivierung der Bewohner
Das vom Stadtteilbeirat „Soziale Stadt Gallus" am 21.Juli 2005 verabschiedete und dem IHK vorangestellte Leitbild „Das Gallus macht sich" soll – so dessen Intention – als Grundausrichtung des IHK fungieren (ebd., 20). Mit dieser Leitbildformel sollen wohl hauptsächlich zwei Konnotationen ausgelöst werden. Zum einen das aktive „Sich-Selbst-Herstellen" des Stadtteils, das „Selfmade" in Differenz zum „Gemacht werden". Und zum anderen ein selbstreferentieller Bezug auf die erfolgreiche Wirkung dieser Leitbildformel durch die bereits wahrnehmbare positive Differenz des Stadtteils im Vergleich zu seinem früheren Zustand. Zieht man beide Konnotationen zusammen, symbolisiert die Leitbildformel die Möglichkeit der positiven Veränderung durch Eigenaktivität und damit der Einlösung der Zielsetzung des 1. Bausteins.

b2) „Vom Industriearbeiterviertel zur multikulturellen und multiethnischen Gemeinschaft": Zur Konstruktion der gegenwärtigen Realität des Stadtteils Gallus
Sofern sich das Leitbild auf die gegenwärtige Realität, das „Heute", bezieht, konstatiert es einen „urbanen Stadtteil im Wandel". Sein „Gestern" als „ehemaliges Industriearbeiterviertel" wird gleichwohl im Präsenz mitgeführt, ist also präsent. Das der Selbstbeschreibung zugrunde liegende Transformationsparadox von gleichzeitiger Kontinuität und Diskontinuität, „dass man ist („Industriearbeiterviertel"), was man nicht mehr ist („ehemaliges"), lässt sich somit als konstitutiv für den im Wandel befindlichen Stadtteil betrachten. Die Vergangenheit wird sowohl durch die noch existierende Infrastruktur („Industriearbeiter*viertel*" = Baustein 4 und 5) als auch die noch vorhandene Sozialstruktur in der Gegenwart mitgeführt und „visibilisiert" (*„Industriearbeiter*viertel = Baustein 2). Zugleich wird sie jedoch auch durch den urbanen Wandel in beiden Hinsichten zunehmend in die Vergangenheit abgeschoben und „invisibilisiert" (vgl. dazu die „Gebietsbeschreibung" des IHK 2006, 13 ff. und die der jeweiligen „Ausgangssituationen" der Bausteine 1, 4 und 5 ebd., 36 ff., 72 ff. u. 92 ff.). Dass das Leitbild das mit der „Gleichzeitigkeit des Ungleichzeitigen" verknüpfte latente Konfliktpotential nur mühsam kaschieren kann, werden wir noch sehen.
Auf das „Hier" und „Heute" des Gallus wird mit einer Inklusionssemantik des „Wir" und „Unser" Bezug genommen. Der Stadtteil wird aus dieser Perspektive zu einer gemeinsamen kleinräumigen „Lebenswelt" als Ort des Wohnens, Lebens und Arbeitens. Zugleich wird er als „vielfältig" und „lebendig" charakterisiert. Seine Bewohnerschaft als „aufgeschlossen, kommunikativ und freundlich", ja als eine „seit Jahr-

200

zehnten zusammenlebende multiethnische und multikulturelle Gemeinschaft."

b3) „Die multiethnische und multikulturelle Gemeinschaft als Chance und Herausforderung, der sich die Bewohnerschaft stellt": Zur Konstruktion der Eigenaktivierung und Vorbildfunktion für andere Stadtteile

Das Leben in der seit Jahrzehnten zusammenlebenden multiethnischen und multikulturellen Gemeinschaft wird als eine Chance perzipiert, nicht weiter ausbuchstabierte Trennungen zu überwinden und damit zugleich für andere Stadtteile zum Vorbild, wenn man so will zur „good-practice" zu werden. Zugleich wird ganz im Sinne der Leitbildformel und des 1. Bausteins deutlich gemacht, dass man sich der mit Ausnahme der „Trennungen" nicht näher explizierten Herausforderung der eigenen Lebenssituation „stellt", also etwas selbst zu machen beabsichtigt.

b4) „Die Vision einer allinklusiven kleinräumigen Zukunftsgemeinschaft": Zur Konstruktion eines gemeinsamen Engagements für eine zukunftsfähige Entwicklung und eines positiven Images des Gallus

Ausgeblendet wird das unausgesprochene Risiko einer „nicht zukunftsfähigen Entwicklung" und des „Negativ-Images" von Gallus. Stattdessen wird der gemeinsame Einsatz für eine zukunftsfähige Entwicklung und ein positives Image des Gallus beschworen. Als Voraussetzung dafür wird auf einen Bedarf der unterschiedlichen lokalen Funktionsbereiche abgestellt, der „ diese zu „starken", „vielfältigen" und „attraktiven" „macht" und machen soll. Damit wird mehr oder weniger explizit der Bezug zu allen Bausteinen des IHK und einem Teil der auf sie bezogenen Steigerungsimperative sowie ihrer antizipierten Realisierung hergestellt.

Zudem wird ausdrücklich auf die stärkere Resonanz für spezifische Bedürfnisse bestimmter Personengruppen (Kinder, Familien, Behinderte, SeniorenInnen) abgehoben, die – so die implizite Prämisse – bis dato eher unberücksichtigt blieben bzw. denen zu wenig Respekt zu Teil wurde. Dazu soll besonders die nachbarschaftliche Verantwortung gestärkt werden. Im Ergebnis soll dies in eine Gemeinschaft einmünden, wo jeder jeden respektiert und niemand zurückbleibt.

b5) „Kontinuität der Integrationsleistungen mit Hilfe der Stadt Frankfurt und der Region": Zur Konstruktion der Fortsetzung des Reformvorhabens in Abhängigkeit von den zentralen Entscheidungssystemen der Stadt und supralokalen Entscheidern

Schließlich wird deutlich, dass die Vertreter des Stadtteilbeirates an der Fortsetzung ihres Projektes interessiert sind, das sie auf die Kurzformel der „Integrationsleistungen" reduzieren. Dabei hoffen sie auf die Unterstützung der Entscheider der Gesamtstadt Frankfurt und der Region als supralokaler Entscheidungsinstanzen, was wiederum auf die Einbettung in vertikale Entscheidungsketten als einer zentralen Zielsetzung des Programms „Soziale Stadt" verweist.

4.2.2.2.3.2 Zwischenbetrachtung

a) Reformpoetische Merkmale des „IHK: ,Soziale Stadt Gallusviertel'"

Betrachtet man das „IHK: ,Soziale Stadt Gallusviertel' auf dem Hintergrund unserer reformtheoretischen Überlegungen lassen sich mehrere reformpoietische Merkmale identifizieren.

a1) „Bessere Anpassung an Leitideen variiert mit Konzessionen an die Realität als Gegenprinzip"
Zum einen lässt sich die Anwendung des Steigerungsimperativs „Besser, Aktiver, Stabiler, Nachhaltiger, Mehr, Stärker" durchgängig bei den Autoren des IHK im Kontext aller Bausteine beobachten.
Zum anderen machen sie durchaus partiell Zugeständnisse an die Wirklichkeit als Gegenprinzip. Dies gilt besonders bezüglich folgender „Realitäten":
- Der Unsicherheit oder Knappheit der zur Verfügung stehenden Finanzierungsmittel des Programms „Soziale Stadt" und anderer Fördermittel. So wird beispielsweise den Kernprojekten des Bausteins 5 folgender Hinweis vorangestellt (IHK Frankfurt 2006, 97): „Auch hier gilt, dass die finanzielle Ausstattung der Programme über die Programmlaufzeit oder darüber hinaus nicht mit Sicherheit zu beziffern ist, womit eine Umsetzung der einzelnen Projekte an die finanziellen Gegebenheiten anzupassen ist." Eine ähnliche Formulierung findet sich zu Beginn des Bausteins, was das „auch hier gilt" des Zitates plausibilisiert (vgl. ebd., 54; siehe auch unsere Beispiele zum Baustein 2 und 4 oben);
- der mangelnden Frustrationstoleranz bzw. Wartefähigkeit der Bewohner, wenn die Planungshorizonte der Projekte zu lange konzipiert sind.
So heißt es im Kontext der „realisierten Projekte" des Bausteins 4 (ebd., 81) „Die Umsetzung langfristiger Konzepte ohne kurzfristig sichtbare Erfolge im Stadtteil rufen oftmals eine hohe Unzufriedenheit und nachfolgend auch eine stagnierende Mitwirkungsbereitschaft der interessierten Bewohnerschaft am Erneuerungsprozess hervor. Daher wurden Projekte als kurzfristig realisierbare Maßnahmen bereits begonnen bzw. umgesetzt."
- Der Schwierigkeit der Zuschreibung der durch die eigenen Pläne erzeugten Wirkungen bzw. Erfolge.
Im Hinblick auf die Evaluation des Programms „Soziale Stadt" heißt es (ebd., 22): „Probleme bei der Evaluierung der Arbeit im Stadtteil werden darin liegen, die Wirkungen, die im Stadtteil ausgelöst werden, einzelnen d.h. konkreten Projekten zuzuordnen, da bei allen

Maßnahmen Synergieeffekte bestehen. Ebenso wird es schwierig sein, Indikatoren oder Messgrößen für die Bewertung der Zielerreichung festzulegen. Drittens fehlt in der Regel die kleinräumige Datenbasis als Datengrundlage. Es werden wohl vielmehr subjektive Beobachtungen und Bewertungen in die Wirkungsanalyse einfließen können."

Diese Zugeständnisse an diverse Realitäten fungieren jedoch für die Autoren nicht als Anlass einer prinzipiellen Irritation des eigenen Reformvorhabens, vor allem der ihr zugrunde liegenden Anpassung an Leitideen mittels des Steigerungsimperativs. Vielmehr zollen sie den Realitäten durch unterschiedliche Strategien des gemeinsamen Lernens Tribut (ebd., 22). So betrachten sie sie als Take-Off

- zum selektiven Lernen durch Selbstanpassung an die knappen monetären Ressourcen;
- zur Prävention qua Realisierung kurzfristiger Projekte, um die Mitwirkungsbereitschaft der Bewohner aufrechtzuerhalten und ihrer Demotivation entgegen zu wirken.

Zugleich vermeiden sie das Lernen an der Stelle, an der es das eigene Reformvorhaben und seine Steigerungsimperative in seinem Kern erschüttern könnte, nämlich bezüglich der Konsequenzen des Zugeständnisses, das sie nicht genau wissen können, welche Wirkung die einzelnen von ihnen intendierten Projekte erzielen können. Letztendlich also in Bezug auf die Anerkennung der zu komplexen Kausalitäten der eigenen Reformmaßnahmen.

Stattdessen huldigen sie einer „objektivistischen" Beobachtungs- und Bewertungsphilosophie und halten kontrafaktisch an den Zielen ihres Reformvorhabens fest. Das führt zu paradoxen Konsequenzen. So wenn sie im Kontext der einzelnen Bausteine des IHK das Bewirken von Synergieeffekten positiv bewerten, ja intendieren, z.B. als Aufgabe des Quartiermanagements (ebd., 18). Oder im Projekttableau des Anhangs die Synergieeffekte der Projekte den einzelnen Bausteinen attribuieren (ebd., 101 ff.) Zugleich aber zugestehen, dass es gar nicht möglich sei, die Synergieeffekte einzelnen Maßnahmen zuzuordnen.

Damit nähern sie sich mit ihrer Selbstreflexion unseren evolutionstheoretischen Überlegungen an, ohne sich das aus reformpoietischen Gründen zugestehen zu können.

a2) „Deformierung des Reformvorhabens und Konfusion der Differenz von geplant/ungeplant" durch Zunahme der beteiligten Systeme und daraus resultierender Komplexitätssteigerung"
Deutete die Semantik der „Synergieeffekte" bereits die Schwierigkeit der eindeutigen Attribution der Wirkungen der Maßnahmen des IHK an, so lässt sich noch eine weitere „Quelle" für die damit indizierte Konfusion von geplant/ungeplant angeben. Sie besteht in den von uns

bereits angedeuteten Implikationen der Steigerung der Eigenkomplexität des lokalen PAS durch seine eigene Erweiterung qua neuer Entscheidungs- und Mitwirkungssysteme und seiner forcierten horizontalen und vertikalen Vernetzung mit weiteren Umweltsystemen.

Wir haben deshalb oben bewusst das Beispiel zur „Umgestaltung der Frankenallee" als eines der Kernprojekte des Bausteins 4 ausgewählt, um klarzumachen, wie viele Akteure allein an diesem relativ kleinen Reformvorhaben beteiligt waren. Während die Autoren des IHK darin hauptsächlich ein Paradigma für die realisierte „Mitwirkung" der Bewohner in eigener Sache sehen, lassen sich auch hier Zweifel anmelden. So dürfte es den beteiligten Bewohnern am Ende des komplexen Verfahrens nicht leicht fallen, zu sehen, ob und inwieweit das ursprünglich von ihnen Mitgeplante realisiert wurde oder etwas ganz Anderes.

Stellt man sich das Einzelprojekt potenziert für die von den Autoren des IHK vorgestellten „Projekttableaus" (ebd., 101 ff.) vor, kann man erahnen, wie es den Reformbeteiligten gleichsam schwindlig wird angesichts der vielfältig zu verarbeitenden Informationen, der Befristung der Projekte, der divergierenden Interessen, der Knappheit der monetären Ressourcen und der Entscheidungslast. Lässt sich dies schon an der Überkomplexität der Stellenerwartungen der Projektsteuerung und des Quartiermanagements ablesen (ebd., 17 ff.; vgl. dazu auch Krummacher 2007, 369; Walther/Güntner 2007, 396)), gilt dies umso mehr bezogen auf die ehrenamtlich engagierten Inhaber der sekundären Leistungsrollen des Stadtteilbeirates.

Prima facie scheinen die damit angeschnittenen Probleme der forcierten Eigenkomplexität und der Konfusion der Differenz von geplant/ungeplant in der Selbstbeschreibung des IHK jedoch nicht thematisiert zu werden. Stattdessen ist viel von „Konsenspunkten" die Rede sowie von den Konsensformeln des „gemeinsamen Handelns" im Leitbild, dem „An einem Strang ziehen" beim IHK als Arbeitsprogramm (ebd., 22) und dem „Hand in Hand" arbeiten aller Beteiligten bei der retrospektiven Beschreibung von Einzelprojekten (ebd., 82 ff.).

Bei genauerem Hinsehen wird jedoch an der einen oder anderen Stelle der Selbstbeschreibung deutlich, dass diese reformpoietische Semantik Brüche aufweist. Explizit artikuliert wird dies besonders anhand der Statements von Mitgliedern des Stadtteilbeirates, die dem IHK beigefügt (ebd., 128 ff.) und als Anregungen zum Teil in den IHK eingearbeitet wurden. So heißt es dort (ebd., 142) u. a.: „Die Arbeitsgruppen des Beirats Soziale Stadt Gallus haben in einem intensiven Arbeitsprozess bezogen auf die Bausteine 1-5 Projekte erarbeitet und formuliert, der Beirat hat die Projekte abgestimmt. Dadurch, wie sie in das IHK eingearbeitet sind, verschwimmt die Dringlichkeit der Umsetzung, die von den Mitgliedern des Beirats formuliert wurde und *z. T. ist durch Umformulierungen die Intention umgewandelt* (Beispiele: Elternschule, soziokulturelles Zentrum)." Und an einer anderen Stelle (ebd., 128): *„Bei*

Kernprojekten muss sich der Bürgerwille ausdrücken, nicht der Wunsch der Stadtplaner. Es kann nur über eine Abstimmung im Beirat festgestellt werden, welche Gewichtung Kunst, Kultur und Ausbildungsangebote auf dem Teves-Gelände haben werden." (Hervorhebungen von H.-J. Hohm).

Deutlich wird die Konfusion von geplant/ungeplant und die damit einhergehende Deformierung der Reformvorhaben jedoch auch implizit an der partiell auftretenden Konfusion von „Ausgangssituation" und „Handlungsansätzen" im Kontext der Bausteine des IHK (vgl. ebd., 62, 63 und Baustein 4, 73). So heißt es z. B. im Rahmen der „Ausgangssituation" des Bausteins 3 (ebd., 60): „Bereits in Kindergärten und -tagesstätten ist die gezielte Förderung von Kleinkindern zu etablieren, um die Integration in die Gesellschaft vorzubereiten."

a3) Bifurkation bzw. Interessendifferenz und die Konsensfiktion des Leitbildes „Gallus macht sich!" bzw. des „IHK"
Wie wir bereits sahen, orientiert sich das vom Stadtteilbeirat verabschiedete Leitbild „Gallus macht sich"! – ausgehend von einem urbanen Stadtteil im Wandel – an einem kontrafaktischen Ideal einer all-inklusiven lokalen Zukunftsgemeinschaft. Dass es einen Bestandteil der Konsens- und Inklusionssemantik der Selbstbeschreibung des IHK darstellt, haben wir bereits unter a2) angedeutet.
Seine blinden Flecken sind vor allem in der Ausblendung der Antwort auf die Frage zu sehen, was die Verfechter des Leitbildes mit den Bewohnern „machen", die sich aus den unterschiedlichsten Motiven nicht am gemeinsamen Handeln für den Stadtteil beteiligen können oder wollen: sei es, weil ihre bisherigen Exklusionskarrieren sie dazu nicht motivieren; sei es, weil sie ihre individuelle Lebenskarriere mit ihrer Rollenvielfalt nicht durch Multiinklusion in der kleinräumigen lokalen Gemeinschaft des Stadtteils realisieren wollen, auch wenn sie dort wohnen, sondern hauptsächlich an anderen Orten; sei es, weil sie nicht einfach „kommunikativ, freundlich und offen" sein möchten, sondern das subtilere großstädtische Verhalten des Oszillierens von Vertrautheit/Unvertrautheit (Baecker 2004) bzw. der Indifferenz und Minimalsympathie (Stichweh 2010, 162 ff.) bevorzugen; sei es, weil sei weder kinder- noch familienfreundlich, z. B. als Singles oder „Dinkis", sein wollen etc.
Zugespitzt formuliert lässt sich der Zukunftsentwurf des Leitbilds des Stadtteilbeirates als eine Orientierung an einer inklusiven lokalen Zwangsgemeinschaft interpretieren, bei der diejenigen, die nicht mitmachen wollen oder können, potentiell exkludiert werden.
Es überrascht dementsprechend nicht, dass dieses Leitbild im Kontext der Verfahrensgeschichte des IHK (vgl. zu dieser ebd., 20 ff.; 128 ff.) nicht bei allen Beteiligten auf Akzeptanz stieß.

So plädiert der „Vorsitzende des Gewerbevereins" (ebd.; 143–144) im März 2006 für

- ein Motto wie „Gallus-wir brechen auf!" oder „Gallus unser gemeinsamer Weg nach oben", dass eine „dynamische Entwicklung" und nicht eine „schleppende Entwicklung" wie die des vorliegenden Leitbildes ausstrahle;
- eine Suche nach einem anderen gemeinsamen Nenner als den des Stolzes auf eine „Industrie- und Arbeitergeschichte", da er bezweifle, dass sich die Bevölkerungsgruppe der Ausländer damit identifizieren könne;
- eine Motivation der Bevölkerung, die an Themen ansetzt, die aus „ihr heraus entstehen und nicht von oben erfunden werden" (vgl. zu einer gleichsinnigen Kritik aus einer eher emanzipatorisch-partizipatorischen demokratietheoretischen Perspektive Krummacher 2007, 370). Seine Motivationstheorie begründet er mit der vom Gewerbeverein geteilten „Meinung, dass benachteiligte Bürger überwiegend negative Stimmungen und Frustrationen sowie Wut in sich tragen", und dem Wissen, dass „sich diese Emotionen auch gegen die verantwortlich gemachten Obrigkeiten (richten)." Er bezeichnet dies als „Politikverdrossenheit".

Nicht nur das Leitbild, sondern auch bestimmte Teile des IHK sind Anstoß von Kritik. So nimmt die „Gruppe Arbeitstreffen" im Januar 2006 zum von der Projektsteuerung vorgelegten Entwurf des IHK für das Gebiet Soziale Stadt Gallus wie folgt Stellung (ebd., 141–142):

- sie moniert, die fehlende Berücksichtigung der Entwicklung des Stadtteils Gallus in Richtung von „Dienstleistungsunternehmen mit internationaler Orientierung, Pendlerbeschäftigung und des in Planung und Bau befindlichen Europaviertels" bei der Projektgestaltung;
- findet es ärgerlich, dass an Stelle der Semantik „BewohnerInnen mit Migrationshintergrund" diese „an etlichen Stellen als ‚Ausländer' bezeichnet werden und die „Namen migrantischer Kulturvereine und -projekte … immer falsch geschrieben werden";
- kritisiert vor allem das „Bild des ‚versorgten' oder ‚überversorgten' Gallus" in der Voranstellung des Entwurfs und
- findet es „ungenügend, wenn seitens der Projektsteuerung die Umsetzung der erarbeiteten sozialen und kulturellen Projekte immer wieder als ‚nicht finanzierbar, weil nicht-investiv' verworfen wird."

Schließlich macht ein weibliches Mitglied des Stadtteilbeirates im März 2006 einen Vorschlag eines Rahmenbeschluss zum IHK mit „Grundsätzen, die auf alle bereits geplanten wie künftig zu planende Projekte der 5 Bausteine angewendet werden sollen" (ebd., 139–140). Im Zentrum ihrer Argumentation stehen dabei folgende Punkte:

- „Ziel und Orientierungsvorgabe aller Projekte" sei nach den „Vorgaben des HEGISS-Programms Soziale Stadt" „Baustein1 Aktivierung und Beteiligung der Bürger";
- im Zentrum bei der Beteiligung sollte deshalb die „Umsetzung im Sinne praktischer handwerklicher Tätigkeit" stehen; es gehe deshalb nicht nur um das „reichhaltige ‚Bürgerwissen' über den Stadtteil und was getan werden muss, um das Gallus attraktiver für alle zu machen", sondern vor allem auch darum, die „unterschiedlichsten handwerklichen Fähigkeiten" der Menschen im Gallus zur Erreichung „nachhaltiger Veränderungen" zu nutzen;
- deshalb solle „der Magistrat bei allen Ämtern, die an der Durchführung der Projekte im Rahmen HEGISS Soziale Stadt Gallus beteiligt sind" darauf dringen, dass eine möglichst breite Aktivierung der Bewohner bei ihrer Planung und Umsetzung gewährleistet werde; Präferenz der „Eigenarbeit der Bewohner vor dem Einsatz von Fachfirmen" bei Projekten gemäß des Mottos „mit Hand Anlegen" ermöglicht werde und schließlich bei der Evaluation u. a. ermittelt werden sollte, ob sich „viele unterschiedliche Bewohner aktiv mit ihren Fertigkeiten, vor allem handwerklicher Art, einbringen" konnten;
- das Motto des Rahmenbeschlusses lautet dementsprechend: „Wir sind die Stadt, wir sind der Stadtteil – nicht warten, bis andere etwas tun, sondern selbst anpacken, aktiv werden."

Deutlich wird anhand dieser diversen Statements von Mitgliedern des Stadtteilbeirates, dass in den Reformprozess und besonders die Verfahrensgeschichte des IHK durchaus unterschiedliche Selbstbeschreibungen Eingang fanden. Zum einen wurden sie selektiv in seine Endfassung eingearbeitet, zum anderen als eingeschlossenes ausgeschlossenes Drittes in seinem Anhang dokumentiert.

Für die Eigendynamik des Reformprozesses implizieren sie Folgendes:
- die reformpoietische Konsenssemantik wird kommunikativ durch die konkurrierenden Selbstbeschreibungen der am Reformprozess beteiligten Mitglieder des Stadtbeirates widerlegt. Adressaten der Konfliktkommunikation der divergierenden „Neins" zu bestimmten Selbstbeschreibungen des vorgelegten IHK sind sowohl die Projektleitung und Projektsteuerung als auch die anderen Mitglieder des Stadtteilbeirates. Interessant ist die Kommunikation der divergierenden Selbstbeschreibungen insofern, als sie die Beteiligten darüber informiert, dass Dasselbe, der gemeinsame Stadtteil Gallus, verschieden beschrieben werden kann. Sein vorschnelles Referieren auf seine Identität wird somit durch die Beobachtung der Beobachtung seiner Differenzen ersetzt. Damit können latente Interessen und daran gebundene Emotionen manifest werden, die den Reformbeteiligten ein „realistischeres" Bild über die möglichen Gemeinsamkeiten, vor allem aber die Differenzen verschaffen.

Die dargestellten Selbstbeschreibungen des Vorsitzenden des Gewerbevereins (1), der Arbeitsgruppe (2) und einer Vertreterin der Bewohnerschaft (3) divergieren dementsprechend hinsichtlich

- der „Konstruktion der durch die Vergangenheit determinierten gegenwärtigen Struktur des Stadtteils Gallus bzw. seiner Ausgangssituation":
Dominanz des Stadtteilgewerbes (1); Fokus auf die internationalen Dienstleistungsunternehmen (2); Konzentration auf das Handwerk und die handwerklichen Fähigkeiten der Bewohner vor Ort (3);
- der „Präferenz für die Bausteine des IHK und ihre Projekte":
2. Baustein (1), 3. Baustein (2) und 1. Baustein (3);
- der „Konfliktgegner bzw. Abgrenzung von bestimmten Personen- und Interessengruppen":
Teile der Administration, Industriearbeiterschaft (1); Projektsteuerung, lokale Industriearbeiterschaft, lokales Handwerk, Personengruppen, die ethnisch unsensibel und politisch inkorrekt sind (2); Personengruppen des neuen tertiären Sektors, akademisch gebildete Kopfarbeiter (3);
- der „Motivationstheorie" zur „Aktivierung" der Bewohnerschaft und dem „Motto bzw. Leitbild" für das Projekt „Soziale Stadt Gallus":
Motivation „von unten" durch Themen, welche die Bewohner betreffen und von ihnen selbst initiiert werden; Orientierung an einem Leitbild mit dynamischer Entwicklung in Form einer „Aufwärtsorientierung nach oben" mit besserer Standortqualität des heimischen Gewerbes (1); Motivation durch Bildungsprozesse multiethnischer Zielgruppen, stärkere Orientierung an der Internationalisierung und dem neuen Dienstleistungssektor sowie dem Leitbild eines multiethnischen Stadtteils (2); (Zwangs-)Motivation und Aktivierung durch lokale Handwerks-Arbeit; Orientierung am Leitbild „Gallus macht sich!" vornehmlich durch Eigenarbeit der Handarbeiter. (3)
Grob zugespitzt kann man die dargestellten Interessenpositionen anhand milieuspezifischer Kategorien dem konservativ-technokratischem Milieu, dem postmodernen Milieu und dem kleinbürgerlichen Milieu zuordnen (vgl. Hradil 2005, 428 ff.; siehe auch unseren Punkt 1.3.2).

Für das Reformvorhaben „Soziale Stadt Gallus" implizieren unsere Überlegungen zur Bifurkation und Interessendivergenz, dass
- in Bezug auf die programmspezifische Interpretation der Ausgangssituation, Zielsetzungen und Maßnahmen der einzelnen Bausteine mit unterschiedlichen Interpretationen, Beachtungen/Nichtbeachtungen und Prioritäten durch die divergierenden Interessenlagen der Reformbeteiligten gerechnet werden muss;
- die Koordination und Kooperation von Projektteam und Stadtteilbeirat durch die divergierenden Selbstbeschreibungen je nachdem er-

leichtert oder kompliziert, konfliktreicher oder konfliktärmer werden kann. Dies vornehmlich auch auf der informellen Ebene der persönlichen Kontakte;

- das Leitbild des IHK für dessen Grundausrichtung weitgehend unbrauchbar ist, da es eine zu drastische Reduktion der Komplexität angesichts der divergierenden Selbstbeschreibungen symbolisiert. Es ist folglich damit zu rechnen, dass die Reformbeteiligten, wenn sie sich darauf beziehen, nicht meinen, was sie sagen oder nicht sagen, was sie meinen. Das Ziel des IHK (ebd., 22), „Grundlage für Vertrauensbildung und Planungssicherheit zu sein, die als Voraussetzung für Beteiligung und Engagement der vielfältigen Akteure und des Stadtteilbeirates gelten", kann dadurch zumindest erschwert, wenn nicht verfehlt werden.

a4) „Die Einheit der Vielfalt der Projekte und das Ziel der Nachhaltigkeit und Verstetigung ihrer Strukturen"

„Grundsätzliches Ziel der „Sozialen Stadt Gallusviertel" ist die in diesem IHK als *Kernprojekte* festgelegten Projekte umzusetzen bzw. zu realisieren. Im Laufe der Programmumsetzung gewinnt die Frage der *Verstetigung* der eingeleiteten Projekte *über die Programmlaufzeit hinaus* an Bedeutung, denn nur so kann eine *nachhaltige Wirkung* des Programms erreicht werden. Es sind *geeignete Strukturen* und *Steuerungskonzepte* aufzubauen, die die *durch das Programm ausgelösten positiven Entwicklungen* und *Zukunftsperspektiven sichern* (ebd., 22, Hervorhebungen H.-J. Hohm)."

Diese Textstelle des IHK eignet sich insofern sehr gut als Ausgangspunkt unserer Betrachtungen, weil sie eine pointierte Zusammenfassung dessen darstellt, worum es den Verfassern beim Reformvorhaben „Soziale Stadt Gallusviertel" im „Kern" geht. Die vermeintliche Eindeutigkeit dieser Zielsetzung relativiert sich jedoch, wenn man sich die Komplexität einiger ihrer Implikationen klarmacht:

- Zentrales gegenwärtiges Ziel des IHK ist die Reduktion der Komplexität der gegenwärtigen Zukünfte in einer bestimmten präferierten Form. Zunächst wird sie deshalb in zwei Zeithorizonte unterschieden, nämlich zum einen in eine gegenwärtig nähere Zukunft, die als durch die „Programmlaufzeit befristet" betrachtet wird. Und zum anderen in eine gegenwärtig weitere Zukunft, die auf die Zeit nach Ablauf des Programmes bezogen ist. Die Differenz dieser zwei Zukunftshorizonte wird des Weiteren mit der Differenz der Befristung/ Entfristung verknüpft. Dabei werden die „Kernprojekte" auf den ersten gegenwärtig näheren Zukunftshorizont und ihre „Verstetigung" auf den gegenwärtig weiteren Zukunftshorizont bezogen. Die Reduktion der Komplexität der gegenwärtigen Zukünfte erfolgt zusätzlich dadurch, dass davon ausgegangen wird, dass in der befristeten gegenwärtig ersten Zukunft „positive Entwicklungen" durch das eigene

Programm erzeugt werden. Damit diese nicht mit der Beendigung der Kernprojekte vergessen werden, gilt es, sie zu verstetigen, d. h. für die zweite gegenwärtige Zukunft durch den „Aufbau von geeigneten Strukturen und Steuerungskonzepten" ihre „nachhaltigen Wirkungen" zu bewahren.

- „Dekonstruiert" man die grundsätzlichen Zielsetzung des IHK auf diese Weise, kann man sie als eine „Strategie der Defuturisierung" (Luhmann 1982, 279 ff.) bzw. der Absorption von Zukunftsunsicherheit begreifen, welche die Komplexität und Kontingenz gegenwärtiger Zukünfte drastisch reduziert. So sind sich die Autoren des IHK bereits in der Gegenwart sicher, dass das eigene Programm in der zukünftigen Gegenwart „positive Entwicklungen" auslöst, die es durch geeignete Strukturen auf Dauer zu stellen gilt. Offen und im Unbestimmten bleibt dabei der mit der Semantik der „nachhaltigen Wirkung" umschriebene weitere zukünftige Zeithorizont (siehe dazu auch unsere zwei weiter oben angeführten Projektbeispiele der Bausteine 1 und 3). Negiert werden damit sowohl mögliche unvorhersehbare negative Entwicklungen als auch insgesamt der nur bedingt prognostizierbare Rückblick der zukünftigen Gegenwart auf die Planungen und Ziele der dann als gegenwärtige Vergangenheit erscheinenden Kernprojekte;
- deutlich wird diese „Strategie der Defuturisierung" auch an den „Projekttableaus", welche „sämtliche Projekte und Maßnahmen … tabellarisch zur Gewährleistung einer umfassenden Übersicht" (ebd. 35, 103 ff.) auflisten. Die „Projekttableaus" unterscheiden im ersten Schritt zwischen „investiven, sozialen und Beschäftigungsmaßnahmen". Diese werden der Reihe nach den Bausteinen 4 und 5, 3 und 2 zugeordnet. Im zweiten Schritt werden die Maßnahmen bzw. Bausteine jeweils in drei Projekttypen (Kernprojekt, realisiertes Projekt, weiteres Projekt) differenziert. Im dritten Schritt werden diese wiederum nach „Beteiligten", „(kalkulierten) Kosten", „Finanzierung", „Realisierung", „Träger", „Synergien zwischen Bausteinen" und „Zielen" unterschieden. Dabei ist der Baustein 1 unter „Beteiligte" subsumiert. Schließlich werden die Rück- und Vorschau und damit die Funktion der „umfassenden Übersicht" für alle am Programm „Soziale Stadt Gallus" Beteiligten durch die den Projektmerkmalen zugeordneten „Daten" vervollständigt.

Exemplarisch liest sich das für das bereits erwähnte Kernprojekt „Stadtteilbeirat" (ebd., 109) wie folgt:
- Beteiligte: Beiratsmitglieder, Quartiersmanagement, Projektsteuerung Stadt;
- Kalkulierte Kosten in Euro (brutto): offen;
- Finanzierung: teilweise Soziale Stadt;
- Realisierung: seit 2004 kontinuierlich;

- Träger: Stadt;
- Synergien zwischen Bausteinen: Alle Bausteine;
- Ziele: Einbindung der Bewohner/-innen in den Erneuerungsprozess.

Der Reformpoesie und der „Selbstbeglaubigung" der an der Reform Beteiligten wird hierbei insofern mittels der „Strategie der Defuturisierung" Tribut gezollt, als erstens die an anderer Stelle nicht eindeutig zuzuordnenden Synergieeffekte nun doch den Bausteinen unter der Rubrik „Synergien zwischen Bausteinen" eindeutig attribuiert werden. Und zweitens die Positivwerte des bereits thematisierten Steigerungsimperativs unter der Rubrik „Ziele", unabhängig davon, ob die Projekte bereits realisiert oder noch nicht realisiert wurden, durchgängig angeführt werden.

- Dass die „Strategie der Defuturisierung" bzw. die der Absorption von Zukunftsunsicherheit nicht ganz zufällig erfolgt, hängt wohl hauptsächlich damit zusammen, dass „die Knappheit der Zeit und die Vordringlichkeit des Befristeten" (Luhmann 1975) von vornherein Bestandteil des Gesamtprogramms „Soziale Stadt" war (siehe auch Krummacher 2007, 369 zu dem daraus resultierenden strukturellen Widerspruch zwischen Kurzfristigkeit der Programmlaufzeit und Langfristigkeit der Problemlösung). Am deutlichsten wird dies an der Dominanz der Semantik des „Projekts", die in der Selbstbeschreibung des IHK nicht nur auf die sachliche („Projektthema", „Kernprojekt"), soziale („Projektteam"), räumliche („Projektgebiet") und zeitliche („Projektplanung", „realisierte Projekte", „Projektentwicklung") Sinndimension von Einzelprojekten oder Mikroprojekten bezogen wird; sondern zuweilen auch auf das gesamte Reformvorhaben als „Projekt Soziale Stadt Gallus" (IHK Frankfurt 2006, 9, 17, 38, 85). Es überrascht von daher auch nicht, dass die für ein Projekt konstitutive Knappheit der Zeit – ebenso wie die bereits erwähnte Knappheit des Geldes in Form von Fördermitteln – diejenigen beiden Realitäten sind, an denen sich die auf weitere Zeithorizonte ausgerichteten Leitideen und deren Protagonisten reiben. Dass die Mitglieder des Stadtteilbeirates deshalb ihre eigene Institutionalisierung als Realisierung eines Kernprojektes mit Synergieeffekten für alle Bausteine im Projekttableau dokumentieren und für ihre Nachhaltigkeit plädieren, ist verständlich (ebd., 109). Die zentrale Frage, ob sie mit der damit vollzogenen Strukturveränderung des lokalen PAS – deren „Nachhaltigkeit" sie in Form des Stadtteilbeirates im Jahr 2006 für die Dauer von weiteren zwei Jahren durch Wahl sicherstellen konnten – in Koordination und Kooperation mit dem Projektteam und anderen Akteuren die intendierten Strukturveränderungen des Programms „Soziale Stadt Gallus" erreichen konnten und in der zukünftigen Gegenwart können, ist damit jedoch noch nicht beantwortet.

4.3 Resümee: Programm „Soziale Stadt" – eine positive Vision der Transformation sozialer Brennpunkte durch Kontextsteuerung oder Reformpoesie?

Wie wir bereits im Kontext unserer reformtheoretischen Überlegungen sahen, kann man sich bezüglich der Beobachtung der Effekte von Reformvorhaben unterschiedlich positionieren. Man kann die Erfolge sowie die Misserfolge herausarbeiten und zu einem unterschiedlich abwägenden oder einseitigen Urteil pro oder contra Reform kommen. Wie immer man sich auch entscheiden mag, man wird es nicht vermeiden können, von den Befürwortern oder den Gegnern der Reformen vereinnahmt zu werden.

Bezogen auf das Programm „Soziale Stadt" hatten wir uns in einer ersten Zwischenbilanz, die unter dem Blickwinkel der Kontextsteuerung formuliert wurde, für eine die Vor- und Nachteile abwägende Position entschieden – nicht zuletzt bedingt durch die kurze Zeit seiner Implementierung.

Mit dem Perspektivenwechsel innerhalb der Systemtheorie von der Kontextsteuerung zur Reformpoesie trat bei unserer zweiten Zwischenbilanz die Beantwortung der Frage nach den positiven oder negativen Effekten des Programms „Soziale Stadt" stärker in den Hintergrund (vgl. dazu Difu 2003, 15 ff.; IfS 2004; Walther/Güntner 2007, 398 ff.; Statusbericht 2008). Dass sie allerdings von einem Teil der „Quartiersforscher" zu unterkomplex beantwortet wird, sei kurz erwähnt. Dieser vertritt eine Position, die Partei für die Lebenswelt respektive Alltagswelt der Bewohner gegen das sie kolonisierende und instrumentalisierende System der Adminstration ergreift (vgl. Krummacher 2007, 370; Franke 2008, 141 ff. in Bezug auf die räumliche Abgrenzung der Fördergebiete), unterstützt eine primär politikökonomische Kausalattribution bezüglich der Misere der Stadtteile sowie die ihrer Bewohner (vgl. Krummacher 2007, 372) und empfiehlt den mehrheitlich schlecht bezahlten und befristet eingestellten Quartiersmanagern eine politische Strategie mit dem Motto, den „Tiger reiten zu wollen" (vgl. Krummacher 2007, 374.). Damit optiert sie vorschnell für eine gefährdete Lebenswelt oder Alltagswelt, von der die Bewohner oftmals selbst nicht genau wissen, ob sie ihr angesichts der vielfältigen Veränderungen noch vertrauen können oder sie bereits für obsolet erachten sollen (vgl. 4.2.2.2.3.2 a3); überschätzt sie die Systemrationalität der Verwaltung in dem Maße, in dem sie die Komplexität der Ursache-Wirkungsketten pluraler Funktionssysteme unterschätzt und ruft dort zur Bändigung des Tigers auf, wo man sich eher an Don Quichotes „Rosinante" erinnert fühlt, wenn man sich die enttäuschten Hoffnungen bezüglich der Anpassung an die Leitidee der Demokratisierung der letzten vier Dekaden vergegenwärtigt (zum kontrafaktischen Festhalten an ihr trotz Enttäuschungen Krummacher 2007, 370; Walther/Güntner 2007, 399; siehe auch die subtile Verschiebung von der Semantik der „Best-practice" zur „Good-practice" bei wichtigen

Protagonisten der Begleitforschung Becker/Löhr 2000, 29 und Difu 2003, 242. Vgl. dazu prinzipiell Luhmann 1987a).

Wie bereits erwähnt, rückte statt der Beobachtung und Bewertung der positiven oder negativen Effekte die grundsätzlichere Frage ins Zentrum, ob Strukturveränderungen durch intendierte Reformen oder eher durch Evolution entstehen, also durch koordinierte Planungen und Programme oder unkoordinierte evolutionäre Mechanismen der Varietät, Selektion und Restabilisierung.

Indem wir uns für die zweite Alternative entschieden, versuchten wir mit Hilfe bestimmter Prämissen der Luhmannschen Reformtheorie, die letztlich in evolutionstheoretischen Annahmen fundiert sind, das Programm „Soziale Stadt" anhand seiner Selbstbeschreibung auf Makro- und Mikroebene zu beobachten. Dazu eignete sich aus unserer Sicht die Selbstbeschreibung des IHK „Soziale Stadt Gallus" besonders gut, weil sie die „Reformgeschichte" in einer Komplexität aus der Sicht zentral beteiligter Akteure dokumentiert, wie sie ansonsten normalerweise erst durch die Datengenerierung der wissenschaftlichen Beobachter selbst erzeugt wird.

Die generelle Schlussfolgerung, die sich vornehmlich durch die Zusammenschau unserer Zwischenbetrachtungen ergibt, läuft darauf hinaus, dass das hyperkomplex angelegte Programm „Soziale Stadt" bei seiner Implementierung vor Ort – z. B. beim Reformvorhaben „Soziale Stadt Gallus" – mit vielfältigen Deformierungen einher geht. Diese reichen von der Konzession der Leitideen an die Realität der Knappheit des Geldes, über das Anwachsen der Eigenkomplexität von Entscheidungsketten durch neu hinzu kommende (Mit-)Entscheider, die Intransparenz der selbstbewirkten Effekte, die divergierenden Eigeninteressen der Repräsentanten der Bewohner, Organisationen und Initiativen bis hin zur Knappheit der Zeit und der dadurch limitierten Innovationsspielräume der hochkomplexen Programmziele.

Deproblematisiert wird dies durch eine Reformpoesie, welche dem Steigerungsimperativ „Besser, Aktiver, Stabiler, Nachhaltiger, Mehr, Stärker" huldigt, das Partizipationspotential neuer Stadtteilgremien und der Bewohnerschaft feiert, unterkomplexe Leitbilder und Leitlinien mit hochpartikularen inklusiven Stadtteilgemeinschaften propagiert, Synergieeffekte reklamiert und durch Defuturisierung die gegenwärtigen Zukünfte auf das sichere Erreichen der einzigen durch das Programm selbst entworfenen Gegenwartszukunft reduziert.

Was bedeutet diese Schlussfolgerung für die Beantwortung unserer übergeordneten Fragestellung: „ Programm ‚Soziale Stadt' – eine positive Vision der Transformation sozialer Brennpunkte durch Kontextsteuerung oder Reformpoesie?"

1. Es ist hochunwahrscheinlich, dass das Programm „Soziale Stadt" die Strukturveränderungen vor Ort erzielt, die sich die Reformakteure als Resultat ihrer intendierten komplexen Koordinationsbemühungen erhoffen.

2. Es ist dennoch sehr wahrscheinlich, dass die Reformakteure durch das Programm „Soziale Stadt" in ihrem Stadtteil Effekte erzeugen. Nicht zuletzt den, dass ihr Programm als eine neue stadtteilspezifische Selbstbeschreibungsmöglichkeit der Bewohnerschaft und Organisationen fungieren kann. Sie können sich somit als zugehörig zu einem „Stadtteil mit besonderem Entwicklungsbedarf" beobachten. Ob sie deshalb zum „Entwicklungsakteur" (IHK Frankfurt 2006, 64) bzw. „Entwicklungshelfer" eines Aktivierungsprogramms werden wollen; es vorziehen, sich helfen zu lassen, oder beides nicht, ist allerdings offen.

3. Interessant ist in diesem Zusammenhang die (wohl) nichtintendierte semantische Nähe der Programmgebiete mit „besonderem Entwicklungsbedarf" zum seit Jahrzehnten konstatierten „besonderen Bedarf" der sogenannten „Entwicklungsländer" der Weltgesellschaft. Angesichts des hohen Anteils der Migranten in den Stadtteilen der Programmgebiete könnte diese Bezeichnung suggerieren, dass die Dritte Welt inzwischen in den urbanen Stadtteilen der Ersten Welt angekommen ist. Eine durchaus ambivalente Konnotation, die nicht frei von Missverständnissen und möglichen Stigmatisierungen ist. Im Übrigen ein weiteres Beispiel für potentielle Deformationen der eindeutigen Reformabsichten durch die Mehrdeutigkeit von Sinnüberschüssen.

4. Theoretisch ist für uns jedoch eine zweite Bedeutung des programmspezifisch benutzten „Entwicklungsbegriffs" interessanter. Sie verweist auf eine zentrale Differenz zum uns im Anschluss an Luhmann verwendeten Evolutionsbegriff. Deutlich wird sie, wenn man gedankenexperimentell den Begriff des „besonderen Entwicklungsbedarfs" durch den des „besonderen Evolutionsbedarfs" ersetzt. Sichtbar wird sofort die Paradoxie dieser Begriffsbildung, die sich aus der Annahme der rationalen Planung eines als steigerbar unterstellten Zufallsbedarfs, sprich des hoch Unwahrscheinlichen, ergibt.

Viel wahrscheinlicher ist hingegen die Nähe des von den Reformakteuren des Programms „Soziale Stadt" benutzten Entwicklungsbegriffs zum Konzept der Entwicklungs-Aufgaben. So sprechen sie ja auch – wie wir bereits sahen – vom IHK als „Arbeitsprogramm". Das von Havighurst einst in die Sozialisationstheorie eingeführte Konzept setzt normativ vorgegebene Entwicklungs-Aufgaben mit lebensphasenspezifisch zu lösenden Problemen bei Statuspassagen von einer zur anderen Lebensphase gleich. Je nachdem, wie die Problemlösung – gemessen an den normativen Standards ausfällt – lässt sich dementsprechend von gelungener oder misslungener Sozialisation sprechen. Will man die Ergebnisse der

Sozialisation nicht einfach geschehen lassen, sondern in die erwünschte Richtung des Gelingens dirigieren, bedarf es deshalb der Erziehung bzw. Pädagogik. Sie nimmt für sich im Unterschied zur Sozialisation die Funktion der Steuerung in Form der absichtlichen bzw. geplanten Personenveränderung in Anspruch (siehe zur expliziten Übertragung dieses Konzeptes auf die Jugendphase Hurrelmann 2004, 36 ff. Vgl. dazu auch besonders den Baustein 3 des IHK, der sich vor allem auf die lokalen Organisationen des Erziehungssystems bezieht.).

Ohne die hier nicht näher auszuführenden Unterschiede von Reform- und Evolutionstheorie zur Erziehungs- und Sozialisationstheorie verwischen zu wollen, haben die Reform- und Erziehungstheorie auf der einen und die Evolutions- und Sozialisationstheorie auf der anderen Seite eines gemeinsam: setzen jene beiden auf intendierte Strukturveränderungen durch Programme, gehen diese von der absichtslosen Strukturveränderung autopoetischer Systeme aus. Im Falle der psychischen Systeme der Personen durch Selbstsozialisation, im Falle der Kommunikationssysteme Gesellschaft, ihrer Funktionssysteme und Organisationen durch Eigenevolution (siehe zum Erziehungssystem Luhmann 2002, 48 ff.).

5. Damit haben wir den Punkt unserer Argumentation erreicht, der uns unsere oben gestellte Frage zu beantworten erlaubt. Wenn es zutrifft, dass das Reformprogramm „Soziale Stadt" als koordinierte und intendierte Strukturänderung durch die von uns dargestellten Mechanismen deformiert wird, gilt dies nicht nur für die Projektsteuerung des Programms „Soziale Stadt", sondern auch für die Kontextsteuerung. Ist doch auch diese letztlich darauf angewiesen, dass die bereitgestellten Kontexte und Gremien so genutzt werden, wie sie es intendiert.

Beide Steuerungsversuche werden folglich durch die sie beobachtenden lokalen sowie supralokalen Organisationen in Effekte einer zukünftigen Gegenwart transformiert, die so in der vergangenen Gegenwart als mögliche Zukunft nicht vorgesehen waren. Dass es dabei durchaus auch zu – aus der Sicht der Reformakteure – als positiv zu betrachtenden Effekten für die Adressaten kommen kann, ist damit nicht ausgeschlossen (vgl. IHK 2006, 53). Zu bezweifeln ist allerdings, ob die Eigenkausalitäten ihrer Reformpoesie in der Mehrzahl der Fälle die dafür angemessenen Zuschreibungen liefern. To cut a long story short: Weder handelt es sich beim Programm „Soziale Stadt" um eine positive Transformation urbaner sozialer Brennpunkte durch intendierte Kontextsteuerung noch um pure Reformpoesie. Vielmehr ist es die Zufallskoordination der Evolution, die letztlich über dessen Struktureffekte und seine Stabilisierungsmöglichkeiten entscheidet.

Literatur

Alisch, Monika 1997: Soziale Stadtentwicklung – Leitlinien einer Politik für benachteiligte Quartiere. Das Beispiel Hamburg, in: Walter Hanesch (Hrsg.): Überlebt die soziale Stadt? Konzeption, Krise und Perspektiven kommunaler Sozialstaatlichkeit, Opladen, 345–361.

Allgemeine Zeitung Mainz (AZ) 1996: „So schnell wie möglich wieder weg ...", 11.10.1996, S. 11.

Allgemeine Zeitung Mainz (AZ) 2000: Klein-Anatolien liegt gleich nebenan. Türken in Deutschland: Integration gescheitert? Experten warnen vor Parallelgesellschaft, 11.9.2000, S. 2.

Allmendinger, Jutta/Ludwig-Mayerhofer, Wolfgang (Hrsg.) 2000: Soziologie des Sozialstaates. Gesellschaftliche Grundlagen, historische Zusammenhänge und aktuelle Entwicklungstendenzen, Weinheim und München.

Backes, Gertrud M./Clemens, Wolfgang 1998: Lebensphase Alter. Eine Einführung in sozialwissenschaftliche Alternsforschung, Weinheim und München.

Baecker, Dirk 1994: Soziale Hilfe als Funktionssystem der Gesellschaft, in: Zeitschrift für Soziologie, H. 2, 93–110.

Baecker, Dirk 1999: Organisation als System, Frankfurt a.M.

Baecker, Dirk 2004: Platon, oder die soziale Form der Stadt, in: ders.: Wozu Soziologie?, 189–212.

Bäcker, Gerhard//Naegele, Gerhard/Bispinck, Reinhard/Hofemann, Klaus/Neubauer, Jennifer 2008: Sozialpolitik und soziale Lage in Deutschland, Wiesbaden, 2 Bde., 4., grundlegend überarbeitete und erweiterte Auflage.

Banner, Gerhard 1994: Steuerung kommunalen Handelns, in: Roland Roth/Hellmut Wollmann (Hrsg.): Kommunalpolitik. Politisches Handeln in Gemeinden, Opladen, 350–361.

Bardmann, Theodor M. 2000: Soziale Arbeit im Licht der Systemtheorie Niklas Luhmanns, in: Helga Gripp-Hagelstange (Hrsg.): Niklas Luhmanns Denken. Interdisziplinäre Einflüsse und Wirkungen, Konstanz, 75–104.

Bauch, Jost 2005: Pflege als soziales System, in: Klaus R. Schroeter/Thomas Rosenthal (Hrsg.): Soziologie der Pflege. Grundlagen, Wissensbestände und Perspektiven, Weinheim und München, 71–83.

Beck, Ulrich 1986: Risikogesellschaft. Auf dem Weg in eine andere Moderne, Frankfurt a.M.

Beck, Ulrich/Beck-Gernsheim, Elisabeth (Hrsg.) 1994: Riskante Freiheiten. Individualisierung in modernen Gesellschaften, Frankfurt a.M.

Becker Heidede/Löhr, Rolf-Peter 2000: „Soziale Stadt". Ein Programm gegen die sozialräumliche Spaltung in den Städten, in: Aus Politik und Zeitgeschichte, B10–11, 22–29.

Beher, Karin/Liebig, Reinhard/Rauschenbach, Thomas 1999: Strukturwandel des Ehrenamtes, Weinheim und München.

Berghaus, Margot 2004: Luhmann leicht gemacht, Köln, Weimar, Wien, 2. Aufl.

Bette, Karl-Heinrich 1989: Körperspuren. Zur Semantik und Paradoxie moderner Körperlichkeit, Berlin/New York.

Bette, Karl-Heinrich 1997: Asphaltkultur: Zur Versportlichung und Festivalisierung urbaner Räume, in: Hans-Jürgen Hohm (Hrsg.): Straße und Straßenkultur. Interdisziplinäre Beobachtungen eines öffentlichen Sozialraumes in der fortgeschrittenen Moderne, Konstanz.

Bette, Karl-Heinrich 1999a: Kultobjekt Körper, in: ders.: Systemtheorie und Sport, Frankfurt a.M., 106–146.

Bette, Karl-Heinrich 1999b: Sport und Individualisierung, in: ders.: Systemtheorie und Sport, Frankfurt a.M., 147–191.

Bette, Karl-Heinrich 1999c: Systemtheorie und Sport, Frankfurt a.M.

Bieker, Rudolf 2004: Neue Kommunalverwaltung. Eine Einführung für Sozial- und Sozialverwaltungsberufe, Weinheim und München.

Blasius, Jörg 1996: Neue Lebensstile und Wohnformen. Der Wandel von innerstadtnahen Wohnungen infolge der Wiederaufwertung, in: Bernhard Schäfers/ Göttrik Wewer (Hrsg.), Die Stadt in Deutschland. Soziale, politische und kulturelle Lebenswelt, Opladen, 183–199.

Bleidick, Ulrich/Ellger-Rüttgardt, Sieglind Luise 2008: Behindertenpädagogik – eine Bilanz. Bildungspolitik und Theorieentwicklung von 1950 bis zur Gegenwart, Stuttgart.

Blinkert, Baldo 1993: Aktionsräume von Kindern in der Stadt. Eine Untersuchung im Auftrag der Stadt Freiburg, Pfaffenweiler.

Blüml, Herbert/Helming, Elisabeth/Schattner, Heinz 1994: Sozialpädagogische Familienhilfe in Bayern. Abschlussbericht, München.

Boeßenecker, Karl-Heinz 2005: Spitzenverbände der Freien Wohlfahrtspflege. Eine Einführung in Organisationsstrukturen und Handlungsfelder der deutschen Wohlfahrtsverbände, Weinheim und München.

Bohn, Cornelia 2006: Inklusion, Exklusion und die Person, Konstanz.

Bommes, Michael, 1999: Migration und nationaler Wohlfahrtsstaat. Ein differenzierungstheoretischer Entwurf, Opladen/Wiesbaden.

Bommes, Michael/Scherr, Albert 1996: Exklusionsvermeidung, Inklusionsvermittlung und/oder Exklusionsverwaltung, in: Neue Praxis 2, 107–123.

Bommes, Michael/Scherr, Albert 2000: Soziale Arbeit, sekundäre Ordnungsbildung und die Kommunikation unspezifischer Hilfsbedürftigkeit, in: Roland Merten (Hrsg.): Systemtheorie sozialer Arbeit. Neue Ansätze und veränderte Perspektiven, Opladen, 67–86.

Boettner, Johannes/Tobias Gertrud 1992: „Ich wohne hier zwar, aber ich lebe hier nicht" – Armutsbewältigung in einem Armutsquartier, in: Franz Koch/Claus Reis, Wohnungspolitik in sozialpolitischer Perspektive, DV Ffm, 233–248.

Braun, Joachim/Opielka, Michael 1992: Selbsthilfeförderung durch Selbsthilfekontaktstellen. Studie im Auftrag des Bundesministeriums für Familie und Senioren, Schriftenreihe Band 14, Stuttgart/Berlin/Köln.

Bremer, Peter 2000: Ausgrenzungsprozesse und die Spaltung der Städte. Zur Lebenssituation von Migranten, Opladen.

Bude, Heinz/Willisch, Andreas (Hrsg.) 2008: Exklusion. Die Debatte über die „Überflüssigen", Frankfurt a.M.

Buggenthien, Ute 2005: Sozialpädagogische Familienhilfe, in: Wolf Ritscher (Hrsg.): Systemische Kinder- und Jugendhilfe. Anregungen für die Praxis, Heidelberg, 207–235.

Buhr, Petra 1995: Dynamik von Armut. Dauer und biographische Bedeutung von Sozialhilfebezug, Opladen.

Buhr, Petra 1998: Übergangsphase oder Teufelskreis? Dauer und Folgen von Armut bei Kindern, in: Andreas Klocke, Klaus Hurrelmann (Hrsg.): Kinder und Jugendliche in Armut. Umfang, Auswirkungen und Konsequenzen, Opladen, 72–86.

BMfFSFuJ (Hrsg.) 1990: Achter Jugendbericht. Bericht über Bestrebungen und Leistungen der Jugendhilfe, Bonn.

BMfFSFuJ (Hrsg.) 1998: Kinder und ihre Kindheit in Deutschland. Eine Politik für Kinder im Kontext von Familienpolitik. Wissenschaftlicher Beirat für Familienfragen, Schriftenreihe Bd. 154, Stuttgart/Berlin/Köln.

BMfFSFuJ (Hrsg.) 1998: Zehnter Kinder- und Jugendbericht, Bonn.

BMfFSuJ (Hrsg.) 2000: Entwicklung und Chancen junger Menschen in sozialen Brennpunkten, Bonn.

Bukow, Wolf-Dietrich/Nikodem, Claudia/Schulze, Erika/Yildiz, Erol (Hrsg.) 2007: Was heißt hier Parallelgesellschaft? Zum Umgang mit Differenzen, Wiesbaden.

Bundestransferstelle Soziale Stadt (Hrsg.) 2008: Statusbericht 2008 zum Programm Soziale Stadt. Kurzfassung, Berlin. Zitiert im Text mit „Statusbericht 2008".

Bundestransferstelle Soziale Stadt (Hrsg.) 2010: Bund-Länder Programm „Soziale Stadt". Programmgrundlagen. In: http://www. soziale stadt.de/programm (Zugriff: 08.08.2010).

Burzan, Nicole/Lökenhoff, Brigitta/Schimank, Uwe/Schöneck, Nadine M. 2008: Das Publikum der Gesellschaft. Inklusionsverhältnisse und Inklusionsprofile in Deutschland, Wiesbaden.

Ceylan, Rauf 2006: Ethnische Kolonien. Entstehung, Funktion und Wandel am Beispiel türkischer Moscheen und Cafés, Wiesbaden.

Cole, Jonathan R. 2009: The Great American University. Its Rise to Preeminence. Its Indispensable National Role. Why it Must be Protected, New York.

Corsten, Michael/Rosa, Hartmut/Schrader, Ralph (Hrsg.) 2005: Die Gerechtigkeit der Gesellschaft, Wiesbaden.

Dangschat, Jens S. 1996: Du hast keine Chance, also nutze sie! Arme Kinder und Jugendliche in benachteiligten Stadtteilen, in: Jürgen Mansel/Andreas Klocke (Hrsg.): Die Jugend von heute. Selbstanspruch, Stigma und Wirklichkeit, Weinheim und München, 152–173.

Dangschat, Jens S. 1997: Entwicklung sozialer Problemlagen als Herausforderung für die soziale Stadt, in: Walter Hanesch (Hrsg.): Überlebt die soziale Stadt? Konzeption, Krise und Perspektiven kommunaler Sozialstaatlichkeit, Opladen.

Dangschat, Jens S. (Hrsg.) 1999: Modernisierte Stadt. Gespaltene Gesellschaft. Ursachen von Armut und sozialer Ausgrenzung, Opladen.

Deutsches Institut für Urbanistik (Difu) 2003: Strategien für die Soziale Stadt Erfahrungen und Perspektiven –Umsetzung des Bund-Länder-Programms „Stadtteile mit besonderem Entwicklungsbedarf – die soziale Stadt" Bericht der Programmbegleitung, Juni 2003. http://www.sozialestadt.de/veroeffentlichungen/ endbericht/ (Zugriff: 03.09.2010). Zitiert im Text mit „Difu 2003".

Deutsches Jugendinstitut (DJI) 1995: „Straßenkinder". Annäherungen an ein soziales Phänomen. Projektgruppe: „Straßenkarrieren von Kindern und Jugendlichen", Leipzig.

Dubet, Francois/Lapeyronnie, Didier 1994: Im Aus der Vorstädte. Der Zerfall der demokratischen Gesellschaft, Stuttgart.

Du Bois-Reymond, Manuela/Büchner, Peter, Krüger, Heinz-Hermann/Ecarius, Jutta/Fuhs, Burkhard 1994: Kinderleben. Modernisierung von Kindheit im interkulturellen Vergleich, Opladen.

Eugster, Reto 2000: Die Genese des Klienten. Soziale Arbeit als System, Bern/ Stuttgart/Wien.

Farzin, Sina 2006: Inklusion/Exklusion. Entwicklungen und Probleme einer systemtheoretischen Unterscheidung, Bielefeld.

Foerster, Heinz von 1997: Abbau und Aufbau, in: Fritz B. Simon (Hrsg.): Lebende Systeme. Wirklichkeitskonstruktionen in der systemischen Therapie, Frankfurt a.M., 32–51.

Foucault, Michel 1976: Überwachen und Strafen. Die Geburt der Gefängnisse, Frankfurt a.M.

Franke, Thomas 2008: Wo kann sich die „Soziale Stadt" verorten?, in: Olaf Schur (Hrsg.): Quartiersforschung. Zwischen Theorie und Praxis, Wiesbaden, 127–144.

Fritz, Hartmut 1992: Gemeinwesenarbeit in sozialen Brennpunkten – 20 Jahre Landesarbeitsgemeinschaft soziale Brennpunkte, in: Franz Koch/Claus Reis: Wohnungspolitik in sozialpolitischer Perspektive, DV Frankfurt/ Main, 249–262.

Fritz, Hartmut/Thies, Reinhard, 1997: Armutsbekämpfung in benachteiligten Lebensräumen. Stadtteil – und brennpunktbezogene Strategien kommunaler Sozialpolitik und Sozialarbeit, in: Walter Hanesch (Hrsg.): Überlebt die soziale Stadt? Konzeption, Krise und Perspektiven kommunaler Sozialstaatlichkeit, 319–344.

Fuchs, Peter/Schneider, Dietrich 1995: Das Hauptmann-von-Köpenick-Syndrom. Überlegungen zur Zukunft funktionaler Differenzierung, in: Soziale Systeme, H. 2, 203–224.

Fuchs, Peter 1997: Weder Herd noch Heimstatt – Weder Fall noch Nichtfall. Doppelte Differenzierung im Mittelalter und in der Moderne, in: Soziale Systeme, 3. Jg., H. 2, 413–437.

Fuchs, Peter 1999: Liebe, Sex und solche Sachen. Zur Konstruktion moderner Intimsysteme, Konstanz.

Geiger, Manfred u.a. 1991: Alleinstehende Frauen ohne Wohnung, Schriftenreihe des BMfFJ, Bd. 5, Stuttgart/Berlin/Köln.

Geißler, Rainer 2006: Die Sozialstruktur Deutschlands. Zur gesellschaftlichen Entwicklung mit einer Bilanz zur Vereinigung, Wiesbaden, 4. überarb. und aktual. Aufl.

Gielnik, Katja 1999: Creaming the poor? – die Underclass-Debatten in Großbritannien und Deutschland, in: Jens S. Dangschat: Modernisierte Stadt. Gespaltene Gesellschaft. Ursachen von Armut und sozialer Ausgrenzung, Opladen, 151–178.

Glaser, Hermann 1994: Kommunale Kulturpolitik, in: Roth/Wollmann, 606–616.

Goffman, Erving 1970: Stigma. Über Techniken der Bewältigung beschädigter Identität, Frankfurt/M.

Goffman, Erving 1977: Asyle. Über die soziale Situation psychiatrischer Patienten und anderer Insassen, Frankfurt/Main.

Göbel, Markus/Schmidt, Johannes F. K. 1998: Inklusion/Exklusion: Karriere, Probleme und Differenzierungen eines systemtheoretischen Begriffspaars, in: Soziale Systeme, 4, H. 1, 87–117.

Görres, Stefan, 1999: Qualitätssicherung in Pflege und Medizin. Bestandsaufnahme, Theorieansätze, Perspektiven am Beispiel des Krankenhauses, Bern/Göttingen/Toronto/Seattle.

Grunwald, Klaus 2001: Neugestaltung der freien Wohlfahrtspflege. Management organisationalen Wandels und die Ziele der Sozialen Arbeit, Weinheim und München.

Habermas, Jürgen 1973: Legitimationsprobleme im Spätkapitalismus, Frankfurt a.M.

Häußermann, Hartmut 1998: Zuwanderung und die Zukunft der Stadt. Neue ethnisch-kulturelle Konflikte durch die Entstehung einer neuen sozialen „underclass"?, in: Rainer Dollase/Otto Backes (Hrsg.): Die Krise der Städte. Analysen zu den Folgen desintegrativer Stadtentwicklungen für das ethnisch-kulturelle Zusammenleben, Frankfurt a.M., 145–175.

Häußermann, Hartmut 2000: Die Krise der „sozialen Stadt", in: Aus Parlament und Zeitgeschichte (ApuZ), B. 50, 13–21.

Häußermann, Hartmut 2003: Rezension: Hans-Jürgen Hohm. Urbane soziale Brennpunkte, Exklusion und soziale Hilfe, in: Journal für Konflikt- und Gewaltforschung, Jg. 5, Heft 2, 162–165.

Häußermann, Hartmut 2005: Umbauen und Integrieren – Stadtpolitik heute. In: Aus Parlament und Zeitgeschichte (ApuZ), B3/2005, 3–8.

Häußermann, Hartmut/Kronauer, Martin/Siebel, Walter (Hrsg.) 2004: An den Rändern der Städte. Armut und Ausgrenzung, Frankfurt a.M.

Hainz, Michael 1996: Individualisiertes dörfliches Sozialleben, in: Dörfer heute – Ländliche Lebensverhältnisse im Wandel, 41–47.

Han, Petrus 2005: Soziologie der Migration, Stuttgart, 2., überarb. und erweit. Aufl.

Hanesch, Walter 1997: Konzeption, Krise und Optionen der sozialen Stadt, in: ders.: Überlebt die soziale Stadt? Konzeption, Krise und Perspektiven kommunaler Sozialstaatlichkeit, Opladen 21–56.

Haye, Britta/Kleve, Heiko 2008: Systemische Schritte helfender Kommunikation. Sechs-Phasen-Modell für die Falleinschätzung und die Hilfeplanung, in: Heiko Kleve/Britta Haye/Andreas Hampe-Grosser/Matthias Müller, Heidelberg, 2. Aufl.

HEGISS 2000. Herausgeber: Hessisches Ministerium für Wirtschaft, Verkehr und Landesentwicklung, Wiesbaden.

Heinze, Rolf G./Olk, Thomas (Hrsg.) 2001: Bürgerengagement in Deutschland. Bestandsaufnahmen und Perspektiven, Opladen.

Heitmeyer, Wilhelm u. a. 1995: Gewalt. Schattenseiten der Individualisierung bei Jugendlichen aus unterschiedlichen Milieus, Weinheim und München.

Heitmeyer, Wilhelm 1997: Einleitung: Sind individualisierte und ethnisch-kulturell vielfältige Gesellschaften noch integrierbar?, in: ders (Hrsg.): Was hält die Gesellschaft zusammen? Bundesrepublik Deutschland: Auf dem Weg von der Konsens- zur Konfliktgesellschaft, Frankfurt a.M., 9–22.

Heitmeyer, Wilhelm 1997: Gibt es eine Radikalisierung des Integrationsproblems?, in: ders (Hrsg.): Was hält die Gesellschaft zusammen? Bundesrepublik Deutschland: Auf dem Weg von der Konsens- zur Konfliktgesellschaft, Bd. 2, Frankfurt a.M., 23–65.

Heitmeyer, Wilhelm 1998: Versagt die „Integrationsmaschine" Stadt? Zum Problem der ethnisch-kulturellen Segregation und ihren Konfliktfolgen, in: ders., Rainer Dollase/Otto Backes (Hrsg.): Die Krise der Städte. Analysen zu den Folgen desintegrativer Stadtentwicklungen für das ethnisch-kulturelle Zusammenleben, Frankfurt a.M., 443–467.

Heitmeyer, Wilhelm/Müller, Joachim/Schröder, Helmut 1997: Verlockender Fundamentalismus. Türkische Jugendliche in Deutschland, Frankfurt a.M.

Heitmeyer, Wilhelm/Anhut, Reimund (Hrsg.) 2000: Bedrohte Stadtgesellschaft. Soziale Desintegrationsprozesse und ethnisch-kulturelle Konfliktkonstellationen, Weinheim und München.

Helming, Elisabeth 1998: Sozialpädagogische Familienhilfe-Hilfe zur Selbsthilfe für arme Familien, in: Andreas Klocke/Klaus Hurrelmann (Hrsg.): Kinder und Jugendliche in Armut. Umfang, Auswirkungen und Konsequenzen, Opladen, 288–308.

Helming, Elisabeth 2000: Sozialpädagogische Familienhilfe – eine Zwischenbilanz, in: Theorie und Praxis der Sozialen Arbeit Nr.1, 9–15.

Helming, Elisabeth/Schattner, Heinz, Blüml, Herbert 1999: Handbuch Sozialpädagogische Familienhilfe, 3., überarb. Aufl.

Herlyn, Ulfert 1990 a: Zur Aneignung von Raum im Lebenslauf, in: Lothar Bertels/ Ulfert Herlyn (Hrsg.): Lebenslauf und Raumerfahrung, Opladen, 7–34.

Herlyn, Ulfert 1990 b: Leben in der Stadt. Lebens- und Familienphasen in der Stadt, Opladen.

Herlyn, Ulfert 1997: Die Stadtstraße als Lernort für verschiedene soziale Gruppen, in: Hans-Jürgen Hohm (Hrsg.): Straße und Straßenkultur. Interdisziplinäre Beobachtungen eines öffentlichen Sozialraumes in der fortgeschrittenen Moderne, Konstanz, 233–248.

Höhmann, Ulrike/Müller-Mundt, Gabriele/Schulz, Brigitte 1998: Gesundheitsdienste in der Vernetzung, Frankfurt a.M.

Hofgesang, Birgit 2001: Familienhilfe: sozialpädagogische, in: Hans-Uwe Otto/ Hans Thiersch (Hrsg.), Handbuch der Sozialarbeit/Sozialpädagogik, Neuwied/ Kriftel, 2., völlig neu überarb. u. aktual. Aufl., 529–539.

Hohm, Hans-Jürgen 1987: Politik als Beruf. Zur soziologischen Professionalisierungstheorie der Politik, Opladen.

Hohm, Hans-Jürgen (Hrsg.) 1997: Die Straße als Ort automobiler Inklusion, in: ders. (Hrsg.): Straße und Straßenkultur. Interdisziplinäre Beobachtungen eines öffentlichen Sozialraumes in der fortgeschrittenen Moderne, Konstanz, 23–81.

Hohm, Hans-Jürgen 2001: Pflege zwischen selektiver Professionalisierung, forcierter Ökonomisierung und Laiisierung. Ein Thesenpapier, in: Pflegezeitschrift, 54. Jg., H. 5, Pflegedokumentation, 1–10.

Hohm, Hans-Jürgen 2002: Das Pflegesystem, seine Organisationen und Karrieren. Systemtheoretische Beobachtungen zur Entstehung eines sekundären Funktionssystems, Freiburg i. Br.

Hohm, Hans-Jürgen, 2005: Das Milieu der Fachhochschule. Eine systemtheoretische Beobachtung, in: TuP, 3, 56–64.

Hohm, Hans-Jürgen 2006: Soziale Systeme, Kommunikation, Mensch. Einführung in soziologische Systemtheorie, Weinheim und München, 2., überarb. Aufl.

Holtmann, Everhard/Schaefer, Rainer 1996: Wohnen und Wohnungspolitik in der Großstadt. Eine empirische Untersuchung über Wohnformen, Wohnwünsche und kommunalpolitische Steuerung, Opladen.

Honneth, Axel (Hrsg.) 1995: Kommunitarismus. Eine Debatte über die moralischen Grundlagen moderner Gesellschaften, Frankfurt/New York, 3. Aufl.

Hradil, Stefan 2005: Soziale Ungleichheit in Deutschland, 8. Aufl., Wiesbaden.

Hurrelmann, Klaus 2004: Lebensphase Jugend. Eine Einführung in die sozialwissenschaftliche Jugendforschung, 7., vollst. Überarb. Aufl., Weinheim und München.

Institut für soziale Arbeit e.V. (Hrsg.) 1996: Lebensort Straße. Kinder und Jugendliche in besonderen Problemlagen, Soziale Praxis 17, Münster 1996.

Institut für Stadtforschung und Strukturpolitik GmbH (IfS) 2004: Zwischenevaluierung des Bund-Länder-Programms „Förderung von Stadtteilen mit besonderem

Entwicklungsbedarf – die soziale Stadt“: Kurzfassung. http://www.sozia-lestadt. de/veroeffentlichungen/evaluationsberichte/zwischenevaluierung-2004/ (Zugriff: 03.09.2010). Zitiert im Text mit „IfS 2004“.

Jacobs, Herbert 2000: Armut, in: Allmendinger/Ludwig-Mayerhofer, 237–268.

Jarren, Otfried 1994: Lokale Medien und lokale Politik, in: Roth/Wollmann, Opla-den, 296–308.

John, Barbara 2000: Fremde- Die Baumeister des neuen Berlins, in: Klaus M. Schmals (Hrsg.): Migration und Stadt. Entwicklungen, Defizite, Potentiale, Opladen, 261–273.

Junkernheinrich, Martin/Micosatt, Gerhard 2009: Kommunalstrukturen in Deutsch-land. Eine Analyse zur länderübergreifenden Vergleichbarkeit kommunaler Fi-nanzkennzahlen, Bertelsmann Stiftung, www.wegweiser-kommune.de.

Kaufmann-Reis, Claudia 1992: „Un alles für die Kinner“. Zum Wandel familiärer Strukturen in sozialen Brennpunkten, Diplomarbeit, Frankfurt a.M.

Keim, Rolf/Neef, Rainer 2000: Ressourcen für das Leben im Problemquartier, in: Aus Politik und Zeitgeschichte, B10–11, 30–39.

Kern, Thomas 1997: „Straßeneinsätze“. Religiöse Sinn- und Erlebniskommunikati-on auf der Straße, in: Hans-Jürgen Hohm (Hrsg.): Straße und Straßenkultur. In-terdisziplinäre Beobachtungen eines öffentlichen Sozialraumes in der fortge-schrittenen Moderne, Konstanz, 143–159.

Kieserling, André 1999: Kommunikation unter Anwesenden. Studien über Interak-tionssysteme, Frankfurt a.M.

KGSt 1993: Das Neue Steuerungsmodell. Begründung, Konturen, Umsetzung B5.

KGSt 1995: Das Neue Steuerungsmodell. Erste Zwischenbilanz B10.

Kleve, Heiko 1999: Soziale Arbeit und Ambivalenz. Fragmente einer Theorie postmoderner Professionalität, in: Neue Praxis 4, 368–382.

Klocke, Andreas,/Hurrelmann, Klaus 1998: Einleitung – Kinder und Jugendliche in Armut, in: dies. Kinder und Jugendliche in Armut, Opladen, 7–19.

Kneer, Georg/Nassehi, Armin 1994: Niklas Luhmanns Theorie sozialer Systeme, 2. Aufl., München.

Kneer, Georg/Nassehi, Armin/Schroer, Markus (Hrsg.) 2001: Klassische Gesell-schaftsbegriffe der Soziologie, München.

Krause, Detlef 2005: Luhmann-Lexikon. Eine Einführung in das Gesamtwerk von Niklas Luhmann, Stuttgart, 4., neu bearb. u. erweit. Aufl.

Kronauer, Martin 2002: Exklusion. Die Gefährdung des Sozialen im hoch entwi-ckelten Kapitalismus, Frankfurt a.M.

Krummacher, Michael/Waltz, Viktoria 2000: Ruhrgebiet: Migration und Stadtent-wicklung in einer altindustrialisierten Region. Herausforderungen, Versäumnisse und „best-practice“-Beispiele, in: Klaus M. Schmals (Hrsg.): Migration und Stadt. Entwicklungen, Defizite, Potentiale, Opladen.

Krummacher, Michael 2007: Stadtteil- bzw. Quartiermanagement in benachteilig-ten Stadtteilen: Herausforderung für eine Zusammenarbeit von Stadtplanung und Sozialer Arbeit, in: Detlef Baum (Hrsg.): Die Stadt in der Sozialen Arbeit. Ein Handbuch für soziale und planende Berufe, Wiesbaden, 360–375.

Kühl, Wolfgang 1997: Kompetenzentwicklung der Sozialpädagogischen Familien-hilfe in den neuen Bundesländern, in: Neue Praxis, 27, Heft 2, 154–168.

Kühl, Wolfgang/Pastäniger-Behnken, Claudia 1999: Prozessqualität durch Supervi-sion. Interviews mit Sozialpädagogischen FamilienhelferInnen in Thüringen, in: Jugendhilfe, 37, H. 3, 164–171.

Kuhm, Klaus 2000: Exklusion und räumliche Differenzierung, in: Zeitschrift für Soziologie, H. 1, 60–77.

Leisering, Lutz 1995: Armutspolitik und Lebenslauf. Zur politisch-administrativen Relevanz der lebenslauftheoretischen Armutsforschung, in: Walter Hanesch (Hrsg.): Sozialpolitische Strategien gegen Armut, Opladen, 65–111.

Leisering, Lutz 2008: Dynamik von Armut, in: Ernst-Ulrich Huster/Jürgen Boeckh/ Hildegard Mogge-Grotjahn (Hrsg.): Handbuch Armut und soziale Ausgrenzung, Wiesbaden 2008, 118–132.

Leymann, Heinz 1998: Mobbing. Psychoterror am Arbeitsplatz und wie man sich dagegen wehren kann, Hamburg.

Löhr, Rolf-Peter 2000: Bundesweite Erfahrungen und Erkenntnisse für die Praxis aus der Begleitforschung des Bundes mit dem Programm „Soziale Stadt", Dezember, 2000 http.//www.sozialestadt.de/veroeffentlichungen/lite…/loehr-erfahrungen-2000.druck.shtm, 1–15.

Löw, Martina 2008: Soziologie der Städte, Frankfurt a.M.

Ludwig, Monika 1992: Sozialhilfekarrieren, in: Neue Praxis 2, 130–140.

Ludwig, Monika 1996: Armutskarrieren. Zwischen Abstieg und Aufstieg im Sozialstaat, Opladen.

Luhmann, Niklas 1972: Rechtssoziologie, Bd. 1, Hamburg.

Luhmann, Niklas 1972 a: Politikbegriffe und die „Politisierung" der Verwaltung: In: Demokratie und Verwaltung. 25 Jahre Hochschule für Verwaltungswissenschaften Speyer, Berlin, 211–228.

Luhmann, Niklas 1975 a: Formen des Helfens im Wandel gesellschaftlicher Bedingungen, in: ders.: Soziologische Aufklärung 2, Aufsätze zur Theorie der Gesellschaft, Opladen, 134–149.

Luhmann, Niklas 1975 b: Interaktion, Organisation, Gesellschaft, in: ders.: Soziologische Aufklärung 2, Aufsätze zur Theorie der Gesellschaft, Opladen, 9–20.

Luhmann, Niklas 1975 c: Reform und Information: Theoretische Überlegungen zur Reform der Verwaltung, in: Ders.: Politische Planung. Aufsätze zur Soziologie von Politik und Verwaltung, Opladen, 2. Aufl., 181–202.

Luhmann, Niklas 1975 d: Reform des öffentlichen Dienstes: Zum Problem ihrer Probleme, in: Ders.: Politische Planung. Aufsätze zur Soziologie von Politik und Verwaltung, Opladen, 2. Aufl., 203–256.

Luhmann, Niklas 1975 e: Die Knappheit der Zeit und die Vordinglichkeit des Befristeten, in: Ders.: Politische Planung. Aufsätze zur Soziologie von Politik und Verwaltung, Opladen, 2. Aufl., 143–164.

Luhmann, Niklas 1976: Funktionen und Folgen formaler Organisationen, Berlin, 3. Aufl.

Luhmann, Niklas 1981: Politische Theorie im Wohlfahrtsstaat, München/Wien.

Luhmann, Niklas 1982: The Future Cannot Begin, in: Ders.: The Differentiation of Society, New York, 271–288.

Luhmann, Niklas 1984: Soziale Systeme. Grundriss einer allgemeinen Theorie, Frankfurt a.M.

Luhmann, Niklas 1985: Zum Begriff der sozialen Klasse, in: ders. (Hrsg.): Soziale Differenzierung. Zur Geschichte einer Idee, Opladen, 119–162.

Luhmann, Niklas 1987 a: Enttäuschungen und Hoffnungen. Zur Zukunft der Demokratie, in: Ders.: Soziologische Aufklärung 4, Beiträge zur funktionalen Differenzierung der Gesellschaft, Opladen, 133–141.

Luhmann, Niklas 1987b: Machtkreislauf und Recht in Demokratien, in: Ders.: Soziologische Aufklärung 4, Beiträge zur funktionalen Differenzierung der Gesellschaft, Opladen, 142–151.

Luhmann, Niklas 1988: Geld als Kommunikationsmedium: Über symbolische und diabolische Generalisierungen, in: ders: Die Wirtschaft der Gesellschaft, Frankfurt a.M., 230–271.

Luhmann, Niklas 1989a: Ethik als Reflexionstheorie der Moral, in: ders.: Gesellschaftsstruktur und Semantik, Studien zur Wissenssoziologie der modernen Gesellschaft, Bd. 3, Frankfurt a.M., 358–448.

Luhmann, Niklas 1989b: Individuum, Individualität, Individualismus, in: ders.: Gesellschaftsstruktur und Semantik, Studien zur Wissenssoziologie der modernen Gesellschaft, Bd. 3, Frankfurt a.M., 149–258.

Luhmann, Niklas 1990a: Paradigm lost: Über die ethische Reflexion der Moral. Rede von Niklas Luhmann anlässlich der Verleihung des Hegel-Preises 1989. Laudatio von Robert Spaemann. Niklas Luhmanns Herausforderung der Philosophie, Frankfurt a.M.

Luhmann, Niklas 1990b: Sozialsystem Familie, in: Soziologische Aufklärung 5, Konstruktivistische Perspektiven, Opladen, 196–217.

Luhmann, Niklas 1990c: Die Wissenschaft der Gesellschaft, Frankfurt a.M.

Luhmann, Niklas 1991: Soziologie des Risikos, Berlin/New York.

Luhmann, Niklas 1992: Beobachtungen der Moderne, Opladen.

Luhmann, Niklas 1993: Das Recht der Gesellschaft, Frankfurt a.M.

Luhmann, Niklas 1995a: Europa und die Weltgesellschaft, Vortrag zum 6. Kempfenhauser Gespräch, München, 7–12.

Luhmann, Niklas 1995b: Inklusion und Exklusion, in: ders.: Soziologische Aufklärung 6, Die Soziologie und der Mensch, Opladen, 237–264.

Luhmann, Niklas 1995c: Die Kunst der Gesellschaft, Frankfurt a.M.

Luhmann, Niklas 1995d: Kultur als historischer Begriff, in: ders.: Gesellschaftsstruktur und Semantik, Studien zur Wissenssoziologie der modernen Gesellschaft, Bd. 4, 31–54.

Luhmann, Niklas 1997a: Erziehung als Formung des Lebenslaufs, in: Dieter Lenzen, Niklas Luhmann (Hrsg.): Bildung und Weiterbildung im Erziehungssystem. Lebenslauf und Humanontogenese als Medium und Form, Frankfurt a.M.

Luhmann, Niklas 1997b: Die Gesellschaft der Gesellschaft, 2 Bde., Frankfurt a.M.

Luhmann, Niklas 2000a: Organisation und Entscheidung, Opladen/Wiesbaden.

Luhmann, Niklas 2000b: Die Politik der Gesellschaft, Frankfurt a.M..

Luhmann, Niklas 2000c: Die Religion der Gesellschaft, Frankfurt a.M.

Luhmann, Niklas 2002: Das Erziehungssystem der Gesellschaft, Frankfurt a.M.

Luhmann, Niklas/Schorr, Karl-Eberhard 1979: Reflexionsprobleme im Erziehungssystem, Stuttgart.

Manderscheid, Hejo 1996: Freie Wohlfahrtspflege vor Ort: Vom Wertepluralismus zur fachlichen Differenzierung, in: Thomas Rauschenbach/Christoph Sachße/Thomas Olk (Hrsg.): Von der Wertgemeinschaft zum Dienstleistungsunternehmen. Jugend- und Wohlfahrtsverbände im Umbruch, Frankfurt a.M.

Manderscheid, Hejo 1997: Neuorientierung freier Wohlfahrtspflege als Träger sozialer Dienste, in: Walter Hanesch (Hrsg.): Überlebt die soziale Stadt? Konzeption, Krise und Perspektiven kommunaler Sozialstaatlichkeit, Opladen, 137–151.

May, Michael 2010: Aktuelle Theoriediskurse Sozialer Arbeit. Eine Einführung, Wiesbaden, 3. Aufl.

Markowetz, Reinhard 2007: Inklusion und soziale Integration von Menschen mit Behinderungen, in: Cloerkes, Günther 2007: Soziologie der Behinderten. Eine Einführung, Heidelberg, 3., neu bearb. U. erweit. Aufl., 207–278.

Mehl, Hans Peter 1993: Sozialer Brennpunkt, in: Fachlexikon der sozialen Arbeit, Frankfurt/M, 3. Aufl., 859–860.

Merchel, Joachim 1998: Qualitätskriterien und Qualitätsentwicklung in der Sozialpädagogischen Familienhilfe, in: Jugendhilfe 36, 1, 16–31.

Merchel, Joachim 2003: Trägerstrukturen in der Sozialen Arbeit. Eine Einführung, Weinheim und München.

Merchel, Joachim/Schrapper, Christian (Hrsg.) 1996: Neue Steuerung. Tendenzen der Organisationsentwicklung in der Sozialverwaltung, Münster.

Merten, Roland 1997: Autonomie der sozialen Arbeit. Zur Funktionsbestimmung als Disziplin und Profession, Weinheim und München.

Merten, Roland 2000: Soziale Arbeit als autonomes Funktionssystem der modernen Gesellschaft? Argumente für eine konstruktive Perspektive, in: ders. (Hrsg.): Systemtheorie Sozialer Arbeit. Neue Ansätze und veränderte Perspektiven, Opladen, 177–204.

Merten, Roland/Olk, Thomas 1999: Soziale Dienstleistungsberufe und Professionalisierung, in: Günter Albrecht/Axel Gronemeyer/Friedrich W. Stallberg (Hrsg.): Handbuch soziale Probleme, Opladen, 955–982.

Merten, Roland/Scherr, Albert (Hrsg.) 2004: Inklusion und Exklusion in der Sozialen Arbeit, Wiesbaden.

Messmer, Heinz 2003: Der soziale Konflikt. Kommunikative Emergenz und systemische Reproduktion, Stuttgart.

Mingione, Enzo/Andreotti, Alberta 2002: Städtische Exklusion und lokale Wohlfahrtssysteme in Europa, in: Annali di sociologica, Bd.16, 340–363.

Ministerium für Arbeit/Gesundheit und Sozialordnung Baden-Württemberg (Hrsg.) 1995: Engagement in der Bürgergesellschaft. Die Geislingen-Studie.

Mohr, Katrin 2007: Soziale Exklusion im Wohlfahrtsstaat. Arbeitslosensicherung und Sozialhilfe in Großbritannien und Deutschland, Wiesbaden.

Napp-Peters, Anneke 1985: Ein-Elternteil-Familien. Soziale Randgruppe oder neues familiales Selbstverständnis? Weinheim/München.

Naßmacher, Hiltrud/Naßmacher, Karl-Heinz 1999: Kommunalpolitik in Deutschland, Opladen.

Nassehi, Armin 1997: Inklusion, Exklusion-Integration, Desintegration. Die Theorie funktionaler Differenzierung und die Desintegrationsthese, in: Wilhelm Heitmeyer (Hrsg.): Was hält die Gesellschaft zusammen? Bundesrepublik Deutschland: Auf dem Weg von der Konsens-zur Konfliktgesellschaft, Frankfurt a.M., Bd. 2, 113–148.

Nassehi, Armin 2002: Dichte Räume. Städte als Synchronisations- und Inklusionsmaschinen, in: Martina Löw (Hrsg.): Differenzierungen des Städtischen, Opladen, 211–232.

Neuhöfer, Manfred 1998: Überforderte Nachbarschaften. Eine Analyse von Siedlungen des sozialen Wohnungsbaus und die Wohnsituation von Migranten, in: Aus Politik und Zeitgeschichte, B49, 35–45.

Niepel, Gabriele 1994: Alleinerziehende. Abschied von einem Klischee, Opladen.

Nollmann, Gerd 1997: Konflikte in Interaktion, Gruppe und Organisation. Zur Konfliktsoziologie der modernen Gesellschaft, Opladen.

Olk, Thomas 1986: Abschied vom Experten. Sozialarbeit auf dem Weg zu einer alternativen Professionalität, Weinheim/München.

Olk, Thomas 1991: Erfahrungen mit SHG-Förderungstöpfen in ausgewählten Ländern und Kommunen, in: NDV, H. 4, 111–116.

Olk, Thomas 2001: Sozialstaat und Bürgergesellschaft, in: Heinze/Olk, Opladen, 29–68.

Orendi, Bennina 1993: Veränderung in der Arbeitssituation im Krankenhaus: Systemisch denken und handeln, in: Bernhard Badura, Günter Feuerstein, Thomas Schott (Hrsg.): System Krankenhaus. Arbeit, Technik und Patientenorientierung, Weinheim/München, 137–160.

Outfit 3 1994: Spiegel-Verlag, Hamburg.

Outfit 4 1997: Spiegel-Verlag, Hamburg.

Outfit 5 2001: Spiegel-Verlag, Hamburg.

Peuckert, Rüdiger 2008: Familienformen im sozialen Wandel, Wiesbaden, 7., vollst. Überarb. Aufl.

Pfahl, Lisa 2006: Schulische Separation und prekäre berufliche Integration: Berufs–einstiege und biographische Selbstthematisierungen von Sonderschulabgänger/innen, in: Anke Spics/Dietmar Tredop (Hrsg.): „Risikobiografien". Benachteiligte Jugendliche zwischen Ausgrenzung und Förderprojekten, Wiesbaden, 144–155.

Powell, Justin J. W. 2009: Von schulischer Exklusion zur Inklusion? Eine neoinstitutionalistische Analyse sonderpädagogischer Fördersysteme in Deutschland und den USA, in: Neo–Institutionalismus in der Erziehungswissenschaft. Grundlegende Texte und empirische Studien, Wiesbaden, 213–232.

Puhr, Kirsten 2009: Inklusion und Exklusion im Kontext prekärer Ausbildungs– und Arbeitsmarktchancen. Biografische Portraits, Wiesbaden.

Rauschenbach, Thomas 2001: Freiwillige Arbeit – eine Vision des 21. Jahrhunderts, in: Theorie und Praxis der Sozialen Arbeit, Nr. 1, 15–22.

Reis, Claus 1997: Gibt es eine Zukunft für die Wohnungsversorgung einkommensschwacher Haushalte? Zum Verhältnis staatlicher und kommunaler Wohnungspolitik, in: Walter Hanesch (Hrsg.): Überlebt die soziale Stadt? Konzeption, Krise und Perspektiven kommunaler Sozialstaatlichkeit, 299–318.

Rink, Dieter 2000: Der Traum ist aus? Hausbesetzer in Leipzig-Connewitz in den 90er Jahren, in: Roland Roth/Dieter Rucht (Hrsg.): Jugendkulturen, Politik und Protest. Vom Widerstand zum Kommerz?, Opladen, 119–140.

Rittner, Volker 1991: Körper und Körpererfahrung in kulturhistorisch–gesellschaftlicher Sicht, in: Jürgen Bielefeld (Hrsg.): Körpererfahrung. Grundlagen menschlichen Bewegungsverhaltens, Göttingen/Toronto/Zürich, 2. Aufl., 125–155.

Roth, Roland/Wollmann, Hellmut (Hrsg.) 1994: Kommunalpolitik. Politisches Handeln in Gemeinden, Opladen.

Sachße, Christoph 1994: Mütterlichkeit als Beruf. Sozialarbeit, Sozialreform und Frauenbewegung 1871–1929, Opladen, 2., überarb. Aufl.

Sautter, Heinz/Schuler-Wallner, Gisela 1995: Wohnungsnot und Obdachlosigkeit: Handlungsmöglichkeiten auf nationaler und kommunaler Ebene, in: Walter Hanesch (Hrsg.): Sozialpolitische Strategien gegen Armut, Opladen, 326–353.

Schäfers, Bernhard/Wewer, Göttrik (Hrsg.) 1996: Die Stadt in Deutschland. Soziale, politische und kulturelle Lebenswelt, Opladen.

Schäfers, Bernhard/Wewer, Göttrik 1996: Stadt im Wandel: kulturell, ökonomisch, sozial, politisch, in: dies. (Hrsg.): Die Stadt in Deutschland. Soziale, politische und kulturelle Lebenswelt, Opladen, 9–16.

Schäfers, Bernhard 1996: Die Stadt in Deutschland. Etappen ihrer Kultur– und Sozialgeschichte, Opladen, 19–29.

Schattner, Heinz 2008: Sozialpädagogische Familienhilfe, in: Jutta Ecarius (Hrsg.): Handbuch Familie, Wiesbaden, 593–613.

Schimank, Uwe 2002 a: Anspruchsindividualismus, in: Ders.: Das zwiespältige Individuum. Zum Person-Gesellschaft-Arrangement in der Moderne, 281–294.

Schimank, Uwe 2002 b: Biografischer Inkrementalismus: Lebenslauf – Lebenserfahrung – Lebensgeschichte in der funktional differenzierten Gesellschaft, in: Ders.: Das zwiespältige Individuum. Zum Person-Gesellschaft-Arrangement in der Moderne, 235–247.

Schruth, Peter/Kuntz, Roger/Müller, Peter/Stammler, Claudia/Westerath, Jürgen 2003: Schuldnerberatung in der Sozialen Arbeit, Weinheim/Basel/Berlin.

Schubert, Herbert 2000 a: Städtischer Raum und Verhalten. Zu einer integrierten Theorie des öffentlichen Raumes, Opladen.

Schubert, Herbert 2000 b: Von der AGENDA 21 zur sozialen Stadt. Integrierte Perspektiven für die Soziale Arbeit beim Stadtteilmanagement, in: np, 3, 286–296.

Schulze, Gerhard 1993: Die Erlebnisgesellschaft. Kultursoziologie der Gegenwart, Frankfurt/Main/New York.

Sellmair, Nicola 2008: Chancen. Zwei Kinder. Zwei Welten, in: Menschen, H. 4, 12–25.

Sennett, Richard 1987: Verfall und Ende des öffentlichen Lebens. Die Tyrannei der Intimität, Frankfurt a.M.

Shusterman, Richard 1994: Die Sorge um den Körper in der heutigen Kultur, in: Andreas Kuhlmann (Hrsg.): Philosophische Ansichten der Kultur der Moderne, Frankfurt a.M., 241–277.

Simon, Fritz B.(Hrsg.) 1997: Lebende Systeme. Wirklichkeitskonstruktionen in der systemischen Therapie, Frankfurt a.M.

Sinus Sociovision 2002: Die Sinus-Milieus 2002 in Deutschland. Grundorientierung, soziale Lage, Lebensstil, Heidelberg, 1–16.

Stark, Wolfgang 1993: Die Menschen stärken. Empowerment als eine neue Sicht auf klassische Themen von Sozialpolitik und sozialer Arbeit, in: Blätter der Wohlfahrtspflege, H. 2, 41–44.

Stichweh, Rudolf 1988: Inklusion in Funktionssysteme der modernen Gesellschaft, in: Renate Mayntz, Bernd Rosewitz, Uwe Schimank, Rudolf Stichweh: Differenzierung und Verselbständigung. Zur Entwicklung gesellschaftlicher Teilsysteme, Frankfurt a.M./New York, 261–293.

Stichweh, Rudolf 1997: Inklusion/Exklusion, funktionale Differenzierung und die Theorie der Weltgesellschaft, in: Soziale Systeme, H. 1, 123–136.

Stichweh, Rudolf 1998: Raum, Region und Stadt in der Systemtheorie, in: Soziale Systeme, H. 2, 341–358.

Stichweh, Rudolf 2000: Die Weltgesellschaft. Soziologische Analysen, Frankfurt a.M.

Stichweh, Rudolf 2009: Leitgesichtspunkte einer Soziologie der Inklusion und Exklusion, in: Ders./Paul Windolf (Hrsg.): Inklusion und Exklusion: Analysen zur Sozialstruktur und sozialen Ungleichheit, Wiesbaden, 29–42.

Stichweh, Rudolf 2010: Der Fremde. Studien zur Soziologie und Sozialgeschichte, Frankfurt a.M.

Strohmeier, Peter 2006, in: Wolfgang Budde, Frank Früchtel, Wolfgang Hinte (Hrsg.): Sozialraumorientierung. Wege zu einer veränderten Praxis, Wiesbaden, 169–187.

Thien, Ulrich 1992: Gemeinwesenorientierte Arbeit in Sozialen Brennpunkten, in: Caritas 93, 216–220.

Voss, Friedrich 1993: Pflegerisch–medizinische Arbeit im formal organisierten Sozialsystem des Krankenhauses. Eine theoretisch und empirisch vergleichende Analyse system– und subsystemspezifischer Einflüsse auf den Pflegeprozess, Bochum.

Walther, Uwe-Jens/Güntner, Simon 2007: Soziale Stadtpolitik in Deutschland: das Programm „Soziale Stadt", in: Detlef Baum (Hrsg.): Die Stadt in der sozialen Arbeit. Ein Handbuch für soziale und planende Berufe, Wiesbaden, 389–400.

Wansing, Gudrun 2005: Teilhabe an der Gesellschaft. Menschen mit Behinderung zwischen Inklusion und Exklusion, Wiesbaden.

Wansing, Gudrun 2007: Behinderung: Inklusions– oder Exklusionsfolge? Zur Konstruktion paradoxer Lebensläufe in der modernen Gesellschaft, in: Werner Schneider/Anne Waldschmidt (Hrsg.): Disability Studies, Kultursoziologie und Soziologie der Behinderung, Bielefeld, 275–298.

Watzlawick, Paul/Beavin, Janet H.; Jackson, Don D. 1969: Menschliche Kommunikation. Formen, Störungen, Paradoxien, Bern.

Weber, Georg/Hillebrandt, Frank 1999: Soziale Hilfe – ein Teilsystem der Gesellschaft?, Opladen.

Weinfeld, Jean 2000: HipHop – Licht und Schatten einer Jugendkulturbewegung, in: Roland Roth/Dieter Rucht (Hrsg.): Jugendkulturen, Politik und Protest. Vom Widerstand zum Kommerz?, Opladen, 253–262.

Wetzel, Ralf 2004: Eine Widerspenstige und keine Zähmung. Systemtheoretische Beiträge zu einer Theorie der Behinderung. Heidelberg.

Wewer, Göttrik 1996: Mit dem neuen Steuerungsmodell aus der kommunalen Finanzkrise? Städte und Gemeinden zwischen Einnahmeverlusten und Sozialhilfe, Kulturangeboten und Sparzwängen, in: Bernhard Schäfers/Göttrik Wewer (Hrsg.): Die Stadt in Deutschland. Soziale, politische und kulturelle Lebenswelt, Opladen, 203–232.

Wiesner, Reinhard/Kaufmann, Ferdinand/Mörsberger, Thomas/Oberloskamp, Helga/Struck, Jutta 1995: SGB VIII. Kinder– und Jugendhilfe, München.

Willke, Helmut 1989: Systemtheorie entwickelter Gesellschaften. Dynamik und Riskanz moderner gesellschaftlicher Selbstorganisation, Weinheim und München.

Willke, Helmut 1991: Systemtheorie. Eine Einführung in die Grundprobleme der Theorie sozialer Systeme, Stuttgart/New York.

Willke, Helmut 1995: Systemtheorie III: Steuerungstheorie, Stuttgart/Jena.

Willke, Helmut 1997: Supervision des Staates, Frankfurt a.M.

Woog, Astrid 1998: Soziale Arbeit in Familien. Theoretische und empirische Ansätze zur Entwicklung einer pädagogischen Handlungslehre, Weinheim und München.

Zander, Margherita (Hrsg.) 2005: Kinderarmut. Einführendes Handbuch für Forschung und soziale Praxis, Wiesbaden.

Zelizer, Viviana A. 1981: Pricing the Priceless Child. The Changing Social Value of Children, New York.